校长先读

中国中小学校长基础阅读书目

·导赏手册·

大夏书系 | 学校领导力

朱永新 卢志文 主编
刘猛 邱华国 副主编

华东师范大学出版社
·上海·

总序
新教育文库

教育实验是一项细致而长久的工程，需要通过一代人去影响另一代人，不能急于求成，不能固步自封，一定要学会等待，一定要耐得住寂寞。

新教育实验更不例外。

中国教育有许多弊端，但仅仅是怒目金刚式的斥责和鞭挞，虽然痛快却无济于事。对于中国教育而言，最需要的是行动与建设。只有行动与建设，才是真正深刻而富有颠覆性的批判与重构。

新教育实验就是寓重构于行动之中，寓批判于建设之中。

新教育要做的，就是给教师和学生一种幸福完整的教育生活，一个开阔无垠的精神视野。让他们对人的内心的复杂性有更为深切的体验，不但要了解生命的伟大和宇宙的博大，而且要感受生活的丰富与人性的丰厚。

2000年《我的教育理想》出版，新教育思想悄然萌芽。到2014年新教育文库的第三版重新修订，此时此刻的中国大地上，2000多所学校的2000多万名新教育师生，正走在新教育的路上。（注：至2020年6月，新教育实验学校已达5000多所。）

以追寻理想的执着精神、深入田野现场的实践精神、共同生活的合作精神、悲天悯人的公益精神，埋首耕耘，成就我们的人生、我们的教育、我们的民族。这就是新教育精神的本质内涵。

新教育追求高度，但永远不会高高在上。新教育培养卓越的教师，更关注普通的教师；新教育不是一个精英俱乐部，而是一个宽容开放的团队。新教育始终敞开胸怀，永远等待、拥抱理想主义者。真实的新教育，永远在田野中，在千千万万个默默无闻的普通老师的教室里。

新教育人，就是这样一群有着共同梦想、遵守共同标准的志同道合者。彼此为对方的生命祝福，彼此珍惜生命中偶然的相遇，彼此郑重作出承诺，共同创造一间又一间完美的教室，共同书写一篇又一篇生命的传奇。

新教育不求无懈可击的理论体系，而是强调行动起来，即在实践中思考，在实践中提升，在实践中成长。帮孩子成为自己，让我们成为自己，一个完整的、幸福的自己。我们不是人类文明的创始者，但人类文明可以通过教育的伟大理想穿越时空，通过我们今天的行动变为现实。

当然，我们也知道，只有对新教育的认识从"概念"向"信念"推进，由"理想"转向"思想"引领，激发出人们深沉的情感、执着的意志，从精神世界的沉淀升华为主体的自觉行动时，新教育实验才可能真正成为人生力量和教育智慧的策源地。

新教育文库，正是总结、梳理、传播新教育人的所行所思所得的一种努力。无论是经验还是教训，这一路跋涉的足迹，将成为指向明天的路标。

在这套文库中，不同书系有着不同的定位：我们希望用"通识书系"积淀出新教育的根本书籍，介绍新教育的课程与项目；用"中国人阅读书目"书系梳理专业阅读研究成果；用"蒲公英书系"及时总结一线教育经验；用"萤火虫书系"全力搭建家校沟通的平台；用"领读者书系"传播阅读推广人的经验；用"阅读力译丛"和"核心知识译丛"来介绍国外阅读理论和实践……

我们并不准备用一部部书籍堆砌功名的城堡，但我们盼望这一部部由心血凝成、用行动书写的图书，能够成为一块块砖石，铺就一座通往彼岸的桥梁。

那么，新教育的彼岸是什么模样？

我想，彼岸是一群又一群正在长大的孩子，从他们身上能清晰地看到：政治是有理想的，财富是有汗水的，科学是有人性的，享乐是有道德的。

亲爱的新教育同仁，我们正在这条通向彼岸的船上。让我们同心同行，过一种幸福完整的教育生活。

行动，就有收获。

坚持，才有奇迹。

朱永新

2015 年 1 月 22 日于北京滴石斋

序言
校长的书柜里藏着学校的未来

一、校长阅读书目研制的必要性

阅读，是促进个体思想发育的基本方式，也是营造校园精神氛围的基本途径。"校长对学校的领导，首先是思想的领导，其次才是行政的领导"——苏霍姆林斯基的话经常被我们引用。校长作为学校管理者，固然要指导、管理各种日常行政事务，更为重要的是，校长还应成为一位学校领导者，从思想、愿景、文化等方面来引领学校的发展。

问题是，校长如何才能胜任教育思想的领导？

人的思想不会是天生的，得靠学习得来。学习的途径很多，并非一途。在实践中学，"实践出真知"，实在；在交往中学，"听君一席话"，亲切；在网络上学，"有事问百度"，方便。

当然，人们更多的还是要从书本中学，因为"没有一艘船能像一本书，也没有一匹骏马能像一页跳动着的诗行那样，把人带往远方"（狄金森）。而且，要吸收有一定深度与广度的系统性思想，没有比阅读书本更为便捷、经济的方式。

可是，书本的世界又是一个非常广阔的世界，是一个既会令人着迷又会令人生畏的世界。它浩如烟海，人们难免会"望洋兴叹"；它鱼龙混杂，人们难免会"良莠不分"；它深浅不一，人们难免会"进退失据"；它演化不断，人们难免会"因循守旧"。

于是，就有了书目出场的必要。

书目，是服务于特定的人群需要，为其量身定制的一份健康精神食谱；书目，虽会体现书目研制者的阅读偏好，但亦能大致反映社会群体的共同精神取向；书目，可以让人在有限的生命时光里，过上与那些有料、有趣图书相伴的美好精神生活。换言之，有了书目，人们的阅读会更有目的，更有指向性；有了书目，人们的阅读更容易抓住自我思想创生的眉目，产生"上演"自觉行动的剧目。

对校长这个特定的人群来说，他们阅读的出发点与归宿是为了理解教育，明白管理，做视野宽广的卓越教育管理者。理解教育，才能真正引领学校，让学生在教师的激励与帮助下既成人，又成才；明白管理，才能真正办好学校，让学校中的人、财、物等各项资源的配置效益最大化，效率最优化。

同样是苏霍姆林斯基，他对作为教育机构的学校有这样的一种解释："一个学校可以什么都没有，只要有了为教师和学校的精神成长而提供的图书，那就是教育。"考虑到苏霍姆林斯基做过近30年的中小学校长，并有《帕夫雷什中学》等多部教育名著面世，我们将他这句饱含切身经验的话作如下的延伸或许并不过分，即：如果校长自己与教科书之外的书本无缘，不喜欢阅读，更不知道书本阅读对包括自己在内的学校全体师生精神成长的重要性，这在学校教育的世界里恐怕是最荒谬不过的事了。

校长需要通过不断地阅读，才能练就一双能识得教育与管理真谛的慧眼。而且，要做一位具有持久影响力的成功校长，必须坚持长期的高品质阅读，才能为自己的思想库备上充足的智慧锦囊。

一个人的阅读在很大程度上决定着他的精神发育与思想成长，校长对阅读的热爱与引领无疑是其天赋难违的角色使命。甚至可以说，校长阅读的状况既决定其理解与诠释教育内涵的水准，也决定着其规划与管理学校发展的眼界。不管是放眼世界，还是观察周围，凡是办学较为成功的学校，尤其是那些中外名校，他们的校长没有不是喜爱阅读，进而能够指导阅读，并大都善于著书立说的人。

因此，可以这样说，校长的书柜里藏着学校的未来。

二、校长阅读书目的研制现状

继学生阅读和教师阅读被社会和教育部门重视之后,近年来校长阅读也越来越受到人们的关注。通过相关文献资料的梳理可以发现,总体而言,在校长阅读研究中,集中于两大基础问题:一是"校长为何需要读书",二是"校长需要读哪些书"。前一问题,如前所述,在成功校长那里,与问人为何要吃饭一样,似乎显得多余;后一问题,则可转化为为校长开怎样的书单。

关于校长阅读书单产生的途径,最常见的要算一批有一定影响力的中小学校长的"现身说法"。他们往往介绍自己喜欢阅读的图书类型或相当有限的几本(一般是三到五本,很少超过十本)图书推荐。除此之外,传播较广的是少数政府教育主管部门的领导及师范院校校长岗位培训专家及相关人员对校长阅读的某些看法与书目推荐。网络上偶尔可以见到校长阅读书单,大多数来路不甚明了,举荐理由也未详加说明。

(一)有关中小学校长自身的"现身说法"

偌大的中国,虽然以种种借口不读书或很少读书(教科书除外)的校长不在少数,但阅读有方、视野广阔的校长却并不少见,可以试举如下几位:

曾任上海建平中学校长的程红兵宣称要"做一个书生校长"。他认为:"校长应该培养自己的读书习惯:一读教育经典,真正的经典永恒而平易;二读教育报刊,了解同行在思考什么;三读人文书籍,拓展自己的人文视野;四读学生写的和为学生写的书,走进学生心灵。"

南京市北京东路小学校长孙双金认为,作为校长,应该广泛地读以下几类书籍:第一,要读本专业的书籍;第二,要读大教育的书籍;第三,要读哲学、美学的书籍。

原北京十一学校校长李希贵以自己的实践,示范了校长阅读对职业的巨大帮助。他酷爱阅读教育、人文和心理方面的书籍,尤其喜欢管理类书籍。这些书籍,很好地帮助他构建了一个系统而有重点并能促使他行动的知识能力体系。彼得·圣吉的《第五项修炼:知行学校》、德鲁克的《卓有成效的管理者》等，甚至被他称为"擦亮校长的第三只眼"。

曾任中央教育科学研究所南山（深圳）附属学校校长的李庆明，在2017年第五期的《中小学管理》杂志上，以《回眸·借鉴·超越》为题，给校长们推荐了七本管理方面的书。这七本书的具体名称是：张倩仪的《再见童年——消逝的人文世界最后回眸》、埃莱娜·费兰特的《我的天才女友》、托尼·利特尔的《聪明人的教育指南：伊顿公学校长谈教育》、托德·威特克尔与史蒂夫·格鲁奈特合著的《如何定义、评估和改变学校文化》、托德·威特克尔的《优秀校长一定要做的18件事》、王圆圆的《管理短长书》及陈弱水的《公共意识与中国文化》。

山东省的一位年轻校长说，自己刚当上校长时，急需一个帮他迅速熟悉岗位要求并能顺利开展工作的支点。恰在此时，整个教育系统开展的教师读书活动让他眼前一亮，于是他改变囫囵吞枣式阅读的习惯，开始了真正意义上的学习。他认真地阅读和思考，并积极将书上学到的知识运用到他的校长工作中，这帮助他解决了很多工作中的问题。如通过读《如何调动和激励教师》，学会了如何点燃教师的激情；通过读《优秀校长一定要做的15件事》（为前面提及的《优秀校长一定要做的18件事》一书的初级版），诞生了教师弹性管理思路；通过读《多元智能教与学的策略》，敲开了课改之门；通过读《窗边的小豆豆》，看到了拯救边缘生的希望；通过读《人生设计在童年——哈佛爸爸有话说》，找到了让家长走进校园的方法，等等。

综合上面几位校长的看法，我们不难发现：校长的阅读范围不能过于狭隘，一方面必须呼应教育现实的需要，能帮助他们更好地理解并解决教育现实中存在的某些重要问题；另一方面必须有较为广阔的视野，除教育类与管理类的图书之外，也应该阅读哲学与美学等方面的人文类等书籍。在当下教育界，就选择图书类型的标准与依据，以及如何具体确定合乎这些标准与依据的书目，大多数校长则往往囿于个体的有限经验，还未能取得较为广泛的共识。

（二）教育部门的领导与教育学者的看法或做法

主导推动校长阅读的，有不少地方是当地教育行政部门，也有一些地方是负责校长岗位培训的部门或机构。

有教育局提出，凡是新提拔的校长一定要读完50本书，在任校长一学期至少读完五本书。校长读书不应该圈定界限，文史哲、科技前沿、管理科学、教育教学原理、文学等可一并吸纳。

广东第二师范学院的许锡良老师认为，校长阅读当然应首选具有原创思想的经典名著。比如，《论语》《道德经》《资本论》，以及康德的《纯粹理性批判》、杜威的《民主主义与教育》、卢梭的《社会契约论》、洛克的《政府论》、联合国教科文组织编写的《学会生存》等。读过经典的人，在阅读领域往往可以一览众山小。

关于校长的阅读方式，也是众说纷纭。有人明确指出校长阅读数量的重要性，有人则强调质量重于数量；有人强调要阅读具体的多少本经典名著，有人则更注重各类书籍需要有适恰的结构；有人注重思想性较强的人文类书籍，还有的特别强调实务性的管理类书籍。这说明，我们对校长阅读的数量与质量关系还须进一步研究，同时，对阅读的类型、具体书目及阅读方式等也应当有进一步的思考。

（三）关于网络上传播的某些校长阅读书单

关于校长阅读书单，网络上也能搜到一些。但网络上的信息常常良莠不齐，需要我们具有一定的辨识力来加以选择。

如有一校长书单按"最新书籍""西方教育前沿""十年经典""班主任""校长、学校管理者""名家专题"等进行分类，罗列图书近百种之多。仔细研究这个书单，对于校长这个阅读群体的针对性不强，分类亦没有相对统一的逻辑，其结构性、普适性明显不够理想。

网上也不时会出现冠以类似"校长必读书籍"之名的书单。仔细分析，这些书单往往会比较明显地体现出推荐者的个人阅读偏好，如有的书目国学经典类占一半以上，有的书目则文学类占比过高，还有的书目过于集中于某一类作者（甚至一两位作者），整体视野不够宽广。

综合以上情形，我们认为，组建一支研究团队，以相对专业的眼光，为我国广大中小学校长编制适合他们阅读的基础书目，就显得尤其迫切而重要。

三、校长基础阅读书目研制的理念与原则

根据教育部2019年全国教育事业发展统计公报，全国有23.7万所中小学。也就是说，有着23.7万名校长（约百万名的校级领导），带领着近1000多万名专任教师，教育和影响着近两亿中小学生。

校长的"阅度"，决定着学校发展的高度。学校是读书追梦的地方。从阅读的开放性与自觉性来说，没有校长的阅读，就很难有教师的阅读，也很难有学生的阅读，亦很难出现真正意义上的书香校园。可以这样说，一所学校历任校长的阅读史，很大程度地影响着这所学校的发展史。

阅读成就校长的个体生命，进而可能成就校长所在学校中全体师生的无数生命。朱永新教授多年前曾提出应当将全民阅读作为一项国家长期发展的战略。在此愿景之下，校长阅读无疑具有广泛的示范意义。诚如湖南师范大学的张楚廷教授所说，校长作为"读书人的首席"，他亦应当是会读书、爱读书的象征，对于读书之风盛开也具有更大的责任。会教书的人，首先应是会读书的人；会领导教书人的人，更是应当懂得读书意义的人。

通过一定数量的阅读，使校长能够较好地理解教育，明白管理，做视野宽广的卓越教育管理者，这是前面已经提及的校长书目研制的目的所在。要达至如此目的，校长基础阅读书目在研制过程中理应坚持一些总体原则。

（一）注重必读性，突出名家经典图书

要研制校长阅读的基础书目，理应首先考虑的是名家经典作品。经典之为经典，往往是极富个性魅力的原创性作品，又是能够跨越时代的开放性文本。原创性是说它的独一无二，其创造不可重复；开放性是说它的常读常新，对其阐释或能与时俱进。卡尔维诺说："经典作品是那些你经常听人家说'我正在重读……'而不是'我正在读……'的书。"

当然，仍有两个与其密切相关的问题需要我们去面对：一是，虽然经典

自然不可或缺，但我们也不能因为作品的经典化都必须交由时间去淘洗，而无视当代（甚至眼下）新出现的优秀作品；二是，校长阅读中应该需要一些"必备书"，这些书往往有明确的实际效用，甚至可以"临时抱佛脚"作为急用时的参考，诸如教育法典及安全手册之类。由于本书目侧重于选择思想性与学术性的原创著作，因而过于实用的"必备书"没有列入考虑范围之内。

（二）注重可读性，优选理实相融图书

经典并不一定就是可读性强的作品。康德的哲学名著《纯粹理性批判》能读懂的人不多，别说普通人了，就连不少专治哲学的教授都坦承自己难以读懂它；爱因斯坦的物理学名著《广义相对论》发表时，据说当时全世界能读懂的人数也只是十以内的个位数；而同为教育名著，读苏霍姆林斯基的《给教师的建议》显然要比读布鲁纳的《教育过程》容易得多。当然，可读性也会因人而异，这主要取决于每个人的知识背景。本书目研制时，尽量较多选择了那些面向实践的教育理论书籍，以更适用于广大一线中小学校长。

注重可读性无疑是出于调动校长阅读的积极性考虑。不过，我们也得承认，可读性不仅因人而异，而且因时而异。随着个体阅读的积累与提升，进取意识强的校长自会挑战阅读的难度系数，去啃读本书目中少量或许会让人望而生畏的理论著作或"大部头作品"。没有这种积极主动的啃读，阅读往往难以进阶升段。所谓独上高楼，方能望尽天涯路。

（三）注重广泛性，兼顾多科视野图书

许多研究表明，既有广博的知识，又有精深的学问；既有亲和的态度，又有幽默的谈吐，这是广大学生对校长（也包括教师）角色最有积极期待感的品质特征。面对求知欲特别旺盛的中小学生，校长与教师的阅读广度常常是点燃学生求知欲、帮助学生克服学习困难的重要条件。正因如此，本书目研制中对图书选择的广度上较为宽松，兼顾多种学科。当然，也会适当重视知识的前瞻性，选择适量最新的优质图书，并不一概否定时新的畅销书。

（四）注重共读性，互通师生基础书目

师生共读，是实现教育对话的重要前提，也是发挥校长"阅读领导力"的重要途径。对社会大众来说，阅读确实更多的是私人行为，往往可以"率性而读"。而对校长来说就不同了，由于其有积极引导全校师生阅读的使命与责任，因此对一些优秀适宜的图书进行师生共读共赏应当成为校长的必备功课。可是，考虑到"中国人阅读书目"总项目设计的一大原则，即针对不同人群所选择的书目应当尽力避免重复，因而我们在研制本书目的过程中，一些如果单独考虑完全应当入选，但已被其他相关书目选中的图书，也只能加以割爱。如列入中小学教师基础阅读书目的《学记》(高良时译注)、《陶行知教育文集》(陶行知)、《教育的目的》(怀特海)、《爱弥儿：论教育》(卢梭)、《民主主义与教育》(杜威)、《教师作为知识分子——迈向批判教育学》(吉鲁)、《教学勇气》(帕克·帕尔默)、《后现代课程观》(多尔)等著作，作为校长理应与教师一样进行阅读学习。其他如入选家长阅读书目的《正面管教》(简·尼尔森)、入选高中必读的《美的历程》(李泽厚)等图书，也因此原因而未入选本书目。

四、校长基础阅读书目研制推荐书目的范围

在上述原则指导下，书目研制组在经过认真讨论并征询众多专家与知名校长之后，确定了校长基础阅读书目体系大致分为通识类、教育类及管理类三大类。通识类，适应于一个现代人的需要；教育类，适应于一个现代教育人的需要；管理类，则适应于一个现代教育管理者的需要。

具体研制过程中，推荐书目的范围大致如下：

（1）凡由国家批准的出版机构出版的中文简体适合校长（园长）阅读的书籍均可进入推荐范围。

（2）推荐的图书符合各层次校长成长的需要，100本书目确定后，分别确定基础阅读书目30本，拓展推荐阅读书目70本。

（3）根据不同类别、以合适比例分别研发。基础书目中，通识类 10 本，教育类 13 本，管理类 7 本。推荐书目中，通识类 20 本，教育类 34 本，管理类 16 本。

（4）基础阅读书目注重基础性的同时，也适当考虑经典性；拓展推荐阅读书目既考虑教育的理念性，也考虑管理的实践性。

（5）同一作者的作品只选择一本代表作。

（6）套书或丛书不列入基础阅读书目中，但可考虑列入拓展推荐阅读书目中。

（7）考虑译文质量。有多个译本的经典作品，选择译文质量较高的译本。

（8）以作品质量为衡量基本标准，既关注本土原创作品，也兼顾国内外比例，按照基本对半的原则进行选择。

五、校长基础阅读书目的研制过程

校长基础阅读书目历经近三年时间研制才得以面世。主要经历了以下几个阶段。

第一，成立"中国校长基础阅读书目"研制项目组。2018 年初，新教育动议研制校长基础阅读书目。2018 年 4 月，项目组各成员确定，制定项目研制方案，正式立项。

项目总负责人：朱永新（全国政协副秘书长、常委，民进中央副主席，新教育发起人，全民阅读推广人）。

项目主持人：卢志文（翔宇教育集团总校长，新教育研究院首任院长、新教育基金会理事长）。

项目主要执行人：刘猛（江苏理工学院教授，教育学博士）。

邱华国（新教育学校管理研究所执行所长，北京师范大学教育家书院兼职研究员，苏州半书房发起人）。

项目执行小组：邱华国、刘猛、林忠玲、张安仁、丁康等。

第二，调研及选书框架的初步制定。2018 年 4 月至 10 月，依据研方案，分类完成相关书籍的初步推荐，形成列目表。召开第一次书目研发专题研讨会。

第三，独立推荐。通过各种途径遴选适合校长阅读的各类书籍，填写阅读推荐表，研制小组及相关专家、校长每人推荐若干图书备选。

第四，确定推荐书籍。2018年10月至2019年9月，主要购买、借阅各种相关候选书籍（实际上购买书籍贯穿全程），在广泛阅读、讨论的基础上，进行筛选，提出适当数量的作品，作为提供给咨询专家审读的备选书目。召开第二次书目研发专题研讨会。

第五，就备选作品广泛征求意见。不断进行研讨和修改，形成准书目，邀请各方面专家召开论证会进行论证咨询。2019年9月至2020年1月，依据初步推荐书目分类、分期广泛征集意见，经专家研讨确定最终书目。召开第三次书目研发专题研讨会。

为了保证书目研制的质量，我们通过面谈、微信、电子邮件等形式多次向专家、校长征询意见。除此之外，项目组通过苏州半书房组织的校长越读社、初拾校长越读会，以及一些校长培训机构，将书目发给诸多校长书友，听取他们的建议。

项目征询意见的专家、校长（以姓氏拼音为序）有：

曹雪峰、陈娟、陈忠、陈东强、陈国安、陈连林、陈雨亭、成尚荣、程天君、池晓、储昌楼、戴晓娥、丁昌桂、樊青芳、范里、高万祥、顾泳、何伟俊、胡晓华、胡之骐、花洁、嵇成中、江峰、姜学清、冷玉斌、李斌、李敏、李巍、李文、李燕、李勇、李海林、李红军、李庆明、李泽武、李镇西、林忠玲、刘参、刘侃、刘岚、刘祥丰、刘云彬、柳袁照、卢锋、罗朝宣、蒙石荣、孟晓东、彭拥军、钱江、钱志龙、芮火才、沈文虹、唐晓勇、陶红、王林、王胜、王彦、王勇、王本余、吴虹、吴珏、徐莉、徐青、徐锡华、徐燕娟、徐瑛、许新海、薛法根、闫学、闫旭蕾、杨杰、杨曦、杨银华、俞正强、郁宁远、袁卫星、湛宣进、张新平、张延银、郑杰、朱永新、庄慧芬等。

第六，编写导赏手册。2020年5月至7月，根据确定书目，组织进行相关导读文本的撰写工作，形成《校长先读——中国中小学校长基础阅读书目·导赏手册》("中国人阅读书目"之十)。

第七，统一发布《校长先读——中国中小学校长基础阅读书目·导赏手册》。2020年9月28日，领读者大会正式发布书目，同时在新教育研究院、新教育基金会、新教育学校管理研究所等公号联合推送发布。

最后需要说明的是，书目研制组尽管多次召开研讨会、近十次地修改完善书目，但面对浩瀚书海，受到群体视野的影响、书目数量的限制等因素，书籍的选择不可避免地依然会有不少局限性存在，定会有遗珠之憾。特别希望读者朋友对这本《校长先读——中国中小学校长基础阅读书目·导赏手册》（1.0版）提出宝贵的批评建议，并把建议内容发送至邮箱773617082@126.com（柳老师），以便日后不断进行完善、迭代。

校长理应是书生。在呼唤教育家办学的新时代，愿这份书目能让校长爱上阅读，享受阅读，助力他们与师生一起创造学校更美好的未来。

刘猛 邱华国
2020年9月26日初稿
2023年3月19日改定

目录
CONTENTS

基础书目篇

通识类

01 《论语今读》 003
02 《中国的品格》 007
03 《西方哲学史》（上下卷） 011
04 《哲学·科学·常识》 015
05 《马克思为什么是对的》 019
06 《什么是科学》 023
07 《艺术的故事》 027
08 《一课经济学》 031
09 《未来简史》 035
10 《越读者》 039

教育类

01 《论教育学·系科之争》 043
02 《生命与教育》 048
03 《智能的结构》 052
04 《回归突破："生命·实践"教育学论纲》 056
05 《学会关心：教育的另一种模式》 060
06 《21世纪学生发展核心素养研究》 064

07 《学习的本质》 068
08 《课程与教学的基本原理》 072
09 《布卢姆教育目标分类学》（修订版） 076
10 《有效教学》 080
11 《去学校化社会》 084
12 《未来学校》 088
13 《为什么学生不喜欢上学？》 092

管理类

01 《管理学》 096
02 《教育组织范式论》 100
03 《中国式管理》 104
04 《卓有成效的管理者》 108
05 《学校管理学》（第五版） 112
06 《第五项修炼：知行学校》（上下册） 116
07 《高效能人士的七个习惯》 120

推荐书目篇

通识类

01 《哲学起步》 127
02 《逻辑新引·怎样判别是非》 131
03 《人生智慧箴言》 135
04 《道德情操论》 139
05 《通往奴役之路》 143
06 《枪炮、病菌与钢铁——人类社会的命运》 147
07 《天堂茶话》 151
08 《独立思考：日常生活中的批判性思维》
（第2版） 155
09 《娱乐至死》 159
10 《中国近代史》 163
11 《之江新语》 167
12 《文学回忆录》 171
13 《美学散步》 175
14 《汉字书法之美》 179
15 《生物与非生物之间》 183
16 《警惕科学》 187
17 《最有人性的"人"——人工智能带给我们的
启示》 191
18 《必然》 195
19 《反常识》 199
20 《普鲁斯特与乌贼：阅读如何改变我们的
思维》 203

教育类

01	《论教育家》	207
02	《新学记：中国现代教育起源八讲》	211
03	《西方教育思想史》	215
04	《大教学论》	219
05	《杜威在华教育讲演》	223
06	《儿童精神哲学》	227
07	《吾国教育病理》	231
08	《教育改革的"中国问题"》	235
09	《反思教育：向"全球共同利益"的理念转变？》	239
10	《图解中西方教育的异路与同归》	243
11	《教育走向生本》	247
12	《为孩子重塑教育：更有可能成功的路》	251
13	《聪明人的教育指南：伊顿公学校长谈教育》	255
14	《学力经济学：被数据推翻的教育准则》	259
15	《善恶之源》	263
16	《理解脑——新的学习科学的诞生》	267
17	《如何调动与激励学生：唤醒每个内在学习者》	271
18	《发现天赋的15个训练方法》	275
19	《一个称作学校的地方》	279
20	《教育的情调》	283
21	《现代课程论》	287
22	《未来课程想象力》	291
23	《核心素养：课程发展与设计新论》	295
24	《学校的挑战：创建学习共同体》	299
25	《追求理解的教学设计》（第二版）	303
26	《观课议课与课程建设》	307
27	《PBL项目学习：项目设计及辅导指南》	311
28	《游戏改变教育：数字游戏如何让我们的孩子变聪明》	315

29	《全世界都想上的课——传奇教师桥本武的奇迹教室》	319
30	《碎片与重构：互联网思维重塑大教育》	323
31	《电影教你当老师——60部中外电影的教育意蕴》	327
32	《测量时代的好教育：伦理、政治和民主的维度》	331
33	《跟蔡元培学当校长》	335
34	《从实践到文本：中小学教师科研写作方法导论》（第二版）	339

管理类

01	《普通中小学校长工作手册》	343
02	《义务教育学校校长专业标准：要点·行动·示例》	347
03	《学校法制：理论与案例》	351
04	《领导力：如何在组织中成就卓越》	356
05	《第五代时间管理》	360
06	《德胜员工守则》	364
07	《U型理论：感知正在生成的未来》	367
08	《学校文化管理》	371
09	《为聪慧与高尚的人生奠基——清华大学附属小学办学行动纲领》	375
10	《校长办公室的那个人——一项民族志研究》	379
11	《重新设计一所好学校》	383
12	《学校管理的50个典型案例》	387
13	《帕夫雷什中学》	391
14	《学校如何运转》	396
15	《岛上学校》	400
16	《高效演讲：斯坦福最受欢迎的沟通课》	404

附录　中国中小学校长基础阅读书目表　　409

基础书目篇

通识类

01 《论语今读》

作者：李泽厚
出版社：世界图书出版公司
出版时间：2019年1月

推荐理由

　　李泽厚，当代著名思想家、哲学家、美学家。湖南长沙人，生于1930年6月，逝于2021年11月。1954年毕业于北京大学哲学系，曾为中国社会科学院哲学研究所研究员、巴黎国际哲学院院士、美国科罗拉多学院荣誉人文学博士。李泽厚成名于上世纪五十年代，以重实践、尚"人化"的"客观性与社会性相统一"的美学观卓然成家。八十年代，李泽厚不断拓展其学术论域，促引思想界在启蒙的路径上艰辛前行。其著作有《美的历程》《批判哲学的批判》《中国（古代、近代、现代）思想史论》《论语今读》《己卯五说》《哲学纲要》等，对中国未来的社会建构给予沉甸甸的人文关怀。

　　《论语》是孔子弟子及再传弟子记录孔子及其弟子言行而编成的语录集，用通俗易懂的话来说，就是孔子与其弟子之间的"对话"录。《论语》全书共20篇492章，内容涉及政治、教育、文学、哲学以及立身处世的道理等，博大精深，包罗万象，是儒家的经典之作。儒家思想的核心要义便是"仁"，接下来就是社会政治范畴的"礼"，以及认识方法论范畴的"中庸"，这三个既各自独立又紧密相依的思想体系，反映了孔子的精神追求和方法实践。

　　以往的阅读经验是，像《论语》这样历史久远的著作，其内容读起来往往感觉晦涩难懂，尤其是语录体的表达形式，大多没有上下文之间的铺垫与关联，更是让普通读者抓不住要义，不得其解。《论语今读》这本书在此基础上应运而生，很好地解决了这个问题。它不仅把原文解释清楚了，还最大程度上还原了每段文字的具体语言环境，再加上李泽厚本人深厚的文学与哲学积淀，把自己对相关问题的理解进行广泛的联系和深入的诠释，拉近了读者与旷世巨作《论语》之间的距离。李泽厚先生对《论语》中的20篇进行了逐一解读，内容按照"四步"体例进行编排——原文、译文、历代注释、作者自己的解读，简单概括为【文】【译】【注】【记】这四个方面，言简意赅，清楚明白，有深度也有广度，极大地展现出中国语言文字的神奇魅力，让读者身临其境一般感受到李泽厚与孔子之间的这场跨越千年的"对话"。

这种"对话"，一方面体现出李泽厚让孔子"在线"，以其强大的感召力向人们演讲他的思想追求；另一方面也体现出李泽厚本人以他独特的方式针对孔子的问题给予回应。因而阅读本书，读者收获的思考不仅是孔子本人的精神意图，更重要的是通过李泽厚的视角所阐释出来的儒家思想。比如，在《学而第一》中，子曰："君子不重，则不威；学则不固。主忠信。无友不如己者。过，则勿惮改。"本书对"重"的解释是"严肃、端重"，翻译是："君子不严肃、端重，就没有权威，所学习的东西就不稳固……"，本书在翻译之后还引了两条注，一是《正义》中对四重的解释："何谓四重？曰：重言，重行，重貌，重好。言重则有法，行重则有德，貌重则有威，好重则有观。是言君子贵'重'也。"另一是《集释》中陆陇其的《松阳讲义》："学必深沉而后能固，不重则浮。学必镇静而后能固，不重则躁……"自此，读者对孔子的这句话应该理解得很清楚了。在此基础上，李泽厚又谈了自己的解读，完全是顺理成章，把原文解释得非常清楚明白。

又比如，关于"学而时习之，不亦说乎？有朋自远方来，不亦乐乎？人不知，而不愠，不亦君子乎？"这句话，李泽厚认为，作为儒学根本，首章揭示的"悦""乐"，就是此世间的快乐。来相见面，来相饮酒，来相聊天，不也愉快？特别又从远方来，一定是很久没有见面了，在古代，这就更不容易，当然更加快乐。这"乐"完全是世间性的，却又是很精神性的，是"我与你"的快乐，而且此"乐"还在"悦"之上。"悦"仅关乎个人的实践，"乐"则是人世间也就是所谓"主体间性"的关系情感。那是真正友谊情感的快乐。

精彩语录

总之，培育人性情感、了解和区分宗教性私德与社会性公德、重视和把握个体命运的偶然，我以为乃是《论语今读》三重点。（前言，P19）

子曰："学而时习之，不亦说乎？有朋自远方来，不亦乐乎？人不知，而不愠，不亦君子乎？"【译】孔子说："学习而经常实践，不是很愉快吗？有朋友从远方来相聚，不是很快乐吗？没有人了解自己，并不烦恼怨怒，这不才是君子吗？"（P3）

【记】作为《论语》首章，并不必具有深意。但由于首章突出的"悦""乐"二字，似可借此简略谈论《今读》的一个基本看法：即与西方"罪感文化"、日本"耻感文化"［从鲁思·本尼迪克特（Ruth Benedict）及某些日本学者说］相比较，以儒学为骨干的中国文化的精神是"乐感文化"。"乐感文化"的关键在于它的"一个世界"（即此世间）的设定，即不谈论、不构想超越此世间的形上世界（哲学）或天堂地狱（宗教）。它具体呈现为"实用理性"（思维方式或理论习惯）和"情感本体"（以此为生活真谛或人生归宿，或曰天地境界，即道德之上的准宗教体验）。"乐感文化""实用理性"乃华夏传统的精神核心。（P3）

当然，"情"有好些不同的层次。在《美学四讲》中，我曾分出审美的悦耳悦目、悦心悦意、悦志悦神三层次。其中，"悦神"的层次，就接近或进入某种宗教境界或宗教体验。它以"天人交会""天人合一"为皈依或指归。"悦志"则充满了悲剧精神，特别是因为无人格神的设定信仰，人必须在自己的旅途中去建立归依、信仰，去设定"天行健"，并总是"知其不可而为之"，没有任何外在的拯救、希冀和依托，因此其内心之悲苦艰辛、经营惨淡、精神负担便更沉重于具有人格神格局的文化。中国实用理性之所以强调韧性精神、艰苦奋斗，其故在此。（P5）

世间有一等人，惟知隐默自守，不与人争，而是非可否亦置不论；此朱子所谓谨厚之士，非君子也。有一等人，惟知阉然媚世，将是非可否故意含糊，自谓无争；此夫子所谓乡原，非君子也。又有一等人，激为高论，托于万物一体，谓在己在人，初无有异，无所容争。……亦非君子也。（P48）

其实《论语》所言，许多是对执政者提出的要求，后儒多把它们解释为对每个人的道德和修养，于是难为也矣。（P137）

"不知命，无以为君子也"，就是说不懂得、不认识外在力量的这种非可掌握的偶然性（及其重要），不足以为"君子"。……后儒曲解"天命之谓性"后，"知命""立命""正命"变成了"安命""顺命"（听命）及"宿命"。（P359）

延伸阅读

《丧家狗：我读〈论语〉》的作者李零认为，任何怀抱理想却在现实世界找不到精神家园的人，都是丧家狗。《论语》这本经典作品，要拆开来读：纵读之，可以历览孔子的一生；横读之，可以深入孔子的内心。《丧家狗：我读〈论语〉》，李零著，山西人民出版社2007年出版。

（卢　瑜）

02　《中国的品格》

作者：楼宇烈

出版社：当代中国出版社

出版时间：2007年1月

推荐理由

楼宇烈，1934年生。浙江省嵊县人。1955年考入北京大学哲学系，师从冯友兰、汤用彤等哲学大家。毕业后留校任教，开启了在北大半个多世纪的教学生涯。现为北京大学哲学系、宗教学系教授、博导，北京大学宗教研究所所长。楼宇烈教授治学严谨，在中国哲学思想史、方法论、史料学、传统文化典籍校释等诸多方面皆有不俗的成绩。

2006年6月，北京读书人俱乐部针对时下社会上"国学热"的种种现象，请楼宇烈教授为会员普及一些正确的传统文化知识。楼教授以真正把握中国文化根本精神为旨要，以"三玄""四书""五经"和六部佛经为纲，设计了一条学习中国传统文化的路子，即从中国传统文化的根源性典籍入手，学习与继承中国传统文化。楼宇烈教授72岁高龄时，仍亲自担任原典系列讲读的"总论"人。从2006年7月初开始，历时半年，共进行了"中国文化的百年浮沉""中国传统文化的品格：人文精神""中国传统文化的根源性典籍""儒家与中国文化""道家与中国文化""佛教与中国文化""中国文化的艺术精神""中医与中国文化"八次讲座，表达了对中国传统文化的一些基本看法。讲座录像发布在网上以后，许多观众受到启示，对中国传统文化有了新的认识。北京读书人俱乐部邓景异先生将讲座整理成文稿，由北京读书人文化艺术有限公司策划并推出。楼宇烈教授以《中国的品格》来命名此文稿，强调从类型和格调上去理解与把握根植于中国传统文化之中的由中华文明所打造出来的特有的品质。

《中国的品格》是讲座文稿，语言深入浅出，是不可多得的传统文化普及读本。作者梳理了中国文化的基本脉络，诠释了中国文化的基本精神。"人文精神"是书的核心。中国文化的核心就是强调人在天地万物中的核心地位，故中国文化所特有的品格就是"人文精神"。作者认为人文有三层内涵：其一，人文是相对于神文和物文而言的，是不受神、物支配的，而是使人的自我价值得到充分体现的精神生活，即"上薄拜神教，下防拜物教"。其二，人文精神强调礼乐教化，即相对于武力、权力压制而言的人文教育，崇尚"人道"。中国传统文化的主要组成部分儒、释、道，都倡导人要反省自求，提升自我。其三，人文是相对于近代西方文化而言的，其思维方式是"整体关联，动态平衡"，即尊重个体差异性，用一种自然合理的方式来看待事物，使各种矛盾得到相对的平衡。

作者认为，鸦片战争以来，西方的思潮、理念不断冲击传统文化。洋务运动、戊戌变法、辛亥革命、新文化运动……中西文化之争旷日持久，时至今日仍在。随着全球化的推进，文化交流的潮流是不可阻挡的。中国人要改变思维模式，传统文化的传承权在现代人手中，不能用西方的思维方式来看待传统文化，使其面目全非，而要树立起文化的主体意识。中国人要阅读根源性典籍，从而准确诠释传统文化，从中寻找对现代有启发、有鼓舞意义的东西。

中国古籍浩如烟海，但都遵循着共同的理论基础，秉持着相同的价值观念，即"述而不作""理念相通"。作者将"三玄""四书""五经"12本根源性典籍的理论基础和核心价值作了概览，着重论述了儒家、道家、佛教的起源、发展，以及主要思想。此外，作者介绍了中国传统艺术中蕴含的文化精神，特别对中医蕴含的传统文化的根本观念和思维方式作了正确的解读。全书秉持"守常明变"的思想，指出要阅读根源性典籍，守住中国传统文化的基本内容和根本精神；强调要顺时而变，与时偕行，以崭新的视角去重新审视，让文化在传承的过程中不断产生新的体悟，成为最宝贵的财富和前进的动力。

精彩语录

儒家崇尚人道的礼仪教化，道家尊重天道的自然无为，佛教则注重人性的净化，礼仪之邦正是由这三方面构架而成的。同时，由此演化出的"整体关联、动态平衡"，以及主张"中"和"和"的思维方式，共同塑造了中国的品格。（P5）

我们现在的状态就像禅宗里面讲的一个故事。一个很贫困的人怀揣着宝珠，自己却不知道，只好沿街乞讨。我们的传统文化中有许多宝珠，我们看不到它，反而到处去求别人，别人的好像就比我们的先进，比我们的好。（P21）

这一百多年来，我们对传统文化采取了一系列的变革。开始是从器物方面变革，接着从制度上变革，然后又从所谓的意识形态，或者说是伦理领域里进行变革，但这些在某种程度上都还没有触及到根子。（P37）

中国文化的人文思维方式是一种强调个性的思维，因为它是动态的、整体的、联系的、随机的、综合的。（P63）

《诗经》就不仅仅被当作文学作品来看待了，它成了一种非常重要的，指导人们生活、做人乃至治国的理论依据。（P69）

《书经》里的这些思想决定了中国文化的一个根本特性，就是以人事为根本，这也奠定了中国文化人文精神的根基。（P73）

玄学家抛弃了汉代的象数易学，重新发掘《周易》蕴涵的深刻道理，提倡义理的易学。（P78）

《老子》的核心是自然无为，自然就是强调尊重事物的本性，无为是强调不要以人的意志去干扰事物发展的方向，应该因势利导。所以，无为不等于无所作为，而是要积极地引导，是无为而无不为。（P78）

《大学》里面讲："自天子以至庶人，一是皆以修身为本。"不管天子也好，普通百姓也好，都要以修身为根本。修身的目的就是要达到道德层面的自觉自愿。（P83）

《中庸》就着重探讨了"中庸"这种品德的内涵。一个是"中"，即什么事情都要做到恰如其分，也就是要掌握一个度。中庸的"庸"是通常的意思，也

是用的意思。所以中庸也可以反过来讲"用中",即我们要"用"这个"中","中"可以说是一个常道。(P85)

只有从这些源头性的典籍入手,我们才能够慢慢地对中国本有的文化的精神,有一个重新的体悟和认识。(P87)

"得意忘言、得意忘象"的思想是魏晋玄学在周易学上对后世影响最大的一点。它是整个中国文化的特征,是整个中国思维方式的精髓之所在。(P131)

玄学家强调应该以人的天然天性为根本,然后再用仁义名教去规范。制定仁义名教必须符合人的自然天性,而且要顺着人的本性去发展,即以道为本,以儒为用。(P132)

"空"也可以说是佛教的一种宇宙观、认识论;只有有了这种认识,才能不被现象世界迷惑,才能够从现象世界中解脱出来。这是佛教最基本的教义和理论。(P150)

延伸阅读

生长在一个国家,并不等于就很容易认识其文化。可能已经融进血液里,反而看不见。韦政通先生所著的《中国文化概论》,是一本让你能全面感受到中国文化之特色所在的好书。《中国文化概论》,韦政通著,吉林出版集团股份有限公司2008年出版。

(冯雪芹)

03　《西方哲学史》（上下卷）

作者：[英]罗素
译者：何兆武　李约瑟　马元德
出版社：商务印书馆
出版时间：2015年6月

推荐理由

罗素是谁？下面这些标签对他或许都合适：他是著名的思想家，也是一位充满热情又离经叛道的社会批评家；他写的《数学原理》是有史以来最难懂的一本数学读物；他提携了另一位哲学家维特根斯坦，最后却与其分道扬镳；他渴望精神生活，却讨厌各种有组织的宗教；他支持女性权益，却在几段婚姻中让几位女性当事人感到"很受伤"。不过，要准确概括罗素的生命特质，恐怕还是罗素自己说过的一句话最为合适："我的一生被三种简单却又无比强烈的激情所控制：对爱的渴望、对知识的探索和对人类苦难的难以抑制的怜悯。"

《西方哲学史》的写作与出版，对罗素来讲多少有些偶然。第二次世界大战爆发后，罗素被困在美国。在此期间，他受到哈佛大学的邀请，作了为期一年的"詹姆斯讲座"。由于当时保守势力猖獗，罗素的其他讲学被迫停止，这使得他差点无法维持生计。在他走投无路之际，费城有位热心的富翁邀请他在费城的巴恩斯艺术基金会讲授西方哲学史。这次演讲获得了较大的成功，随后根据演讲稿整理成的《西方哲学史》一出版也广受欢迎。

有什么样的哲学观念，就会有不同的哲学史。罗素认为，哲学是某种介乎神学与科学之间的东西。哲学和神学一样，包含着人类对于那些迄今仍为确切知识所不能肯定的事物的思考。但是，它又像科学一样是诉之于人类理性而不是诉之于权威。神学是思考无法肯定的事物，科学是解决确切的知识，而哲学则是用理性而不是用权威来思考人类无法用确切知识加以肯定的事物，所以哲学的内容接近于神学，而方法则是科学的。基于此，他在《西方哲学史》中，把从古希腊罗马时期到20世纪中叶的西方哲学发展史，划分为古代哲学、天主教哲学、近代哲学三个时期，并揭示了在不同哲学的发展时期，科学与宗教、社会团结和个人自由是如何错综复杂地交织在一起，且一同与哲学交互作用的。

大致来说，哲学史就应当从公元前6世纪的米利都学派开始，并经历三个阶段：第一个阶段是"古代哲学"，从米利都学派开始到基督教的兴起和罗马的灭亡，哲学浸没于神学之中；第二个阶段是"天主教哲学"，从11世纪到14世纪，基本上是以天主教会为主的神学阶段，这一时期以各种混乱而结束，宗教改革就是这些混乱的最后结果；第三个阶段是"近代哲学"，从17世纪至今，这一阶段的科学对哲学思想具有支配作用，但宗教仍然占重要地位。

近年来我国翻译出版了不同作者所著的西方哲学史，并且名称也几乎一致，但在众多类似的著作中，出版较早的罗素的《西方哲学史》仍因为独特的魅力而无可取代。

首先，罗素写作的视野开阔，非就哲学而谈哲学，而是把哲学放在社会发展的广泛背景下来谈论。它不是单纯讲述西方哲学自身的发展，而是注重哲学与社会生活的关联。

其次，罗素写作的态度诚挚，不受时风左右，而按自己体认的哲学理念与价值秩序，对哲学人物进行评价。该书对哲学家的选择往往并不看其学术地位，而是按照其对西方哲学发展的影响来决定详略取舍。

再次，在叙述风格上，该书摒弃了传统哲学史的学究气和艰涩性，笔调优美流畅，论证文雅清晰，注释旁征博引，读起来毫无枯燥晦涩之感。当然，也正是由于这本书的个性十足引起了很多哲学史家的批评，认为罗素的哲学史主观择取的倾向过于严重而有点剥离客观环境。

《西方哲学史》是整个西方社会文化传统的理论结晶，也是人们了解西方哲学的首选读物。该书多次再版，并被译为多种文字传播到世界各地。罗素与美国哲学家杜威一样，很有"中国缘"。他曾于1920年访问过中国，因回国后撰写的《中国问题》一书，而被孙中山先生誉为"唯一真正理解中国的西方人"。1950年，罗素被授予诺贝尔文学奖。之后，他热衷于和平运动，毛泽东、周恩来联名电邀罗素来华访问，他亦已欣然同意，但临行时，90多岁高龄的他因身体原因，不能远行，便以他的《西方哲学史》赠送给毛泽东，毛泽东嘱将此书翻译出版。

精彩语录

无论是想把哲学所提出的这些问题忘却，还是自称我们已经找到了这些问题的确凿无疑的答案，都是无益的事。教导人们在不能确定时怎样生活下去，而又不致为犹疑所困扰，也许这就是哲学在我们的时代仍然能为学哲学的人所做出的主要事情了。（上卷，P9）

柏拉图和亚里士多德是古代、中古和近代的一切哲学家中最有影响的人；在他们两个人中间，柏拉图对于后代所起的影响尤其来得大。……柏拉图哲学中最重要的东西：第一，是他的乌托邦，它是一长串的乌托邦当中最早的一个；第二，是他的理念论，它是要解决迄今仍未解决的共相问题的开山的尝试；第三，是他主张灵魂不朽的论证；第四，是他的宇宙起源论；第五，是他把知识看成回忆而不是知觉的那种知识观。（上卷，P152）

"那什么是时间呢？"他问道。"如果没有人问我，我是明白的；如果我想给问我的人解释，那我就不明白了。"种种困难使他感到困惑不解。他说，实际上存在的，既非过去；又非未来；而只是现在。现在只是一瞬间，而时间只有当它正在经过时才能加以衡量。虽然如此，也确乎有过去和未来的时间。于是我们似被带入了矛盾之中。为了避免这种矛盾奥古斯丁找到的唯一方法就是说，过去和未来只能被想象为现在；"过去"必须和回忆相等同；而"未来"则与希望相同，回忆与希望两者都是现存的事实。（上卷，P473）

这样，文艺复兴时代人的好奇心就从向来文学性的渐渐转成科学性的。好一股新事实的洪流排山倒海而来，人们起初只能让这个洪流挟持着往前涌进。那些老思想体系显然错了；亚里士多德的物理学、托勒密的天文学以及盖兰的医学，再勉强扩展也不能包括已有的种种发现。蒙台涅和莎士比亚满足于混乱：

从事新发现其乐无穷，而体系乃是从事新发现的死敌。一直到十七世纪，人们构造思想体系的能力才赶上关于各种事实的新知识。（下卷，P35）

从十八世纪后期到今天，艺术、文学和哲学，甚至于政治，都受到了广义上所谓的浪漫主义运动特有的一种情感方式积极的或消极的影响。连那些对这种情感方式抱反感的人对它也不得不考虑，而且他们受他的影响常常超过自知的程度以上。……这运动中的头一个大人物是卢梭，但是在有些地方他只是表现了已然存在的潮流倾向。在十八世纪的法国，有教养的人极其赞赏他们所谓的 la sensibilité（善感性），这个词的意思是指容易触发感情，特别容易触发同情的一种气质。（下卷，P230）

延伸阅读

早在罗素的《西方哲学史》出版 30 多年之前，一位名为梯利的教授就已出版了同名著作。梯利以哲学史家的远见卓识，生动全面系统地介绍了古希腊、中世纪、近代哲学的发展历程，落笔非常客观。《西方哲学史》，弗兰克·梯利著，葛力译，商务印书馆 1995 年出版。

（刘　猛）

04 《哲学·科学·常识》

作者：陈嘉映
出版社：中信出版集团
出版时间：2018年2月

推荐理由

陈嘉映，首都师范大学哲学系教授。陈嘉映很少出现在公众视野中，却被学界认为是"中国最可能接近哲学家称呼的人"。他为中国哲学界译介了两部极其重要的德语哲学著作：海德格尔的《存在与时间》和维特根斯坦的《哲学研究》。个人代表作有《海德格尔哲学概论》《语言哲学》《无法还原的象》《哲学·科学·常识》等。《哲学·科学·常识》出版于2005年，是作者运思多年写下的一部反思哲学、科学与常识的通俗作品，出版十余年来，好评不断，被称为是"一本像惊险小说一样好看的哲学著作"。

提起哲学或科学，相信大家都不陌生。那么，在人类漫长的历史长河中，为什么会出现哲学和科学？它们对人们的日常生活究竟有什么用？在本书中，陈嘉映用他那充满灵性和智慧的文字，辅以科学史上动人的故事，和读者分享了他的思考。

亚里士多德在《形而上学》开篇说：人天生求理解。用我们中国人的话来讲就是"活个明白"。人和动物不同，人类不仅仅是在"应付"这个世界，他们还想理解这个世界，比如追问生死，追问世界的起源与构造，追问人类的起源等。

人类理解世界，首先主要依靠常识。实际上，"即使在我们这个理论泛滥的时代，绝大多数人在绝大多数时候仍然是依靠常识来解释形形色色的困惑。"但常识不全是对的，而且在某些领域，依靠常识是无法解释的。在知识和技能都束手无策的地方，神话和巫术便诞生了，它们解释世界时往往把原因归为某种超自然的力量。

后来，人类理性的头脑醒来，不再满足于靠常识获得零星的碎片化的理解，更不寄希望于神话和巫术这类迷信。于是，"哲学"开始登上了历史舞台。什么是哲学？作者认为，哲学有广义和狭义之分。广义是爱智慧，或者是深刻、深层的思考，玄乎的思想，无用的思想等，在这个意义上，每个民族都有自己的哲学，甚至可以说每个人都有自己的哲学。而狭义的哲学是理论的求真态度，这种态度主要属于希腊。"各个民族都爱智慧，至少其中有一些人爱智慧。但并非各个民族都像希腊一样以理性态度来建构理论。"所以海德格尔说，哲学说希腊话。伽达默尔说，哲学完全是属于希腊的。古希腊哲人如苏格拉底、柏拉图、亚里士多德等，他们都试图用哲学为世界提供理性的整体解释。

哲学最初似乎包含了人世间所有的知识，其中哲学与科学关系最近。一开始，哲学和科学是无法区分的。早期的科学家如牛顿等都称自己为哲学家，直到康德以后，哲学家才逐渐无法染指科学工作。近代科学诞生后，科学走上了"独立"的道路，开始接过哲学的工作，通过数理实验和仪器观察，为世界提供整体解释的理论。如今，科学似乎成了"真理"的代言者，哲学则逐渐丧失了原来的哲学—科学的性质，从对世界的整体解释退回到概念考察的领域。"今天的哲学早已不再是亚里士多德式的哲学，也不可能还是那样的哲学。"

那么，科学时代，哲学何为？作者对"哲学的命运"极为关切。他指出："哲学是道理之学。哲学通过反思求取理解。明白道理也是知，也许是最重要的知。它使我们更加明白自己是怎样理解世界的，从而加深我们对世界的理解。"而"哲学的任务是回到它的出发点，以理性态度从事经验反思和概念考察，以期克服常识的片段零星，在一定程度上获得更为连贯一致的理解。"所以，哲学在如今这个时代还有价值吗？答案不言自明。

本书的写作充满人文关怀和批判精神。在科学如此发达的今天，人们的困惑到底是越来越多了，还是越来越少了？作者在书中提到了"两种文化之争"，即人文文化和科学文化的争论。他直言不讳，"我自己算个人文学者，呼吁人文精神，反对科学对真理的霸权"，他对科学发展带来的"意义的丧失"更是深感忧虑。作者还在书中批判中国人缺乏"理论兴趣",没有希腊人那种"建构理论的热情",技术学习有余,但理论创新不足;批评如今"大学正在逐步变成职业训练班,若说不止如此,那么,对教师还是学术名利场,对学生还是青年娱乐城"等,这些问题都值得我们反思。

总之,本书是中国当下非常有分量的思想学术成果之一。作家许知远在访谈节目《十三邀》中曾这样评价陈嘉映:"在这个时代,他是一个非常重要的声音。"读完本书,你或许也会有同样的感受。

精彩语录

哲学思考难得产生值得付诸文字以与他人分享的果实。就算出现了几个有意思的想法,把这些想法表达清楚连贯成章也非易事。(序言,P1)

也许,科学主义和建构主义都是片面的,我们应该全面地看问题。这样的句式属于官老爷的总结报告,严禁出现在哲学写作中。(P12)

科学不仅是从哲学里长出来的,早先,哲学和科学本来就是一回事。(P13)

希腊是西方科学精神的源头,而西方的科学精神今天又统治了世界。这就是我们为什么言必称希腊。从今天的眼光看,希腊不单属于西方的,希腊属于全世界的。(P19)

启蒙时代,人们觉得自己最聪明,从前的人不免糊涂愚昧。然而到了后启蒙时代,思想家变得比较谨慎,留心不要把历史上存在过的东西简单地宣判为一种错误,存在必具有某种合理性,我们须努力去发现如今看似荒唐的东西在当时的历史条件下有何种合理性。(P38)

中国士大夫传统始终缺乏真正的理论兴趣。这个传统一直延续到现在。这一百多年来,我们开始学习西方以来,各行各业都有能人,在技术性的领域里学习成绩尤其好,但理论创新方面却很弱。(P72)

哲学通过质疑传统形成了自己的传统,其目标不是维持传统,而是寻求真理。对既有观念的批判、不同观念对何为真理的争论,是哲学传统的应有之义。(P77)

理性态度的确有它危险的一面,会对固有的风俗习惯、固有的信仰起到瓦

解作用。（P90）

政治社会的大一统固然是太平盛世的条件，但由于缺少文化多样性，对精神创造力天然不利。反过来就是所谓的时代不幸诗人幸吧。（P118）

哥白尼革命所要求的不是哥白尼一个人，一个"天才"，而是一个时代的成熟，在这个时代里，有识之士准备好了接受哥白尼的天才，他们相互呼应，准备好了从整体上挑战亚里士多德。（P141）

新理论的成熟和自治，其标志即在于它建立了一套自己的概念，从而能够提供一套新的系统描述事物的方式。（P195）

人们常常会从两个方面来考虑理论的意义，一是解释已知的事件，二是预测未来的事件。与此相应，我们检验一个理论是否正确，是否有效，要看它是否符合我们既有的经验或已知的事实，以及是否能作出准确的预测。（P281）

到二十世纪，没有哪个重要哲学家还执着于为世界提供整体解释，这项任务完全由科学共同体接过去了。所以说，科学既是哲学—科学的继承者，又是哲学的"终结者"。（P344）

延伸阅读

《科学究竟是什么》是国际上较流行的一部优秀的科学哲学教科书，是英国著名学者A.F.查尔默斯论述当代科学哲学的代表作。《科学究竟是什么》（最新增补本）由商务印书馆于2018年2月出版，鲁旭东译。

（丁　康）

05 《马克思为什么是对的》

作者：[英] 特里·伊格尔顿
译者：李杨 任文科 郑义
出版社：重庆出版社
出版时间：2018 年 6 月

推荐理由

特里·伊格尔顿是英国当代杰出的马克思主义理论家、文化批评家和文学理论家，曾先后在耶鲁大学、牛津大学等高校任教，有多部文化及思潮理论观察方面的著作面世。

2011 年，特里·伊格尔顿出版了《马克思为什么是对的》，引起了大量的争论，也使得该书成为当年的畅销书。七年之后，2018 年 4 月，针对这些年的新变化，伊格尔顿出版了该书的第二版，除了撰写一篇小小的第二版序之后，也针对欧洲和英国的政治现实，做出了少量的修订。阅读过程中，我们发现该书具有如下三个鲜明的特点：

首先，迎接挑战，直面问题，学术有勇气。马克思思想的真正价值是什么？无论在西方还是在中国，这都是一个引人关注的话题。自 2008 年全球金融危机爆发以来，资本主义制度在西方受到广泛质疑。人们开始重新关注马克思主义，思考马克思主义的当代价值。作为一位坚定的马克思主义者，伊格尔顿在书的前言中就提出了一个发人深省的问题："有没有这样一种可能，那就是我们熟知的反马克思主义论调都是错误的，即便这些论调并非一无是处，也至少是站不住脚的？"正是基于多年对马克思主义深入和系统的研究，伊格尔顿的这本著作让整个世界重新认识、反思马克思主义的契机正在显现。

其次，纵横捭阖，气势恢宏，思维有高度。在书中，特里·伊格尔顿对当前西方社会十种典型的批判马克思主义的观点（即马克思主义终结论、实践有害论、宿命论、乌托邦论、还原论、机械唯物论、阶级痴迷论、暴力革命论、极权国家论及地位边缘论）逐一进行了反驳，并相应地从十个不同的角度分析和证明了马克思主义在当今世界存在的合理性和必要性。作者采用"申辩"式的写作手法提醒了人们，马克思以科学、辨证的方法诠释历史，但着眼点仍是人类的未来，马克思和恩格斯所要颠覆的正是资本主义带来的人与物质异化的事实——而这正是资本主义越成功、道德就越败坏的原因。

最后，机智幽默，表达酣畅，阅读有快感。该书出版后，不少知名的媒体发表了相当肯定的书评，尤其是对其行文特点方面更是不吝赞美。如《出版人周刊》认为，"这是一场生动的辩护……伊格尔顿为这位现代社会主义之父描绘出一幅信息更丰富、形象更复杂、细节更生动的画像。全书贯穿着作者的机智、幽默和敏锐的洞察力。"又如《爱尔兰时报》认为，"本书内容短小精悍，行文妙趣横生，能引领读者在马克思的思想中徜徉，让人迫不及待地想读第二遍。"再如《英国卫报》认为，"这是一本智慧与风趣兼备的书。它的每一章都以与马克思和马克思主义有关的论断开场，进而作者从哲学、政治实践、文学类比等角度对其进行了强有力的驳斥，其论述犀利而又深刻，值得品味。"只要认真阅读本书，很快就能感受到上述媒体所评不虚。

总之，该书持论有理有据，文字酣畅浅白，既高屋建瓴，又深入浅出，兼具学术性与可读性。既是一本值得马克思主义理论研究者阅读的书，也是值得包括中小学校长在内的普通大众读者仔细品读的书。

精彩语录

马克思主义者最大的愿望恰恰是不再继续做马克思主义者。从这个意义上讲，做一个马克思主义者同做一个佛教徒或者百万富翁截然不同，做马克思主义者更像做一名医生。医生都是跟自己过不去的人，他们通过治病救人让人们不再需要他们，从而亲手葬送了自己的工作。（P19）

现代资本主义国家本身就是奴役、种族灭绝、暴力和剥削的历史产物。资本主义也是在无数人的血泪中造就出来的，只不过它存续的时间较长，人们得以忘记了它在过去造成的恐怖罢了，在这一点上斯大林主义则截然不同。马克

思之所以没有患上这种健忘症，部分原因乃是因为他生活的那个时代，资本主义制度尚处在形成的过程之中。（P29）

真正的平等不是以同样的方式对待每个人，而是对全天候人的不同需要给予同等的关注。这就是马克思展望的那种社会。人类的需要各不相同，不可能用同一把尺子去衡量他们。马克思认为，每个人都享有自我实现和积极参与塑造社会生活的同等权利。因此，不平等的障碍必须予以摧毁。但是，其结果应该是最大限度地允许每个人在保持其独特个性的基础上获得繁荣。说到底，马克思所说的平等是为了差异而存在的。（P108）

正统经济学思想往往倾向于缩小经济的内涵，而相比之下马克思主义则试图从最丰富、最宽广的角度去理解生产。马克思的历史理论之所以仍然有效，原因之一就在于物质产品绝不仅仅是物质产品。它们坚守着增进人类福祉的希望，使我们能够获取人生中那么多珍贵的东西。这就是世人会为了土地、财产、金钱和资本而拼死相搏的原因所在。除了那些以研究经济为职业的人之外，没有人会仅仅视经济为经济本身。正是因为人类存在的这一领域将诸多其他维度纳入自身范畴，所以它在人类历史中才扮演至关重要的角色。（P124）

与其说马克思是一位哲学家，倒不如说他是一位反哲学家。事实上，埃蒂安·巴利巴尔把他称为"或许是现代最伟大的反哲学家"。反哲学家指的是那些对哲学抱有戒心的人。反哲学家倾向于提出一些质疑观念的观念。虽然他们在大多数情况下都是完全理性的，但是却不倾向于相信一切都应归结于理性。（P132—133）

即便如此，马克思主义者也并非简单地像某人反对狩猎或反对吸烟那样"反对"资产阶级。我们已经看到，没有任何人比马克思本人更加钦佩资产阶级取得的辉煌成就。例如，坚决反对政治专制、财富的大量集聚带来的普遍繁荣的前景、尊重个体、公民自由、民主权利、真正的国际社会共同体，等等，正是这些成就必将成为社会主义自身建设的必要基础。阶级历史的观点被人们采纳，而没有被简单地抛弃。我们已经看到，资本主义既是一股解放的力量也是一股灾难的力量。正是马克思主义而不是别的政治理论，试图审慎地描述资本主义，而不是要么盲目赞扬要么尖锐谴责这个制度。（P162）

最富成效的权力形式就是主宰自我的权力，而民主的意思则是集体践行这种能力。正是启蒙运动坚持认为，统治权唯一值得我们服从的形式，就是我们自主行使的统治权。这种自我决定是自由最宝贵的含义。尽管人类有可能滥用自由，但是如果没有自由，人类就是不完整的。人类难免会经常作出一些轻率或愚蠢的决定——一个精明的独裁者或许不会采纳的决定。但是，如果这些决定不是由他们自己作出的，无论它们多么睿智也总是空洞而不真实的。（P198）

延伸阅读

俞吾金教授的《被遮蔽的马克思》一书，围绕马克思的思想创新、历史批判及学术探索等三个部分的内容展开，还原马克思本人的观念，清理列宁、恩格斯对马克思思想的遮蔽，阐发马克思思想遗产的当代意义。《被遮蔽的马克思》，俞吾金著，人民出版社2012年出版。

（刘　猛）

06 《什么是科学》

作者：吴国盛

出版社：广东人民出版社

出版时间：2016 年 8 月

推荐理由

吴国盛，1964 年生，现任清华大学科学史系教授、系主任。其著作颇丰，如《现代化之忧思》《时间的观念》《希腊空间概念》等，成名作《科学的历程》畅销 20 余年，是一部立意严肃，读来却轻松流畅的世界科学通史。本书继承了这一优点，虽然书中 90% 的文字都曾发表在 CSSCI 刊物上，但普通读者照样可以不觉枯燥地读完、读懂。中国科学院院士韩启德评价本书是其见过的"最好、最适合当前国人阅读的科学哲学著作"。

科学一词，耳熟能详，妇孺皆知。但如果问你"什么是科学？"，可能又很难说清楚，甚至存在误解。黑格尔说"熟知非真知"，中国人对"科学"看似熟悉，但未必真正理解。本书作者通过回溯科学的历史，为我们揭晓了科学的本质。

"科学"并不是汉语固有的一个术语，它来自日本人对西文 science 一词的翻译。要深刻理解科学，就必须进入西方的语境，因为"科学本来就来自西方，是西方人特有的东西"。在西方历史上，科学其实有前后两个发展形态，第一是希腊科学，第二才是现代科学。

探寻科学之源，必须首先回到希腊。在书中，作者花了大量篇幅从中西文化对比的角度切入，着重介绍了发端于希腊的理性科学传统。希腊科学是非功利性的、内在的、确定性的知识，源自希腊人对于自由人性的追求。那么，中国为什么没有出现古希腊式的理性科学？作者认为，主要是因为两种文明的"人性理想"不同，前者求仁爱，后者求自由，其途径分别是礼教和科学。此外，中国有很强大的"学以致用"的传统，强调学术、知识的工具价值，忽视其内在价值，缺少希腊人"为学术而学术"的自由的精神，因此一开始就和科学精神错过了。

现代科学是希腊文明和基督教文明相融合的产物。如果说"没有希腊科学的复兴就没有现代科学"，那么我们同样可以说"没有基督教就没有现代科学"。对于前者，我们比较容易接受，但对于后者，可能很多人会很诧异：宗教不是科学的死敌吗？事实上，现代科学的先驱者们几乎都是基督徒。作者在书中对基督教与现代科学之间的关系作了详细的介绍，因为对基督教的无知和误解将导致我们无法真正理解现代科学。

我们该如何评价现代科学？作者指出，与希腊"求真的科学（science for truth）"不同，现代科学是"求力的科学"（science for power）。希腊人认为，人只能认识、追随和模仿自然，不可能改造或制造自然。现代科学对此不以为然，现代科学的主要代表是数理实验科学，它采取实验的方法，以掌控和改造自然为目标。它确实为人类带来了巨大的力量，但同时也造成了新的生存危机，需要我们保持警惕。那么，应如何克服现代科学引发的现代性危机呢？作者认为可以采取两条路线，一条是回归古希腊的理性科学精神，另一条是回归博物学精神。

在本书最后两章，作者特意向读者介绍了西方另类科学传统：博物学，可谓用心良苦。作者认为，通过博物学可以扩展"科学"的含义，不仅对于理解西方科学可起到必要的补充作用，同时还有助于为非西方文明之中的"科学"正名。"中国古代到底有无科学？"这是在今天依然会引起争论的"李约瑟难题"。作者的结论是，"在数理实验科学的意义上，中国古代并无科学。在博物学的意义上，中国古代有独特且强大的科学传统。"

好书往往兼具知识性和趣味性。本书既是一本"有知之书"，还是一本"有趣之书"。书中很多观点和结论常常会颠覆我们的已有认知，比如音乐在古希腊属于数学课程；科学家以前都自称自然哲学家；哥白尼长期任职于教会，并未因"日心说"遭到迫害；在欧洲最古老的一所大学里，一切由学生说了算；在物种起源问题上，除了有进化论，还有退化论；中国天文学的基本动机是为了占星；中国传统数学"有术无学"，本质上是一门技术等。

纵观全书，作者以大众易于理解和接受的方式，追问和思考"什么是科学"。作者的用意显然不是为了给"科学"下一个完美的定义，其目的更多在于推进大众对"科学"的理解，促进大众形成"科学意识"，培养"科学精神"，进而改造我们的文化土壤。而所有的这些美好的期望，最终还需要落实在教育上。作为基础教育工作者，我们同样任重道远。读完本书，我们不妨也来追问："什么是教育？""什么是科学教育？"

精彩语录

科学是一种十分稀罕的人类文化现象，起源于对自由人性的追求和涵养。（自序，P9）

在西方文明进来之前，中国人对自己的文明缺乏一个反思的角度，无从获得对本民族文化传统的深刻认知。同样，在了解非西方文明之前，西方人对自己的传统也不甚了了。自我总是在与他者的对话中确立自己的。（P27）

契约文化要求每一个人都是独立自主的个体，要求每个人都能负起责任来，从而能够制定有效的契约并严格遵守。（P38）

今天人们批评中国学者缺乏"独立之思想，自由之精神"，这个局面的深层原因是，中国文化中缺乏"为学术而学术，为知识而知识"的精神，学以致用的传统太过强大。这个学以致用的传统严重妨碍了我们理解科学精神的真谛。（P52）

希腊人认为结论是否荒谬并不要紧，关键是论证是否符合逻辑，符合理性的推理规则。如果论证不合逻辑，推理有漏洞，那自然应当放弃；如果论证没有问题，那就不能轻易放弃，相反，要追究我们的常识是否出了问题。（P55）

什么是科学精神？科学精神是一种特别属于希腊文明的思维方式。他不考虑知识的实用性和功利性，只关注知识本身的确定性，关注真理的自主自足和内在推演。科学精神源于希腊自由的人性理想。科学精神就是理性精神，就是自由的精神。（P106）

无论你是正面评价还是负面评价基督教对于欧洲文明的影响，你都不能否定和忽视这种悠久而深远的影响本身。缺了基督教这个背景，要理解西方的

历史文化是不可能的,正如离开了儒家思想,不可能真正理解中国文化一样。(P117)

"问题意识"是学术研究的开端。中国学生之所以严重缺乏科研能力,根本原因在于"问题意识"不足。在我们的大学课堂上,知识传授有余,培养"问题意识"不足。这是我们与世界一流大学最重要的差距。(P128)

对于希腊人来说,最高贵的姿势是仰望星空;对于中世纪的修道士来说,最高贵的姿势是低头沉思、忏悔;对于现代人来说,最高贵的姿势恐怕是做一个弄潮儿:他要去做事情,要有所作为。总而言之,你要把自己的人生价值通过你个人的方式实现出来。要做事情,不要闲着。闲着是最大的反人性。(P152)

中国古代有没有科学?"有无"问题,本质上是一个定义问题,而不是历史经验问题;是一个观念问题,而不是事实问题;是一个哲学问题,而不是历史问题。基于不同的科学定义,可以得出不同的解答。讨论有无问题的意义不在于得出一个有或无的答案,而是在于推进对"科学"的理解。(P273)

延伸阅读

同题的书往往会给阅读带来愉快的体验。《科学是什么》,张天蓉著,清华大学出版社于2019年10月出版。本书穿插了大量有趣的故事,旨在解答人们对"科学"的一些疑惑,让我们在感受科学魅力的过程中,领悟科学精神的实质。

(丁　康)

07 《艺术的故事》

作者：[英] 贡布里希
作者：范景中　杨成凯
出版社：广西美术出版社
出版时间：2011年3月

推荐理由

一本像块大砖头似的厚重的书，会不会令人畏惧？肯定会的。但，如果这本书是贡布里希所著的《艺术的故事》呢，我们难道还应当畏惧吗？

无需畏惧！

你只要做一件事，完全可以使畏惧"烟消云散"，那就是：开卷读它。

这是一部有高度亲切感的巨著，娓娓道来的表达非常"走心"。在中国，有人形容，"这是一本美得惊心动魄的书"。在西方，有人评价，这是"艺术的圣经"，"像莎士比亚一样著名"。

作者贡布里希爵士，他殚见洽闻，文采斐然，往往寥寥数语就能阐发一个时期的整个气氛。他以这本《艺术的故事》极为成功地教会了成千上万的人如何去欣赏前人的绘画。这是一部博学动人的精彩之作，也是有关艺术的书籍中最著名、最流行而又最经久不衰的著作之一。

恩斯特·贡布里希（1909年—2001年）是艺术史、艺术心理学和艺术哲学领域的大师级人物。生于维也纳，并在维也纳大学攻读美术史。1936年移居英国，进入伦敦大学瓦尔堡大学。曾任牛津大学斯莱德美术讲座教授，哈佛、康奈尔等多所大学的客座教授，并于1972年被英王授封勋爵。主要学术著作有《艺术的故事》《秩序感》《象征的图像：贡布里希图像学文集》等。贡布里希善于以简明晓畅的语言来表达严肃的题目，以便初入门者能轻松学习。《艺术的故事》从1950年出版以来，已经售出数百万册。

我国著名画家吴冠中这样说过："今天中国的文盲不多了，但是，美盲却很多。如今的许多成功人士，包括企业家、媒体人、白领等，他们在各自的领域想必都很出色，然而，遗憾的是很少有人懂得艺术和鉴赏。这些现象的屡见不鲜，暴露的不是不懂艺术，而是虐杀艺术，是没有文化的魔幻现实主义。"美盲，这么多的美盲，从哪里来的？难道不是先前学校"培养"出来的吗？可见，在我国当下，教者急需美的启蒙，学子渴望美的教育。没有艺术之美的教育注定是失魂的，未来中国的成功人士不可能再得容下"美盲"。

有人说过，"多一所学校，就少一所监狱"。借用一下，我们也可以说：多一个读《艺术的故事》的人，社会上就会少一个"美盲"。这本书概括地叙述了从最早的洞窟绘画到当今的实验艺术的发展历程，以阐明艺术史是"各种传统不断迂回，不断改变的历史，每一件作品在历史中都既回顾过去又导向未来。"它将人类的艺术史集于大成，对世界史、哲学史和文学史亦有所征引，笔墨中充满了爱与学识，清澈而富有洞见。看完本书，审美水平和思考水平会有一种不可逆的提高。还值得一提的是，不仅本书作者贡布里希先生是备受尊敬的艺术史学家，艺术史领域最高奖项"歌德奖"获得者，而且本书的引进、翻译者中国美术学院的范景中教授也被我国学界誉为"西方美术史第一权威"。名著名译，真实不虚。

法国思想家蒙田说过："绝大多数哲人，以及最伟大的人物都通过对美的欣赏和沉思来补偿学校教育，并获得智慧。"这意思或许可以这样理解：学校教育虽非万能，但杰出人才的培养离不开艺术的启迪；而要获得真正的艺术启迪，请从阅读《艺术的世界》始！

精彩语录

古老的格言说，趣味问题讲不清。这样说也许不错，不过，却不能抹杀趣味可以培养。这又是一个人人都有体验的问题，可以通过平凡的事情加以验证。不常喝茶的人也许会觉得一种混合茶跟另一种混合茶，喝起来完全一样。但是，如果他们有闲情也有机会去品味其中的细微差异，就有可能成为地道的"鉴赏家"，就能准确地辨别出他们所喜爱的品种与混合，而且这方面的知识越丰富，

也就越有助于他们品尝和享受最精美的混合茶。……当然，艺术趣味跟饮茶趣味相比，不知要复杂多少倍。（P36）

地球上处处都有各种形式的艺术。不过艺术的故事作为一种持续不断的奋斗过程，其历史却并不始于法国南部的洞穴，也不始于北美的印第安人。那些奇特的起源时期跟我们今天之间，没有一个直接的传统能把他们联系起来。但是，我们今天的艺术，不管是哪一所房屋和哪一张招贴画，跟大约五千年前尼罗河流域的艺术之间，却有一个直接联系的传统，从师傅传给弟子，再从弟子传给爱好者或模仿者。（P55）

希腊艺术的伟大革命，自然的形状和缩短法的发现，产生在人类历史上无与伦比、处处震撼人心的时代，就在那个时代，希腊各城市的居民开始怀疑关于神祇的古老遗教和传说，开始毫无成见地去探索事物的本性；就是在那个时代，我们今天所说的科学连同哲学第一次在人们中间觉醒，戏剧也开始从酒神节的庆祝仪式中发展起来。然而，我们不要以为那时的艺术家属于城市的知识阶层。那些治理着城市、把时间花费在市场上进行无穷争论的富有人士，甚或还有诗人和哲学家，大都看不起雕塑家和画家，认为他们是下等人。艺术家是用双手工作，而且是为生计工作。他们坐在铸造厂里，一身汗污，一身尘土，就像普通的苦力一样卖力气，所以他们不被看作上流社会的成员。尽管如此，他们在城市的生活中地位却大大地超过埃及和亚述的工匠，因为大部分希腊城市，特别是雅典城，都是民主政体，普通劳动者虽然遭到有钱的势利小人的蔑视，却可以承担一定的市政管理工作。（P82）

这种有节制的中国艺术只是审慎地选取几个简单的大自然母题，自有某种妙处。但是，不言而喻，这种作画方法也有危险。随着时间的推移，可以用来画竹或者画凹凸山石的笔法，几乎每一种都有传统的根基和名目，而且前人的作品博得了无比巨大的普遍赞美，艺术家就越来越不敢依靠自己的灵感了。在以后的若干世纪里，中国和日本（日本采用了中国的观念），绘画的标准一直很高，但是艺术越来越像是高雅、复杂的游戏，因为有许许多多步骤大家早已熟知，也就大大失去了对它的兴味。（P155）

以往是君主把自己的欢心作为恩赐给予艺术家，现在已是双方调换了角色，艺术家接受委托为他工作，是对富有的君主或当权者的赏脸。这样，艺术家常常能选择他们喜爱的差事，不再需要让自己的作品去迁就雇主的异想天开。艺术家获得了这种新权力最终是不是完全造福于艺术，还难以断言。但是无论怎样，最初还是起了一种解放的作用，释放出大量被压抑的创作才能。艺术家终于获得了自由。（P288）

谈论"现代艺术"，人们通常想的是，现代艺术已经跟过去的传统彻底决裂。他试图做的是以前艺术家未曾梦想过的事。有些人喜欢进步的观念，认为艺术也必须跟上时代的步伐。另外一些人则比较喜欢"美好的往昔"，认为现代艺术一无是处。然而我们已经看到实际情况并不这么简单，现代艺术跟过去艺术一样，它的出现是对一些明确问题的反应。（P557）

延伸阅读

西方艺术哲学史，浩如烟海，博大精深，很多人想要了解却又望而却步。法国知名艺术家、历史学家丹纳将《艺术哲学》带给大众，为普通人打开了解艺术哲学的大门。《艺术哲学》，丹纳著，傅雷译，中信出版社2020年出版。

（陈　娟）

08 《一课经济学》

作者：[美] 亨利·黑兹利特
译者：蒲定东
出版社：中信出版集团
出版时间：2018 年 7 月

推荐理由

本书作者亨利·黑兹利特，美国著名的自由意志主义哲学家、经济学家。1946 年到 1966 年期间，他在《新闻周刊》开设固定专栏，撰写经济普及文章，使数百万的读者受益于他的经济学基础知识以及自由经济理念，在当时及后世产生了极为深远的影响力。与此同时，关于一些流传甚广的经济学说和理论中存在的谬论，黑兹利特更是进行了不留情面的批判，为社会大众了解经济学的运转法则提供了帮助。

作为"20 世纪最杰出的经济新闻人"、当代"自由至上主义者"重要参与者（出自《福布斯》杂志总编辑斯蒂夫·福布斯）、奥地利经济学派的重要成员，作者为奥地利经济学派在英语国家的发展作出了不小贡献。为了纪念作者，1997 年至 2002 年间，人们创建了名为亨利·黑兹利特的基金会。作者一生勤于写作、著作丰富，撰写有 18 本专著和无数评论文章。重要著作主要有《道德的基础》《凯恩斯经济学批判》等。其中最知名的著作当属《一课经济学》一书，这也是他的第一本重要著作。本书于 1946 年一出版就风靡一时，极为畅销。时至今日已被翻译成 8 种语言，全球销量超越百万。

《一课经济学》作为黑兹利特专为社会大众撰写的经济学入门读物，简单阐述了奥地利经济学派的主要理论。全书共分为三大部分，包括 26 章。作为一堂由浅入深的入门课，作者深入浅出地探讨了公共建设工程、税负、政府信贷、工业自动化、就业与失业、最低工资标准、关税、进出口、价格体系、限价、房租管制、利润与储蓄、通货膨胀等一系列涵盖现实社会生活的不同经济领域的诸多问题。并以简单的叙述方式，向读者解答这些复杂的经济学问题的真实情况。例如：机器造成失业、关税保护本国产业、最低工资标准保障穷人日常生活、公共建设工程创造就业机会、限价提高公民消费能力等，这些看似有理论支持的学说，其实都是浅薄和偏激的言论。

就如凯恩斯主义标榜的"公平"，对一个国家的经济而言，税负就好比把国家的钱从右边口袋掏出来放进左边的口袋。然而，问题并非如此简单：整个过程中产生的损耗，则是降低了整个经济价值体系的实质产出。文章伊始就提出了"破窗谬论"（第二部分第2章），通过众所周知的顽童砸坏橱窗玻璃事件，真知灼见地对凯恩斯提出的"政府如果能够适时地用资金和项目提供更多就业机会，经济振兴指日可待"这一理论予以直接反击。一块小小玻璃的破碎，却带动了社会上诸多行业的发展，甚至更多的就业机会被创造。让人难以置信的是，一件坏事竟然变成一件不可多得的好事！然而，这一过程中，人们却常常忽略了橱窗拥有者（面包师）所支付的这笔玻璃维修费用，本也可以消费在别处用以拉动经济的发展，同时还可避免玻璃破碎的耗损。正如作者在本章结尾所说："那些围观的人只想到了交易的双方——面包师和玻璃工——的情况，却忽略了可能涉及的第三方——裁缝师，因为他再也不会出现在那里了。人们过两天就会看到崭新的橱窗，但绝不会看到那套西装，因为它永远不会被做出来。人们总是只看到眼前所见的东西。"

作者通篇使用简单易懂的例子，将诸多经济学谬论逐一击溃。通过一本书讲一堂课，旨在向我们传递两种经济学的思维方式：人们要用长远的眼光来看待任何一种经济行为，而非即时影响；经济计划的制订与实施，不能以对某些特殊群体的影响为主导，而应考虑所有群体。

本书呈现了作者对于政策、制度、法律、道德和人性的逻辑思考。《一课经济学》，一本人人都能读懂的经济学，一本严肃却不乏趣味的经济学，习得运用经济学思维方式看待事物的能力，我们才能够纠正思维的逻辑偏差，看清经济生活的本质。

精彩语录

除了无休止地追逐私利，还有另一个主要因素，导致新的经济学谬论每天都在产生，即：人们总是看到某项政策的即时影响，或者只看到对某个特殊群体产生的影响，而不去探究其对所有群体产生的长远影响。这就是忽视间接后果的谬论。（P4）

经济学推理中最常见的许多谬论，源于人们倾向于将"国家"当成抽象的集合名词去思考，而忘记或忽视了组成它并赋予它意义的个人。（P16）

在诚信的借款人看来，所有的贷款最终都是要偿还的。所有的信用都是债务。因此，提高信用额度的提案，不过是加重债务负担的提案的代称。（P32）

总的来说，主张政府对民间的个人或项目放贷的提案，往往都只看到了 B 而忘记了 A。它只看到从中获得资本的人，而忽视了那些应该得到而没有得到资本的人；它只看得到有政府贷款注入的项目，而忽视了无法获得资本的其他项目；它只看到某个群体的眼前利益，而忽视了其他群体的损失，以及整个社会的净损失。（P38）

所有那些机器导致失业的想法，若从逻辑的一致性来讲，必然都会得出一个荒谬的结论：不仅我们今天的每一项技术进步都会带来失业，就连原始人尝试摆脱苦力劳动的时候，也已经开始造成失业问题了。（P41）

摊享工作机会的企图源于一个错误的假设：世界上可做的工作是有限的。恐怕再也找不出比这更荒谬的论调了。（P60）

但十分清楚的是，虽然受保护产业的工资水平或许能比不受关税保护时要高，若把所有产业的情形都考虑在内的话，和本来应有的整体水平相比，关税一定会降低实质工资。（P74）

政府不肯将等位价格原则普遍应用于所有的产品，证明这类经济计划并非对公众有利，而只是补贴特殊利益集团的工具。（P90）

放手让一些老旧产业萎缩或消亡，其实是为了让新产业能够快速成长。这样有助于使必要的资本和劳工从旧产业中释放出来，供新产业使用。（P99）

价格取决于供给和需求，而需求由人们想要拥有某种商品的渴求程度，以

及人们必须用来交换的东西所决定。（P105）

假使政府有魄力、有能力去限定受控商品的成本，成本控制也只会导致受控商品的各种生产要素出现短缺。这么一来，政府就不得不继续扩大受控商品的范围，最终结果将会跟全面价格管制的结果一样。（P121）

规定开出过低工资就算违法并不能使雇员的劳动价值一定够得上最低工资标准。法律只不过剥夺了人们依靠自身的能力和条件挣到相应工资的权利，同时也剥夺了社会享有这部分人力所能够提供的廉价服务。（P136）

利润来自成本和价格之间的关系，它不仅告诉我们生产何种产品最经济，而且告诉我们哪种生产方式最经济。（P167）

通货膨胀犹如自我暗示、催眠术、麻醉剂，可以减轻手术时的痛苦。通货膨胀就是人们的鸦片。（P179）

延伸阅读

美国经济学家保罗·海恩等所著的《经济学的思维方式》打破常规经济学书籍的枯燥无味，回避了繁复的公式、函数、运算，通过深入浅出和饶有趣味的图画，向大众展示了一种"经济学的想象力"。《经济学的思维方式》（第13版），保罗·海恩等著，史晨译，机械工业出版社2015年出版。

（竺　佳）

09 《未来简史》

作者：[以] 尤瓦尔·赫拉利
译者：林俊宏
出版社：中信出版集团
出版时间：2017年2月

> **推荐理由**

尤瓦尔·赫拉利，1976年生于以色列海法，2002年获牛津大学历史学博士学位，专研中世纪史与军事史，现任教于耶路撒冷希伯来大学历史系。他擅长世界历史和宏观历史进程研究，在学术领域和大众出版领域都有很大的兴趣，从宏观角度切入的研究往往得到颇具新意而又耐人寻味的观点，是学界公认的"青年怪才"。其代表作《人类简史》《未来简史》和《今日简史》并称"简史三部曲"。

赫拉利的突破性著作《人类简史》在2014年登上国际畅销书榜。从动物到上帝，从认知革命、农业革命到人类的融合统一，再到科学革命，这部非凡的作品囊括了从人类的诞生到当代的世界坎坷多难的历程；有文化、宗教、科学、历史、生物等学科知识，像这样贯穿众多学科领域壁垒的史学研究简直让人瞠目结舌。而《人类简史》最终被挤下了以色列畅销书榜首位，取而代之的是赫拉利的新作《未来简史》。如果说《人类简史》是告诉我们人类从哪里来，《未来简史》就是预测人类将往哪里去。在这本书中，赫拉利从当代落笔，然后写到未来，可以说这是对未来的一种预测，打开了人类认知未来之窗的新方式！

"到了21世纪，人类要自问一个前所未有的问题：我们接下来要做什么？"人类在第三个千年开始之际，已经"成功"地遏制了饥荒、瘟疫和战争，什么将取而代之成为人类最重要的议题？《未来简史》的开篇，作者提出了人类的新议题。由于基因技术、人工智能和机器人技术正在不断改变人和人之间的关系以及人和其他物种之间的关系，因此，我们所有物种都面临这巨大挑战。目前，人类的前三大议题似乎是：不死、快乐和神性。这三个议题已经超越了外向的物质生活的讨论范围，转而探索内向的人类精神世界。如何理解呢？赫拉利带领我们从三部分回顾，了解智人究竟是怎样的生物、人文主义如何成为主导世界的宗教，以及为什么实现人文主义的梦想反而可能导致人文主义的崩塌。整本书的结构也由此铺排开来。

第一部分：智人征服世界。着眼于智人与其他动物的关系，希望理解我们这个物种究竟有何独特之处。

第二部分：智人为世界赋予意义。根据第一部分的结论，本书第二部分将会审视智人在过去数千年间创造出了怎样光怪陆离的世界，又是怎样把我们带到了现在这个十字路口。

第三部分：智人失去控制权。在更了解人类、更了解人文主义信条之后，回到21世纪初，我们目前的困境是什么？可能的未来将是怎样？

在前两部分的追溯中，赫拉利认为，我们人类是在一个不断加速的列车道中行驶的，经历了认知革命、农业革命、文字的出现、工业革命、科学的出现。每一次革命都完全改变了代际更迭的速度，每一次革命都给人类发展换一种快车。比如，关于上帝，作者认为是农业革命的产物，农业革命促成了有神论宗教。在工业时代，科技革命催生了人文主义宗教：以人取代了神。而人文主义三代派别的交战历经两次世界大战和一次冷战，最后结果是自由主义胜出。自由主义给所有人自由表达的权利，生产出最丰富的产品，创造了最丰富的艺术作品。获胜的自由主义理想正在推动人类走向长生不死、快乐幸福并化身为神。

但如今，科学技术的发展将颠覆我们很多当下认为无需佐证的"常识"，当以大数据、人工智能为代表的科学技术发展得日益成熟，人类将面临着从进化到智人以来最大的一次改变，绝大部分人将沦为"无价值的群体"，只有少部分人能进化成特质发生改变的"神人"。人文主义的崩塌是否是好事？人类命运又会何去何从呢？尤瓦尔·赫拉利在第三部分中以宏大的视角审视人类未来的终极命运，提出应该去关注三项彼此息息相关的发展：

第一，科学正逐渐聚合于一个无所不包的教条，也就是认为所有生物都是算法，而生命则是进行数据处理；

第二，智能正与意识脱钩；

第三，无意识但具备高度智能的算法，可能很快就会比我们更了解我们自己。

对于这样的未来，赫拉利也提到，这是基于过去 300 年的思想和希望而指向的未来，而基于 21 世纪将诞生的新想法、新希望而形成的真正的未来，可能和过去的未来完全不同。历史唯一不变的事实，就是一切都会改变。未来已经到来。

精彩语录

过去几百年间，科技、经济和政治的进步，打开了一张日益强大的安全网，使人类脱离生物贫穷线。虽然有些地区时不时仍有大规模饥荒，但只能算是特例，而且几乎都是由人类的政治因素而非自然灾害所致。世界上已经不再有自然造成的饥荒，只有政治造成的饥荒。（P4）

幸福快乐的天花板有两大支柱，分别属于心理与生理层面。在心理层面，快乐与否取决于你的预期，而非客观条件。仅有和平繁荣的生活，并不能让我们满意；现实必须符合预期才能让我们满足。但坏消息是，随着客观条件改善，预期也会不断膨胀。如果我们不做出改变，未来不论达到什么成就，可能我们还是会像当初一样，永远不会真正满足。（P31）

这正是历史知识的悖论。知识如果不能改变行为，就没有用处。但知识一旦改变了行为，本身就立刻失去意义。我们拥有越多数据，对历史了解越深入，历史的轨迹就改变得越快，我们的知识也过时得越快。（P51）

历史学家研究过去不是为了重复过去，而是为了从中获得解放。研究历史，就是为了挣脱过去的桎梏，让我们能看向不同的方向，并开始注意到无法想象或过去不希望我们想象到的可能性。……研究历史并不能告诉我们应该如何选择，但至少给我们提供更多的选项。（P53）

人们之所以不愿改变，是因为害怕未知。但历史唯一不变的事实，就是一

切都会改变。（P61）

这正是历史展开的方式。人类编织出一张意义的网，并全然相信它，但这张网迟早都会拆散，直到我们回头一看，实在无法想象当时怎么可能有人真心相信这样的事。（P131）

与"现代的契约"——人类同意放弃意义换取力量。（P179）

但生命科学戳破了自由主义的想法，认为所谓的"自由个人"也是一个虚构的故事，人只是生化算法的组合。（P273）

数据主义将人类体验等同为数据模式，也就破坏了我们的主要权威和意义来源，带来自18世纪以来从未有过的重大宗教革命。在洛克、休谟和伏尔泰的时代，人文主义认为"上帝是人类想象力的产物"。但现在数据主义以其人之道还治其人之身，说道："没错，上帝是人类想象力的产物，但人类的想象力一样只是生化算法的产物。"在18世纪，人文主义从以神为中心的世界观走向以人为中心，把神推到了一旁。而在21世纪，数据主义则可能从以人为中心走向以数据为中心，把人推到一边。（P352）

过去的人文主义呼吁着："聆听自己内心的声音！"而现在的数据主义则呼吁："聆听算法的意见！"（P354）

延伸阅读

《人类简史》不到五百页，却写出了从石器时代智人演化直到21世纪政治和技术革命的一整部"人类史"。正如牛津大学历史学院院长斯蒂文·刚尼所说：这是大历史中的最好一本。《人类简史》，尤瓦尔·赫拉利著，林俊宏译，中信出版社2017年出版。

（袁　翔）

10 《越读者》

作者：郝明义
出版社：人民文学出版社
出版时间：2009 年 4 月

推荐理由

郝明义，1956 年出生于韩国。现任大块文化董事长，Net and Books 发行人。著有：《工作 DNA》《故事》《那一百零八天》《他们说》。译著：《如何阅读一本书》《2001 太空漫游》。

《越读者》是一本讨论阅读的书，作者写法活泼生动，充满时代气息，还配有好玩有趣的漫画和段子，同时又不失严谨。作者提出了许多具有操作性的阅读建议，同时还推荐了很多关于读书与学习的书，比如《书之爱》《中国古今治学方法》《民主与教育》等，不同的读者都可以从中得到不同的启示。书的前半部分反思了如今教育体制下各个年龄阶段读书的功利性和狭隘性；后半部分则旨在教会读者在书籍选择中懂得膳食平衡，更不断鼓励读者跨界阅读，由一个阅读者转变为一个越读者，去触碰更多领域，越学科边界读书、越食物边界读书、越媒介边界读书。

我们所处的时代，是人类有史以来阅读资源最丰盛的时代，但是，作者认为很多人无法超越一些自我局限去享受这个时代给予的丰饶。犹如原始人，虽身处资源丰富的环境中，却迫于各种局限，逐渐饥饿至死。这是非常可悲的。通过《越读者》这本书，读者可以跨越这些自我局限，回归到阅读本来的样子，去尽情分享时代的盛宴。郝先生说：阅读永远为我们开着一扇门。尽管我们的身份不同，但我们面对的问题相同。只要相信，我们随时伸手，都可以画出那道门户，超越来自学校的、父母的、习惯的、惰性的束缚。他还说：永远不要怕晚！除了爱情，没有事情像阅读这样让我们觉得，迟来的开始也可以如此美好！

郝明义先生以饮食类比阅读，有趣形象。阅读，这种给予头脑的饮食，可以分成四种：第一种是主食阅读，又可以称之为"生存需求的阅读"，是为了寻求人生在职业、工作、生活、生理、心理等方面的一些现实问题的直接解决之道。第二种是美食阅读，又可以称之为"思想需求的阅读"，这种阅读是在帮助我们体会人类生命深处的共鸣，思想深处的结晶，很像是饮食分类里的"美食"。第三种是蔬果阅读，又可以称之为"工具需求的阅读"，是为了帮助我们查证阅读过程中不了解的字义、语义、典故与出处而进行的阅读，很像是饮食里的蔬菜、水果。第四种是甜食阅读，又可以称之为"休闲需求的阅读"。阅读就是为了娱乐、消遣，是一种休闲活动，很像是饮食里的甜食或零食，追求的就是口感。读书如饮食，各种营养的均衡才能让我们有健康的体魄，灵魂的升华。

阅读地图上的七道阶梯也是这本书的精华观点。第一道：你关心、思考的，是如何让自己更美好。第二道：你开始关心、思考如何让自己与所爱的人，共同更美好。第三道：你开始学习欣赏一切抽象的美好。第四道：你开始学习欣赏社会制度之美好。第五道：你开始学习欣赏与自己相异之行为的美好。第六道：你开始学习体会多元知识激荡之美好。第七道：你学习体会宇宙的智慧之美。阅读按照七道阶梯走，这样读书才能读出味道，才能感受读书带来的美好。所以作者说：你有了懂得阅读的神奇钥匙，所有的资源为你所尽享；没有那把钥匙，你只会被无边的知识与资讯压迫得窒息，或是逃避。

关于阅读，如果你想掌握最本质的读书方法，如果你想寻求信息时代阅读的意义，如果你想学会如何选书买书，如果你想知道碎片化阅读的正确开启方式，如果你想通过阅读构建个人知识结构（思维体系）……但——如果只读一本书，推荐你选择《越读者》。

精彩语录

英文世界里，把"Read the Word"（阅读文字），和实际历练人生的"Read the World"（阅读世界）并称。意思是：每一本书都可能是一道窗户，改变我们对世界观望的方向；或是一道门户，改变我们人生真正走出去的方向。有了阅

读的"窗户"与"门户",又有因此而行的行动,人生可能的走向,因而丰富起来。(P49)

林语堂:"这个世界上没有一本书是人人所必须阅读的,只有在某时某地、某个环境或某个年龄中一个人所必读的书。"培根:"历史使人聪明,诗歌使人富于想象,数学使人精确,自然哲学使人深刻,伦理学使人庄重,逻辑学和修辞学使人善辩。总之,读书能陶冶个性。每一种心理缺陷,都有一种特殊的补救良方。"(P86)

网络出现,则许给了每个人一台风驰电掣、无远弗届的跑车。还是插了双翼的莲花跑车,从此,步行的空间与地理界限,不再存在。有了跑车,没有理由不使用这种交通工具的方便;但有了跑车之后,也不表示每个人都不需要走路了。重要的是如何适当地交互使用。用旅行来举个例子。有了跑车之后,(除非有特殊目的)坚持要去千里之外的一个地点也要步行,是浪费时间;但是到了目的地,只开车晃个一圈,不肯自己下车,寻幽探微,也是浪费时间。(P107)

阅读小说并不如一般人所想象的那么简单,而是一门困难而复杂的艺术,你不仅要有能力去体会作家非凡的技巧,更必须具有丰富的想象力,才能进入艺术家为你所创造的境界,领悟到更多的东西。(P126)

时间既然是金钱,那就应该懂得用来投资性地阅读,也用来消费性地阅读。(P167)

金钱能创造的最大效益还是得靠钱滚钱,所以,阅读一定要设法有个"整款"时间。不妨从每个星期至少有三小时完整阅读时间做起。(P168)

不懂得用不同的功夫来读不同的书,而只知道用力读书,就是死读书。死读书,就是把大脑的CPU当硬盘来用。CPU被浪费了不说,要使用其他硬盘的时候也无从使用起。(P203)

层次,是一种说法。层次的提升,可以是渐进的,但也可能是跳跃的、突破的。在阅读方法这件事情上,强烈的好奇心,正是一个可以形成跳跃与突破的最大动力。跳跃与突破的点,正可以由最高层次的"主题阅读"来切入,然后回头掌握其他层次自己还不熟悉的方法。只要你有一个够强烈的问题或疑惑

可以刺激出你足够的好奇心。（P213）

胡适说："为学要如金字塔，要能广大要能高。"这是为学的一个理想境界，以及到了一个理想境界的人的心得。（P222）

在阅读的探索路途上，想要有一个动力驱使，引导我们一直往上攀登，最好有一个追赶的对象。也许是这样的一本书，也许是一个人。（P234）

在知识密林里，你随着阶梯越登越高，眼界越来越开阔，密林的范围、深远、景致，也都随着越来越清楚，终至一切尽在你的眼下。参考这七道阶梯，你可以拾阶而上。否则，你在地面看那最高的一阶，永远只是天梯。（P243）

延伸阅读

阅读是一门艺术，是每个读书人必修的一门功课。《如何阅读一本书》是一本指导人们如何阅读的名作，是一本有关阅读的永不褪色的经典。《如何阅读一本书》，莫提默·J·艾德勒、查尔斯·范多伦著，郝明义、朱衣译，商务印书馆2004年出版。

（谢红琴）

教育类

01 《论教育学·系科之争》

作者：[德]伊曼努埃尔·康德
译者：杨云飞　邓晓芒
出版社：中国轻工业出版社
出版时间：2019年2月

推荐理由

受过高等教育的人，没人会不知道哲学家康德。文科的，想必还听说过康德的三大批判：第一批判《纯粹理性批判》，讨论的问题是：我能知道什么；第二批判《实践理性批判》，讨论的问题是：我能做什么；第三批判《纯粹理性批判》，讨论的问题是：我能期望什么。这三个问题又合成一个总问题：人是什么。

单是知道上面这些，已经足以让一位有事业心的教师，在听说康德还有教育学著作后，对它满怀期待了。因为，关于"什么是教育"的一种回答是：使人成人。这个回答本身就是康德式的。而且，它是康德教育思想的出发点。

实际上，康德的著作并不限于三大批判，他的研究领域也不限于哲学。在李秋零主编和翻译、中国人民大学出版社2013年出版的《康德著作全集》中，我们可以看到，他的研究领域还包括：天文学、地理学、物理学、数学、宗教学、人类学、逻辑学等。我们推荐杨云飞和邓晓芒翻译的这本《论教育学·系科之争》，是因为目前国内能从德文直接翻译康德著作的，可能只有李秋零和邓晓芒两位。由于推荐李秋零的译本势必推荐整个康德著作全集，所以考虑再三，还是推荐由邓晓芒的学生杨云飞主译的这本。毕竟，有邓晓芒把关，这个译本是可以信得过的。这是我们推荐这本书的第一个理由。

哲学史上，康德属于"大体系"哲学家（他自己曾说哲学家是空中楼阁建筑师）。这本书是有理论体系的，不过它的体系并不隶属于现代教育学，而是隶属于康德实践哲学。也就是说，这本书是康德人学的一个组成部分，主要讲"人"是如何被自己发明出来的。以这种高度和视野来讨论教育，只有顶级哲学家才能做到。这是我们推荐这本书的第二个理由。

第三个理由是，教师专业知识中的教育专业知识，主要由教育学和心理学构成。这两门学科都是在19世纪从哲学中独立出来的，现代教育学之父赫尔巴特，最早呼吁心理学应当成为一门科学。可这两门学科今天已经没有什么联系了，因为专业标准完全不同。也就是说，把这两门学科的理论和观点，整合成所谓教育专业知识，其实是靠教师自己，即靠教师自己在实践中去摸索。但也有一种可能，教师直到退休时，都没发现他曾经学过的教育学和心理学有何联系。因此需要一种能将教育学和心理学打通的理论，而这非康德莫属。仅举一例，如果你能坚持看完并看懂这本书，你可能会豁然开朗，今天儿童发展心理学中最重要的两大理论——皮亚杰和科尔伯格的理论，原来都是从康德教育学演变出来的。

最后一个理由是实践上的。今天，要不要惩罚那些"无法无天"的儿童或学生，成了教育上最敏感、最尖锐，也最令人困惑的问题。惩罚是丑陋的，但没有惩罚似乎是行不通的。那么教育中到底该不该运用惩罚？假设教育惩罚是必要的，如何惩罚？怎样的惩罚才是具有教育性质和教育意义的教育惩罚？类似这样的问题，你只能到这本书中去寻找答案。但需要有一点耐心，因为康德思考的事情，远比我们想象得要复杂和深刻。

在今天的教育学界，研究康德教育思想的人不是很多。在人民教育出版社出版的三卷本的《西方教育论著选》中，也没有康德这本书的摘选。然而现代教育学之父赫尔巴特,是接替康德在哥尼斯堡大学主讲教育学的。他的《普通教育学》也是在康德教育学基础上发展起来的,其实践哲学和心理学理论都深受康德的影响。当今有识者认为,相比今天流行于中国的、从苏联凯洛夫教育学演变出来的那种教育学,康德与赫尔巴特的教育学思想无疑要深刻得多。

精彩语录

人是唯一必须接受教育的被造物。(P7)

人只有通过教育才能成为人。除了教育把他塑造成的东西,他什么都不是。需要注意的是,人只有通过人,通过同样是受过教育的人才能被教育。(P10)

设想人的本性将通过教育而发展得越来越好,而且人们能够使教育具有一种合乎人性的形式,这是令人陶醉的。这为我们展示了一种未来更加幸福的人类的前景。(P11)

教育就是能够托付给人的最重大和最困难的问题。因为洞见取决于教育,而教育又取决于洞见。因此,教育只能循序渐进,只有通过一代人把自己的经验和知识传给下一代人,又由下一代人附加上某些东西再这样传给其下一代,才能够产生出一个关于教育方式的正确概念。(P13)

教育最重大的问题之一就是:人们怎样才能把服从法则的强制与运用自由的能力结合起来?因为强制是必需的。我怎么才能凭借强制教养出自由来呢?我应当让我的子弟习惯于忍受对其自由的某种强制,并且应当同时引导他去善用自己的自由。否则,一切都是单纯的机械作用,离开了教育的人是不懂得运用自己的自由的。(P23)

教育学,或者教育的学说,要么是自然的,要么是实践的。自然的教育是人与动物共有的教育,或者就是抚养。实践的教育或者是道德的教育是人受到教化的教育,为的是他能够像一个自由行动的存在者那样生活。(人们把一切与自由相联的东西都称为实践的。)他是导向人格性的教育,是一个自由行动的存

在者的教育，这个存在者能够自立，成为社会中的一员，但自身又具有一种内在的价值。(P25)

一般来说，人们必须注意：教育的最初阶段必须只是否定性的，也就是说，人们一定不要在自然的预先准备之上还添加什么新东西，而只要不妨碍自然就行了。(P30)

人们可以忙于游戏中的事务，并把这称为忙于休闲；但人们也可以被强制着忙于事务，而把这称之为工作。学院式的教化对孩子来说应当是工作，而自由的教化则应当是游戏。(P44)

人必须以这样一种方式让自己被充实，即他以完全忘我的方式，心中充满了他眼前的目的，而对他来说最好的休息就是劳动之后的休息。因此，孩子也必须习惯于劳动。(P46)

带着愤怒特征来进行的惩罚会产生错误的效果。这时孩子们只把它视为他人情绪的后果，而把自己视为其情绪的对象。一般来说，把惩罚加在孩子们身上必须始终谨慎，要让他们看到惩罚的最终目的只是他们自身的改善。(P61)

属于实践教育的有：(1) 技能；(2) 世俗的明智；(3) 德性。(P65)

如果人们让孩子刻意按照别人的价值来评价自己，就会激起嫉妒。毋宁说，他应该按照自己的理性的概念来评价自己。因此，谦卑真正说来无非是把自己的价值和道德完善性作一种比较。(P71)

对别人要有博爱之心，然后还要有世界公民的情怀。在我们的心灵中有某种东西使我们产生关切：(1) 对我们自己；(2) 我们与之共同成长起来的他人；(3) 然后还有一种关切必须是世上至善。必须让孩子们熟悉这种关切，以便他们可使自己的灵魂热衷于此。他们必须对这种世上至善感到高兴，即使这对他们的祖国并无好处，或者并不是他们自己的利益。(P82)

延伸阅读

一个流传已久的故事说，康德读《爱弥儿：论教育》读到忘了散步的程度。

如果看完这本书后,你想知道,是什么触发了康德思考教育问题,你就已经可以读卢梭的《爱弥儿:论教育》了。《爱弥儿:论教育》(上下卷),李平沤译,商务印书馆1978年出版。

(江 峰)

02 《生命与教育》

作者：冯建军
出版社：教育科学出版社
出版时间：2004年1月

推荐理由

本书作者冯建军，1969年生，河南南阳人，南京师范大学教授。主要的研究领域有：类主体教育（含主体间性教育）、生命与教育（含生命化教育）、教育公正与优质均衡发展、道德教育与生命教育、公民教育等。先后出版专著十余部，多次主持国家级、省级与生命教育相关的规划重点课题，积极构建促进生命和谐发展的素质教育研究。

《生命与教育》基于现实中生命与教育之关系的思考，分析了教育遮蔽生命的现实背景：现代教育被理解为个体获得某种生活的工具；社会越来越发达的分工导致教育与生活分化，从而使教育变成一种相对独立的活动。强大的现代性的语境下，教育的目的被异化为知识、技能、唯材教育、符合论知识观、划一性制度等让教育偏离生命的轨道，造成对生命完整性的肢解、灵动性的压抑以及独特性的阉割。作者认为教育的目的在于用知识启迪智慧，将智慧融入生命，最终提升生命的意义。因而，应以"人"的方式来认识人，尊重人未特定化的本性，点化与润泽生命才是教育的核心，教育要回归生命的原点。

教育是生命存在的基本方式，生命发展的过程就是教育的过程。本书第三章"教育对生命的祈求与追寻"系统地梳理了古今中外不同历史时期的生命形态，以及衍生的教育思想：其中西方是"人文主义教育""自然主义教育""生命哲学""人本主义教育"等理性的带有个人主义文化色彩；中国是儒家的社会人本主义、道家的自然人本主义，以及近代的生命教育思想等以伦理为核心的偏重社会主义的文化色彩。随着时代的发展，生命教育一直涵盖其中，却没有系统的理论支撑，也没有转化为教育实践。

基于这样的背景，作者以"教育的生命品性"为主题思考了个体生命发展的内涵与特征，以及学校教育的独特价值。从敬畏生命、解放儿童、融入生活、人文关怀四方面论述了生命化教育的特征。作者提出生命化教育，需要生命化的教育研究，因此着重阐释了质疑主义的教育研究范式、理解的人文科学研究范式以及人种志研究法、叙事研究法、传记研究法、解释现象学等关怀生命的研究方法。

接着，作者从自然生命、精神生命、社会生命三个维度构建了人的教育内容，提出了自由的教育活动和个性化的教育形式。作者提出人是独特的生命体，教育应根据个体差异，扬长避短，培养有个性的人，要尊重个体的独特性与差异性，发挥自主性与选择性，通过创设展示生命潜能的条件，使生命潜能被充分地激发。生命教育就是要致力于生命的和谐、自由的发展，实现人的自我超越。实施生命教育，要引导人认识到发展的主动权在于生命自身，从而树立远大的志向，将生命的发展转化为可持续的内在需求，消解自我中心，形成开放的心态，构建平等的关系，不断地自我塑造，自发发展。此外，作者提出生命教育要关注个体发展的偶然性，即非连续性教育，如危机面前，通过自我否定而实现自我超越的过程，使生命进入新的阶段；以及基于生命有限性的教育思考，如向死而思生，启迪死亡积极的人生意义等。

全书以真挚且理性的思考竭力追寻教育的本质，以将生命融入教育，将教育融于生活来引导教育的实践。作者以"生命，在教育中诗意地栖居"来突出教育是培养人的活动，教育看到的人不仅是全面的，而且是具体的，是实实在在、有血有肉有情感的生命；强调教育对生命完整的关注，生命的灵动、张扬和独特，并以此渐臻生命全面而和谐、自由而充分、独特而创造地发展。

精彩语录

人是双重生命的存在，既具有自然生命，又具有超自然的价值生命，是自然生命和价值生命的统一体，自然生命是价值生命的载体，价值生命是自然生

命的灵魂，舍弃二者中的任何一个，生命都是不完整的。（前言，P8）

生命是自由的，关注人的生命的教育，必须凸显生命的灵动。（前言，P11）

对生命的尊重，对生命价值的尊重，最基本的就是尊重生命的独特性。生命的独特性，也称为个性，是个体动机、需要、兴趣、特长、倾向性以及认知思维方式的综合反映，它使人对事物的反映带有个人的选择和特征，形成个人化的精神世界。生命的教育，关注的不是空洞的、抽象的生命，而是具体的、真实的生命。因此，生命教育自以个性的认可为前提，生命化的教育，归根到底就是个性化的教育。（前言，P12）

从人的生物性来定义，哲学人类学提出，人是未完成的动物，未特定化是人的本性。（P3）

动物是自在的存在，人是自为的存在。（P22）

超越性对人来说，追求的是生命的意义。（P29）

人的种生命的未特定化和由此导致的类生命的出现，使教育成为人超越种生命、走向类生命的存在方式……所以，生命、文化成为教育的原点，文化源于生命的存在，故此，教育最根本的原点只在于生命本身。（P39）

古代社会教育对以"德"为核心的人格的强调，实则是统治阶级培养官吏的需求……我国儒家思想也提出"修身、齐家、治国、平天下"，"修身"的目的不在于人格的完善，而在于"齐家、治国、平天下"。所以，这时的人文教育并不具备真正的人文内涵。（P43）

今天正在走向网络化社会中的"数字化生存"，极有可能再次将人的精神生活和灵魂世界排挤到一个日益边缘化的角落，从而成为"人文精神"失落的新的契机和根源，所以，21世纪加强人文教育，任重道远。（P47）

教育理论以具体的、现实的人为对象，就是要以生命为本，直面人的生命，关怀人的生命，提高人的生命。任何偏离生命的教育都不是真正的教育。（P67）

蒙田也告诫人们："决不要揽起你的孩子天性的责任，让他们凭运气按自然和人类的规律发展吧。"人文主义教育学者都强调对儿童天性的尊重，适应儿童的天性，实施自然的人性化的教育。（P85）

卢梭的自然主义教育理论真正实现了由尊重人权向尊重童权的过渡，开启

了儿童研究的大门，吹响了儿童天性解放的历史号角。（P91）

教育的价值就在于为生命发展奠基。教育的过程就是生命不断积淀和否定、不断发展的过程。不断地受教育就是为了不断地发展。生命在发展中形成，也在教育中生成。（P156）

教育交往的过程就是诉诸对话，通过理解而实现精神世界的共享。交往的教育过程包括对话、理解和共享三个阶段。前者是后者的基础，后者是前者的结果。（P183）

教育应当促进每个人的全面发展，即身心、智力、敏感性、审美意识、个人责任感、精神价值等方面的发展。应该使每个人尤其借助于青年时代所受的教育，能够形成一种独立自主的、富有批判精神的思想意识，以及培养自己的判断能力，以便由他自己确定在人生的各种不同的情况下他认为应该做的事情。（P206）

延伸阅读

读懂生命，读懂教育，都需要真正的智慧。九州出版社于2010年出版了印度心灵导师克里希那穆提的作品《教育就是解放心灵》。作者通过写信，告诉对学校负有责任的人，学校不仅要在学业上非常出色，而且要关心对人的全面培养，必须帮助学生和教师自然地绽放。

（冯雪芹）

03 《智能的结构》

作者：[美] 霍华德·加德纳
译者：沈致隆
出版社：浙江人民出版社
出版时间：2013 年 7 月

> **推荐理由**

本书作者霍华德·加德纳是当今世界最有影响力的发展心理学家和教育学家，多元智能理论创始人，被誉为"多元智能理论之父""推动美国教育改革的首席科学家"。1943 年出生于美国，七岁起学习钢琴，十岁开始钢琴演奏和教师生涯，1961 年入哈佛大学学习心理学，1971 年获博士学位后曾任哈佛大学"零点项目"负责人 28 年。现任哈佛大学教育研究生院心理学教授和教育学教授，长期从事神经心理学、智能理论、创造能力、领导能力、道德伦理、艺术教育的研究，曾获世界各国 20 多所大学的心理学、教育学、音乐学、法学、文学荣誉博士学位。出版的 20 多部专著，被翻译成 20 多种文字。

《智能的结构》一书于 1983 年出版，是一本从心理学家的视角出发、关于人类潜能的研究的经典名著，亦是一本心理学、教育学从业者不可不读的经典，也是用心的父母应当了解的基本教育心理理论。在《智能的结构》一书中，加德纳首次提出了人类具有的七种智能，提出了多元智能理论，改变了我们对智力的认识，使多元智能理论风靡全球。《智能的结构》一书主要包括背景、多元智能理论和意义与应用三大部分。第一部分介绍了不同的心理学家诸如皮亚杰等人的智能观，多元智能理论的提出并非空穴来风，而是萌生于前人的研究基础之上。心理学与生物学尤其是脑科学有着千丝万缕的关系，因为它是智能的生物学基础。大脑不同的脑区控制着人体不同的技能，它们彼此独立而又有着密切的联系。智能是解决问题或者创造产品的能力，这种能力在一种或多种文化背景下受到珍视。并提出了确认智能的八个不同判据。书的第二部分为这本书的核心内容，对多元智能理论进行全面而系统的介绍，详细逐一描述了七种智能：语言智能、音乐智能、逻辑—数学智能、空间智能、身体—动觉智能、人际智能、自我认知智能。霍华德质疑传统的笔试无法完整测验人的智能，只能检测与语言、逻辑和数学相关的智力水平，忽略了音乐智能、空间智能以及身体—动觉智能。同时，他提倡在相应的情境下，通过具体的活动来测试人的智能。七种智能的提出对传统的智力一元论、智力二元论及传统的心理学观点和流行的智商测试发起了有力的挑战，成为21世纪全球主流教育思想之一，在全世界掀起了教育改革的浪潮，被心理学界誉为"哥白尼式的革命"。最后一部分是多元智能理论的实践，面向教育实践探讨智能的培育和应用。作者并没有停止在仅仅对理论的剖析上，而是进一步讲述了如何将其应用到教育实践中。

美国认知心理学家奈瑟尔说："这是一本非常重要的书，给人印象深刻。加德纳摆脱了心理测量学理论及其信息处理的狭隘模式，提出了在许多领域内人类能力的新概念。"哈佛大学教授沙拉·L·拉特福特认为，"在这本使人着迷的著作中，霍华德·加德纳巧妙地综合了智能测量和智能概念的历史进展，引人入胜地回顾了自己的学术道路，介绍了自己敏锐观察到的诠释多元智能理论的正确和错误的方法，在我们面前展现了他学术研究的精髓：明理、均衡、深邃、具有开创性"。世界顶尖科幻小说家艾萨克·阿西莫夫称，"在我们之中很多人看来，通过一次智力测验得出一个单一数量的智商IQ，就能判断智能这个非常复杂现象的说法，是值得怀疑的。因此加德纳的这本书更新了我们的知识，为深入认识人类自己，打开了一扇崭新的窗"。

在中国的教育界，加德纳已经成为家喻户晓的心理学大师。"多元智能理论"在20世纪末被引入中国，对中国应试教育的传统形成了巨大的冲击，给予我国当前大力推行的素质教育以重要启示，极具参考价值。

精彩语录

语言能力就是一种智能——智力能力，它似乎是最广泛、最公平地分布在

人类各个种族之中的一种智能。（P97）

音乐也和语言一样，是各自独立的智能，是同样不依赖于客观物质世界的一种智能。音乐能力和语言能力一样，只要通过口腔—听觉渠道的探索与运用，就能发展到相当的程度了。（P152）

数字能力在大脑组织中的定位，可以发现有些人显然失去了运算能力，但语言能力却完好无损。另外出现的大量情况是，患有失语症的人仍能做加减法，仍能玩需要计算的游戏，仍能掌管自己的财政收支。正如同语言能力和音乐能力之间的关系一样，甚至在最基本的层次上，语言能力与计算能力都是相互分离的。而且，随着证据的不断积累，我们又发现（又和音乐能力一样！），数字方面的能力一般都是由右脑控制的。（P192）

空间智能的核心能力，是准确地感知视觉世界的能力，是一个人对于最初感知到的那些东西，进行转化或修正的能力，是即使在有关物体的刺激不存在的情况下，也能够重造视觉体验的某些方面的能力。（P211）

关于空间的知识，可以服务于各种不同的科学目的。它可作为一种有用的工具，一种帮助思考问题的有益方法，一种获取信息的途径，一种说明问题的方法，或者直接就是一种解决问题的手段。（P230）

在视觉艺术方面，空间思维的重要作用则是不言自明的。绘画与雕塑对视觉世界与空间世界的细微的敏感度，需要有在创作艺术作品的过程中再现它的能力。虽然某些其他的智力能力，比如在控制细微的动作时的灵巧性，也起着重要的作用，但书画艺术的必要条件存在于空间领域之中。（P235）

这种智能的特点，就是从表达的、目标明确的目的出发，通过细致划分的高超技巧而运用身体的智能。另外一个特点，就是具有熟练操作工作对象的能力，其中既包括手指与手做出细微动作的运动能力，又包括使用整个身体做出大幅动作的运动能力。（P248）

人的两方面发展情况：一种是人内在的发展，这里起作用的主要能力，是通向一个人对自己生活的感受——即人的情感或情绪范畴的能力。这种能力能够直接辨别生活中的感受，并最终用符号化的记号去标记这些感受，利用它们理解与指导自己的行为。这种自我认知智能，在最原始的形式中，不过是区分快乐与痛苦感受的能力,然后在这种区分的基础之上进一步发展,成为确定是介入还是离开某种情境的能力。另一种人的认知智能转向了外部,转向其他的人类个体。这种能力的核心,是发现其他人类个体之间的差异并加以区别的能力,尤其是对他们的情绪、气质、动机和意向进行区分的能力。这种智能可以使幼儿拥有辨认周围的人物并观察他们各种情绪的能力。(P285)

人的认知智能反映了一组强有力的、具有竞争性的约束性因素:人自己的存在,其他的人的存在,以及自我在文化中的表现与解释。任何一种人的意识或自我感,都有自己普遍化的特征,但也存在大量细微的文化差异,它们反映着众多的历史因素及个性化因素。(P324)

延伸阅读

孩子是多元化的,绝不能用一杆尺子去衡量孩子,不能让孩子成为互相攀比的牺牲品。《多元智能新视野》是霍华德·加德纳的又一部经典名著,书中充分显示了对个性的尊重和理解,充满了对个体无限潜力的认可。本书2017年由浙江人民出版社出版。

(谢红琴)

04 《回归突破:"生命·实践"教育学论纲》

作者:叶澜
出版社:华东师范大学出版社
出版时间:2015年2月

推荐理由

本书作者叶澜是华东师范大学教育学终身教授,曾任华东师范大学副校长等多项学术职务。叶澜是当代教育大家,她本人正是"生命·实践"教育学派的创始者和发起人。这本《回归突破:"生命·实践"教育学论纲》是叶澜教授经过30余年理论和实践探索后不断反思整理出来的学术大成之作,也是"生命·实践"教育学派对外界发出的响亮声音。

这本书分上下两编。上编主要回答的是"教育学是什么"这一问题,下编则聚焦于"教育是什么"的问题。也就是说,这本书虽然是论纲,但是有接近一半的篇幅是元研究层面的探讨,即研究的研究。这也确实如叶澜在本书导言中总结"生命·实践"教育学派发展过程中所说的那样,必须要经过一次次的反思才能逐渐笃定自己的观点。上编对教育学学科观的发展变化进行述评,从亚里士多德至培根、狄尔泰、詹姆斯、杜威、莫兰,即便是无意穷尽,但也对学科发展乃至人类认识发展进行了清晰的梳理,产出了许多复杂而深刻的洞见,最终将教育学科定位到复杂学科上来。下编从教育学的"基因"这一比喻谈起,阐明生命和实践之间的关系,以及教育在生命·实践过程中的内外功能。站在中国传统文化的传承与创新的基础上,提出该学派的教育目的在于"点化生命",主张"教天地人事,育生命自觉"。

在人类发展历史上,有各种各样的学派沉沉浮浮。清晰而明确地提出自己的学派和主张,需要莫大的勇气和智慧。当事人要进行艰苦卓绝的实践和理论求索,勇敢地直面不绝于耳的批评,以坦诚的态度、严谨的品质和创新的智慧来为新的教育学派的成长保驾护航。因此在这本书中又能够读到一种

"虽千万人吾往矣"的魄力。

在提出"生命·实践"教育学派主张的同时，书中也有很多对现实问题的精到反思。如果说"真理是解决问题后的答案"，那么尽管答案可能不完全相同，但是面对同样的问题，总是会有一些地方引起共鸣。例如，以生命和实践来理解受教育者在人类文化上的薪火相传，就应该也关注到教师生命在教育当中格外重要的地位。一个纯真、善良而聪慧的生命才可以在更深层次上影响到自己的学生。教师的生命如果刚健有力，那么学生的生命就不会自卑怯懦；教师的实践如果精彩纷呈，那么学生的实践也不会枯燥乏味。这正是当今教育的痛点和有希望的解决之道。

在如何对待传统文化这一问题上，叶澜的态度是积极的，她将中国传统文化中的自立自强、天人合一等价值取向和整体综合、辩证转化、灵活应变等思维方式作为具有中国气派的教育学发展的重要土壤。中国经历了近代以来百多年的殖民历史，西方的思想在中国许多学科中都有着无比巨大的影响力。已经有越来越多的人意识到，西方的理论并不一定都是"正确"和"先进"的，我们没有必要照搬照抄，但也一定不能固执己见，在故纸堆中去寻觅当下痼疾的良药。如何对传统文化进行创造性的转化成为了摆在我们面前的问题。"生命·实践"教育学派的话语表达就带有丰富的国学意蕴，同时也赋予了其教育独有的内涵，又与中国文化传统中的气韵流转、生机盎然的特征遥相呼应，值得我们学习和借鉴。推荐这本《回归突破："生命·实践"教育学论纲》的理由，也就在于其内蕴这份生命的意趣。

精彩语录

回归与突破首先且始终不能没有研究者对自身形成的学术自我的超越。它是研究主体在不断反思、学习、对自己头脑中已经形成的观念、认识系列产生疑惑，发现问题，并着力对于为何会形成这些认识、其依据是什么、因怎样的思维方式而形成、这些思维方式本身是否合理等问题的不断拷问而逐渐完成。（P35）

西方近代学科观实际上支配中国学人一个多世纪。我认为，不破此"观"，

我们将作茧自缚，或自轻自贱；不立新"观"，我们将混沌一片，自娱自乐。（P40）

在这个王国中，善与真是不可分的，美是体现善与真的。因而，尚未出现价值与理性的分离，情感与理智的绝对对立。统一在人的整体之中，统一在人为生存而进行的各种活动之中，包括认识与实践的活动之中。（P50）

过分的概括，使知识只剩下了干瘪的果壳。（P63）

真理并不是封闭而固定的体系，它是解决问题后的答案，它是活泼的、不断探索向前的过程，它是能把我们从烦乱、失望、矛盾等"一切不自然和不正常、一切不实在或实际上不关重要的事物"中拯救出来之"理"。（P79）

人类认识发展的过程就是对研究对象不断重新建构，通过一次次地进入构成存在最核心、最基本的领域，重新面对原始问题；通过批判性反思和新剖面、层面的发现与综合，实现再认识的过程。（P144）

教育学的"复杂/综合性"不是将原来认为的两极观点调和为中，也不是分支学科内容的提要式集合，而是根据教育自身构成的内在逻辑和发展变化过程的转化逻辑，构建出的教育学的理论形态之质。（P158）

将变化无穷、复杂的教育实施，变为有限度和有相对清晰的可认识的研究对象，而非泛化无边、茫茫无绪的研究对象。这正是研究对象并不等于现实本身，而是研究主体构建的一种规定。定义本身也具有取舍作用。所以任何一个研究都有局限，但是这一局限的目的确实为了认识的清晰，并使其具有可推理的、形成新认识的前提价值。（P179）

在同一个时代中，教育与每一个人一生的发展相伴，发挥着其他活动不能代替的作用；从人类漫长的历史来看，教育起着将历代创造、积淀的文明财富，转化为滋养下一代生命成长的甘露，促其成长为承前启后，当代多重意义上创造历史的新人。教育的内外功能这样一体两面地发挥着贯通人类与个体全部发展变化的历史，源远流长，万世生生不息。（P182）

对于生命来说，逐渐机械化不仅揭示了生命发展路线由综合而分化的一般路线，而且表明，外界影响生命个体发展的可能性，会随着成长路线的延伸、生长节点的跃迁而逐渐减少，生命潜能中可实现的方面也逐渐丧失。机不可失，

失不再来,这是人,也是教育面对生命必须有的警觉与敏感。(P222)

具体的个人在任何时间、状态和活动中,都以生命整体的方式投入和进行实践,而且存在着复杂的内在交互作用和生成关系。(P233)

中国文化传统的核心内容就是以天地之道为大道,言明人间世事所必须遵守之理。(P282)

在竞争、盈利、消费、市场等中国式理解的资本主义市场观念支配下,在"穷怕了"、基于致富的欲望推动下,在社会缺乏健全且可执行的法规的条件下,传统文化虽不再被简单批判、否定,但它却在日常生活,乃至人的心灵层面上衰退,金钱与权力从未像今天这样在众人的心目中具有举足轻重的地位。(P302)

中国当代教育的真实发展,希望在教师;只有教师和学生,才是负有智慧与意义、挑战与成长的学校新生活的创造者。(P325)

延伸阅读

2006年9月教育科学出版社曾出版了叶澜的《"新基础教育"论——关于当代中国学校变革的探究与认识》,书中提供了新基础教育的更多细节。相较而言,《回归突破:"生命·实践"教育学论纲》中对一些理论问题进行了探讨。两本书结合,可以让读者对新基础教育的实践和理论有一个更为全面的认识。

(余海燕)

05 《学会关心：教育的另一种模式》

作者：[美] 内尔·诺丁斯
译者：于天龙
出版社：教育科学出版社
出版时间：2014 年 12 月

推荐理由

　　教育是人类社会永恒的话题，几千年来，人类教育经历了无数次变革，也正因为教育的不断进步，从而推动了社会文明的前进，社会文明的前进又促进了教育的变革。特别是近一两百年，教育发生了翻天覆地的变化，传统的教育已经不能满足大家对于教育的需求，因此无数教育人在寻求变革中探索适合现代教育的路。

　　美国著名教育家、哲学家内尔·诺丁斯就是其中一位探索者，她的"关心教育"模式就是教育变革的理念之一。这是一种全新的教育模式，主张教育应该培养有能力、关心人、爱人也值得别人爱的人。作者没有全盘否定传统教育的内容与方式，而是提倡改变一些传统教育的弊端，围绕"关心"融入更多适合人的教育，尊重学生的千差万别，提倡教师要充分关注学生的独特天赋、能力和兴趣，并主张学校为之提供发展的机会。而恰恰这些在学校的集体教育中很容易被忽略掉。特别是国内的班级，人数较多的情况下，会更多注重学生集体的发展，而往往忽略学生个性的发展。那么在"关心"模式的教育下，学生和学生之间，是一种平等的关系，而不是一种相互竞争的关系，这是一种互帮互助、和谐进步的融洽关系；在孩子和父母的关系中，父母应该更尊重孩子的选择，给孩子提供机会，探索检验他们的真正动机和兴趣，也就是我们所说的因材施教；学生和老师的关系本质上是一种不平等的人际关系，却可以建立起一种亲密的关系，有时候对于某些学生来讲，老师比家长更重要，这更像中国文化中的"亦师亦友"。

在这样的关系下成长的孩子一定是幸福的,孩子一旦拥有幸福,则会发现更多生活和身边的美好,也更会乐于去接受并探索身边的事物,进而了解世界的本质和理解人类社会的规律。

关心是每个人在群体中都渴望获得的,在学校教育中,关心是非常重要的内容,但是往往又很容易被忽略掉。特别是现在教育中以学科教学为主,往往会忽略学生作为独立个体的人的精神世界。本书从关心自我、关心身边的人、关心陌生人、关心远离自己的人、关心动植物和地球、关心人类创造的物质世界和关心知识等方面进行了具体的阐述,既有理论思想上的启发意义,又有实际案例的指导。这些看似都是直指教育,却又适合各种层次的人阅读。

如果你是教育者,读了这本书,你一定会在教育教学中不自觉地想要关心某个孩子,或者发现需要关心的孩子。而你也一定会把这种"关心"模式传递给你的学生,也许也正因为这种关心在师生之间传递,让你的教育工作做得更好。期待你试一试这种关心带来的无比强大的精神力量。

如果你是父母,读了这本书,你一定会更加智慧地关心你的孩子,并学会一些关心的方式方法,有时候,你也会更加理解孩子在成长的过程中犯的错,并会在孩子需要成长的时候给予一定的精神支持。期待你读一读,帮助你反思一下在陪伴孩子成长的过程中,给予孩子的那些关心是否合适、合理。

如果你是一个工作的个体,你一定会想:这不是一本关于教育的书吗?其实这不纯粹是一本教育书籍,而且一本好书一般不会分人群的。当你读完,你一定会更加关心自己,因为"关心"模式的首要就是学会关心自己,关心自己的身体、需求……其次才是关心身边的人,当你更加关心自己时,你一定会想方设法改变自己的生活方式,让自己的生活变得丰富多彩又有情趣,那么你在工作中也会不知不觉成为一个关心者,关心身边的人和事,也许慢慢地,你也会成为那个被关心的人……

精彩语录

关心既是人对其他生命所表现的同情态度,也是人在做任何事情时严肃的考虑。关心是最深刻的渴望，关心是一瞬间的怜悯，关心是人世间所有担心、忧患和苦痛。我们每时每刻都生活在关心中，它是生命最真实的存在。（序，P3）

严肃正统的人愿意别人对他抱以尊重和敬仰，开朗随和的人则喜欢微笑和拥抱。（P35）

教师不仅需要建立一种关心的关系——教师在其中成为关心者，教师也有责任帮助学生发展关心的能力。（P36）

并非是这些传统知识在我们的课程里没有位置，也并非是学生们根本就不关心这些而将其忽略。很多学生就是找不到一个站得住脚的理由去学这些标准课程，去学这些知识。他们将更多的经历投入到自己更感兴趣或者更需要的东西上去了。他们对一般文化的文化了解大多是在家庭内部完成的。（P56）

我们重视一系列不同形式的关心：关心自我，关心最亲近的人，关心所有与自己有关系和没关系的人，关心非人类的生命，关心人类所创造的物质世界，关心环境，关心意识形态的知识。（P69）

我希望所有孩子的各种才能都能在一个好学校里得到显示和发展。那些主要兴趣在音乐或者机械运动方面的孩子不应该被局限于一个狭隘的课程框架中。（P73）

与身边最亲近人的关系既是道德生活的开端，也是它的一个重要结局。在一个充满支持和鼓励气氛的环境里，孩子们学会如何适当回应他们所依靠的人给予他们的关心，进而发展关心他人的能力。（P75）

我们需要更好地理解作为个人的自我，也需要更好地理解我们所属的各种组织或者团体。作为团体成员，我们影响团体的运行方式，团体反过来又以它的既定规范影响我们。（P79）

教师必须充分地了解学生，能够将学生目前的兴趣与他们以前的生活经历结合起来。教师还要全面了解社区社会和具体学科知识，以便将学生现在的学习生活和他们的未来联系起来。（P97）

我们要让孩子们懂得，生命既是消费性的也是准备性的——我们要珍惜享受每一天，也要时刻为未来作准备。（P117）

马丁·布伯指出，教师必须有包容精神。教师在工作中必须从两个角度看

待问题：从他们自己的角度和从学生的角度。（P135）

要向学生传递这样一个信息：学校教育不是通往上流社会的阶梯，而是通向智慧的道路。成功不能用金钱和权力来衡量，成功更意味着建立爱的关系，增长个人才干，享受自己所从事的职业，以及与其他生命和地球维系一种有意义的连接。（P167）

我最关心的是学生们在这个课上是否学会了认识自己的潜力，是否学会了同学间互相帮助，是否学会了承担责任和义务，是否发现了数学在人类生活中的奇妙作用。（P186）

如果我们将关心主题作为教育的中心，那么我们将如何检验我们的实践呢？可以这样回答这个问题：看一个家庭是否健康幸福，我们要寻找一些特定的标志。这些标志包括：快乐健康的孩子、体贴合作的行为、处理生活中常见问题的技巧、智力上的好奇心、开朗的个性、愿与别人分享的心灵、探讨存在问题的兴趣，以及建立和维系亲密的人际关系的能力。（P138）

理直气壮、正大光明地宣传我们的目标。教育的主要目的应该是培养有能力、关心人、爱人、也值得别人爱的人。（P207）

延伸阅读

《学会关心：教育的另一种模式》引用了个体心理学创始人阿尔弗雷德·阿德勒的许多观点，虽然作者认为有些观点阿德勒的阐述太过简洁，但是阿德勒主张的影响力之大是毋庸置疑的。《自卑与超越》，阿尔弗雷德·阿德勒著，黄光国译，安徽人民出版社2017年出版。

（许玲玲）

06 《21世纪学生发展核心素养研究》

编者：林崇德
出版社：北京师范大学出版社
出版时间：2016年3月

推荐理由

林崇德，1941年生，浙江象山人。当代中国著名心理学家、教育家，北京师范大学资深教授，"中国心理学会终身成就奖"获得者。

随着全球化、信息化与知识时代的来临，我们到底应该培养怎样的人？他们应该具有哪些核心素养？当前，基于学生核心素养的教育改革逐渐引起全球关注，成为许多国家或地区制定教育政策、开展教育实践的基础。2013年5月，北京师范大学的林崇德教授承担了教育部哲学社会科学研究重大委托专项，领衔五所高校90余名研究人员组成联合攻关项目组，共同负责研究中国学生发展的核心素养体系。本书是该项目的基础性研究成果之一，也是"学生发展核心素养"系列丛书的第一册，主要从基础理论研究、国际比较研究、传统文化研究、实证调查研究、现行课标研究、教育实践探索等角度系统化地展开对核心素养的探索与分析，对于全方位理解和把握中国学生核心素养的内涵具有重要参考价值。

本书共包括六个部分的内容，分别从基础理论研究、国际比较研究、传统文化研究、实证调查研究、现行课程标准研究，以及教育实践探索六个方面，综合运用多种方法，多视角、系统化地展开对学生核心素养的解读与分析。第一章主要对核心素养的概念内涵进行梳理和界定，厘清核心素养概念的内涵与理论结构，形成对核心素养的准确认识与定位；第二章主要从国际视角下探寻核心素养的研究现状，探讨国际上界定、遴选学生核心素养的过程、方法与成果，为我国核心素养研究提供参考依据；第三章主要从传统文化中发掘学生发展的核心素养，系统梳理我国传统文化中关于个体修身成德和自我完善的教育思想，厘清传统教育所重视的有关学生培养的内容，并提出传统文化对于建构具有民族特色的学生核心素养体系的借鉴与启示；第四章从社会的现实需求中归纳梳理学生发展的核心素养，通过对全社会各领域专家群体的意见征询，了解当前我国社会与民众对于人才的现实期盼与需求，为充分把握国情、建构符合我国现实需要的学生发展核心素养体系提供科学依据；第五章从现行课程标准中反思学生的核心素养问题，通过对现行课程标准的内容分析，了解当前课程标准中所包含和强调的学生核心素养内容及其特点；第六章主要探讨学生核心素养的相关教育实践，包括基于核心素养的教育质量评估、课程教学改革、教师专业发展，以及学习环境创设等，通过对这些实践探索方式进行梳理和总结，提出对落实和推行核心素养的借鉴与启示。

编者指出，在研究中国学生发展核心素养的过程中，他和研究团队重点把握三个方面的原则：科学性、时代性和民族性。他们以人的全面发展为出发点，基于学生身心发展规律和教育教学实践活动规律，采用科学的手段和方法，面向未来和时代发展需求进行核心素养指标的遴选和界定，确保核心素养研究根植于本民族的历史文化土壤之中，确保研究过程的严谨性和系统性。

学生发展核心素养的建构具有非常重要的意义和价值，它将逐渐从多个途径和多个角度引领整个教育系统的变革，其功能主要体现在四个方面：即指导课程改革，指导教学实践，引导学生学习，指导教育评价。

精彩语录

"素养"是指在教育过程中逐渐形成的知识、能力、态度等方面的综合表现，其对应的主体是"人"或"学生"，是相对于教育教学中的学科本位提出的，强调学生素养发展的跨学科性和整合性。从这一角度而言，核心素养是对素质教育内涵的解读与具体化，是全面深化教育改革的一个关键方面。（序，P2）

核心素养是一个多维度的概念，包括知识、能力与态度等多元层面。它不仅只是知识和能力，也是个人运用社会心理的资源，包括知识、能力和态度，以满足特定情境的复杂要求。例如，有效沟通的素养，包含运用个人的语言知识、信息科技能力，以及对于沟通对象所持有的态度。换言之，核心素养是知识、技能、态度情感的集合，具有整体性，不能孤立地分开进行单独培养或发展，尤其是当素养作为课程目标时，需更加强调其综合性和整体性。（P22）

核心素养是学生在接受相应学段的教育过程中，逐步形成的适应个人终生发展和社会发展需要的必备品格与关键能力。它是关于学生知识、技能、情感、态度、价值观等多方面要求的结合体；它指向过程，关注学生在其培养过程中的体悟，而非结果导向；同时，核心素养兼具稳定性与开放性、发展性，是一个伴随终身可持续发展、与时俱进的动态优化过程，是个体能够适应未来社会、促进终身学习、实现全面发展的基本保障。（P29）

在评估上，核心素养需结合定性与定量的测评指标进行综合评价。核心素养具有可教、可学的外显部分，同时也存在无声、无形但可感、可知的内隐部分。前者能够在特定的情境下通过一定的方式表现出来，因此能够有效地对其进行定量的测评；而后者则偏向于一种潜移默化的隐性渗透过程，需以定性、形成性评价的方式进行评估，强调对核心素养形成过程的高度关注，关注个体在此过程中的感受与体悟。（P32）

在"终身学习"思想指导下，联合国教科文组织提出了"界定二十一世纪社会公民必备的基本素质"，即终身学习的四大支柱，包括学会求知、学会做事、学会共处，以及学会发展。其中，学会求知是终身学习的基础。2003年，联合国教科文组织教育研究所又提出了"学会改变"的基本素养，并将其视为终身学习的第五支柱。每一支柱里又包含各种具体的基本技能，组成了"终身学习"的基本指标体系。（P37）

通过对国际文献的梳理发现，在建构核心素养体系时，不同国际组织、国家或地区基于各自的社会现实采取了不同的研究思路，分别是：自上而下型、自下而上型和二者结合的整合型。整合型研究思路同时吸收前两种思路的优点，既关注核心素养的理论分析，又反映民众的意见和期望，成为当前国际上开展核心素养研究的理想范式。（P137）

课程标准（以下简称课标）是国家课程的纲领性文件，是国家对基础教育课程的基本规范和质量要求，同时，也是教材编写、教学、评估和考试命题的依据，是国家管理和评价课程的基础。它反映国家对不同阶段的学生在知识与技能，过程与方法，情感、态度与价值观等方面的基本要求，规定各门课程的性质、目标、内容框架，提出教学和评价建议。由于课标规定的是国家对学生在某方面或某领域的基本素质要求，无论教材、教学还是评价，最终都是为这些基本素质的培养服务的。所以，课标中规定的基本素质要求是教材、教学和评价的灵魂，也是整个基础教育课程的灵魂。（P183）

延伸阅读

无论是课程开发者还是一线教师，都需要在"核心素养—课程标准—单元设计—学习评价"这一连串环环相扣的链环中聚焦核心素养展开教学。《核心素养研究》一书由钟启泉和崔允漷两位教授主编，华东师范大学出版社2018年7月出版。

（徐文娟）

07 《学习的本质》

作者：[法] 安德烈·焦尔当
译者：杭零
出版社：华东师范大学出版社
出版时间：2015 年 7 月

推荐理由

本书作者安德烈·焦尔当，生物学与教育科学博士，瑞士日内瓦大学教授，国际著名生物学家和科学认识论研究专家。

在引言中，作者就提出了"学生的学习不在课堂上"的观点，直言目前教育从业人员对学习能力的认识不足。学生对感兴趣的事情能够主动去学习，但是在学校中的学习被学生认为是一件枯燥乏味的事情。如何去改变这个现象？就需要我们重新去认识学习。

什么是学习？安德烈·焦尔当认为有三大传统流派：第一种是把学习描述为一种简单、机械的记录，老师只要直接传授知识，学生就会顺从地进行记忆；第二种认为学习就是通过奖励、惩罚等一系列的强化，形成条件反射，个体就会选择正确的行为；第三种是从个体自发的需求和天然的兴趣出发，认为学习者不能只是被动接收，必须要主动观察、比较、推理、创造、记录，形成自己的知识结构体系。通过对三种流派的解读，作者指出了它们的优势与不足，使读者对这三种流派有了更进一步的认识。学习的本质是主动与知识互动的结果，学习只能由本人完成，老师没有办法把知识塞进学生的脑子里。学习的过程就是要改变自己的先有概念，然后才能形成新的概念。作者指出，先有概念是了解学习者的重要工具，对学生的学习有很大的意义，而学习的过程就是改变先有概念的过程。

如何正确地学习知识？作者认为，首先要确认学习者在学习中的重要地位，如果学习者知道新知的作用，能够改变甚至重塑原先的心智结构，并感受到了新知识带来的好处，那么学习者就会去学习。所以，第一步要"激发"动机。让学生产生学习的欲望，是教师最主要的作用。让学生带着问题去学习，就是最好的动机。对知识的欲望是通过一个多样态的过程产生的，它包含了生物学、心理学和文化等多个方面的动因。第二步要"炼制"知识。知识从来不是一下子就能直接获得的，它也不可能是别人给予的。学习者只有在"为知识炼制出一层意义"时才能占有知识。学习就是对自己发问、和现实对质、和他人对质、自我表达、论辩、建立网络的过程。第三步要"理解"知识。理解不是大脑对它接收到的信息进行简单的复制粘贴，按照原样储存，而是对它们进行组织、阐释，按照学习者的理解赋予它们伦理价值、美学价值或情感价值，包括图像化、模型化、打比方等都是很好的理解方式。第四步要"记忆"知识。记忆包括获得性记忆、反射性记忆、再现性记忆，这里指的是再现性记忆。记忆不只是单纯的录入，而是知识网络间的关系建立机制和联结机制运作的结果，也是互动、对质和重组的结果。获得意义之后，记忆就会得到促进。第五步要"调用"知识。记忆的过程并不以录入为终点，当人们需要某个知识时能找到它，能及时调用，才是记忆的目的。学习的过程最终一定是知识被调用，学习的过程才算完成。

作者认为，我们要了解学习者，明确先有概念的作用，认识学习本身，知道它是一个复杂的过程，是一种矛盾的现象，我们要通过合理设置学习环境，引导个体与环境进行良好的互动，快速调用知识，组建概念网络。作者明确指出未来的教师不能仅仅是知识的散播者，更应该是学习的启动者，学生的唤醒者，学习欲望的授递者。作者对未来的学习提出了自己的观点，认为排在第一位的不再是教授学科内容，而是在学生身上建立一种对知识的开放性，一种走向困难的、不熟悉的知识的好奇心，一种可以应对当前挑战或即将到来的挑战的探究模式。

初读你可能会觉得本书是一本较为晦涩的教育类书籍，但当你真正深入其中，会发现作者很好地运用现实中的例子通俗易懂地讲解了学习的发生过程，对教育研究者，特别是中小学教师认识学生学习的发生机制，改进自己的教学十分实用。

精彩语录

只有学习者个人才能进行学习，别人不能取而代之。（P15）

在学习中，没有什么是简单的、立刻就可以达到的。知识的获取不是自动实现的。（P29）

我们首先要纠正所有家长和老师都经常会有的一种教育观念，即一定可以找到一种简单的、具有决定性的、完整的、有效的教学方法，在任何时候对任何人都适用（就像按一下开关便可以打开灯一样）。（P67）

学习任务已经被咀嚼和预先消化，没有任何风险，老师按照自己所认为的从简单到复杂的顺序组织各种概念，这一切不会在学生身上建立起任何动力机制。可是这种教学实践却随着时间流逝而成为一种常态。（P72）

我们看到，大脑会对它接收到的信息——更确切地说，是对它所寻找的信息——进行"消化"。它不会把事实照原样储存，更不会把感觉和记忆照原样储存，而是对它们进行组织、阐释，赋予它们伦理价值、美学价值或情感价值。（P98）

类比可以成为学习者思维的中转器，例如：如果我们把埃菲尔铁塔所有的梁柱之间的距离去除，那么它就可以被装进边长30米的立方体中；如果我们把原子之间的距离去除，那么我们就可以把埃菲尔铁塔放进一枚大头针的头那么大的立方体中（质量当然还是相同的）。（P102）

关于学习的各种研究尽管有所分歧，但都一致证明了学习者不是一张教师可以在上面写下知识的白纸。所有儿童和成年人都通过自己的先有概念来理解世界、解码信息。不过，先有概念是多种多样的。与学习者个人、其周边的物质环境和社会环境有关的一切都有相应的先有概念。它们是一个人所拥有的分析网络，并赋予他周围的事物以意义。它决定着个体的立场，使其可以作出预测。（P119）

认知经验形成后，并不是被简单地储存起来，它必须可以随时被调用，并经常处于调用状态。我们已经看到，大脑总是在不断地粉碎记忆，不断地对记忆进行重组。这种组织方式反过来会影响接触新情境的方式。（P135）

学习上取得的进展并不像建构主义者反复强调的那样仅仅是个人的事，也不像行为主义者说的那样是环境的事，它来自个体与环境的互动。这里又出现了一个新悖论：个体只能通过自身炼制新知识，但在此过程中，他又必须依靠他人的经验。（P140）

教师不再是知识的掌控者，根据事先计划好的进度传授知识的某些方面，而是变成了知识和学生之间的"中间人"。（P152）

课时的设置导致学生一直在"切换频道"，不可能表现出创造性。他们不得不一再地开始、重新开始，又很快中断，一天之内要重复六七次。个人思考、集体学习或是和教师进行私人接触的时间都被压缩到只能勉强维持的地步。（P164）

学习者的态度比他储存在大脑中的很快就贬值的事实性知识更重要。最重要的是培养一种善于对世界和自身提出问题的思维能力，培养有能力就社会焦点问题进行辩论的公民。（P176）

一个人在上学期间不可能积累他一生中需要的所有知识。学习是一项持续的事业，它要求人们时刻跳出习惯性常规和自命真理。（P178）

延伸阅读

浙江人民出版社2019年3月出版的《学习的升级》（徐烨华译），其中的两位作者分别是苹果公司教育副总裁约翰·库奇和哈佛大学教育研究学者贾森·汤，一个来自技术界的顶尖公司，一个来自教育界的顶尖大学。还有一位作者是来自中国的义学教育松鼠AI创始人栗浩洋。这是一本讨论在互联网技术世界里，我们的教育产业应该如何改变模式，找到新出路和机会的书。

（任　宁）

08 《课程与教学的基本原理》

作者：[美] 拉尔夫·泰勒

译者：罗康　张阅

出版社：中国轻工业出版社

出版时间：2014 年 1 月

推荐理由

拉尔夫·泰勒，1902 年出生于芝加哥，在内布拉斯加州成长并接受教育。19 岁大学毕业后，在南达科他州教自然科学的时候，泰勒迷上了教学，后来便将他的专业从医学转向了教育。1938 年泰勒开始闻名全美国，受罗伯特·哈钦斯之邀，他带着他八年来的工作成果从俄亥俄州立大学到芝加哥大学。泰勒是斯坦福行为科学高等研究中心的第一任主任，任职 14 年。他坚信为了获得研究上的独立精神，研究人员应该有充分的自由。

虽然泰勒在 1967 年正式退休了，但是他实际上一刻也不曾离开过。他工作于许多国内外的教育组织。甚至当他 80 岁的时候，他还游历全美，向教师们和管理人员们提出关于如何在各自学校确立开展最佳教学的目标的建议。泰勒作为一名教师，桃李满天下，培养了很多优秀的学生，有塔巴、施瓦布、比彻姆、古德莱得、布卢姆和克龙巴赫等。泰勒作为一名行政人员，待人诚恳，深得人们仰慕。他坚信："一个人的美好生活，就是不断地试图使自己变得更富有人情、更善于学习、更有助于他人，以及与别人一起共建一种尊重每个人的潜力、不贪图他人为自己服务的社会。"

作为一名学者，泰勒成就非凡，是课程论成为专门、独立学科时期的里程碑式的代表人物，是现代课程理论的重要奠基者，是科学化课程开发理论的集大成者。由于对教育评价理论、课程理论的卓越贡献，泰勒被美誉为"当代教育评价之父""现代课程理论之父"。

1949 年，泰勒出版《课程与教学的基本原理》，主要内容是围绕以下四个基本问题的讨论展开的。第一，学校应该达到哪些教育目标？第二，提供哪些教育经验才能实现这些目标？第三，怎样才能有效组织这些教育经验？第四，我们怎样才能确定这些目标正在得到实现？围绕上述四个中心，泰勒提出了课程编制的四个步骤或阶段，可进一步归纳为"确定教育目标""选择教育经验""组织教育经验""评价教育计划"，这就是"泰勒原理"的基本内容。

在确定教育目标这个版块，泰勒认为教育目标是非常关键的。首先，要对教育目标作出明智的选择，这必须考虑学生的需要、当代社会生活、学科专家的建议等多方面的信息；其次，用教育哲学和学习理论对已选择出来的目标进行筛选；最后，陈述教育目标，每一个教育目标包括行为和内容两个方面，这样可以明确教育的职责。泰勒的课程编制原理强调课程目标的主导作用。

泰勒提出了五条选择学习经验的原则：为了达到某一目标，学生必须具有使他有机会实践这个目标所隐含的那种行为的经验；学习经验必须使学生从实践教育目标所隐含的那种行为中获得满足感；学习经验所期望的反应，是在学生力所能及的范围之内的；有许多特定的经验可用来达到同样的教育目标；同样的学习经验往往会产生几种结果。所选的学习经验应有助于培养学生的思维技能、有助于获得信息、有助于形成社会态度、有助于培养学生的学习兴趣。

在组织学习经验时，应遵守三个准则：连续性、顺序性、整合性。连续性指直线式地陈述主要的课程要素；顺序性是强调每一后续经验以前面的经验为基础，同时又对有关内容加以深入、广泛的展开；整合性是指各种学习经验之间的横向关系，便于学生获得把自己的行为统一的观点，即把自己的行为与所学的课程内容统一起来。

评价的过程实质上是一个确定课程与教学实际达到目标的程度的过程。教育评价至少包括两次评估：一次在教育计划早期进行，另一次在后期进行，以便测量在这个期间发生的变化。关于评价结果，泰勒认为，它不应该只是一个单一的分数或单一的描述性术语，而应该是反映学生状况的一个剖析图，评价本身就是让教师、学生和有关人士了解教学的成效。

"泰勒原理"被公认为课程开发原理最完美、最简洁、最清楚的阐述，达到了科学化课程开发理论发展的新的历史阶段，是大家公认的里程碑式的课程研究范式，被誉为"现代课程理论的圣经"，非常适合高校教育专业师生、教育研究者和中小学教师等使用。

精彩语录

教育是一种改变人们行为模式的过程。这里的"行为"是指广义上的"行为"，包括人的思维、情感以及外显的行动。（P6）

教育是一个主动的过程，它要求学习者自己积极主动地努力。一般来说，学习者只学习那些他做过的事情，如果学校的情境涉及的是学习者感兴趣的事物，他就会积极地参与其中，并学会如何有效地应对这些情境。此外，有人认为，学习者能越来越有效地应对当前的情境，确保了他能够应付将来不断出现的各种新情境。因此，从本质上看，教育为学生提供了机会，使他能积极参与并全心处理让他感兴趣且与之关系密切的事情，特别是学会如何有效地从事这些活动。（P11）

只有当学生发现现实生活中遇到的情境，与学习时发生的情境之间有相似性时，他才更有可能运用己之所学。而且，学生只有在这两种情况下，才较容易发觉生活情境与学习情境之间的相似性：1.生活情境和学习情境在很多方面明显相似；2.要求学生练习寻找将校内所学内容应用于校外生活的实例。（P18）

科学对普通公民而言，具有三个主要功能，第一个功能是对促进个人及公众的健康皆有贡献；第二个功能是对自然资源的利用和保护，即科学能帮助人们了解可供利用的物质和能量的资源，了解获得并利用物质和能量的合理方式；第三个功能是向人们提供一种令人满意的精彩描述，让人们像科学家一样，更清楚地认识世界、人与世界的关系及世界在茫茫宇宙中的位置。（P30）

艺术的五个功能，一、拓展学生的感知范围；二、澄清人的观念和感觉；三、个人的整合；四、培养兴趣和价值观；五、培养学生的技术能力。（P31—32）

对教育目标的陈述要想清晰得足以运用于指导对学习经验的选择和对教学的设计，就得同时指明，要培养学生的哪种行为和要在哪些内容或生活领域中运用该行为。既然一项阐述清楚的目标包括行为方面和内容方面这两个维度，有时可借助于二维表格简明清晰地表述目标。（P48）

经验的定义涉及学生与其环境之间的互动，这意味着：学生是一个积极的参与者，而且其环境中的某些特征吸引着他的注意力，他正是对这些特征产生了反应。……教师控制学习经验的方法，就是通过构建有刺激性的情境——能激起所期望行为的情境——来控制环境。（P66—67）

连续性涉及在学习者的经验中反复强调特定的要素；顺序性是指提高学习者发展的广度和深度；而整合性是指提高学习者的行为和涉及的相关要素的统一性。这就意味着，需要依据其对学习者的心理意义来考虑组织的原则。（P102）

评估对学习也有巨大的影响。（P131）

延伸阅读

后现代思想主要是对现代科技工具理性的颠覆与超越，旨在实现人性价值理性的回归。世界知名学者小威廉姆·E·多尔提出了以"丰富性""回归性""关联性""严密性"为特征的后现代课程设计理路，旨在超越具有工具理性性格的"泰勒原理"。《后现代课程观》，多尔著，教育科学出版社2015年出版。

（黄华萍）

09 《布卢姆教育目标分类学》（修订版）

作者：[美]洛林·W·安德森 等
译者：蒋小平 张琴美 罗晶晶
出版社：外语教学与研究出版社
出版时间：2009年11月

推荐理由

本杰明·布卢姆（1913年—1999年）是美国当代著名的教育家和心理学家。1956年，布卢姆等主编出版了《教育目标分类学：第一分册 认知领域》一书，书中提出的教育目标的分类体系，被长期沿用而且发挥着十分重要的作用。

为了充分发挥《教育目标分类学：第一分册 认知领域》对教育质量的价值，影响教师的思维和行动，以洛林·W·安德森为首的专家团队对本书进行修订。洛林·W·安德森，美国南卡罗莱纳大学教授，拥有数学学士学位、教育心理学硕士学位，测量、评估和统计学博士学位。他于1973年开始在南卡罗莱纳大学任教，直至2006年退休。曾撰写或参与编写17本图书，参与编辑18本图书，发表期刊文章37篇。

布卢姆教育目标分类法是一种教育的分类方法，根据教育目标可以分为：知道、领会、应用、分析、综合、评价。该教育方法指出，问题有简单和复杂之分，按照学习目标进行提问。《布卢姆教育目标分类学》（修订版）对教学目标、教学过程中的教学活动和教学评估按24个目标单元进行分类，构成了72种分类结果。《布卢姆教育目标分类学》（修订版）的完成，表明知识分类学习论思想已被课程、教学和评估专家接受，是科学心理学与教学相结合进入新阶段的标志性成果之一。

这本书分为四个部分。

第一部分包括两章，第一章介绍分类的必要性以及教育者使用本分类体系的方式，第二章讨论目标的本质、目标与标准的关系以及目标在教育中的作用。

第二部分的三个章节描述本修订版的分类体系结构。第三章介绍被称之为分类表的两维表格；随后的两章描述分类框架结构，并更加详细地定义了分类表的两个维度：知识维度（第四章）和认知过程维度（第五章）。每个维度都由一组类别构成，我们对这些类别分别给出了定义并举例予以阐明。

第三部分的九个章节示范分类表的用法和用途。第六章描述如何使用分类表去建立学习目标、计划教学、设计测评以及如何使上述三者保持一致；第七章对教学案例作了概述，其中包括案例的分析方法以及这些案例对教师的用途；第八章到第十三章是教学案例本身，它们描述真实的课程单元，由开发或教授单元的教师编写而成。对每个案例，我们都是依据分类表从目标、教学、测评以及一致性等方面加以分析的。最后，第十四章讨论从案例分析中得出的一系列通则。

第四部分（仅出现在完整版中）客观地考察了本分类体系。在第十五章中，我们比较和对照了原《教育目标分类学：第一分册　认知领域》出版之后发表的19种相异分类框架，这是以原版框架和本修订版框架为背景进行的。在第十六章中，我们总结和回顾了与原版分类体系中假设的累积性层级结构相关的实证数据，并讨论这些数据对修订的意义。

布卢姆的教育目标分类理论具有两大特征：一是具有可测性，制定教育目标不是为了表述理想的愿望，而是为了便于客观地评价；二是目标具有层次结构。布卢姆把知识维度分为四个类别：事实性知识、概念性知识、程序性知识、元认知知识。布卢姆又把认知过程维度分为六个主要类别，依次是记忆/回忆、理解、应用、分析、评价、创造。这是一本非常有价值的指导课程与教学的书，无论教师作为课程实施者还是课程制定者，本分类体系的修订版都将有助于教师理解课程、计划教学以及设计与课程内在的目标相一致的测评，最终提高教学质量。

精彩语录

教师的目标可能是外显的或内隐的，清楚的或模糊的，容易测量的或不容易测量的。它们也许不是被称作目标。过去它们曾被称为目的、意图和教学结果等，现在则更可能被称为内容标准或课程标准，无论人们如何陈述和称谓目标，事实上所有的教学都有其目标。简单地说，在教学时，我们希望学生通过教学活动获得相应的学习结果。这个结果就是我们的预期目标。（P3）

知识维度包括四大类别：事实性知识（Factual）、概念性知识（Conceptual）、程序性知识（Procedural）和元认知知识（Metacognitive）。我们假定这些类别按照从具体（事实性知识）到抽象（元认知知识）的顺序排列在一个连续体上。概念性知识和程序性知识两个类别在抽象程度上有重叠，有些程序性知识可能比大部分抽象的概念性知识更为具体。（P4）

长期以来，教师一直在努力解决关于教育、教学和学习的问题。下面是这些问题中最重要的四个基本问题（organizing questions）：1. 在有限的学校和课堂教学时间内，什么值得学生学习？（学习问题）2. 如何计划和进行教学才能使大部分学生在高层次上进行学习？（教学问题）3. 如何选择或设计测评工具和程序才能提供学生学习情况的准确信息？（测评问题）4. 如何确保目标、教学和测评彼此一致？（一致性问题）（P5）

总体目标的涉及范围较为"广泛"，而教学目标则较为"狭窄"；也就是说，总体目标不涉及细节，而教学目标只处理细节。总体目标的实现也许要求一年或多年的学习努力，而教学目标可以在几天之内达到。总体目标提供愿景，它们通常会成为支撑教育目标的基础，而教学目标位于目标连续体的另一端，它们在计划日常课堂教学中发挥作用。教育目标位于目标连续体的中间部位，它们的涉及范围为"中等"、用于计划要求几个星期或几个月的时间学习的单元。（P13）

表现性学习结果的活动导致学习的发生，但从这些活动中学生对预期学到的东西却不能事先加以陈述……在某种程度上，所有的目标都是表现性的，因为即使预期的目标相同，也不是所有的学生都能从相同的教学中学到相同的东西，辅助性的学习（ancillary learning）会始终存在的。当前我们强调表现性评价（performance assessment）或真实性评价（authentic assessment），鼓励使用那些允许学生对于同一测评任务或一组任务得出各种可接受答案的测评程序。（P17）

当今的学习观关注有意义学习的主动性、认知性和建构过程。学习者被认为是学习的主动参与者；他们自己选择需要学习的信息并从中建构意义。学习者既不是被动接受者，也不是家长、教师、教科书或媒体提供的信息的简单记录者。这种观念摆脱了传统的被动学习观，更接近于学习的认知观和建构主义观点。在主动参与有意义学习时，学习的认知观和建构主义观点强调学习者知道什么（知识）以及他们是如何思考（认知过程）这些知识的。（P30）

教育的两个最重要的目的是促进学习的保持和学习的迁移（迁移的出现是有意义学习的标志）。学习的保持是指在学习之后的某一时间内以教学中呈现的大致方式回忆出教材的能力；学习的迁移则是指运用已学知识去解决新问题、回答新的提问或者学习新内容的能力（Mayerand Wittrock，1996）。简言之，保持要求学生回忆所学知识，而迁移不仅要求学生回忆，而且要求学生理解并能够运用所学的东西。换一种稍微不同的说法就是，保持着眼于过去，而迁移则注重未来。（P48）

延伸阅读

教育目标分类的研究在西方教育学界早已蔚为大观，前后涌现出不少名家。黎加厚主编的《新教育目标分类学概论》除了较为系统地介绍了当今影响力较大的马扎诺教育目标分类学之外，还介绍了布卢姆、加涅等人的经典教育目标分类学，上海教育出版社2010年出版。

（徐文娟）

10 《有效教学》

编者：崔允漷
出版社：华东师范大学出版社
出版时间：2009年6月

推荐理由

本书主编崔允漷，现任教育部人文社科重点研究基地华东师范大学课程与教学研究所所长，教授，博士生导师。

《有效教学》是一部关于有效教学新理念和研究方法论的专著，崔教授把自己和他的同事多年在《教育研究》等权威专业期刊上发表的研究成果进行整理，同时结合了国内外关于有效教学的最新成果，比如书中插入了大量的表格和补充材料等，教师学习理解后可以直接或改良后应用于课堂教学或观察评价，无疑具有深入学习的实践价值。又如"教学策略与设计"一节附设的表2-4之"多元智能教学方式概要"，源自阿姆斯特朗所著的《课堂中的多元智能》，所以本书具有很强的系统性、前瞻性，附之以一线教师的实践案例，内涵多元丰富，学术性很强，参考性很好。按崔老师的观点，所谓"有效"，主要是指通过教师在一种先进教学理念指导下经过一段时间的教学之后，使学生获得具体的进步或发展。而"教学"，是指教师引起、维持或促进学生学习的所有行为。本书的指导思想是让学习者"像专家一样思考"，本书的每个单元都体现了如下思考：如何把问题还原到原点思考？如何将教学问题置于课程、教育、社会大背景中综合地思考？如何促使学习者将中小学的课程标准、教材、教学、学习、评价进行一体化的思考？如何促使学习者形成教育领域的大观念，而不至于去背书中提供的那些条条框框的东西？

学习本来就是一次旅程，读这本书就像崔教授的团队带着我们一起经历和体验一次愉快的旅行，一次关于教学活动再次认知的旅行。书中的每个单元就像省会，章是县城，节是村落。旅行路线是"什么是有效教学——怎样教得有效——怎样教得更好更有意思"。旅程的第一站就是加深我们对教学的理解，作者从各种教学活动的现象入手，分析教学活动的逻辑必要条件，再从汉语和英语两种语言意义上分析教学的规定性定义，然后总结了至今为止关于该领域的主要研究路径或成果，特别是最新进展。旅程的第二站是紧紧贴着教师们的教学经验，把教学活动相对地分成了准备、实施与评价三块内容来研讨。教学准备着重研讨了基于课程标准目标的教学设计；教学实施部分是基于分析的需要，将教师在课堂中发生的所有行为分解成教学与管理两类来讨论；教学评价着重讨论了当前评价领域的最新发展——评价文化，即基于课程标准的学生学业成就评价，以及基于合作、技术与研究的课堂教学评价。旅程的第三站是为了让教师理解如何使自己的教学变得更好、更有意思，探讨了教师、教学与研究的关系，引领教师正确理解研究的真正涵义，以及教师从事教学研究的路径——自我反思、同伴互导与专家引领。

老师要想使自己的教学更有效，就不能一直盯着分数，而是要将理论与实践相结合，除了要加强自身的努力实践外，还要善于结合工作实际有针对性地借鉴别人的成功经验。

总之，这本书科学、有效地指导我们的教学工作，是一本值得细读、研究的好书。

精彩语录

像对学生自学而言，教师的尝试与努力也能使学生学得更多、更快、更好。我们把教师的这些尝试与努力称之为教学，因此，我们就把教学规定为教师引起、维持或促进学生学习的所有行为。（P20）

我们的理想，或者说隐含在本书中的一种深层思想是，真正对教学实践产生直接影响或意义的教学理论，是教师自己头脑中产生的，而不是靠专家讲授的，专家讲授的教学理论至多是为那种内发的教学理论作准备或提供概念及其框架，或体验到像专家一样的思维方式，但他不可能对教学实践产生直接的、实在的意义。（P26）

项目学习是让学生进行创造、验证、完善，并制造出某种东西的活动，在这个过程中教师将指导学生自己选择项目、制定工作目标，并形成项目的方案；在此基础上，学生积极地收集信息、处理学习过程中碰到的问题，最后在展示活动中表演、陈述或演示他们的产品。通常多元智能教学的项目分为结构式项目、主题式项目、体裁式项目、模板式项目、开放式项目。（P61）

学生主动的意义建构对教学尤为重要。脑科学强调，脑袋学习是镶嵌在环境中意义获得的基础之上的，而单项教学法的教师忽略了学习社会性的法则。这是可悲的，因为大脑必须建构自身的意义，有意义的学习是在创造基础上的学习，这也是学生在教育中可以体验到的快乐源泉。在信息爆炸的时代，学生在教学情境中能否进行学习，组织自己的知识结构，影响着教学的深度和质量。（P65）

学是教的依据，即教依据学。教不是凭空的，而是依据学来进行。教是人的有自觉意识的活动。教的直接目的之一在于促进学生发展，而学生发展从根本上讲要通过自己的学习才能实现，教必须通过学才能实现其目的。建构主义学习理论认为，学习是学习者主动建构自己的知识，建构内部心理表现的过程是教师在他人的协助下，通过独特的信息加工活动，建构自己的意义的过程，教正是在这个意义上的促进学习者的自主建构，是以学为依据的。（P77）

要设计学习活动，必须为学生提供一定的活动内容，从哪里可以获得活动的内容？教材是非常重要的课程，资源是忠实执行教材还是改变教材，或者说是教教材还是用教材教，无论哪种情况，根据教学的意图或学习目标对教材进行处理，都是设计学习活动必不可少的环节，要处理教材内容需要回答好两个问题：处理教材内容的依据是什么？处理教材有哪些策略？（P122）

不管你是人文学科课程的教师，还是自然科学课程的教师，在组织学生开展探究学习活动前，你应该根据任教学科课程标准和教材，基于学生的发展水平，精心设计探究活动的指导计划，为学生准备适当的研究材料，如让学生自己提出问题，还是你设置问题情境，由学生来选择问题，让学生独立探究还是学习小组合作，学生的探究是实验验证还是开放性探索等问题，你都应该进行预测。（P174）

当你使用奖赏性的刺激激起学生某种行为动力时采取的强化就是积极强化。

奖赏可以是有形的物质的奖赏，也可以是无形或精神的奖赏，如分数、自由活动的时间、奖品、欣赏、表扬或荣誉等。（P190）

教学是一项议程复杂的事物，我们只能在研究考虑多种因素之后，才能选择最有效的教学策略，所以如果你想要教得更好，那么你就需要研究。（P285）

延伸阅读

为何而教？奥苏贝尔说，"为迁移而教"；哈佛大学有一项教师研修课程说，"为理解而教"；美国人戴维·珀金斯称，"为未知而教"……都有道理，也都是片面的深刻。教学教学，自然要"为学而教"，而在"假学"泛滥的当下，尚须更进一步，要"为'真学'而教"，让学习真正发生。《为"真学"而教——优化课堂的18条建议》，冯卫东著，教育科学出版社2018年出版。

（丁志根）

11 《去学校化社会》

作者：[美] 伊万·伊利奇
译者：吴康宁
出版社：中国轻工业出版社
出版时间：2017年9月

推荐理由

本书作者伊万·伊利奇是当代世界颇负盛名的教育思想家之一，译者吴康宁教授是我国教育社会学领域的专家，二者的学术相融使《去学校化社会》这部译著成为不朽的经典。

伊利奇（1926年—2002年），当代著名思想家、社会批评家，公认的"去学校化社会"理论的创始人。1971年，"跨文化文献中心"举办了主题为"教育中的抉择"的专题讨论会，伊利奇提出了著名的"去学校化社会"思想，猛烈地抨击现代学校制度的种种流弊，号召人们废除学校，代之以"学习网络"，建立一种人人平等、自由、自律、自助、愉快交往的"去学校化社会"。该思想一经问世，随即就席卷西方世界，形成一股"去学校化"浪潮，强烈地震撼了当时的国际教育界。伊利奇在对学校进行批评之后，又分别对医疗制度、交通设施、科学事业以及大众传播媒介等一系列社会机构提出了激进的批评。

在全世界很多国家的人们对美国教育欣赏有加、无比推崇的今天，我们不妨换一种视角。通过伊利奇对美国教育和社会的"批判与建构"，来反思和审视我国学校教育存在的问题，更理智地去建设符合我国国情的学校和社会。

作者对"学校化社会"的批判包括三个方面，即对现代学校的批判、对学校与社会关系的批判和对现代社会的批判。他认为"现代学校的制度与过程荒谬无比，背离人性"，比如设立学校所依据的一组假设荒谬至极，这组假设声称：人生万事皆存秘密；人的生活质量取决于是否知晓人生秘密；唯有经过按部就班的连续过程，才能掌握人生秘密；唯有教师才能正确揭示人生秘密。再比如他提出"学校垄断了教育的权利与资源""学校编造并灌输着社会神话""学校剥夺了学生自主学习的权利、欲望和能力""学校使人早早异化""学校使大多数人成为失败者"。他总结到"学校教育既不可能推动学习，也不可能促进正义。学校已成为一个社会问题，它正陷于四面楚歌之中"。在他的句子里，可以看见他的伤感、难受、悲愤、不屑等情绪，可见他的批判无处不在。

作者的"去学校化社会"构想，包括以下四个方面：强化自我解放意识、改变生活道路选择、更新政治评估标准和创立全新教育制度。他所指的"全新的教育制度"有三方面：第一，向所有希望学习的人提供其一生中任何时候均可使用的学习资源；第二，让所有希望与他人分享自己的知识的人都能找到想从他们那里学到这些知识的人；第三，向所有希望公开提出争议的人提供表达的机会。这是一个很理想很纯粹的教育目标，追求教育公平，想给每个人提供终身学习的可能、满足每个人自由分享的欲望和公开表达意见的机会。这样的社会或许是人类追求的终极目标。

作者的所有观点都指向人，指向社会，指向教育，他努力地想要构建一个民主平等的教育社会，实现教育的绝对公平化。这些视角对我们当下的教育来说，都是一种很好的审视和反思。

当然，也会有不同的声音：一是认为他的批判过于片面、刺激，缺乏全面、辩证的分析；二是他的构想过于理想、浪漫，不太切合实际。但无论如何，伊利奇的"去学校化社会"给了我们努力建设的所谓学习化社会一些方向和行动指南。

精彩语录

健康、学习、尊严、独立以及创造性努力，被说成几乎完全是声称为这些目标服务的各种制度发挥作用的结果，而这些目标的更好实现则有赖于社会将更多资源配用于这里所说的医院、学校及其他各种机构的管理运行。（P7）

技能教师短缺的原因在于人们笃信文凭的价值。资格认证成为控制教师市场的一种方式，而这种方式也只是在有着学校化心态的人看来是合理的。现在，大多数工艺类与商科的教师在技能熟练程度、创造性及语言交流能力方面都不如优秀的工匠与商人……如果我们开放教师市场，那么，技能学习的机会便会大幅增加，这有赖于合适的教师遇到合适的学生，这些学生不受学校课程的束缚，并能够被富有挑战性的技能学习计划深深吸引。（P21）

社会的去学校化意味着承认学习的双重属性。仅仅强调技能操练可能会导致严重的后果，必须同样重视其他类型的学习。但是，如果学校并非学习技能的合适场所，那也就更非接受教育的合适场所。学校在完成这两种任务方面的效果都很差，部分归因于学校未能将这两者加以区别。（P22）

制度性常识告诉我们，儿童需要学校，儿童在学校中学习。然而，这种制度性常识本身是学校的产物，因为正是这种"正统的常识"告诉我们，只有儿童才能在学校中接受教育，只有把一部分人归入"童年"这一范畴，我们才得以使他们服从于学校教师的权威。（P36）

每个人都在学校之外学习如何生存。我们在没有教师干预的情况下学习说话、学习思考、学习爱、学习感知、学习玩耍、学习诅咒、学习搞政治以及学习干活。这一点，就连处于教师日夜照料之中的孩童也不例外。孤儿也罢、低能儿也罢、教师自己的孩子也罢，都是在为他们设计的"教育"过程之外学到他们所知道的大部分东西的。（P37）

学生们从未相信教师对自己的大部分学习能有多少帮助，聪明的学生也好，愚钝的学生也罢，其学习都是或因鞭棍所逼，或为理想职业所诱，他们总是靠死记硬背、阅读以及临场机智来应付各种考试。（P38）

根据其自身属性，学校往往会对其成员提出时间和精力上的全面要求。结果，教师变成了监护人（custodian）、说教者（preacher）和治疗专家（therapist）。（P39）

其实，学习是他人操控越少越好的一种活动。大部分的学并不是教的产物，而是不受束缚地参与到富有意义的情境之中的结果。大多数人都是在身心"投入"时学得最好，但学校则要人们把自己的人格与认知的发展看成学校精心计

划与操控的结果。（P48）

个人的成长并不是一个可测量的实体，它是个人饱经磨练、与众不同的发展结果，既无法依据任何尺度或任何课程来加以测量，也无法将之同他人的成就相比较。在这种"成长"的学习中，人只是在富有想象力的努力方面同他人竞争，是走自己的路，而不是仿效他人。我所赞赏的学习乃是无以测量的再创造行为。（P49）

建立新的教育制度的计划不应起始于确定校长的管理目标、专业教育者的教学目标或设想中的任何特定阶级的人群的学习目标。这一计划一定不能起始于"某些人应当学习什么"的问题，而应起始于"学习者为了学习想要接触什么样的人和事"的问题。（P90）

如果我所描述的网络得以建立，那么，每个学生的教育路径都将成为他自己的独特途径，且唯有在日后回顾时才会理解其独特之处……在一个未被学校化的社会中，教育者也将能发挥自己的才能，并能实现如今那些心灰意懒的教师假装要追求的目标。（P112）

延伸阅读

以一种悲天悯人的关注和一种批判重建视角相融合去阐述教育学的理论与经验，给人以思考与启迪的是巴西的保罗·弗莱雷写成的《被压迫者的教育学》，这本书于2014年4月由华东师范大学出版社出版，翻译者为顾建新、赵友华及何曙荣。有人评价说，这是"被压迫者的教育圣经，批判教育学的奠基性著作"。

（罗 萍）

12 《未来学校》

作者：朱永新
出版社：中信出版集团
出版时间：2019 年 6 月

推荐理由

朱永新，1958 年生，江苏大丰人。全国政协常委、副秘书长，中国民主促进会中央委员会副主席。新教育实验发起人，中国教育 30 人论坛和 21 世纪教育发展研究院共同发起人。他曾多次主持联合国教科文组织委托研究项目，国家自然科学、社会科学等基金项目，并多次获奖；在美国、英国、日本和国内发表教育论文 600 余篇；出版了《我的教育理想》《我的阅读观》《致教师》等 40 余种著作，其中《朱永新教育作品》（16 卷）等 20 余种专著被译为英、日、韩、法、蒙、俄、阿拉伯、哈萨克语等 15 个语种，是中国当代教育家的个人教育理论著作输往海外第一人。

朱永新在《未来学校》中基于教育的本质特征——活生生的人（老师）通过活生生的课程，影响活生生的人（学生），对未来教育做了颇有建树的向往与勾勒。伴随着全球教育变革、教育人本化、教育科学化，以及教育信息化浪潮的汹涌而至，朱永新相信在不远的未来，今天的学校会被未来的学习中心取代。他认为"未来的学校将被学习中心取代"，不仅涉及基础教育，也涉及学前教育、职业教育和高等教育；不仅涉及学校教育，也涉及家庭教育、社会教育、终身教育。因此，朱永新以严谨的说话态度，在本书中把对未来学习中心从教育内容到教育方法，从教师队伍到评价体系，全部进行了预测和重构。

他认为"未来学习中心"是一个开放的体系，可以是网络型的，也可以是实体型的；可以是公办的，也可以是民办的。实体型的学习中心将会由现在的学校、各种培训机构、社会教育机构的转型而来。各个学习中心的课程，经过认证机构的认证或者学习中心的许可，可以互相承认、互换学分，学习中心将不受时间、空间、机构的限制，时时处处提供各自的教育资源。要把传统教育中的"拖堂或者提前下课都属于教学事故，优秀的教师经常把时间控制得一分钟不差"的工业化思维转变成"全天候开放，没有周末、寒暑假，没有上学、放学的时间，没有学制、混龄学习"的人性化思维。

在未来的学习中心，谁想学，谁就是学生；谁有本事，谁就是老师。能者为师，学生为生，学生、老师、家长身份将会随着不同的领域而发生转换，真正实现"有教无类"。儿童、父母、老年人可以来学；不同社区、不同城市的可以来学。那么，未来学习中心究竟学什么呢？以生命教育课程为基础，以智识教育课程、公民教育课程、艺术教育课程为主干，并以"特色课程"为必要补充。其中，生命教育课程落脚点在"拓展生命的长度"，其余主干课程分别落脚于"真""善""美"，这些主干课程的学习不超过学生学习内容总量的50%，其余的时间由学生学习"特色课程"，把学习内容的选择权、学习时间与空间都还给学生，真正实现"因材施教"。课程彼此之间融合，以项目制形式，一改传统的"大班学习""统一课程""统一进度""统一难度"的毛病，泛在学习、混合学习、合作学习，将学生从知识的消费者变成知识的创造者。

作者提倡构建"学分银行"制度，以此评价学生学习的好坏。学分银行的监管由政府来完成，保证其评价的科学性、公正性和有效性。未来学习中心的管理将变过程管理为结果管理，从而改变教育行政部门对教育管理过细、过碎的现状，从"补短教育"走向"扬长教育"。

"行是知之始，知是行之成。"作者从现实和实际出发，以"幸福完整的生活"为终极目标，在本书中梳理出了通往未来学习中心的路径。希望读者行动在当下，才是真正的未来。

精彩语录

未来，物理形态的学校，钢筋水泥、砖瓦花木，依然如故，保安可能还会有，围墙也可能依然在，但是，传统的学校不再是唯一的学习场所。说到学习，

大家马上想到的不是"学校",而是"学习中心"。(序,P2)

未来的学习中心,在教学的核心业务上是扁平化管理,甚至会基本成为自组织管理,会出现"多中心"的方式。这是以每一个优秀的教师或者以每一个卓越课程为中心,组成的一个个学习共同体。它的运行模式是:教师引导、学生自组织管理。(P37)

未来学习中心的教师将是自主学习的指导者、陪伴者。(P56)

个性化、定制化将会成为未来学习的主要形式,学生不需要完全按照千篇一律的标准化的学习内容来学习。每个学生可以自己来制订学习的计划,确定学习的节奏,定制学习的内容。(P64)

在未来,谁想学,谁就是学生;谁有本事,谁就是老师。在这个领域是学生,在另一个领域就可能是老师。(P71)

未来学习中心的基础课程体系:以生命教育课程为基础,以智识教育课程、公民教育课程、艺术教育课程为主干,并以"特色课程"为必要补充。(P117)

对所有的学生来说,只要掌握最基础、最简单、最能够满足人们基本生活需要的知识,具有承担一个公民的基本义务的能力,就完全可以了。其他的内容则可以通过选修课程的方式,满足不同学生的个性需要。(P137)

在未来的社会,学力将比学历重要。学历只证明着过去,学力才意味着未来。(P151)

今后,我们现在的所有学校,都应该变成各具特色的学习中心。学生可以今天在这个学习中心学习这门课程,明天到另一个学习中心去学习另一门课程,所有学习中心都是充满个性的,有着自己的私房"绝活"。(P157)

未来学习中心的一个重要标志,就是突破时空限制的"泛在学习"(U-Learning)将逐步取代传统的有固定时间、固定地点的学校学习。(P161)

在未来的学习中心,项目式学习所占的比例越来越大,甚至会成为主流。(P173)

混合学习与合作学习将成为未来学习中心的主要学习方式。(P175)

未来学习中心的学生将从知识的消费者变为知识的创造者,研究型学习将成为学习的主要方式。(P182)

学分银行，是指向未来学习中心的专门管理机构、授证机构、学习成果认证机构与组织体系，以及相应机构与组织体系赖以存在和运行的一套标准、规范、规则和规定的综合系统。（P195）

未来的家庭可能会出现一些新型的学习中心，一些有教育理想和情怀的父母，可能会为自己的孩子或者志同道合的孩子举办学习中心，由自己或者聘请相关的专业人士从事教育教学。（P209）

未来学习中心的决策机构，将是由学习中心的举办者代表、教师代表、学生代表、父母代表、社区代表共同组成的家校合作委员会。（P212）

在未来的学习中心，父母将成为重要的课程资源，"父母成为施教者"这一理念是人所共知的常识。（P217）

未来学习中心原则上分为公办和民办（含混合所有制学校、股份制学校等）两种类型，前者为政府公共财政拨款，后者为民间资金投入。政府可以通过购买公共产品服务的方式支持民办学习中心，也可以通过托管的方式将公办学习中心交给民间管理。（P234）

延伸阅读

未来学校建设是新时代教育的重大命题，也是教育发展的永恒主题。泰德·丁特史密斯在《未来的学校》一书中结合70多个真实案例，从传统学校、未来学校、孩子、家长、教师以及社会六个层面描绘了一幅未来学校的样子。该书2018年6月由浙江人民出版社出版，译者魏薇。

（何庆华）

13 《为什么学生不喜欢上学?》

作者：[美] 丹尼尔·T·威林厄姆

译者：赵萌

出版社：江苏教育出版社

出版时间：2010年5月

推荐理由

《为什么学生不喜欢上学?》是一本关于认知心理学的普及读物，也是一本教育心理学的入门书籍。它曾经在2009年居于亚马逊网教育类图书的销售冠军。作者威林厄姆是美国弗吉尼亚心理学教授。2000年之前，其研究主要关注以大脑为基础的学习和记忆方面；2000年至今，其研究主要围绕认知心理学在基础教育方面的应用。

直面问题，并加以解决（恰切地说是"提出合理的解释"）是本书鲜明的写作风格。所直面的问题包括如下九个：人类的大脑喜欢思考吗？学生应当学习什么样的知识？为什么学生比较记得住偶像剧剧情？为什么学生难以理解抽象概念？刻意的反复练习有用吗？如何让学生像科学家一样思考？如何调整教学策略应对不同的学生？如何帮助"慢热型"的学生？教师怎样才能精进教学方法？针对这九个问题，从认知心理学的成果中可以找到"合理的解释"。比如回答第一个问题，作者提出的认知学原理是："人类生来就有好奇心，但我们不是天生的杰出思想者；除非认知环境符合一定的要求，否则我们会尽力避免思考。"针对九个关键问题，提出九个相应的认知原理，使全书构架逻辑清晰，条理分明。

当然，这本书最吸引人的地方，在于作者基于这样的一个写作总图：在过去的25年里，人类对大脑的认识比之前250年的总和还要多，可是对作为普通学校的广大教师来说，他们不可能是神经系统科学或认知心理学等方面的专家，他们又应当如何跟上科技发展的潮流，更为清楚地"知道学生的大脑是如何工作的，以及如何利用这一点成为一名更优秀的教师"？为了将有点复杂的认知科学研究成果简明易懂地讲给教师听，作者尝试在理论上化繁就简，深入浅出，将此书写成认知心理学的摘要，并结合生动的教育案例，以便于教师在读完本书后能够直接加以应用。

好读，易懂，且实用。这是大多阅读者对本书的阅读感受。有人评论说，"这本描写学校学习的图书读起来犹如在一个蛮荒的、惊险的陌生国度里漫游。对于教师、家长，甚至学生，图书的每一页都充满了意外，比如，你能想到我们的大脑并不是用来思考的吗？"而"大脑不是用来思考的，它的作用在于使你避免思考"，这是本书作者开篇分析所得出的结论。这看似矛盾之处，其实也正是我们愿意尝试"带着兴趣和思考来阅读"本书的秘密所在。

精彩语录

与通常的观点正好相反，大脑不是用来思考的。它的真正作用在于使你避免思考，因为它并不擅长于此。尽管思考是缓慢的，靠不住的，如果能成功，人们还是愿意动动脑子的。人们喜欢解决问题，但是不喜欢尝试解决不了的问题。如果学校的功课总是比孩子所懂的难，他们不喜欢上学也是理所当然的。（P1）

毫无疑问，让学生记住枯燥的事实是完全不够的。但是同样正确的是，（尽管认识到的人少得多），想要凭空让学生拥有分析能力或归纳能力也是不可能的。认知科学研究发现，教师希望学生掌握的能力，比如分析的能力和独立思考的能力，是需要全面的事实性知识支撑的。（P19）

记忆是思考的残留物。要想教得好，你需要认真考虑你的作业实际上会让学生想到什么（而不是你希望他们得到什么），因为那是他们会记住的事情。每一个教师都有这样的经历：你以为你上了一堂超赞的课，有很多生动的例子了，内容也有深度，问题的难度设计得恰到好处，还有清晰的主旨。但第二天学生除了你课上说的一个和你家人有关的笑话外，什么也没有记住，有时候结果甚至更差。你竭力镇静地说："昨天我们主要说的是一加一等于二。"他们疑惑地

问:"一加一等于二?"(P42—43)

　　学会抽象思维是上学的目的。教师希望学生将课堂所学的知识运用到新环境中,问题是大脑不喜欢抽象的事物,大脑倾向于选择具体的事物。这就是为什么当我们接触到一个抽象的原理时,如物理学的公式,力=质量×加速度,我们会寻找实例来帮助我们理解。(P68)

　　工作记忆的有限空间是人类认知的基本瓶颈。你可以幻想很多方法以改善认知系统——更精确的记忆、更集中的注意力、更敏锐的视觉等,如果从阿拉丁神灯中出现了一个灯神,许诺可以满足你提高大脑功能的一个愿望,那么你应当要求扩容工作记忆。有更多工作记忆空间的人至少在学校是更好的思考者。有大量的事实支持这一结论,且大多数使用的是同一个简单的逻辑:测量100个人工作记忆的大小,然后测量他们的推理能力,比较他们在两个测试上的分数是否一致。令人惊讶的是,工作记忆空间大的人在推理测试中得分也高,工作记忆空间小的人推理测试分数也不高。(P85)

　　每次当你看到专家做事的方法和非专家不一致时,你要想到,专家极有可能当初也像初学者一样,而且想要达到专业水平都必须经过这一段。拉尔夫·瓦尔多·爱默生总结得更好:"每一个艺术家都是从学徒做起的。"(P114)

　　儿童在思考和学习方面相似点比不同点更多。这个说法并不是说所有的儿童都相似,也不是说教师可以不加区分地对待儿童。有些孩子喜欢数学,另一些孩子对英语更感兴趣;有些儿童害羞,有些则很外向。教师和儿童的交流也不一样,就像儿童和儿童间的交流也不尽相同。但是教师应当意识到,科学家还不能言下之意学习风格有值得分类的差异。(P115—116)

　　美国人,像其他西方人一样,将智能看成一个不可改变的属性,就像眼球颜色一样。如果你的基因优秀,你就聪明;基因不好,就不聪明。这种认为智能完全由基因决定的想法对学校和功课有一定的暗示。……在中国、日本和其他东方国家,智能经常被认为是可塑造的。如果学生考试考砸了或者不理解一个知识点,不是因为他们笨,而是因为他们还不够努力。这种看法对学生来说有好处,因为它让他们知道智能是可以控制的。如果他们表现不够好,他们可以对此做点什么。哪一种看法正确,西方的还是东方的?两者都有正确的部分。

我们的基因遗传的确对智能有影响，但通常是通过环境影响的。（P132）

教学，和其他任何复杂的认知技能一样，必须通过练习得以提高。（P148）

教育是将历代累积起来的智慧传递给孩子，我们充满热情地相信它的重要性，因为我们知道它可以让每个孩子拥有更好的生活，这也是让我们所有人受益的一件事。如果我们不能将人类累积的智慧用在教育孩子的方法上就太可惜了，这就是《为什么学生不喜欢上学？》出版的目的。教育使人聪明，聪明的人可以使教育更美好。（P166）

延伸阅读

罗伯特·斯莱文是美国约翰·霍普金斯大学终身教授，人民邮电出版社2016年出版了他所著的《教育心理学：理论与实践》（吕红梅、姚海林等译），该书围绕三个基本主题来编排：学生、教和学；突显两大特色：实践取向与言之有据。我国著名心理学家张厚粲教授认为，这本书是"一部不可多得的优秀之作"。

（张晓红）

管理类

01 《管理学》

作者：[美] 斯蒂芬·P·罗宾斯　[美] 玛丽·库尔特
译者：刘刚　程熙镕　梁晗　等
出版社：中国人民大学出版社
出版时间：2017年1月

推荐理由

本书作者斯蒂芬·P·罗宾斯是美国著名的管理学教授，组织行为学的权威，他在亚里桑纳大学获得博士学位，曾就职于壳牌石油公司和雷诺金属公司，有着丰富的实践经验，并先后在布拉斯加大学、协和大学、巴尔的摩大学、南伊利诺伊大学、圣迭戈大学任教。罗宾斯博士的研究兴趣广泛，尤其在组织冲突、权力和政治，以及开发有效的人际关系技能等方面成就突出。

20世纪90年代以来，罗宾斯博士把大量的时间用在撰写管理教科书上。他的著作包括：《管理学》《管理学基础》《组织行为学精要》《人际技能培训》《组织理论》《今天的管理》《成功主管培训手册》等。特别是《管理学》一书，在中国管理学界、企业界乃至全世界范围，毫无疑问是最受欢迎和被采用量最大的教材，且连续多年畅销不衰。

本书的另一位作者，玛丽·库尔特是美国密苏里州立大学荣誉退休教授，拥有阿肯萨斯大学博士学位。撰有《实践中的战略管理》《实践中的创业》等著作。

本书主要译者刘刚为管理学博士，中国人民大学商学院教授、博士生导师，企业管理系主任，主要研究领域为传统管理思想、企业战略与文化等。

《管理学》位列全球基础管理学教材的榜首，自引进我国以来，深受国内学界和业界的欢迎，也影响了无数的中国读者和管理者。全书以管理的四大职能——计划、组织、领导、控制为主体脉络，环环相扣，逻辑清晰，全面覆盖了管理理论的主要知识点，将管理理论与管理实践紧密结合，帮助读者提升管理技能。

本书为《管理学》的第13版，适应了管理理论与实践的发展，进行了及时的更新和全面的修订，共分为管理导论、现代工作场所的管理基础知识、计划、组织、领导以及控制六个篇章，全面地论述了管理学的理论与实践。这一版中，有着如下显著的变化：第一，充分以技能和职业为重点，切实让学生为进入职场作好准备；第二，各章增加开篇专栏"这是你的职业"，突出管理者需要掌握的突出工作技能，如时间管理、成为更好的决策者、培养全球观等；第三，对部分章节进行调整，重新梳理了全书内容；第四，增加了新时代的新话题，包括大数据、游戏化、可穿戴技术、社交媒体及其他内容。

可以说，《管理学》既是一本优秀的大学相关专业教科书，亦是一本实用的企业管理人员工具书，更是一本为各行各业从业者提供管理理念更新与工作创新的启发书。因此，之于教育领域，《管理学》应当是每一位教育管理者，特别是校长群体应该细读、深究的一本必备书，不仅对于加深对学校办学管理工作理论与实践的思考具有很强的指导作用，亦对其"跳出教育看教育"，站在企业管理与创新的角度重新审视办学管理乃至学校教育大有裨益。

精彩语录

管理者是协调和监督其他人的工作，以使组织目标能够实现的人。管理者的工作与个人成就无关，而是关注如何帮助别人完成工作。（P5）

组织是为了实现某个特定的目标而对人员的精心安排。（P6）

今天，我们使用四种职能来描述管理者的工作：计划、组织、领导和控制。（P9）

59%的员工认为，对他们工作的一个重大阻碍是，更多的注意力被放在指责而非解决问题上。(P45)

当决策者倾向于记住他们记忆中最近和最鲜活的事件时，可获得性偏见就产生了。结果呢？这扭曲了他们以客观方式回忆事件的能力，导致歪曲的判断和可能性估计。(P50)

那些拥有多元化背景的工作团队常常为讨论带来不同的和独特的视角，这可以带来更多具有创造力的想法和解决方案。(P113)

管理者作的很多决策要求他们考虑过程和受到结果影响的人。(P143)

管理者需要创造一种文化，使得坏消息可以被披露，及时亡羊补牢。(P154)

员工志愿活动是企业参与促进社会变革的另一种普遍方式。……很多企业发现，这种努力不仅对社区有利，也提高了员工的工作投入和积极性。(P155—156)

对于某些重大变革，组织通常会聘请外部的咨询顾问来提供建议和援助。正因为他们来自外部，因此具备了内部人员可能缺乏的客观视角。(P166)

为员工提供机会使其得以参与决策和获得社会支持的工作再设计有助于减轻压力。(P175)

一个组织的结构会给创新造成重大影响。……丰富资源的可获得性为创新提供了关键的组成部分。(P178—179)

计划为管理者和非管理者提供了指导。……计划通过迫使管理者展望未来、预测变化、考虑变化的影响以及制定恰当的应对措施，降低不确定性。……计划有助于最小化浪费和冗余。……计划确定了控制所采用的目标或标准。(P198—199)

制定一份有效的任务清单并使用它，是每一位管理者都需要开发的技能。(P213)

成功的社交媒体战略应该：(1)有助于人们实现与组织内部和外部的联系；(2)降低成本或提高收入能力，或两者兼具。(P227)

员工激励对公司的最终成功具有至关重要的作用。他们对企业进行了精心设计，按照特定的行业来划分工作团队使每一位员工都能成为工作团队中的一员，参与到整个项目中而不是只从事其中的一小部分工作。（P257）

在学习型组织中，员工不断获取和分享新知识，并将这些知识应用于决策或他们所从事的工作。（P295）

严格遵循指挥链自上而下的传统决策方式和从狭义上界定的职能安排可能不是做到这一点的最佳结构机制。（P296）

在某些情况下，激烈的冲突有助于群体提高绩效水平。（P349）

高效团队的特征：清晰的目标、相关的技能、相互的信任、一致的承诺、良好的沟通、谈判的能力、合适的领导、内部和外部的支持。（P360—362）

在有些情境中，领导者展现出的任何行为都是无关紧要的。换句话说，特定的个体、工作和组织变量可以充当"领导者的替代"消除领导者的影响。（P480）

管理者只能通过这唯一的方法（即控制）了解组织目标是否实现，如果没有实现原因何在。控制职能的价值体现在三个具体的方面：计划、员工授权、保护工作场所。（P497）

延伸阅读

《管理工作的本质》是亨利·明茨伯格的扛鼎之作。在这本著作中，亨利·明茨伯格在对许多世界500强企业高管的"窥测"与"洞察"的基础上，以清晰的结构、缜密的逻辑、简要的语言揭示出：管理者工作的四大变量、管理活动的三大类别、管理者的十大工作角色，最终道出管理工作的本质。本书由方海萍等人翻译，浙江人民出版社2017年出版。

（汤巍楠）

02 《教育组织范式论》

作者：张新平
出版社：江苏教育出版社
出版时间：2001年10月

推荐理由

张新平，教育学博士，南京师范大学教科院教授、博士生导师，教育领导与管理研究所所长，教科院学术委员会主任。主要讲授"教育管理学概论""教育管理研究方法论"及"西方管理与教育管理思想史研究"等课程。研究领域为教育经济与管理，研究方向为教育领导与管理。发表论文200多篇，出版《教育组织范式论》《教育管理学通论》《教育管理学的方法体系》等多部著作。

我国的教育管理研究长期存在两大难以突破的瓶颈问题：一是对本土经验的了解较浮泛，更缺少到位的总结与概括，二是对西方理论的引进有热情，但真正的消化吸收做得不够。张新平老师治学之初，便负有对我国教育管理学科发展的责任感。他在读博期间就用了两年时间深入到一个县的教育行政部门，用质的研究方法去发现和了解中国教育行政和教育管理的现状。在博士后科研工作站期间又用了两年时间对西方的教育组织理论进行了系统的梳理与评鉴，完成了学科建设方面的一个基础性工作，这也是作为一个学者在完成历史所赋予的学科建设的任务，《教育组织范式论》就是他这两年努力的结果。

本书在强调行动背后所隐藏的种种教育组织理论的基础上，以范式为主要分析框架，对西方百年来教育组织理论的发展作了详尽的梳理，重点阐述了教育组织的结构功能主义范式、现象学范式及批判理论范式。其中将结构功能主义范式又分为古典组织理论、现代组织理论、常规反思视角下的组织理论三方面进行阐述，看到泰罗、法约尔、韦伯、巴纳德、西蒙、盖茨尔斯等所主张的组织理论与常规反思视角下的模糊模式、文化模式和政治模式等"共享着相同的功能主义假设";在现象学范式中,评述了该范式的中心人物格林菲德的"组织是人类发明的社会现实"这一理论基础及其现象学范式的基本思想,高度评价了格林菲德的反思和批判精神;在批判理论范式下,看到了教育组织批判理论的批判更具广泛性和猛烈性,评述了该理论范式对教育组织管理领域的解放思想、组织理论学科性质的反思、组织问题的思考角度、何为教育本真等问题的思考作出的贡献。提出构建一种融"实在性、理解性、批判性"于一体的"三性"教育管理现象观,并据此对我国的教育管理学研究和教育管理现实加以解释。

本书详细介绍了各范式下经典理论的来龙去脉,创造性地诠释了教育组织理论的发展,从评析站位之高、剖析之深透、语言之精简都可体会到作者对组织理论高屋建瓴的把握。此外,作者还用心灵去书写,融入自己的真切感悟,敢于直面现实和研究困境。所以每每带给读者的都是一场精彩绝伦的阐述。虽成书至今已有20多年,但仍是我国论述学校组织理论的瑰宝。

阅读本书需要静心,如此才能达成和作者思想的交流。当我们放下急功近利的心态,潜心于这些"理论"时,不仅会收获详实、系统的学校组织理论具体知识,还会发现原来我们在教育管理现实中的种种言行都是在某种范式框架下,指引我们之所以如此思、如此行的种种信念假设在这本书里被分析得如此透彻。因此,它可以指引我们慎思并跳出既有的思维框架,站在一种更高的角度思考。虽然它没有直接面对现实中的具体问题,却给如何更好地实践提供了更长远、更根本的处方。

好书,一本就够了。相信对《教育组织范式论》的每一次阅读都会让你受益匪浅,每一次阅读都会使你吸取到适时、切实的能量。

精彩语录

一部分真正关系到学校生存、师生发展的本真问题,却被某些所谓的"热点"冲淡了、替换了、转移了。对于这种情况,不但实际工作者,也有不少理论研究者,并没有自觉清醒的认识。他们很少反躬自问什么是、什么不是教育组织理论这个问题，他们的工作和研究大都是在一种"自发"状态下展开的，他们对于那种牵引其思考和行动的"看不见的手"很少反思，对于自己到底持有一种什么性质的概念框架并不自知。（P2）

就社会问题的研究来说，泛泛而论"理论联系实际"这一规范并无太多的意义。这不仅是因为任何社会问题的确认和解决都要有相关的理论指引，更重要的是理论与实际两者，原本就像一枚钱币的两面，他们本来就是交互共生的，须臾不可分离。正因为如此，问题的关键并不在于"理论联系实际"，而在于联系实际的到底是些什么性质的理论。不单如此，只是单向度地提"理论联系实际"，而不同时倡导"实际联系理论"，那就有可能暗中鼓励、怂恿失范的、失误的"实际"。强调"理论联系实际"的人，可能事先就接受了这样一个假设，即存在一个不证自明的为大家共同认可的理论。可实际的情况是，人们对"理论"的分歧远远多于认同。（P4）

传统管理理论忽视决策制定过程的一个重要原因，是他们将决策的权力和责任片面地圈定在一个狭窄的范围之内，错误地以为决策仅是高层领导的事情。其实不仅是最高领导者需要进行决策，而且包括作业人员在内的所有阶层也都需要进行决策。决策绝非只是组织中某一部分人或部门的使命，它贯穿于整个组织的全过程。（P93—94）

教育管理学在其百年来的发展历程中，充满了批判与反思。从这种意义上说，教育管理学的发展史，实际上就是一部批判与反思的历史。……事实上，我个人以为，教育管理学与其说是刨子、剪子，倒不如说是一种"思维游戏"和思想观念的批判与反思。教育管理学虽然具有提高人们处理实际问题的实用功能，但更重要的是在改造人的思想观念过程中，赋予人以智慧和宽容。这种智慧和宽容是人们在学习、研讨教育管理学中，在接触、体认和处理种种矛盾和对立的管理观念、措施的过程中而逐渐形成起来的，是在推动人们摆脱和抛弃固执、偏见、妄自尊大的过程中而缓慢生长起来的。应该说这才是教育管理学的真谛和魅力。（P171—172）

如果说常规反思是在维持和坚信原有框架的前提下进行的有所保留的批判与反思的话，那么创新反思则是在毫无保留的前提下所进行的一种全方位的批判与反思。如果说常规反思所从事的主要是修补、扩充、改进和完善，那么创新反思则是要在深入批判原有思想框架的基础上另起炉灶。（P177）

人们常常将这样两种不同的批判与反思混为一谈。这不仅表现在将常规反思等同于创新反思这一方面，也表现在将创新反思等同于常规反思这一方面。这种认识上的混乱所造成的后果，从严重处说就是，模糊乃至抹杀了理论的实质。（P179）

教育和教育管理活动中的事实与价值、规范问题并不是分离的，也是不能用分离的眼光认识得了的。（P394）

延伸阅读

教育组织行为学一直是教育管理理论研究的热点。罗伯特·G·欧文斯是美国学校管理和组织行为学领域的专家，前印第安纳大学教授，《教育组织行为学》是其代表作。该书自1970年出版以来，一直是国外大学教育学专业享有盛誉的教材。该书由窦卫霖等人翻译，华东师范大学出版社2001年出版。

（孙　杰）

03 《中国式管理》

作者：曾仕强
出版社：中国社会科学出版社
出版时间：2006年10月

推荐理由

曾仕强（1935年—2018年）是一位学贯中西的大学者和具有丰富管理经验并深通管理哲学的人物，所以，他的著作值得对民族文化感兴趣又有志于成为出色的管理者的人士关注。他是著名的国学大师、中国式管理大师，全球华人中国式管理第一人，被称为"中国式管理之父"。他曾任台湾智慧大学校长、台湾交通大学教授、台湾兴国管理学院校长。他也是英国牛津大学管理哲学荣誉博士、英国莱斯特大学管理哲学博士。著有《胡雪岩的启示》《易经的奥秘》《中国式管理》《家庭教育》《孙子兵法与人力自动化》等。而最让大家熟悉的是他在《百家讲坛》中的演讲。2010年11月15日，"2010第五届中国作家富豪榜"重磅发布，曾仕强以780万元的版税收入，荣登作家富豪榜第五名。

这本《中国式管理》，内容十分丰富，涉及的领域也十分广泛。

这本书介绍了中国式管理的思想和理论框架。这个框架以中国易学哲学为总领，进行形而上之"道"层面的阐述；而在形而下之"器"层面，即操作层面，又以西方的管理科学为依据。在两者互通和融合过程中，又生成诸多的管理原则和策略。不难看出，这是最符合中国人思维习惯和文化传统的思路了。

曾仕强是一位对易学有着很深造诣的学者。易学的主旨是"天人合一"的思想，即人道必须接受天道的启发。管理是人道，应当在天道中获得相应的智慧。天道给予人的智慧是什么呢？首先是"一阴一阳谓之道"，即任何事物，无论是宇宙自然的结构及其运行法则，还是社会历史的变化发展，包括人的思维本身,都充满着来自于系统内部的矛盾,正是它们的对立统一推动事物产生变化。这和我们所理解的辩证法有相似之处,但又不尽然,因为易学强调的是三元论而不是二元论,即阴阳之间存在着中间部分。矛盾双方不是黑白截然分开的,而是存在着中间灰色地带,而且阴中有阳,阳中有阴。纯阴、纯阳和阴阳完全等分的格局是不存在的。这是和唯物辩证法不同且体现了我们民族传统文化哲学的高明之处——它给了我们一个不一样的思维方式和管理智慧。其次,规定了所谓的人道就是易学倡导的"中正之道"。它和儒家的"中庸之道"、道家的"中和之道"是一致的,倡导的是遵循我们体察于心的阴阳之道,不偏不倚方为正途。这样的思考习惯,早已经和儒家、道家一样成为了我们的文化传统。

在这样的哲学框架下,作者提出的解决问题的策略和原则,就非常"中国式"了。它的表现是,分析问题的时候,绝对不会非黑即白地看待它,而是将它看作是黑白阴阳杂糅永远不可能截然分开的整体,所以,看问题不偏激,不走极端;而且还认为,没有绝对的好坏对错之分,今日和此地的好和对,明日和彼处可能会变成不好和不对。那么,在解决问题的时候,如果不能顺利解决,就来化解。他强调化解也是一种解决问题的策略,如同中药的调理之法一样,同样可以让人恢复健康就不必如西医一样做手术。

当然,在这样的哲学思想和策略原则中,作者不忘吸收西方的管理科学。这些科学理论和中国易学哲学结合,更加丰富了我们的管理策略与方法,这一点,读者可以自己去体悟。本书在这样的背景下所生成的管理思想和方法,是非常丰富的。

在上述的思想和学术背景与框架中,贯穿全书的一个轴心思想就是"修己安人,持经达变"了。围绕这一点来通读全书,理解会越来越清晰,且会在和作者的对话中不断开阔思想视野,拓展管理思路。

作者一直强调的是,管理的本质就是一段"修己安人"的历程。

不难发现,这样的管理理念肯定是属于中国的,是来自传统文化中最为轴心部分的,因为,我们的传统文化的轴心就是儒家的"修身齐家治国平天下"。内修己身是一切事业的基础,当然也包括管理工作。作者作为中国式管理大师，其思想和理论的根就是扎在文化传统的土壤之中的，而且抓住其轴心的端点来立说。那么，"修己"的关键又是什么呢？作者围绕的是"德"与"智"，即积厚德，长智慧。

于是，一方面，作者将管理的智慧和伦理的规则进行统一研究，得出"管理是外在的伦理，伦理是内在的管理"这样的结论；另一方面，运用易经的智慧，对人性和管理中的现象进行统合性的分析，将管理的法则及其依据建立在对人性的认知上。这样，就不难做到"安人"了，可以说是水到渠成了。"修己"是基础，"安人"是目的，上下人心安定了，和谐发展的局面也就形成了。

同时，"持经达变"作为全书的核心思想也是贯穿始终的。这里的"经"主要指的是作者研究的《易经》，易经的核心观点就是"变"，所以易学哲学就是研究宇宙自然和社会人生变化规律的学说。即世界唯一不变的就是变。所以，作者在书中一直以变化的眼光来分析问题，提出解决问题的方案，本身就是出于这样的哲学背景和指导思想。由此就理解了作者为什么提出用"化解"的方式来解决问题了，因为，很多问题的解决是需要时间的，时间到了，时机成熟了，自然就解决了。这就是所说的，那是"发展中的问题"——因为发展而暴露也随着发展而解决。当下的我们，只要把握好方向，抓得住要领，适时引导就可以了。类似的思考和分析，在书中很多。

《中国式管理》论说的重心是中国的管理文化与智慧，而不同于西方的管理科学，这是本书的特色。它给我们提供的，是管理的思想、智慧和思路，是对人性的体察和依托人性的决策，是以文化背景为参照的对历史与现实问题的定位与分析，这是本书对管理学领域的独特贡献。

精彩语录

很多人一直用二分法的思维，把中国人的社会归为人治，而把西方社会视为法治。这个思维方式，不但不切合实际，而且容易陷入一己之偏见，极为不可取。（P21）

管理是修己安人的历程，以人为主，人与人之间的关系，在中国式的管理

中，显得特别重要。有关系，没关系；没关系，有关系。中国人听起来，也特别有所体会。（P65）

中国人的伦理，比之任何民族发展都早，而且最为妥善。我们并不能因为实际没有贯彻就否认这个事实，而应该下定决心，从我们这一代手中，将我们的伦理与西方现代所开发成功的管理科学结合起来，形成现代化的中国式的管理，并且发扬光大。（P67）

求全便是合作，一个个的个体能力有限，无法求全；必须多个个体同心协力，通力合作才可能求全。有心求全，心理上要有"委屈"的准备。（P99）

要表现出这样的领导风格，主持人最好表现出无为的领导精神，才能够无为而无不为，创造出总动员的效果。（P133）

适当地显露，使干部信服；适当地不露，使干部爱戴。所谓的恩威并济，实在是深藏不露的具体效果。（P191）

用暗示代替表白而明白地表示出来，实际上是一种尊重，一种包容，对双方面都有好处，一切尽在不言中，若非具有某种程度的默契，实在不容易做到。（P218）

延伸阅读

《易经》是中国古代最早涵盖天、地、人三界的哲学著作，是中国最古老、最深邃的经典，是华夏五千年智慧与文化的结晶，被誉为"群经之首，大道之源"。《易经中的管理智慧》是曾仕强先生又一本将易学哲学运用于管理的力作，2011年9月由陕西师范大学出版社出版。

（吴文才）

04 《卓有成效的管理者》

作者：[美]彼得·德鲁克
译者：许是祥
出版社：机械工业出版社
出版时间：2009年9月

推荐理由

德鲁克教授是当代著名的思想家，一代管理学宗师，《经济学人》称他为"大师中的大师"。他于1909年出生于奥地利首都维也纳的一个贵族家庭，在那里度过童年生涯后，即到德国和英国边工作边学习。1937年，因不习惯欧洲的"怀旧"政治气氛，他离欧赴美，终身以教学、著书和咨询为业。在美国，他曾任美国通用汽车公司、克莱斯勒公司、IBM公司等大企业的顾问，美国佛蒙特州本宁顿学院的政治和哲学教授，纽约大学商学院管理学教授，加利福尼亚州克莱蒙特研究生大学的社会科学克拉克讲座教授。德鲁克于1945年创办了德鲁克管理咨询公司，亲任董事长。他著作颇丰，主要有《公司的概念》（1946年）、《管理的实践》（1954年）、《管理：使命、责任、实践》（1973年）、《后资本主义社会》（1993年）等。他特殊的家庭背景、传奇式的经历、渊博的学识及睿智的才思，使其在政治、法律、社会、管理、历史等多个学科领域都留下了精辟的见解和耐人寻味的启示。管理学更是他一生耕耘的主要园地。在此领域，他成就卓著。他是推动管理学发展成为一门严肃科学的先驱，是现代"管理丛林"中经验主义管理思想流派的创立者和代表人物。他的论著被译成二十多种文字，在世界各国广为传播，成为全世界管理学学者奉为圭臬的经典。

德鲁克教授所著的《卓有成效的管理者》一书于1966年由哈珀与罗出版公司出版，一出版即获得了一致的好评，赢得了广大读者的喜爱。至今，该书已成为领导学领域的奠基之作。在本书中，德鲁克认为现代组织中知识工作者数量日益增多，并且知识工作者的成果通常要与其他人的成果结合起来才能够产生效益，因而管理者的作用日益凸现。但是判断管理者的标准并不是下属的多少，而是其成果对公司的影响。德鲁克将"那些促进机构有效运转，负有行动和决策责任的知识工作者"都称为管理者。由于知识工作者难以监督，因而组织效率将取决于组织成员能够对自身进行有效的管理。在以后的几十年中，德鲁克教授进一步阐述和发展这一思想，提出了现代组织管理的核心在于"自我管理"的思想。时至今日，这些思想依然在领导学研究中处于前沿。例如，最近有学者提出内部企业家理论，认为真正有创造力的企业要使组织内部每个员工都具有企业家精神。殊不知，这些最新思想在德鲁克先生几十年前的著作中早已体现。

本书的独到之处不仅仅是对管理者的概念进行了重新界定，而且奠定了从行为角度研究管理者的现代领导学的学科基础。在20世纪60年代，大多数领导学方面的研究还认为有效的管理者是天生的，并试图从管理者的素质角度出发，寻找有效管理者所具有的不同于常人的个人特质。德鲁克先生从自己的研究和咨询经历出发，认为没有一个有效管理者是天生的，他们之所以有效只是由于在实践中学会了一些有效的管理习惯。如今，德鲁克对管理者在工作中面临的现实问题的描述和相关建议，已成为经典，被到处引用。

德鲁克先生自称为"旁观者"。他从社会、历史的高度，分析组织及组织管理的变迁。这一独特的视角使其避免了一叶障目的狭隘，从纷繁复杂的社会现象中，准确把握和预测组织发展和管理的变化。德鲁克先生的渊博知识、深刻思想不仅影响了学术界，也影响了企业界，可以说没有一个著名学者和成功的商界领袖未从他那里汲取养分。这是迄今其他任何一个管理学家都难以企及的。

精彩语录

每一位管理者都要面对的现实是，一方面要求他们具有时效性，一方面却又使他们很难达成有效性。诚然，一位管理者如果不能致力于使工作卓有成效，现实必将迫使他一事无成。（P7—8）

我们不能一味拔高能力的标准来期望管理者的绩效，更不能期望万能的天才来达成绩效。我们只有通过改进工作的手段来充分发挥人的能力，而不应该期望人的能力突然提高。（P14）

卓有成效的管理者有一个共同点，那就是他们在实践中都要经历一段训练，这一训练使他们工作起来能卓有成效。（P16）

成为一个卓有成效的管理者，必须在思想上养成的习惯：（1）有效的管理者知道他们的时间用在什么地方；（2）有效的管理者重视对外界的贡献；（3）有效的管理者善于利用长处；（4）有效的管理者集中精力于少数重要的领域；（5）最后，有效的管理者必须善于作有效的决策。（P17—18）

如果你真想影响别人，那至少需要一小时以上。如果你想和别人建立良好的人际关系，就需要更多的时间。（P22）

做有系统的时间管理：（1）首先要找出什么事根本不必做，这些事做了也完全是浪费时间，无助于成果；（2）时间记录上的哪些活动可以由别人代为参加而不影响效果；（3）控制并消除一项浪费时间的因素——管理者在浪费别人的时间。（P27—29）

管理者如果不自问"我可以作出什么贡献"，他在工作中就不会有远大的目标，甚至可能把目标搞错而且特别容易对"贡献"一词只有狭义的理解。"贡献"一词在不同的场合有不同的含义，一般机构对成效的要求往往表现在以下三个方面：直接成果；树立新的价值观及对这些价值观的重新确认；培养与开发明天所需要的人才。（P41）

一个组织必须今天准备明天的接班人，其人力资源必须更新，必须经常提高水准。（P42）

在一个知识型组织中，主要有赖于知识不同和技术不同的专业人员组成的团队，工作才能有效。各路英雄的合作，贵在自动自发，贵在能依循情势的逻辑和任务的需要，而非依赖正式的组织结构。（P49）

信息处理自动化程度越高，我们越需要去创造机会进行有效的沟通。（P51）

一位希望自己有效，也希望组织有效的管理者，必然会自我检视一切的方案、活动和任务。他会问："这件事现在还有继续做的价值吗？"如果认为没有价值了,他便立即停手,而将时间精力转移到其他只要做得好,便能使自己更为有效的任务上,也能促使他的组织更为成功。(P79)

许多管理者都知道,所谓"暂行缓办",实际就是"永远不办"。(P81)

管理者的任务繁多,决策只是其中一项。管理者在决策时通常并不需要花很多时间,但决策却是身为管理者特有的任务。只有管理者才需要作决策。管理者之所以为管理者,正是由于他拥有特殊的地位和知识,所以人们期望他能作出对整个组织、绩效和成果具有特殊影响的决策。(P84)

为什么该有反对意见,主要有三项理由:第一,唯有反对意见,才能保护决策者不致沦为组织的俘虏;第二,反对意见本身,正是决策所需的"另一方案";第三,反对意见可以激发想象力。(P110—112)

我们不敢说所有的决策都会让人觉得痛苦,但实际上有效的决策执行起来往往会让人产生不愉快的感觉。(P116)

延伸阅读

《旁观者:管理大师德鲁克回忆录》,这本书虽不是德鲁克著作中最重要的,却是德鲁克个人最喜爱的。德鲁克希望借此书呈现社会的图像,捕捉并传达这一代人难以想象的那种神髓、韵味与感觉。本书由廖月娟翻译,机械工业出版社2018年出版。

(苏小半)

05 《学校管理学》（第五版）

编者：萧宗六
出版社：人民教育出版社
出版时间：2018 年 1 月

推荐理由

本书系受教育部委托编写、全国通用的高等学校管理学公共课教材，是一本持续畅销 30 多年、具有经典性的学校管理学公共课教材。从 1988 年 6 月问世到目前已经修订至第五版。该书从我国的国情和学校管理实际出发，从学校管理的基本理论、理念到学校人员管理、工作管理以及对学校的评价，较全面地论述了学校管理的基本内涵与主要内容，对科学管理中小学具有重要指导意义。

主要编著者萧宗六一生从事教育管理研究，是中国中小学管理研究领域的拓荒者。曾任华中师范大学附属中学教导主任、校长多年，后任华中师范大学教育系副主任、教育科学研究所副所长、教育科学学院教授、国家教育行政学院兼职教授。他还是中国教育管理研究会主要创始人，曾任中国教育管理研究会常务副理事长，全国教育管理学科专业委员会主任委员、名誉会长，湖北省教育管理研究会理事长。主要著作有《中国教育行政学》《教育管理研究》等。

《学校管理学》全书共 22 章，50 万字。在结构上由两大板块构成，即学校管理原理和学校管理实务。前者包括第一至八章，后者包括第九至二十二章。学校管理原理部分主要探讨学校领导体制、管理过程、原则、方法、教育方针、素质教育和依法治校等，而学校管理实务部分主要探讨校长、教师和学生管理，德、智、体、美、劳五育管理，教务、科研和总务管理，学校、社会、家庭的关系以及学校评价等内容。

作为高校教材，书中对学校管理学、教育方针、素质教育以及德、智、体、美、劳五育的概念形成脉络作了概述。如，在"实施素质教育"一章（第七章）中，作者对素质的概念进行阐述后，没有直接定义"素质教育"这一名词，而是用精练的语言叙述了素质教育从提出到写入国家重要文件这20多年来的发展历史，并就第三次全教会先后对素质教育的理解和表述进行了比较详细的对比。这无疑为广大中小学校长认识与思考素质教育提供了很好的"脚手架"。有了以上内容铺垫，该章第四节所梳理的"全面推进素质教育的基本内容与途径"，也就显得顺理成章了。

在梳理学校管理学研究的既有成果的基础上，本书也有一定的创新。对"学校理念"一词，提出了三个学校管理基本理念：(1) 全面贯彻教育方针；(2) 实施素质教育；(3) 依法治校。与许多学校管理类书籍不同的是，本书将"教学管理"改为了"智育管理"。

本书注重国情，也注重联系实际，每章后面均编制了一个具有启发意义的案例，并配有若干紧扣该章节内容的思考题。

精彩语录

学校管理学是研究学校管理活动，揭示学校管理规律的学科。理论界对学校管理学的学科性质有不同的看法，基本可以概括为教育性质论、管理性质论和边缘性质论三种。（P3）

学校管理学一般研究三个方面的问题，即学校管理谁来管、管什么和怎么管，也就是所谓学校管理的主体、客体和手段问题。（P80）

新时期教育方针的三句话，是一个有机的整体。第一句话"教育必须为社会主义现代化建设服务、为人民服务"，表明我国教育的社会主义性质和教育的服务方向，扣紧了新时期的中心任务；第二句话"必须与生产劳动和社会实践相结合"（广义的），指明了培养社会主义建设者和接班人的基本途径；第三句话"培养德、智、体、美等方面全面发展的社会主义建设者和接班人"，明确提出了我国各级各类学校共同的培养目标。（P125）

"全面推进素质教育"的"全面"二字，包括以下含义：(1) 实施素质教育应当贯穿于幼儿教育、中小学教育、职业教育、成人教育、高等教育等各级各类教育;(2)实施素质教育应当贯穿于学校教育、家庭教育和社会教育等各个方面;(3)实施素质教育,必须把德育、智育、体育、美育、劳动技术教育和社会实践等有机地统一在教育活动的各个环节中。(P134)

学校内部的规章制度虽然不具有严格的法规意义,但它是根据国家法律法规的授权或规定,通过校内的民主程序而制定的,反映了学校师生的共同利益,在学校内部具有普遍的约束力,因而,也可以看成是"法"的延伸构成部分。(P140)

学生工作是学校管理乃至整个学校工作的起点和归宿,是学校工作的生命线。因此,正确的学生观是学校管理工作能否取得成功的首要条件。(P252)

学生观包括三个层次的含义:一是对学生本质特性的认识,即对学生是社会中的个体以及是怎样的个体的认识;二是对学生在教育过程中的地位的认识,即学生在教学过程中处于怎样的地位,师生之间的相互关系是怎样的;三是对学生整体和个体关系的认识,即教育活动在具体操作过程中是以学生整体为对象,还是以学生中的部分甚至极个别为对象。(P254)

智育和教学是两个不同的概念。智育是授予学生系统的科学文化知识、技能和发展他们智力的教育。教学是教师的教与学生的学共同组成的一种教育活动,它是学校实现教育目的的基本途径。智育主要是通过教学进行,教学仅仅是它的一种途径,智育还有其他更加广泛的途径,而教学又不仅仅是智育的途径,也是德育、美育、体育、劳动技术教育的途径。把教学等同于智育就会阻碍全面发挥教学的作用。(P301)

教学永远具有教育性,这是客观规律。教书必然对育人产生一定的影响,这是不以人们的意志为转移的,只是这种影响有正误之别和强弱之分而已。学校管理者要根据这一本质关系,引导教师自觉地重视教书育人,把教学的科学性与思想性有机地统一起来,这对全面实现教学目标和促进学生更好地完成学习任务都是十分必要的。(P305)

美育,亦称审美教育、美感教育。它一方面指培养人在接受和理解、评价和创造生活、艺术中的美好、崇高事物方面的能力,使这种能力日臻完善而采取的一整套措施;另一方面也指个体在对自然、社会和艺术等的鉴赏过程中,通过体验、选择、判断，达到对美的肯定、摄取，对丑的否定、摒弃，使心灵得到净化、情操得到陶冶、精神得到升华的教育方式。（P338）

学校教育、家庭教育和社会教育，都是为了教育人、培养人。它们之间不存在任何隶属关系，各有相对的独立地位和自己的独特功能。他们之间的关系，可以这样概括：互相依存，互相渗透，互相影响，互相制约。（P420）

延伸阅读

美国罗伯特·佩尔斯蒂尼著的《学校管理学》，自1978年出版以来，至今已修订重版七次，影响长久不衰。全书注重将教育管理理论的前沿性、结构性、系统性与教育管理变革实践的情景性相结合，既展现了一个理论与实践双向建构、内容丰富、结构清晰的学校管理学体系，又洞开了一扇了解和探讨当代美国教育管理变革实践的窗口，给读者思考和研究我国教育管理问题以深刻启迪，值得中小学校长们对比阅读。《学校管理学》，罗伯特·佩尔斯蒂尼著，武晓伟译，北京师范大学出版社2017年出版。

（邱华国）

06 《第五项修炼：知行学校》（上下册）

作者：[美] 彼得·圣吉 等
译者：李晨晔
出版社：中信出版集团
出版时间：2018 年 7 月

推荐理由

本书主要作者彼得·圣吉是美国麻省理工学院（MIT）斯隆管理学院资深教授，国际组织学习学会索奥中国（SoL China）创始主席。他亦是《商业周刊》所评世界十大管理大师之一，是继爱德华兹·戴明、彼得·德鲁克等人之后最具影响力的管理学大师之一，被称为"学习型组织之父"。

目前，对于人们如何学习的认知不断升级，也带来了诸多教育困惑：如果智商测试并不能衡量人的学习能力，那么什么样的评估方式能做到呢？在开发孩子们的能力方面，哪些创新模式和学习风格值得投入时间和精力？对于成年人的能力开发来说，又该如何？教师的学习风格对于课堂上的沟通障碍产生了怎样的影响？特殊教育需要考虑哪些重要问题？等等。

《第五项修炼：知行学校》以彼得·圣吉提出的"第五项修炼"为基本理论基础，结合学校教育的特点，为当今教育中的困境和压力提供了应对方法和案例，并提出了创造优质教育的法则，让学校和家庭教育充满生机、富有创造力。

何谓"知行学校"？彼得·圣吉认为，各种以学习为目标的机构，都可以依照知行组织的思路来设计和运营。也就是说，让学校持续充满生机、富有创造力是可以实现的，但是这并不能依靠法规和命令，也不能依靠规章制度或者强制排名，而是要形成知行导向。这就意味着要鼓励系统中每一个人都参与到学习之中，并表达他们的认知，共同发展他们的能力。

全书共分为四部分：

第一部分"出发"：主要解决的是"知行学校"的目标和方向的问题。包括：何谓知行学校？教育愿景如何驱动学习行动？为何现有学校教育系统不符合新时代？新时代教育者如何完成五项修炼的入门？

第二部分"课堂"：主要解决的是学校教育最重要时空——课堂的问题。包括：如何设计学习环境，创建"知行课堂"，打开优质课堂之门？如何看见"学习的人"，以学生为中心，发现学生天赋？如何创造过程关键点，在课堂上共享愿景，解决作业这个魔兽，把评估作为学习手段？如何进行与自己、学生、家长、同伴富有成效的谈话，构建深度汇谈的场景？如何在课堂上系统思考，建立真实的"知行课堂"？

第三部分"学校"：主要解决的是以学校为对象的教育系统问题。包括：如何将教育育人作为一种道德追求，如何创建"知行学校"？如何给学校一个共同愿景，重塑教育领导力？如何判断和了解学校系统现状，有针对性地解决问题？如何告别"快餐式"教育发展，以建立学习型组织为本？如何从"独行侠"到"学习带头人"，提升教育领导力？

第四部分"社区"：主要解决的是更广泛的社区教育系统的问题。包括：孩子需要一个陪伴成长的地方，在孩子与学校之间，需要以坚定的态度支持学习的社区——那么，如何培育这样的"知行社区"？建设"知行社区"的三个指导思想（自我认知、相互联系、可持续发展）如何落实在实践中？

精彩语录

让学校持续充满生机、富有创造力是可以实现的，但是，这并不能凭借法规和命令，也不能依靠规章制度或者强制排名，而是要形成知行导向。这就意味着要鼓励系统中每一个人都参与其中，表达他们的热情，构建他们的认知，共同发展他们的能力。过去，人们相互之间或多或少有些不信任、存在戒备心——父母与老师之间，教育工作者与本地企业家之间，学校管理人员与工会成员之间，校园内部和外部之间，学生和成年人之间，大都如此，而在一所知行学校里，所有人都认识到，在每个人的未来与社区的未来之中，大家都有着共同的利益。（上册，P6）

工业时代有关学习的假设：1.孩子们都有缺陷，学校可以"修好"他们；2.学习在头脑中进行，而不是在整个身体中进行；3.每个人都是也应该以同样的方式学习；4.学习的地点是在教室里，而不是在大千世界；5.有些孩子聪明，有些孩子愚笨。（上册，P56—68）

工业时代关于学校的假设：1.学校由维持控制的专家来运营；2.碎片化是知识的固有特征；3.学校传播"真理"；4.学习主要是个人活动，竞争加速学习。（上册，P71—76）

自我超越是一组练习，用来支撑孩子和成年人培养对自己周围现实状况的清醒认识，同时又保持自己的梦想。梦想与现实的差距造成的张力，是一种强大的力量，可以帮助人们把自己周围的现实推向自己的梦想。自我超越的练习是针对个人的，一般通过独自反思进行，像所有其他修炼一样，自我超越是终身修炼。你的个人愿景与现实状况随着你的人生的展开而发生变化——长大成人、从学校毕业建立各种关系、开始建立家庭、找到职业发展方向、买第一套住房、选择生活的地点和方式、创造自己的家庭生活、设计退休生活，等等，所有这一切都涉及选择，也都创造出了新的选择的机会。学校以及其他组织在这项修炼中起着关键的作用：要创造环境，让人们有时间去反思自己的愿景；要尽最大可能在组织中建立"求真"的承诺；在其他人（包括孩子）应该要什么，以及应该如何看待世界方面，要避免预先确定（显性的或者隐性的）立场。（上册，P110）

所有职业都需要某种形式的反思的"质询"，这对于教育工作尤为重要，因为教书育人是一项关乎道德的事业。教书并非仅仅掌握一些技术、技能，将知识传授给待哺的学生。它包含着对学生的关爱，也包含着对他们在一个纷繁复杂的民主社会中成长发展担负责任。也就是说，教师们需要思考的，不仅是他们在教书中使用的"方法和手段"，还包括他们教书的"宗旨和目的"。这就让施教者们承担起了一个重大责任，对于在州法律规定学生必须去上学的那些公立学校中教书育人的人们尤其如此。（下册，P18）

从本质上讲，可持续发展意味着人们在自然赐予的条件之内幸福地生活。它指的是我们许多人都向往的那种世界：在那里，人类活动使得环境质量、共同繁荣和社会公平都得到增益,而非受到减损;在那里,大多数人都可以生活优裕,但又不因其生活方式为后辈子孙带来负担。可持续发展的理念承认环境健康、经济健康和社会健康之间的相互依存关系,它们之间会相互促进。最后,可持续发展的教育认识到,我们这个时代的各个自然系统相当脆弱,工业社会的种种流行做法正在毁灭或者伤害这些自然系统。我们不仅要停止所有破坏性行为,还必须在我们的生态、经济和社会系统中,将我们所了解的生成更好的系统的做法付诸实践——并在这个过程中持续学习。(下册,P323)

延伸阅读

彼得·圣吉非常推崇中国文化,曾师从南怀瑾先生,同时长期关注中国企业的发展。他善于融合西方理论与东方思维,不断修正与完善自身的管理理念。《南怀瑾与彼得·圣吉:关于禅、生命和认知的对话》一书收入了南怀瑾先生与彼得·圣吉等人的访谈对话记录,内容涉及禅宗的修持方法、生命科学、认知科学等,问答之间,思想深邃,充满睿智,发人深省。《南怀瑾与彼得·圣吉:关于禅、生命和认知的对话》,南怀瑾著,上海人民出版社2020年出版。

(徐　青)

07　《高效能人士的七个习惯》

作者：[美] 史蒂芬·柯维
译者：高新勇　王亦兵　葛雪蕾
出版社：中国青年出版社
出版时间：2018 年 5 月

推荐理由

　　史蒂芬·柯维，哈佛大学企业管理硕士，杨百翰大学博士。他是柯维领导中心的创始人，也是富兰克林柯维公司的联合主席，曾协助众多企业、教育单位与政府机关培训领导人才。柯维博士是美国学界的"思想巨匠"，曾被《时代》杂志誉为"人类潜能的导师"，《经济学人》杂志推举其为"最具前瞻性的管理思想家"，并入选为全美 25 位最有影响力的人物之一。柯维博士在领导理论、家庭与人际关系、个人管理等领域久负盛名，享誉世界。

　　他的著名代表作《高效能人士的七个习惯》位列美国畅销书排行榜长达七年之久，并畅销全球，在 140 多个国家以 40 种语言出版，影响深远。《高效能人士的七个习惯》一书以"七个习惯"作为主题框架，详尽、透彻地分析了成功最核心的思想和方法，让人们参透、领悟高效能人士的持续成功之路。

　　《高效能人士的七个习惯》是"一本能改变你命运的奇书"。企业领导人都应该知道：只有每一位员工都成为高效能人士，企业才会真正地成为高效率的企业。同样每个人都应该知道，只有提升自身修为，成为高效能人士，才能获得真正且持久的成功。

　　七个习惯具体指的是什么呢？（1）积极主动：主动为自己的选择和行为负责，把精力放在影响圈而不是关注圈。（2）以终为始：以人生的目标作为衡量一切的标准，以原则而不是任何具体事物为人生中心。同理，在做一件事的时候，我们也要时时想象这件事完成时应该是什么样子，以此作为我们做事情的目标。（3）要事第一：分清主次与事情的轻重缓急，为最重要的事留出时间。以上三个习惯实际上是教独立的个体如何修炼内功，是为独立期。而下面三个习惯则上升到人与人之间，是为互赖期。互赖，不是寄生，不是依靠，也不是依赖，而是获得独立个体之上的进一步升华，是成熟的思考和处理人与人之间的关系。（4）双赢思维：建立双赢关系，达成第三选择。（5）知彼解己：学会倾听，移情式的聆听。（6）统合综效：尊重差异、调动创意。（7）不断更新：智力、身体、社会、情感和精神的不断螺旋上升。以上七个习惯不是一朝一夕就可以养成的，你可能在某些事情上体现了这些习惯，而在其他事情上你又沿用了之前的不好习惯。所以，还是那句话，学习如逆水行舟，这些习惯仍然需要你不断地提醒自己，不断地应用到我们的生活中。

柯维在一套完整的理论体系中，创造出一套标准操作系统——个人效能的"Windows系统"，形成连贯的概念构架，简单又好用。他的重点是跨越时代的亘古不变的法则，而不仅仅是一些技巧或是时下流行的理论。性格决定命运，习惯决定性格！"七个习惯"原则历久弥新，有效并适用于世界上不同年龄的人。当世界上充满变数、纷争和混乱时，人们需要一个安全的港湾，一个能在迷茫时指点迷津的灯塔。而"七个习惯"就是不随时间而改变的原则和灯塔。

精彩语录

人类行为和人际关系也是基于收获法则的自然系统。在暂时性的人际交往中，你或许精于世故，按"规矩"办事，暂时蒙混过关；你也可以凭借个人魅力八面玲珑，假扮他人知音，利用技巧赚取好感。但在长久的人际关系中，单凭这些次要优势是难有作为的。倘若没有根深蒂固的诚信和基本的品德力量，那么生活的挑战迟早会让你真正的动机暴露无遗，一时的成功就会被人际关系的破裂所替代。（P58）

我们每个人脑中都有很多地图，可以分成两大类：一类是依据世界本来面目绘制的地图，反映现实情况；另一类是依据思维方式绘制的地图，反映个人价值观。我们用这些地图诠释所有的经验，从来都不怀疑地图的正确性，甚至

意识不到它们的存在。我们理所当然地假定自己的所见所闻就是真实的世界。（P59）

品德实质上是习惯的合成。俗语说："思想决定行动，行动决定习惯，习惯决定品德，品德决定命运。"习惯对我们的生活有极大的影响，因为它是一贯的，在不知不觉中，经年累月影响着我们的品德，暴露出我们的本性，左右着我们的成败。（P81）

人生本来就是高度互赖的，想要单枪匹马实现最大效能无异于缘木求鱼。互赖是一个更为成熟和高级的概念。生理上互赖的人，可以自力更生，但也明白合作会比单干更有成效；情感上互赖的人，能充分认识自己的价值，但也知道爱心、关怀以及付出的必要性；智力上互赖的人懂得取人之长，补己之短。（P85）

以终为始说明在做任何事之前，都要先认清方向，你希望在盖棺定论时获得的评价，才是你心目中真正渴望的成功。（P133）

除了自我意识、想象力和良知之外，想要真正实现成功的自我管理，就必须发挥人类的第四大天赋——独立意志。独立意志指的是作出决定和主动选择，并根据这些决定和选择采取具体行动的能力。有了独立意志，我们就可以主动作为，而不是被动听命，而且在发挥其他三大天赋拟定出计划之后，就能够积极实施这些计划。（P174）

所谓情感账户，储存的是增进人际关系不可或缺的"信赖"，也就是他人与你相处时的一份"安全感"。能够增加情感账户存款的，是礼貌、诚实、仁慈与信用。（P211）

业务关系或者企业建立之初，这种"不能双赢就干脆放弃"的模式最现实可行，而对于持续性的业务关系，放弃未必可行，有时还可能产生严重问题，特别是对那些家族式的或者建立在友谊基础上的生意来说。（P236）

若要用一句话归纳我在人际关系方面学到的一个最重要的原则，那就是：知彼解己——首先去寻求了解对方，然后再争取让对方了解自己。这一原则是进行有效人际沟通的关键。（P255）

移情聆听不只是理解个别的词句而已。据专家估计，人际沟通仅有10%通过语言来进行，30%取决于语调与声音，其余60%则靠肢体语言。所以在移情聆听的过程中，不仅要耳到，还要眼到、心到；用眼睛去观察，用心灵去体会。（P261）

对自己投资，对我们用来处世和作贡献的唯一工具进行投资是我们在一生中做出的最有效的投资。我们取得成绩的工具就是我们自己。为了提高效能，我们必须认识到定期从四个层面"磨刀"的重要性。（P309）

七个习惯浇灌出来的最高级、最美好和最甘甜的果实就是齐心协力，就是把自己、爱人、朋友和同事合而为一。正因为多数人都曾品尝过齐心协力的甜美，也忍受过勾心斗角的苦涩，所以才知道前者是多么宝贵而脆弱。（P347）

延伸阅读

智商即命运吗？其实智商并没有我们想象的那样重要。《情商》一书不仅打破了长久以来智商的天生决定论，更为心理学界探讨已久的"情绪智慧"问题提出关键性的解释。情商是一种基本生存能力，决定你其他心智能力的表现，也决定你一生的走向与成就。《情商》，丹尼尔·戈尔曼著，中信出版集团2018年出版。

（徐　颖）

推荐书目篇

通识类

01 《哲学起步》

作者：邓晓芒
出版社：商务印书馆
出版时间：2017年11月

推荐理由

邓晓芒，1948年4月生，湖南长沙人。1964年初中毕业即下放农村当知青，十年后回城当搬运工。1982年武汉大学哲学系硕士毕业后留校任教，1989年评为教授，2009年12月起任华中科技大学哲学系教授、德国哲学研究中心主任。兼任中华外国哲学史学会常务理事，《德国哲学》主编。专攻德国哲学研究，同时研究美学、文化心理学、中西哲学和文化比较等，并积极介入社会批判和热点问题，创立了"新实践美学"和"新批判主义"。已出版著作29部，译著7部。2018年春，《哲学起步》获国家图书馆主办的第十三届"文津图书奖"。

作者受到了法国后印象派画家保罗·高更的一幅著名作品《我们从哪里来？我们是谁？我们到哪里去？》的启示，其中"我们从哪里来"即是人的本质问题，"我们是谁"即是自我意识问题，"我们到哪里去"即是自由问题。他根据这三点来描述哲学的根本问题，并将自己多年的哲学研究融会其中，中西互镜，史哲相彰，抽丝剥茧，穷幽极微。有助于初入哲学门径者领略思想魅力，一窥哲学堂奥，亦可使读者感到，哲学之于我们并不遥远，它使我们更好地认识自我、认识世界。正如当代著名学者周国平先生所说，这是一本融进了作者毕生研究心得的有分量的学术专著,也是一本值得向广大读者推荐的有质量的哲学启蒙读物。《哲学起步》的书名,似乎在传递一个召唤:如果你想了解什么叫哲学,如何像哲学家一样思考问题,那就从这本书开始吧!

哲学不是学出来的,而是"活"出来的。哲学作为一门学问,原来就是一种生活态度,就是保持好奇的天性,探寻一切事物的真相。哲学脱离人生,将是空洞的;人生缺少哲学,将是盲目的。《哲学起步》不像西方古典哲学处在思辨的云端,也不像现时流行的"心灵鸡汤",是朴素而又深入的一种个性化哲学思考,带领年轻人从一些公认的常识或日常经验进入到一种哲学反思。他的哲学体系始于人类起源的新解,止于方法论的探讨,构建个性化哲学体系的尝试,体现了一种古典而现代、朴素又深入的智慧思考。

该书是给哲学系之外的本科生上的一门通识课(即"哲学导论"课),由课堂录音整理而成。作者把自己多年来所形成的一些比较有个性的哲学思考理出一个大致的头绪来,以便为进一步建立起自己的哲学体系而提供一个引导线索。本书围绕三个主题,即人的本质问题、自我意识的本质问题、自由的本质问题展开。

在人的本质问题上,本书的一个创新性的突破就是把全部哲学都建立在有关人类起源的新观点上,即"人是制造、使用和携带工具的动物"。这是一个哲学(哲学人类学)的发现,它不单对人和猿的区别作出了清晰而确定的划分,说清楚了人由于要携带工具而不得不两腿直立行走的必然性,而且由此深入到了人性本身的本质结构,借此来解释人的语言的诞生和历史的形成,以及剖析自我意识的结构和自由的起源。本书用一个"携带工具"以及它所具有的哲学含义(中介)和符号形态,把所有这些要素统统都联系和贯穿起来,置于一个层层推进的逻辑层次之中。

本书另一个值得一提的见解,就是对于"自我意识"的产生、字面含义、结构和作用的全方位的剖析。虽然这个问题自从笛卡尔、康德、费希特、黑格尔等人以来一直都是哲学家的热门话题,但本书在理论上系统阐明了这些观点,对以往所公认的那些解释均有所推进,有的还开辟了一个新的视野（如对自我意识的审美心理学解释）。其中所涉及的中西文化的比较，包括中西文化心理中自我的两种相反的"镜子结构"的论述、对儒家和基督教的不同反思方式的分析。

本书第三个看点，是从哲学人类学的角度对人类精神（真、善、美）的起源以及自由的起源作了既是实证性的又是哲学性的阐明。人和动物的区别到了高层次，就是从动物的表象、欲望和情绪提升到了人的概念、意志和情感，从而人能够建立起整个真、善、美的精神大厦。而这一精神大厦的根本特点在于对现实事物的超越性和理想性，它是立足于人的自由之上的。这就涉及人的自由的起源。本书对自由的起源仍然是从人类携带工具这一行为中所蕴含的哲学意义来解释的。

总之，"哲学起步"之处是哲学人类学，是对什么是人、什么是自我意识及什么是自由这三大根本性问题一个尝试性的回答，也是建构复杂哲学体系的一个基石性的导言。

精彩语录

历史就是人。历史的本质就是人的本质。是由人的本质所演化出来的。历史本身就是人，人就是历史。只有人有历史，人本身就在历史中，而且这个历史就是人所构成的，所以人只能是历史的存在，不能够脱离历史存在。人的生存、交往手段都是历史所形成的。他们构成了人的历史，每个人都降生在历史发展的既定环境之中，这个环境对他也有一种期待。期待他去延续和发展历史，因为延续和发展历史就是延续和发展他的自身、他的本质。我们说一个人生下来就有历史使命，很多人不以为然，但实际上是有的。（P48—49）

道德的本质就是每个人的自律。自由意志不是为所欲为，而是纯粹的意志，只有自律的意志才是纯粹的意志。这样一种道德不再是我们向圣人学习的体会，也不再是神的命令，而是遵守自己纯粹理性的自律法则，为道德而道德，为意志而意志，为自由而自由。（P96）

情感本质上是人与人之间的关系，是对一个人的情感，这是情感社会性的本质，表现在它是有对象性的，这个对象只能是另外一个人或者另外一个人的

情感。你爱他或者你恨他，你是爱他或恨他的相应的情感。马克思讲过，"人只能用爱来交换爱，用信任来交换信任"。（P108）

　　一个人只要愿意反思，他对自己内心的探索是没有底的。基督教对这一点看得很清楚，正因为人生在世对自己的拷问是没有底的，像奥古斯丁所讲的，"人心是一个无底深渊"，所以基督教发展出一种忏悔精神。（P149）

　　其实基督教的这种文化体现了自我意识的反思结构，当然是以宗教的形式，就是有个上帝在充当人心的无底深渊中的那个"底"，你到底是个什么人，只有上帝才有权下断语。但对于有限的人类来说，灵魂仍然是无底的。（P149）

　　中国人心中都有一种戾气，都想赢在别人之上，都想发泄一下残暴，想要骂娘，骂这个骂那个……但如果一个人能有忏悔精神，那他就可以使自己心态平和，富有慈悲和爱心，能够通情达理、谅解别人。（P207）

延伸阅读

　　哲学课上，传授知识是次要的，首先要点燃对智慧的爱，引导学生思考世界和人生的重大问题。傅佩荣先生的《哲学与人生》（东方出版社2012年版）就是这样一本教材，他开设的这门课程在台湾大学受到热烈欢迎，被人们誉为"最佳通识课程"。

（马晓明）

02 《逻辑新引·怎样判别是非》

作者：殷海光
出版社：四川人民出版社
出版时间：2018年6月

推荐理由

殷海光（1919年—1969年），男，原名殷福生，湖北省黄冈市团风县人。中国著名逻辑学家、哲学家。曾师从著名逻辑学家、哲学家金岳霖先生。西南联大毕业后，进入清华大学哲学研究所，并曾在金陵大学（南京大学前身之一）任教。抗日战争爆发后，加入青年军。1949年到台湾，曾任《自由中国》主笔。同年8月，进入台湾大学哲学系任教，开始了他的逻辑学讲课。他的课深受学生喜爱，他的学生里培养得最为成功的数蜚声海内外的李敖。也正是因为李敖，我们今天的大陆学者开始对殷海光有了更深的了解。

殷海光人生的前30年在大陆生活，其余时间在台湾度过。可以说他的逻辑思想启蒙于大陆，成说于台湾。殷海光在《逻辑新引·怎样判别是非》里阐述到逻辑的定义。定义里以"逻辑不是研究思想的学问""逻辑不是试验的学问""逻辑不是研究科学方法的学问""逻辑不是研究语言文字用法的学问""逻辑不是辩论术""逻辑不是推理的学问""逻辑不是形而上学，也不是知识论""逻辑不是哲学"来明确提出逻辑是什么。首先，逻辑是科学。其次，如果在每一个解释之下都为真，那么我们就可以说这个表述词有效。也就是说逻辑是一种必然有效的推论规律的科学。从定义的角度说明了逻辑的性质、对象、作用、功能等。

当今时代是尊重科学的时代，而要昌明科学就必须注重逻辑。金岳霖先生曾经写过《形式逻辑简明读本》，"亲其师，信其道"，殷海光先生和他的老师一样，也非常重视逻辑学的普及和宣传，于是有了《逻辑新引·怎样判别是非》这本著作。它是殷海光在台湾大学任教多年来的经验和知识汇集而成的逻辑教学成果。殷先生的《逻辑新引·怎样判别是非》在1956年出版第一版，因为反响很好，后来又多次出版。这本书有如下特点：

第一，内容通俗，注重普及。一直以来，读者都对逻辑学的学习感觉枯燥无味，为了解决这个问题，让大家能够看得懂，学得会，殷海光用对话体写了这本"逻辑入门说"，着力于逻辑学通俗化的普及工作。事实上，殷海光写的这本对话体著作是符合一般需求的，这本书是作者在从事教学之初就开始写作的，所以读者在这本书中可以找到生活中常出现的问题，且可以训练出严谨的推论力，而逐步引导读者进入纯正的逻辑思维之门。

第二，方法科学，强调实用。这本书还告诉我们，逻辑可以让我们的思维更加的清晰，是我们辨别是非的一个很好的助手。有了逻辑学的知识可以让我们用最科学的方法去讨论"真"与"假"，能让我们培养逻辑思想，使逻辑的运用更加得心应手。这样，我们辨别是非的能力就提高了，我们就可以很清晰地去分析、推论、推理，我们就不会被错的理论、错的工具误导而走向不清不楚的推理中。本书的两个部分"逻辑新引"和"怎样辨别是非"之间有着一定的联系，"逻辑新引"是根据传统逻辑来写现代逻辑的内容，"怎样辨别是非"介绍了逻辑的功能用法。

第三，编排合理，理念创新。这本书是依照英美的标准而写，包含了英美基本逻辑教程中应该包含的所有内容和题材。在题材的处理上，殷海光有自己的特色，他的写作侧重于对教学的普及和宣传，着重在应用方面；在用对话的形式讲解的同时，内容上强调了对纯逻辑的训练，即根据逻辑学科要求为基础对内容作了合理的编排，比如逻辑的用处、真假对错、推论、谬误等，一共有近20节。再次，这本书的另一个特点就是介绍新的说法，如在讲三大思想的时候提到了因明学说。

殷海光师从哲学家金岳霖先生，后来又受到罗素、哈耶克等人的影响，他把演绎逻辑作为天下的公器，是让我们不再愚昧，让我们和思想狭隘、缺少理性作斗争。通过本书我们可以试着将逻辑作为改造自身思想的一个法宝，在逐步熟悉、透彻了解逻辑的时候，我们对于辨别是非的能力就会提高。

精彩语录

攻习任何科学，相当的牛角尖是一定要钻的。如其不然，我们将永远停留在浮光掠影的阶段。在钻过牛角尖以后，如果我们增益了相当的智能，那么正是我们到达了进步之起点。（前言，P5）

逻辑是必然有效的推论规律的科学。（P15）

人类在思想的时候，多少免不了受到各种心理情形的影响。……上面所说的，并不引起各位得到一个印象，以为逻辑会使我们在思想的时候，一定可以免除掉习俗或迷信呀、成见呀、风尚呀、情感或利害关系等不良因素。即使是一个逻辑家吧，在他思想的时候，也不见得敢担保他自己能够完全不受这些因素之不良的影响。尤其重要的，我希望诸位不要以为逻辑的目的就在研究这一方面的问题。（P16）

其实，一种言论之为真为假，和风行与否是不相干的。这也就是说，一种言论之是否为真理，和它风行或不风行，其间并没有必然的关联。换句话说，一时一地风行的某种言论，也许是真的，也许是假的。（P18）

由此可见，这样的真假，是表示经验的语句之真假。所以，这样的真假，乃是关于经验的语句之真假。一般人常把事物之有无与语句之真假混为一谈，因而混乱的错误想法层出不穷。须知在事物层面只有有无可言，而无真假可言；只有到了语言层次，才发生真假问题。可是，更多的人把经验语句的真假与逻辑推论之对错混为一谈，于是毛病更是迭出。（P31）

激动人的语言不必真；真的语言不必能激动人。（P48）

我们的知识必须经过制模作用，才可以得到一点精华，而免除一些不相干的成分，或可能的错误。知识之精炼，有赖于方法。所用方法粗，则所得知识粗；所用方法精，则所得知识精。（P48）

我非常注重经验。我是说在研究逻辑时必须远离经验，以免拖泥带水、混淆不清。如其不然，一个人抽象的推论力一定永远不能增加。（P154）

我们通常有一种错误，以为"合理"者可以服人，"服人"者也一定合理。其实不然，"合理"者不必能服人，服人者不必是合理的。在事实上，服人的语言，常极不合理。极不合理的语言，反而能动听而极服人。反之，合理的语言，常常使人漠视；有时，使人愤怒，甚至仇视。这就构成人生的悲哀。（P301）

显然得很，逻辑的未来正如一切其他理论科学一样，根本需要人类有一个正常的政治和社会关系，这些因素不是学者专家们所能控制的。我并不幻想逻辑思想的发展，在使人与人之间的关系正常化的历程有什么特殊重要的影响，但是我深信，将逻辑知识广为传播，可以帮着加速人与人间的关系之正常化。（P329）

一个人的言论正确与否，和他的品格之好坏不相干，和他的政治立场尤其毫不相干。古人说："不以人废言，不以言举人。"一个人格很好的人可能说错话。一个人格很糟的人可能说正确的话。我们的朋友可能判断错误。我们的仇人可能有真知灼见。不问人身，只问是非，人间才可减少无谓的纷争（P355）

延伸阅读

《简明逻辑学》是2010年译林出版社出版的图书。该书作者是从事逻辑学研究的英国哲学教授格雷厄姆·普里斯特，中文译者为史正永、韩守利。与普通教科书不同，该书每章都留下了开放的问题供读者进一步思考和探索，其中不乏精彩之处。

（夏孟佶）

03 《人生智慧箴言》

作者：[德] 叔本华
译者：李连江
出版社：商务印书馆
出版时间：2018 年 5 月

推荐理由

叔本华（1788 年—1860 年），德国著名哲学家、作家、学者，唯意志论和现代悲观主义哲学的创始人。《人生智慧箴言》是其著作《附录和补遗》上卷的后半部，由于其含有丰富的智慧隽语及格言警句，启人智慧，很快就被单独出版，成为广为流传的作品。

《人生智慧箴言》是一本能帮我们解读幸福和痛苦本质的"人生指南书"。在这本书里，叔本华对我们通常意义上的"个人自身"所拥有的东西作了理性的分析，指出了哪些因素对人生幸福有影响，进而给出了一些具体的建议，最后总结分析了人生不同阶段的心态。他在书中探讨的问题十分广泛，几乎囊括了人生中的所有问题。人是什么？人有什么？人在他人眼里是什么？也就是他所提出的幸福的三要素："人之所是""人之所有""人之形象"。他指出我们的幸福很大程度是由"我们之所是"和我们的个性所决定的，我们主体的重要性已经远远超过了客体。他很好地厘清了"幸福"与"痛苦"两者之间的关系，他所谓的"人生的智慧"实质上就是"如何尽量避免、减轻人这一生所遭遇的痛苦的一门艺术"。

《人生智慧箴言》是叔本华的暮年之作，他经历了人世沧桑，洞悉世情之后，砺沙成珠，写成了这本名作。叔本华的生活和经历是复杂的，他对人生有深刻的认识，但是他在书中提出追求幸福却是简单的——幸福就隐藏在我们的内心中。当我们的目光穿行于浸透深邃哲理的字里行间时，我们仿佛开展了一次意味深长地寻找幸福的艺术之旅。叔本华以非凡的智慧、严谨的研究和浅显易懂的说理，将他自己所有的精华都凝聚在其中。他用散文诗般的语言向我们阐述了人生的五十三条忠告与格言，向我们展示了通往幸福人生的三条车道，分别是明于律己、宽以待人、冷静应对世道与命运，他的某些洞见足以让我们赢得更多的幸福。

这部著作有两个非常鲜明的特点。一是作者从学术象牙塔迈向了真实的生活，他从人们日常经验立场出发，在此基础上来阐释幸福。所以，他的人生哲学来源于社会生活实际，更贴近每个时代的每一个人。也正是因为这个特点，使他这本著作中的理论获得了永久的生命力，成为哲学界的一棵常青树。二是以社会当中个体存在的每一个人为基点和着眼点来论述幸福，也就是说社会的幸福是建立在个人的幸福基础之上的。这一独特的写作特点展现了他写作的动机与期望。我们独立的个人幸福了，社会也就进步了。这一循环过程一旦开始，我们所改变的就不仅仅是我们自己的生活，更是整个社会，甚至能改变整个世界。

总之，这本如茶般温润的书，犹如一位智者在耳畔温和地叮咛，为你拂去尘世的风霜，让你明白幸福为什么是可能的，幸福如何是可能的。这位智者以洞悉人心的智慧给我们的生活、社会带来了真正的改变。

精彩语录

对人的愉快生存而言，乃至对人的整个生存方式而言，头等大事要么存在于他自身之内，要么发生在他自身之中。换言之，一个人自己直接感受到的内在舒适或不快，首先来自他的感觉、愿望、思想；身外的一切只能间接影响它。（P7）

快乐的人永远有个原因，那就是他快乐。（P19）

闲暇是生命的花朵，或者说是生活的果实，因为只有闲暇才让人拥有真正的自己。所以，谁若在闲暇时拥有真正属于自身之物，他应该感到幸福。然而，闲暇对大多数人毫无助益，只把他们变成毫无情趣的家伙，无聊得要命，变成他们自己的负担。（P29）

我们应当把手头的财富视为一道壁垒，它保护我们，帮我们抵御多处可能

发生的苦厄与不幸，我们不应认为它许可我们追逐世俗快乐，更不能认为它要求我们追逐世俗快乐。（P50）

其实，每个人都是首先活在自己的皮囊里，不是活在他人的看法中。（P61）

我们的幸福，最主要的基础是安宁与满足。显而易见，要促进幸福，最有效的方法也许莫过于限制追求名誉的动力，把它调节到合理的程度，也就是降到大约等于目前的五十分之一，从而拔掉这根时刻折磨我们的肉中刺。不过，这很难，因为我们要克服的是一个与生俱来的天然谬误。（P65）

名誉不在于他人对我们的价值有什么看法，而是完全在于这种看法的表达，无论表达的看法是否真的存在，更不管这看法是否有根据。不论我们的生活方式让别人如何厌恶我们，如何蔑视我们，只要无人胆敢表示，就丝毫无损于我们的名誉。（P80）

人生最大的错误，就是希望把人生这个苦难舞台变成游乐场，不是追求最大限度的无痛苦，而是追求享受与快乐，然而这正是众人之所为。有的人，眼光过于阴暗，把这个世界视为某种地狱，因而一心一意给自己建造一间防火的斗室，这样做也错，但错的程度低很多。（P127）

当心，不要对人生多提要求，否则幸福之塔就建在了宽广的地基上，最容易倒塌。原因是，地基宽，发生意外的机会就多，而意外从来不缺席。从这个角度看，幸福之塔与其他建筑相反，并非地基越宽越牢固。权衡自己的各种资源，尽量降低对生活的要求，对躲避巨大不幸，最为稳妥。（P133）

苦与乐，归根结蒂取决于我们的意识充满什么，忙于什么。（P142）

自足自乐，自成天地，能说"我独自承担全部自我"，是幸福的首要条件。（P143）

如果灾难已经发生，不可能改变，那么我们绝对不要设想事情原来可能是其他什么样，更不要设想用什么方法可能避免这个事件；原因是，这样想会让痛苦加剧到不可忍受的地步，成为自我折磨。（P160）

人生在世，一要谨慎小心，二要宽宏大度；前者帮你免遭伤害，后者助你避免纷争。（P174）

大多数人主观透顶，归根结蒂，他们心里只有自我，对其他一切都毫无兴趣。所以，无论别人说什么，他们都会立刻想到自己。别人的言谈，只要偶尔跟他们沾一点边，他们就会全神贯注，再也没有余力理解谈话的客观对象。（P180）

行动不可效法他人，原因是，处境、环境与氛围永远不会相同，人的性格各自不同，行动的色调相应有别，所以，两个人做同一件事，那件事其实并不相同。我们必须首先慎思明辨，然后采取适合自己性格的行动。所以，在实践中，独创也是不可或缺；否则，我们的行动就不符合我们的人格。（P198）

尽量不要敌视任何人，不过，应该留心观察每个人的行为举止，牢记在心，以便事后断定其价值，并据此决定应该怎样对待他，要时刻确信性格不变；忘记一个人品质恶劣，等于把辛辛苦苦挣到的钱随手抛弃。这样做，我们可以保护自己，避免愚蠢地信任他人，避免愚蠢地结交损友。（P200—201）

无论发生什么事，既不要欣喜若狂，也不要悲痛欲绝。其一，万事变动不居，瞬间即可逆转；其二，何者有利，何者有害，我们常常误判。（P208）

延伸阅读

幸福是一个古老而永恒的话题，值得我们每个人去思考、去探索。美国心理学家乔纳森·海特的《象与骑象人：幸福的假设》揭示了追求幸福生活的艺术，引领我们去寻找人生的智慧。此书译者为李静瑶，2012年由浙江人民出版社出版。

（王亚君）

04 《道德情操论》

作者：[英] 亚当·斯密
译者：李嘉俊
出版社：台海出版社
出版时间：2016 年 10 月

> **推荐理由**

亚当·斯密（1723 年—1790 年），英国古典经济学体系的创立者、现代经济学之父。其《国富论》的出版标志着英国古典经济学体系的创立。他的另一力作《道德情操论》是他本人哲学观点的集合，是他的伦理学代表作品。《国富论》是亚当·斯密经济观点的结晶，《道德情操论》则是亚当·斯密在道德伦理学方面的结晶。在知名度方面或许《道德情操论》的传播范围不如《国富论》，但在亚当·斯密本人来看，《道德情操论》的价值远远超过了《国富论》，他对《道德情操论》的创作、增添以及修订的整个过程都倾注了大量心血。可以说《道德情操论》体现了亚当·斯密对社会生活中出现的种种道德情操进行了层次分明的说明，这本书并不是单纯从理论层面进行道德说教，而是其思考跨越了时间与空间的限制，触及了道德情操的本质，所以才能够历久弥新，不断为不同时代、不同地域、不同年龄的人们提供指导。

亚当·斯密在《道德情操论》的第一卷中主要提出了"研究道德世界的出发点是同情心"这一观点，为后续论述奠定了基础；第二卷中则谈到了他对优点以及缺点的不同感觉；第三卷的内容则是自我评判情感和行为的基础内容，并对责任感进行了论述；第四卷是亚当·斯密对其认为与美德相关的品质的论述；在第五卷中，他集中论述了关于美的品性的个人观点以及对赞许原理的认识。以上内容构成了亚当·斯密对道德情操论述的完整体系。

亚当·斯密认为怜悯和同情是在人的本性驱使下产生的，是人性当中的基础感情，而人在产生同情情感后，快乐程度有所提升，痛苦程度相应下降,这是亚当·斯密的同情思想的核心概念。在《道德情操论》中,亚当·斯密用同情的原理阐述其他高尚道德情操产生的根本原因,对道德情操具有的评价性质进行了说明。同时,对道德情操的原则以及其中不同的高尚美德的特性进行了详细的阐述。他从各种道德情操的哲学阐释入手进行介绍,逐步揭示出人类社会发展所依赖的基础,尤其是和谐发展所必须依赖的基础,为社会发展中人应当如何做出正确行为及所需遵循的道德准则进行了解释说明。可以说,《道德情操论》是亚当·斯密对社会道德的深入探讨以及对人性本质的追寻,他的论述中体现出他对西方学术传统的传承,在道德哲学理论研究框架中体现出他的经济学的研究眼光,还从人们在社会中的经济行为中寻找道德依据,发现其中符合高尚道德情操原则的社会制度。他在《道德情操论》中的主要观点体现在行为要合宜,不同环境中有不同的情感表现方式,要对情感流露的分寸拿捏到位;明确功过,用积极情感回应积极情感,用消极情感回应消极情感,一定要使之对应;用公正的态度评判自己,站在旁观者的角度审视自己的行为,作出准确而公正的评价,还需要具备良好的品德,如谨慎、克制等,用个人道德和社会公德约束自己的行为。

不同的人阅读《道德情操论》能够得到不同的启示。对高层社会管理者来说,阅读这本书能够为国家的治理以及社会秩序的建立提供参考,而对普通社会成员而言,阅读这本书则能够掌握自身品德层次提升的正确观点与方法。

作为教育者,在教育活动过程中向学生渗透积极情感,培养学生的同情心,使学生能够对他人的情绪进行同等感知。很多时候,学生之间产生矛盾的根源在于面对同一件事情,不同的学生有不同的感受,但学生之间不能对他人产生与自己不同的情感进行理解,即对情感多样性存在认知局限性。而增强学生的同情心,能够使学生对情绪多样化产生准确理解,不会因为对同一件事不同人具有的不同感情反应而惊讶,减少由此引发的同学交往之间的问题,在对学生的道德世界进行提升培养的过程中,有效增强班级凝聚力。

精彩语录

我们的行动由内心的情感所决定,而且还决定其善恶是非的性质。我们通常从两方面来考察它:一方面是产生的原因和动机,另一方面是目的和后果。(P12)

慷慨、人道、友善、同情、友谊和相互尊敬,以及所有友好的和仁慈的感情,当它们表现出来的时候,甚至是对一个素昧平生的人,都会博得中立的旁观者的好感。(P32)

当我们心中能感觉到被认同、赞扬和肯定的行为优点时,我们就应该对这些行为给予肯定、奖励和赞扬,并予以适度的回报,只有这样,才能使行善的人内心得到慰藉。(P59)

当我们努力审视自己的行为时,当我们尽力去判断自己的行为,并对此作出评价时,我们仿佛把自己分成两个人:一个是作为检查者和评判者的旁人,另一个是接受检查和评判的行为者。(P75)

我曾说过,大部分情况下,痛苦都比对立或相应的快乐更具刺激性。快乐总是经常带给我们高于正常或自然感觉下的幸福状态,而痛苦几乎总是让我们低于正常状态。(P85)

人绝不应该把自己看得比他人重要,即使对他人的伤害可能远远小于自己的利益,也绝不可以损人利己。(P98)

如果我们考察一下生活中那些脆弱情感和自我克制的细微差别,就会发现对脆弱情感的克制一定是通过某种过程学会的。(P105)

真正具有坚强和果敢品质的人,会有严格的克制能力。他聪明正直地面对各种复杂的局面。不管是激烈的党派斗争还是残酷的战争,他都能成功地控制自己的冲动和激情。不管是不是独自战斗,也不管成败与否,也不管对手是敌是友,他都能保持理性和冷静。(P107)

关于自我控制,另一个需要阐明的问题是,面临最严酷的不幸时,能够赢得我们由衷钦佩的,是那些努力继续前行的强者。(P117)

如果我们对普遍原则保持尊重,就有可能成为一个值得信赖的人。(P124)

通过哲学研究，证实了人类的天性具有最初的预感。不管我们认为道德感是建立在某种温和的理性之上，还是某种所谓道德观念的本性之上，或者只是建立在某种天性之上，都是上天赋予我们对道德评价的本能，以此来规范我们生活中的各种行为。（P126）

认真学习所需要的一切知识是谨慎的人长期坚持的，而他并不想借此向别人炫耀，而只想掌握实用的知识和技能。（P143）

世界万物自有其生存之地，人们运用客观的判断和理性情感的力量对之做出去弊存利的取舍，以便对适宜的事物予以恰当的重视。（P181）

莎夫茨伯里爵士则相信，美好的品德与理性的情感之间维系着微妙的相适宜的平衡，与可掌握的理性情感的表现形式相平衡。（P208）

伊壁鸠鲁认为，纯然天性的最佳状态，人所依存的灵魂的最佳体验，即幸福感的存在，就依托于肉身所感应到的合宜与舒畅，依托于心灵所体察到的宁静与安详。（P212）

你想要得到优秀音乐家的所有赞誉吗——苏格拉底这样问道——那就首先成为一名优秀的音乐家。同样，你想成为他人眼中如同政治家或军事家那样为国尽力之人，就必须先要获得治理国家或战略头脑的充分经验，并以此不断激励自己以达到人们的期许。（P215）

延伸阅读

《道德形而上学奠基》出版于1758年，是康德最重要的道德哲学著作之一。在本书中，"人是目的"这一命题作为人性公式的凝练表达，更是成为脍炙人口的道德箴言。《道德形而上学奠基》，康德著，杨云飞译，人民出版社2018年出版。

（陆小敏）

05 《通往奴役之路》

作者：[英]哈耶克
译者：王明毅 等
出版社：中国社会科学出版社
出版时间：1997 年 8 月

推荐理由

在人类思想史最近 200 多年的发展历程中，若仅从政治经济学角度而言，最具影响力的著作当数这样四部：亚当·斯密的《国富论》、卡尔·马克思的《资本论》、凯恩斯的《就业、利息和货币通论》及哈耶克的《通往奴役之路》。

今天，凡是对经济学、法学、哲学及社会学等有一定了解的人，几乎无人不知哈耶克（1899 年—1992 年）这个人。他是西方思想界著名的"知识贵族"，一个自由主义价值的坚定捍卫者——"他什么都不相信，除了自由"。但事实上他的前半生是一位专业经济学家，并没有引起多大关注；后半生转向心理学、社会哲学、认识论，却给他带来了世界性声誉和影响。最使他声名远扬的就是这本《通往奴役之路》。

这本书的名称的灵感是来自于亚历西斯·德·托克维尔著作里所写的"通往奴役的道路"一词。这本书最先在 1944 年由英国路特雷奇出版社出版，一出版便成为当时最热门的畅销书，但因战时的纸张限制配给，该书在书店刚上架很快就被一扫而空，导致一书难求，哈耶克自己也将之称为"得不到的书"。紧接着的同年 9 月，美国芝加哥大学也出版了此书，结果比在英国还要更受欢迎，成为当时的公众话题之一。《读者文摘》在来年的 4 月又出版了稍微减缩的版本，最后总共销售超过 600000 本。《看客》杂志在 1950 年左右出版了加上图片的版本，后来又被通用汽车公司以小册子形式大量发放。这本书被翻译成超过 20 种语言出版，哈耶克称要将这本书献给

"所有党派的社会主义者"读一读。

19世纪中后期的欧洲、美洲，一直被自由主义者视为自由主义的黄金时代，政府不干预经济，结社自由，马克思主义就是在那个时代产生和发展的。然而，哈耶克诞生前后，自由主义开始衰落了，哈耶克见证了这一衰落的过程。哈耶克在伦敦经济学院时的英国跟美国不同，英国的社会是一个阶级壁垒森严、不平等、地域狭小的社会，对社会进行组织管理的想法，要比在美国听起来更有道理。尤其是英国经历了第一、第二次世界大战，战时大部分经济部门都利用战争获得长足发展，其程度远远超过美国，于是，人们觉得在和平时期也可以如法炮制。同时，在英国以及欧洲大陆，大萧条导致成千上万人失业，在人们心目中，资本主义已经失败了，人们对社会主义的热情日益高涨，认为马克思对资本主义灭亡的预言是准确的，而像苏联那样由国家控制生产资料，是实现经济稳定和高效率的最好途径。但在哈耶克看来，自由市场资本主义是人类已知的最有效率的经济形态，它会通往一个更自由、更宽容、更民主的社会。

当社会的创造力和思想进步的源泉衰竭的时候，无论是完善的计划经济还是以竞争来改善计划的经济，都会由于缺乏创新而变得效率低下。哈耶克在这本书中论证到，国家计划经济制度建设的福利国家并不是为了实现个人自由，而是向专制、奴役人民的方向迈进。他坚持古典自由主义的立场，认为市场和其他主观设计的制度具有"自发秩序"的功能，自由市场能够促进竞争、优化资源配置；而计划经济、国家干预则可能导致人治的问题。

在这本书中，作者从新自由主义出发，论述了市场经济与计划经济、个人主义与集体主义、自由主义与极权主义的差别与对立；论述了社会主义、国家社会主义、法西斯主义的本质和特征；特别强调指出了计划经济的社会主义与国家社会主义、法西斯主义本质上的共同性，纳粹主义和斯大林主义本质上的共同性。

这本没有一张图表或一个公式的书，却有着难以辩驳的说服力。加之文笔雄壮，格言迭出，读来既有些沉重，又是一种享受。它一问世就受到西方经济学家热捧。它标志着凯恩斯主义的终结和自由主义经济原则在世界经济秩序中的确立。更值得一提的是，该书的两名粉丝——英国首相玛格丽特·撒切尔和美国总统罗纳德·里根——都把哈耶克的经济学原则融入了各自于20世纪80年代实施的经济方案中。不过，此书问世之时，人们对计划经济还抱有极大幻想，因此，在长达半个多世纪里，《通往奴役之路》的观点被社会主义国家视为歪理。

哈耶克曾自我总结其理论生成与思想发展的内在动力是观念的力量。正是渐进的观念传播，铸就了这本伟大之书在人类思想史上熠熠闪光的时刻。

精彩语录

对于本书的论证来说，最重要的是，读者要牢记：我们一切批评所针对的"计划"，只是指那种反对竞争的计划——用于代替竞争的计划。（P67）

发明给了我们巨大的力量，这诚然是对的，但如认为我们必须使用这种力量来破坏我们最宝贵的遗产——即自由，那就是荒谬的了。（P76）

只有在自由主义时代，法治才被意识加以发展，并且那是自由主义时代最伟大的成就之一，它不仅是自由的保障，而且也是自由在法律上的体现。正像康德所说的那样（并且在他以前，伏尔泰也用非常相似的措词说到过），"如果一个人不需要服从任何人，只服从法律，那么他就是自由的。"（P103）

人们往往说，没有经济自由的政治自由是没有意义的。这当然很对，但在某种意义上，它是和我们的计划者使用这句话的意思几乎相反。作为任何其他自由前提的经济自由，不能是那种社会主义者允诺给我们的、免于劳心的自由，也不可能是只能通过同时解决个人的必需问题和免除个人的选择权才能获得的自由；经济自由必须是我们经济活动的自由，这种自由，是其具有选择的权利，不可避免地带来与那种权利相联系的风险和责任。（P120）

为了维护自由，某种保障也是必不可少的，因为大多数人只有在自由所不可避免带来的那种风险不是太大的条件下，才愿意承担那种风险。……如果我们希望保存自由，我们就必须恢复作为盎格鲁—撒克逊的国家的自由制度之基础的那种信心——这种信心曾经被本杰明·富兰克林表现在一个适用于我们个人的生活，同时也是适用于一切国家的生活的句子里："那些愿意放弃基本自由

来换取少许暂时保障的人,既不配得到自由,也不配得到保障。"(P150)

在极权主义制度的特色中,很少有像对语言的完全曲解——即借字义的改变来表达新制度的理想——这件事那样使肤浅的观察者感到困惑不解了,而同时也很少有什么像这件事那样典型地体现整个极权主义精神氛围了。在这方面最惨的受害者,当然是自由这个词了。他在极权主义的国家里,也在同其他地方一样,是被随意使用的。实际上我们差不多可以说:凡是在我们所理解的那种自由已经被消灭了的地方,都是用许诺给人民的某种新的自由的名义来实现的。(P173)

使思想获得生命的,是具有不同知识和不同见解的个人之间的互动。理性的成长就是以这种差异的存在为基础的社会过程。(P180)

延伸阅读

哈耶克和凯恩斯之间有着多年的思想论战(确切地说,思想上是对手,生活中是朋友),而且他们的著作都被当今世人奉为经典。《哈耶克舌战凯恩斯:思想的巅峰对决》,托马斯·霍伯著,张翎译,新华出版社2020年出版。

(刘　猛)

06　《枪炮、病菌与钢铁——人类社会的命运》

作者：[美] 贾雷德·戴蒙德
译者：谢延光
出版社：上海译文出版社
出版时间：2020 年 4 月

推荐理由

贾雷德·戴蒙德是美国艺术与科学院、国家科学院院士、美国哲学学会会员，现任加利福尼亚大学洛杉矶分校医学院生理学教授。他的研究范围宽广，获得包括美国国家科学奖、美国地理学会伯尔奖、泰勒环境贡献奖、日本国际环境和谐奖及麦克阿瑟基金会研究基金等奖项无数，是全球唯一两度荣获英国科普图书奖的作家。他写过超过 600 篇文章，在《发现》《博物学》等杂志上发表论文 200 多篇。著有《崩溃：社会如何选择成败兴亡》《第三种黑猩猩：人类的身世与未来》等七本书，其中最著名的《枪炮、病菌与钢铁——人类社会的命运》发表于 1997 年。

这本书从新几内亚政治家耶利的问题开启，广泛讨论并解释了"为什么你们白人制造了那么多的货物并将它们运到新几内亚来，而我们黑人却几乎没有属于自己的货物"。耶利的问题旨在抛砖引玉，即引出本书的主题"为什么在不同的大陆上人类以如此不同的速度发展呢？这种速度上的差异就构成了历史的最广泛的模式"。这一话题涉及历史和史前史，但在实践上和政治上也具有压倒一切的重要性。然后抽丝剥茧地给出了答案："不同民族的历史遵循不同的道路前进，其原因是民族环境的差异，而不是民族自身在生物学上的差异。"通过征服、流行病和灭绝物种的大屠杀等形式，不同民族之间形成了相互作用的历史，进而造就了现代世界。这些冲突产生了回响，且延续至今，在今天世界上的某些最混乱的地区仍在继续活跃。但在戴蒙德看来，整个近代史上，人类的主要杀手是天花、流行性感冒、肺结核、疟疾、瘟疫、麻疹和霍乱等。在众多影响人类发展的因素中，病菌比武器取得了更大的战果，它在历史中塑造了更为广阔的殖民版图和政治格局。不同国家的流行病传播方式会有所不同，这具体取决于其人口密度、卫生、公共卫生系统和政府形式等因素。也就是说病菌已演化出各种不同的方式，从一个人传播给另一个人，以及从动物传播给人。当人口的数量和聚集达到一定程度时，人类也就达到了引起一些古怪的疾病的历史阶段。而社会公共卫生系统以及政府对病菌传播不同的认知与态度很大程度上也会导致流行病传播的不同。例如，戴蒙德在新冠疫情期间接受采访时说：美国总统特朗普对病毒的态度，就像他对环境、外交政策以及大多数其他事物一样，十分无知。幸运的是，美国政府是联邦制，中央联邦政府不是无所不能的；而新加坡政府从未否认疫情的存在，始终跟踪病例，并从一开始就作出了很好的回应。各国应对病菌的举措差异迥然，故疫情发展也大有差异。

　　比尔·盖茨是戴蒙德的忠实读者，读过他写的每一本书。对他来说，戴蒙德的作品运用了一系列生动的案例，多维度地展示了不同社会之所以在不同大陆得到发展的原因以及国家如何处理各自面对的危机，让他对现代世界的差异问题认识更明晰，对人类社会应对危机的能力和前景信心大增。当然，有心的读者在阅读之前，不妨先了解一下他所著的《第三种黑猩猩：人类的身世与未来》，因为该书可以说是作者的核心科研观点的集成，而《枪炮、病菌与钢铁——人类社会的命运》作为他的后续作品，则是对其中细节的铺陈和展开。

精彩语录

　　"为什么你们白人制造了那么多的货物并将它们运到新几内亚来，而我们黑人却几乎没有属于自己的货物呢？"（序，P2）

　　从公元 1500 年开始的这种技术和政治上的差异，是现代世界不平等的直接原因。（序，P4）

　　"不同民族的历史遵循不同的道路前进，其原因是民族环境的差异，而不是民族自身在生物学上的差异。"（序，P15）

莫里奥里人的悲剧与现代世界和古代世界的其他许多诸如此类的悲剧有相似之处，就是众多的装备优良的人去对付很少的装备低劣的对手。（P24）

　　皮萨罗俘虏阿塔瓦尔帕这件事，表明了导致欧洲人向新大陆移民而不是美洲土著向欧洲移民的那组近似的因素。皮萨罗成功的直接原因包括：以枪炮、钢铁武器和马匹为基础的军事技术；欧亚大陆的传染性流行病；欧洲的航海技术；欧洲国家集中统一的行政组织；文字。（P54）

　　所有这些都是出于动植物驯化比狩猎采集的生活方式能生产出更多的食物从而导致更稠密人口的一些直接因素。一个比较间接的因素是与粮食生产所要求的定居生活方式的后果直接有关的。定居生活的另一个结果是人们可以把多余的粮食贮藏起来。（P61）

　　可驯化的动物都是可以驯化的；不可驯化的动物各有各的不可驯化之处。托尔斯泰伟大的小说《安娜·卡列尼娜》著名的第一句话："幸福的家庭都是幸福的；不幸的家庭各有各的不幸。"托尔斯泰这句话的意思是，为了得到幸福，婚姻必须在许多不同方面都是成功的：两性的吸引、对金钱的共识、对孩子的管教、宗教信仰、三亲六眷，以及其他重大问题。（P151）

　　当然，轮子和文字不像作物那样同纬度和白天长度有直接关系。相反，这种关系是间接的，主要是通过粮食生产系统及其影响来实现的。（P187）

　　因此，从我们的观点来看，生殖器溃疡、腹泻和咳嗽都是"症状"。但从病菌的观点看，它们就是传播病菌的聪明的演化策略。这就是为什么"使我们生病"是符合病菌的利益的。（P196）

　　文字同武器、病菌和集中统一的行政组织并驾齐驱，成为一种现代征服手段。（P213）

　　我们讨论的起始点是"需要乃发明之母"这个格言所表达的普遍观点。就是说，发明的出现可能是由于社会有一种未得到满足的需要：人们普遍承认，某种技术是不能令人满意的，或是作用有限的。（P243）

　　技术的发展是长期积累的，而不是靠孤立的英雄行为；技术在发明出来后大部分都得到了使用，而不是发明出来去满足某种预见到的需要。（P247）

　　各大陆之间在面积、人口、技术传播的难易程度和粮食生产的开始时间等

方面存在着差异，而这些差异又对技术的出现产生了种种影响，但所有这些影响都被夸大了，因为技术可以催化自身。（P268）

粮食生产及社会之间的竞争与混合，产生了征服的直接原动力：病菌、文字、技术和中央集权的政治组织。（P315）

哥伦布时代的欧亚大陆社会，在粮食生产、病菌、技术（包括武器）、政治组织和文字方面，拥有对印第安社会的巨大优势。这些都是在哥伦布碰撞后，导致结果逆转的主要因素。（P388）

欧洲在非洲的殖民并不像某些白人种族主义者所认为的那样与欧洲民族和非洲民族本身之间的差异有关。恰恰相反，这是由于地理学和生物地理学的偶然因素所致——特别是由于这两个大陆之间不同的面积、不同的轴线方向和不同的动植物品种所致。就是说，非洲和欧洲的不同历史发展轨迹归根到底来自它们之间的"不动产"的差异。（P432）

延伸阅读

《剧变：人类社会与国家危机的转折点》，这是生物学家戴蒙德的最新力作，译者为曾楚媛，由中信出版集团2020年4月出版。戴蒙德以一位社会观察者的视角，从社会学、心理学、政治学、经济学、进化生物学等多学科出发，在书中给出了"危机应对12个步骤"。

（陈月波）

07　《天堂茶话》

作者：刘军宁
出版社：东方出版社
出版时间：2016 年 3 月

推荐理由

刘军宁，北京大学博士，中国年轻一代政治学者的领军人物，对自由主义和保守主义有独到的见解，是当代中国较早研究并践行自由主义理念的学者。他还是哈佛大学费正清中国研究中心访问学者。现为文化部中国文化研究所研究员，著有《共和·民主·宪政——自由主义思想研究》《权力现象》《保守主义》《民主二十讲》等著作。《天堂茶话》是其倾注八年时间写作的最新作品。

关于这本书，首先必须提到的是深刻影响中国文化发展的最重要的两部典籍：《道德经》与《论语》。它们分别体现老子与孔子的思想。从阅读的角度看，后者由于是孔子弟子及弟子的弟子所记载的孔子言行录的汇集，每个段落的文字量相当于现在人们日常所刷的微博，而且多少有一定的现场感，虽然时间久远，大部分内容仍具有较强的可读性；而前者则仅有"五千言"，开篇一句"道可道，非常道。名可名，非常名"，就常常让读者如坠云里雾里，完全非《论语》开头的"学而时习之，不亦说乎"那般亲切、好懂。鲁迅曾云，"中国的根底全在道教"。作为道家的首要代表，老子的《道德经》早已成为无数代中国人的必读之书，同时某种程度上说也是"难读之书"。上千年来，诠释老子五千言思想"真义"的著作早已汗牛充栋，令人目不暇接。

刘军宁先生的《天堂茶话》，让人们有了阅读《道德经》的全新体验，从而对老子的思想观点也容易有全新的认识。本书以春日天堂某湖畔茶馆为场景，以孔子向老子问道的方式，重新精译并阐释了《道德经》八十一章的真义，试图打通古今中西之认知藩篱，表达了一种贯穿古今的政治理想。具体来说，就是用一本书讲清楚了国家应有的目的、政治应有的逻辑、社会应有的秩序、政府应有的责任、官员应有的品行、公民应有的权利。全书形式新颖，解读独特，让人视野洞开！

首先，本书清晰地告诉我们进入典籍文本的方式，就是一开始最好能够明白"写作者"是在跟谁说话。《天堂茶话》里的老子一再强调，孔子的著作是写给平民百姓看的，其道德力量更多的是约束个人；而老子的《道德经》则完全是写给统治者看的，其约束的则是政府。这种思路是我们进入双方思想堂奥的钥匙。

其次，本书以"从世界看中国"的宏大视野，重新诠释先贤智慧。钱钟书先生说过："东海西海，心理攸同；南学北学，道术未裂。"从这本书中可以看出，刘军宁先生摒弃了纯粹掉书袋式的考据与注释，基于对老子和孔子的历史定位的慎思与远见，诠释中有机地联通当今西方保守主义政治哲学的智慧神经。作者显然对于"弱政府，强社会"或者"小政府，大社会"的构想充满了期待。将现实生活的种种弊端，归根于政府在某些领域作为太过，又在某些领域完全不作为，导致供需双方不平衡，生出许多的意外，阻碍了社会的进步。政府太过强大，容易一厢情愿。对民众的实际需求可能又没有做仔细的调研，乃至政府往往费力不讨好，预期与效果错位严重，更严重的可能还会伤及民众的利益。于是作者希望"治大国若烹小鲜"，政府的动静不宜太大，管的范围不宜太宽，应放手将公共领域的一些事情交给民间组织去运行。政府只需将外交、国防、救灾等事项做好即可。正像有人评价的那样，刘军宁先生通过这本书的著述"打通了古今中西政治哲学的任督二脉"。

《天堂茶话》的结构比较接近柏拉图的《理想国》，是以孔子向老子求教、二人对话的形式来阐释《道德经》的观点的。当然，这种阐释是本书作者刘军宁借老子之口作出的。且不说对于《道德经》的解读是否能给人耳目一新之感，其对政体的思考和建议，亦可看出作者的良知和热切。亚里士多德说，"人是政治的动物"。作为中国人，作为一个现代中国人，我们从《道德经》中"重新发现"内含于其中的政治文明大智慧，在充满敬畏的同时，肯定亦是无限喜悦的。

精彩语录

老子：我写《道德经》，是想说明两点，一点是人类必须认真对待天道，应该去努力发现天道，认真笃行天道。另一点是，没有人能够发现全部的天道和历史规律，即使是过去、现在和将来的人的全部智慧和努力加在一起也做不到。很多人赞同我的第一观点，却不理会我的第二个观点，动辄就声称自己发现了全部的历史规律。如果百姓不相信，他们就用暴力和语言暴力逼着人们信。可悲啊！把握全部历史规律，追求乌托邦的冲动如此深入中国人的骨髓。对此，我也有责任。为了追求语言的简练，快点完成老友尹喜交代的任务，我把话说得有些深奥了，留下了不小的空子。而且，对天道的认识，我也没有能力把它们全讲明白，只能谈谈朦胧的感受。（P4—5）

孔子：不过，我有一个问题。难道统治者发现了美和善的东西不应该与民众分享吗？难道他们也无权把这些善与美的东西与民众分享吗？难道不应该依据美德来治理国家吗？我和我的儒门弟子把道德看得很重。我一向疾恶如仇。我也认为好的政府应该以德治国，好的政治家也应该疾恶如仇。

老子：你的看法用意是很好的，这样的意图也是值得赞许的。但是，好的意图不等于好的结果。常常是意图越好效果越差。仅有好的意图是不够的，关键要看这样的意图实行起来会带来什么后果。以德治国说起来好听，行起来并不一定是好事。以德治国赋予国家和统治者垄断道德标准的权利。统治者一定会按照对自己有利的道德标准来要求、规范老百姓。如果天下只有统治者确立的那一种美德，那就一定是恶德了。就以你个人为例子吧，你的学说对历代君王的影响比我的影响大得多。他们把你的一些道德主张通过董仲舒、朱熹等人拿过去变成国家对民众的道德要求，结果导致数千年来中国人在统治者面前抬不起头，甚至长期出现礼教杀人的局面。这非你始料所及吧？（P11—12）

孔子：您主张小政府。那么，多小的政府才是小政府？

老子：政府的大与小，与其说是一种精确的计算，还不如说是一种依托于天道的观念。不能以是否能精确计算作为判断政府职能或好或坏的前提。大政府是揽权的政府，滥权的政府，无孔不入的政府，无所不管的政府。所谓小政府，是指权力要小，功能要少，规模要小，在民众心目中地位要低。小政府把大量的事务交给公司、慈善机构、市民社会组织、家庭和个人。小政府的职能主要集中于执法、防务和外交。小政府要不求有为，要不为民先，不与民争利。在小政府之下，凡是公民个人能做的，不要让国家去做；凡是社会能做的，不要让政府去做；凡是地方能做的，不要让中央去做。（P249—250）

延伸阅读

《保守主义》是刘军宁先生多年前影响较大的作品。"保守主义"不是国人所误解的因循守旧、反动复古，而是保守自由、创发自由的主义。本书不是对西方保守主义的教科书式汇编，而是作者所理解和接受的保守主义。《保守主义》（第三版），刘军宁著，东方出版社2014年出版。

（刘　猛）

08 《独立思考：日常生活中的批判性思维》（第2版）

作者：[美] 朱迪丝·博斯
译者：岳盈盈　翟继强
出版社：商务印书馆
时间：2016 年 5 月

推荐理由

本书作者朱迪丝·博斯，1990 年获得波士顿大学社会伦理学博士学位，1988 年至 1995 年在美国罗德岛大学哲学系担任教职，之后在布朗大学医学院担任副教务长，直到 2004 年退休，享受专职作家生活。她撰写了十部书籍，其中《独立思考：日常生活中的批判性思维》作为一部畅销美国的批判性思维课程教科书，在市场上琳琅满目的同类书籍中独树一帜。

读这本书，你可以了解论证学、逻辑学、科学方法论、政治学以及法律精神等在理论层面与生活实践中的对照与反射。当然，你也可以从中获得更加独立和理性的思维方法，从而对当前世界的现实问题进行批判性的反思。更难能可贵的是，本书中所列举的案例几乎涵盖了社会生活的各个领域，对社会、经济、政治、环境、商业、媒体、科学、学术等领域都进行了深刻的反思性批判，这对于普通读者具有很强的实践性和启发性。亦是每一个现代公民建立科学精神、学会独立思考、不做"乌合之众"的必读书籍。这样庞大的结构体系和内容支架，也恰恰彰显了作者本人渊博的学识，以及对社会现象敏锐的洞察力和对于政府、民众热忱的关切。

与其说这是一部书，不如说这是一本杂志汇编。全书不仅彩色印刷，还使用了柔软坚韧的亚光杂志纸，让读者拥有阅读杂志般的轻松感。全书共 13 个大章节，每个章节下面再细分出小节。为了诠释每一个大章节的主题，在内容安排上，作者总是从最基本的"定义"说起，接而谈到"特征""作用""对比思考"和"结论"。在栏目设置上，每个章节基本一致：主标题、要点、案例引入、想一想、理论阐述、自我评价问卷（思想库）、漫画分析、独立思考（介绍人物）、你知道吗（内容迁移），可以看出栏目设置生动有趣，参与感极强。"案例引入"列举诸如美国9·11恐怖袭击事件、伊拉克美兵虐囚事件等社会焦点问题，"漫画分析"生动活泼，直面社会敏感话题。"自我评价问卷"让读者设身处地反思自身，很有实践意义。本书在排版设计中，也时刻注意读者的观感体验：穿插于文字中的各种各样的图片；用不同的颜色和字体来区分文字的内涵；还有各种数据统计中最直观的图表（表格式、柱状图、饼图）；还有那无处不在的彩色边框，都带给读者赏心悦目的阅读体验。因此，阅读这本书你不必从头开始，可以根据目录选择最感兴趣的地方开始阅读，每个章节彼此独立，也有其内在的关联。

独立思考有多么重要？你身边一定不乏这样的人：他们习惯于人云亦云；在学习新知时，习惯于被动接受知识而不主动思考；生活中遇到了问题或者麻烦，他们习惯于求助周围人或者网络，并且觉得这一切都合乎情理，如果得到的建议有冲突就左右为难，难以取舍了。你身边也一定有这样的人：他们看问题总有自己的见解，并且独到深刻；他们或许看起来不那么刻苦，但做事情却很有成效，这种人被身边人视为"神"一样的存在。这两者的差别，就在于是否具有独立思考的能力。修得这种能力，在分析信息和解决问题这两个方面会有批判性的视角和全面积极的解决能力。

人类在作出判断时，理性和情绪都会同时发挥作用。在批判性思维过程当中，人类由于受到自身学识、心智水平、所处环境的不同影响，观察力和判断力都会受到影响。这些影响一方面会左右我们的情绪判断，另一方面也影响到我们的理性判断。所以，养成良好的批判性思维需要我们能够完善我们的知识体系，在日常学习中，尽量涉猎多个领域多门学科的相关知识，告别无知。同时，尽量减少被情绪左右的情况，避免愤怒等不良情绪，在生活中保持理性，积极培养我们的批判性思维。

精彩语录

这些实验表明，即便算不上大多数，但确实有许多美国人会不加批判地服从权威的命令。尽管普通人只是做自己分内的工作,并不怀有特别的敌意,但仍可能成为可怕的毁灭力量的代理人。而且,即使其所作所为的危害性变得非常明显,且不符合大多数人的基本原则,也几乎没有人拥有反抗权威所必需的资源。(P5)

优秀的批判性思维者尊重差异,即使别人的观点与自己的观点相矛盾,他们也乐于考虑别人的观点。(P12)

理性(reason,也译作理智)是指基于某些证据作出论断或得出结论的过程。它需要你能够熟练地运用智力,并掌握解决问题的常用规则。对一些人,尤其是那些在批判性思维和逻辑方面没有受过正规训练的人来说,在熟悉的环境中思考问题往往比较容易。在很多人看来,理性是人类区别于动物的主要标志。(P33)

一个具有同理心的人,更容易理解和接受他人的看法,积极使用批判性分析,而支持某项行动计划则需要人们明确阐述一个合乎逻辑的论证,因此这一技能就显得至关重要。(P39)

个人攻击或人身攻击谬误(ad hominem fallacy),是指当我们不同意某个人的结论时,不是针对他的观点发表意见,而是攻击这个人本身。这样做,我们试图向对手及其观点表达反对意见。此类谬误在拉丁语中被称为"ad hominem",意思是"攻击这个人",它有两种形式:(1)辱骂,直接攻击这个人的品质;(2)间接推论,我们反驳某个人的观点或指责某个人虚伪,仅仅是因为这个人的某些特定情况。批判性思维技能较差的人很容易被此类谬误所欺骗,因为人类具有将世界划分为"我们"和"他们"的自然倾向。(P122)

人们几乎每天都在使用归纳推理,因为在生活中我们总是不断地遇到不熟悉的情境,这时就需要根据已有的知识和经验去推断。比如,你想为孩子选择一家托儿所,三个朋友分别向你推荐了同一家,他们的孩子都在这家托儿所上学,感觉很不错,那么就可以推断自己的孩子可能也会喜欢这家托儿所。(P175)

大多数因果关系并不像结冰与温度之间的关系那样直接。相反,可能存在若干个导致事件发生的因素。一些事件或条件只有在其他条件满足的情况下才能构成原因。其他条件也会导致特定结果的产生，例如，读高中时取得优异的成绩可以有助于你获得常春藤联盟大学的青睐，但是并不能保证你一定能被录取。(P187)

古希腊哲学家亚里士多德认为，道德是我们的理性的人类本性最基本的表达。他提出，讲求道德是人类获得最大的快乐。道德与快乐、幸福感之间的联系在世界各地的道德哲学中普遍存在。(P231)

科学，是由可观察和测量的事实（科学家将其称之为数据）推理得出可供检验的解释。科学家的工作是以系统的方式发现、观察和收集事实并解释数据之间的关系。为了确定解释是否合理，科学家们会构想出假设并进行验证。(P313)

尽管确实存在一系列的国际法，包括《日内瓦公约》和《联合国世界人权宣言》，但是国际法管理的是国与国之间的关系，而不是个体之间的关系。除此之外，国际法面临两难困境，因为它与绝对的国家主权这一概念是互相矛盾的。现在的联合国不是一个世界政府，而是多个独立主权国家的集合。(P344)

延伸阅读

信息爆炸带来知识泛滥，知识泛滥带来碎片化学习，而碎片化学习缺乏系统和长久。尼斯贝特所著的《逻辑思维：拥有智慧思考的工具》（中信出版集团2017年出版），就是要教你如何在浩如烟海的信息时代，去伪存真，对信息作出判断，帮助我们独立思考。

（卢　瑜）

09 《娱乐至死》

作者：[美] 尼尔·波兹曼
译者：章艳
出版社：中信出版集团
出版时间：2015 年 5 月

> **推荐理由**

尼尔·波兹曼（1931 年—2003 年）是世界著名的媒介文化研究者和批评家，继麦克卢汉之后世界最重要的媒介文化研究学者之一。他的研究领域横跨教育学、语义学和传播学。个人著作有 25 种，这本《娱乐至死》是他的代表作之一，和《技术垄断》以及《童年的消逝》并称为"媒介批评三部曲"。波兹曼对技术和媒介的关注与批判在我国产生了巨大的影响。

"娱乐至死"既是书名，也表明了波兹曼的结论和对待结论的态度。波兹曼认为，人的思想内容和行为方式并不是与其载体无关的，后者甚至对前者有着决定性的影响。尽管波兹曼承认任何媒介都有利有弊，但他不是一个相对主义者，他旗帜鲜明地批判了电视媒介所带来的泛娱乐化生活。

在夺人眼球的书名下，更为重要的是作者的思路和逻辑。波兹曼关注的是认识论层面的问题。阐释时代的人们对待文本有一种更加审慎的态度，需要付出更多的准备和努力才能够进入到作为文化的会话之中。而在娱乐业时代，人们不需要努力维持长久的注意力，不必通过严密的逻辑和优雅的表达，也未必获得凝练的知识或有价值的行为模式，这些都通过以电视为代表的技术手段消解了，人们可以更轻松地满足自己的欲望，获得随时随地的快乐，代价是失去了那些需要努力付出才能收获的可贵宝藏。也就是说，"质"的意义变成了"量"的意义，一种新的理解方式被广泛采用了：一种更加抽象的，更加独立的，更能摆脱自身来源，不受束缚的，更具有通约性的理解方式。"质"的意义无疑成了一种"反叛"和"回归"。在这个意义上，波兹曼的确是在新的媒介时代来临之时最早一批提醒社会的人。

这本书最开始出版于1985年的美国，主要讨论的是英语世界中的一些情况。30多年后的中国有自己的情况，波兹曼的一些思路确实值得我们借鉴，但是也应当意识到其中的差别。

比如，对比中文世界，情况则又有不同。汉字兼具表意、表音、表形的特征，不像是英文那样强调句子的语法和结构。因此在逻辑方面，英文句法与思维方式之间，即作者所说的形式和内容之间的联系相对容易捕捉，而对中文来说，除了意义以外，感性的内容也被文字记录下来，形成中文特有的回文、对偶等独特的语言之美。诚然，对于以中文为母语的我们来说，文字背后的文化精神更能被身处华夏文化的我们所熟知。而这也恰恰说明了媒介与文化之间的联系。虽然中西迥异，但是可以肯定的是，文字化的口语表达，正如作者所论述的那样，表明了书面语言的主导地位。

又如，互联网的兴起是波兹曼在本书中并未太多涉及的内容，在互联网＋的背景下，波兹曼的警告无疑是一种冷反思。互联网的大规模使用放大了电视隐喻的一些作用，即时性的印象，短效的记忆，以及铺天盖地随处可得的娱乐化内容甚至可以进行数据化的个人定制，被精准地推送到个人信息终端上。另外，互联网也具有与电视隐喻不同的内容，前者的规模、互动性，都是后者并不具备的。在"电视化"改造尚未完成的时候，"互联网化"改造就汹涌而来。

波兹曼在书中忧虑赫胥黎在《美丽新世界》中的预言，比起生活在统治者对自由的绝对压迫下，更可怕的是民众自身沉浸在轻而易举的娱乐中，不严肃成为一件最自然不过的事情。忘却思考比失去自由更加值得警惕。借由波兹曼清晰地分析，精准地概括，我们对当下有了更清醒的认识，这也是本书的价值所在。

精彩语录

我们应该把焦点放在人类会话形式上，并且假定我们会话的形式对于要表达的思想有重大的影响，容易表达出来的思想自然会成为文化的组成部分。（P7）

我相信，某个文化中交流的媒介对于这个文化精神重心和物质重心的形成有着决定性的影响。语言不愧为一种原始而不可或缺的媒介，它使我们成为人，保持人的特点，事实上还定义了人的含义。（P10）

不管一种媒介原来的语境是怎样的，它都有能力越过这个语境并延伸到新的未知的语境中。由于它能够引导我们组织思想和总结生活经历，所以总是影响着我们的意识和不同的社会结构。它有时影响着我们对于真善美的看法，并且一直左右着我们理解真理和定义真理的方法。（P21）

我的观点仅仅是说，一种重要的新媒介会改变话语的结构。实现这种变化的途径包括：鼓励某些运用理解力的方法，偏重某些有关智力和智慧的定义以及创造一种讲述事实的形式，从而使某个词语具有某种新的内容。（P30）

铅字只是一种残余的认识论，它凭借电脑、报纸和被设计得酷似电视屏幕的杂志还会这样存在下去。像那些在有毒的河流中幸免于难的鱼儿以及那个仍在上面划船的人一样，我们的心中仍保留过去那条清清小河的影子。（P32）

不管是在口头文化是还在印刷术文化中，信息的重要性都在它可能促成某种行动……但在电报创造的信息世界里，人们失去了行动的能力，因为这个世界都变成了新闻存在的语境。所有的一切都事关每个人。（P85）

我们的文化对于电视认识论的适应非常彻底，我们已经完全接受了电视对于真理、知识和现实的定义，无聊的东西在我们眼里充满了意义，语无伦次变得合情合理。如果我们中的某些人不能适应这个时代的模式，那么在我们看来，是这些人不合时宜、行为乖张，而绝不是这个时代有什么问题。（P98）

娱乐是电视上所有话语的超意识形态。不管是什么内容，也不管采取什么视角，电视上的一切都是为了给我们提供娱乐。（P106）

随着娱乐业和非娱乐业的分界线变得越来越难划分，文化话语的性质也改变了。我们的神父和总统，我们的医生和律师，我们的教育家和新闻播音员，都不再关心如何担起各自领域内的职责，而是把更多的注意力转向了如何让自己变得更上镜。（P118）

电视为真实性提供了一种新的定义：讲述者的可信度决定了事件的真实性。（P122）

真正的危险不在于宗教已经成为电视节目的内容，而在于电视节目可能会成为宗教的内容。（P149）

教室是一个社交场所，而电视机前的那点空间却是私人领地；在教室里，老师可以解答你提出的问题，而电视机屏幕无法回答任何问题；学校注重语言的发展，而电视提供的只有图像；上学是一种法律规定的行为，而看电视是一种自由选择；在学校里不听老师讲课可能受到惩罚，而不看电视却不会受到任何惩罚；在学校里，你必须遵守各种行为规范，而看电视的时候，你不必顾忌任何规章制度或行为规范；在教室里，娱乐不过是达到目的的一种手段，而在电视上，娱乐本身就是一种目的。（P171）

如果要给这样一种没有前提条件、没有难题、没有阐述的教育取一个合适的名字，那么这个名字只能是"娱乐"。（P177）

只有深刻而持久地意识到信息的结构和效应，消除对媒介的神秘感，我们才有可能对电视，或电脑，或任何其他媒介获得某种程度的控制。（P192）

延伸阅读

波兹曼所著的《技术垄断》延续了自己的思考脉络，看到了唯科学主义的弊端以及信息爆炸的危险。技术代替人思考问题，一切形式的文化生活都服从于技艺和技术。这些在美国表现得尤为突出。《技术垄断》，波兹曼著，何道宽译，中信出版集团2019年出版。

（余海燕）

10 《中国近代史》

作者：蒋廷黻
出版社：民主与建设出版社
出版时间：2017年8月

推荐理由

蒋廷黻（1895年—1965年），湖南邵阳（今邵东）人，字绶章，笔名清泉。中国著名历史学家、外交家；1911年赴美求学，获哥伦比亚大学博士学位。1923年回国任南开大学第一任历史系主任，与梁启超成为南开大学历史学的奠基者。1929调入清华大学任历史系主任，在任期间改革清华大学历史系，建立起全国一流的史学阵营。1935年受到蒋介石的赏识，弃学从政，任国民党行政院政务处长，1945年被任命为中国驻联合国常任代表，1961年任台湾驻美"大使"兼"驻联合国代表"，被誉为国民党官员中"最知外交的人"。

作为中国人，史书不可不读，中国数千年的历史文化，犹如天上的星光一般，璀璨夺目。有人说："读史以明智。"历朝历代，读史书都必不可少，在历史的轨迹中，不仅可以借鉴前人的经验教训，还可以总结治国安邦的良策。读"中国近代史"必然绕不开蒋廷黻的这本《中国近代史》，这本书相对于史书来说，字数不多，但是语言简练，思路清晰，对于想要快速了解中国近代历史的读者具有很大的帮助。

读中国近代史总有一种憋屈的感觉，因为这是一段让中国人抬不起头来的日子，可是正是因为有了这段历史，今天的国家和人民有了共同的目标——为实现中华民族伟大复兴的中国梦而努力奋斗。可以说，因为闭关锁国，所以我们今天要科技创新，也有了国家的"中国制造2025"；因为外交弱势，所以我们发展军事，让我们不受他人掣肘……而中国近代史中，也不缺少国家民族英雄，这些英雄留下了可歌可泣的爱国事迹，一群人为挽救中国而呕心沥血，让人动容。

本书主要从鸦片战争开始，写到抗日战争前夕，民族的奋斗史、国家的故事和个人的事迹穿插融合到书中，结合外交史，让这本书读起来并不枯燥，反而让人黯然感伤，感伤国家当时的衰落；却又振奋人心，因为总能牵引出读者的国家民族情感，以此激励自己贡献力量。

对于历史人物的事迹与简介，作者给人的感觉就是在叙说他人的故事。不偏不倚，比如两次鸦片战争，对林则徐和琦善都给予了很中肯的评价，林则徐是民族英雄，这个自不必说，大家都很熟悉，而作者也给予了琦善这样的评价：琦善与鸦片战争的军事关系无可称赞，亦无可责备。作为一个外交官，首要就是不偏不倚，不站在主观上看待人和事。

从这本书中我们也能感受到很多中国文化的魅力。中国文化中的中庸之道，不仅仅体现在人与人之间，也体现在国家和国家的处世之道上。历史中融入了我们独特的文化，文化中流淌着那段风雨飘摇的历史岁月。

作者一些简要的评论总是能够抓住人心，读者感觉就如自己所想一般。比如："我国数千年与异族的奋斗逐渐养成了士大夫的爱国心肠。这是根深蒂固、无须我们过虑的。如果仅靠激昂慷慨的爱国心就能救国，那我们的知识阶级早把国家救好了。"类似这样的小结如此精妙，却又一针见血，让人读了有种读自己文章的感觉。

虽然这段中国近代的历史确实很屈辱，列强入侵，国家丢失了大量领土，以及有些地区脱离国家控制。但是从书中看到了中国人坚强不屈、乐于奋斗的精神，为了国家的存亡，李鸿章、恭亲王、曾国藩……无数人想出了各种办法，试图力挽狂澜，这些做法虽然不一定正确，却推动了后来者的主动寻求变革，康有为、梁启超、孙中山……他们的变法、改革也对人民的觉醒起到了巨大的作用。也正是因为逐渐有人觉醒，以至于中国人携起手来，共同抵抗住了外敌，让我们今天成为一个独立自主的国家。

读史书，知天下；读史书，明事理；读史书，通古今。

精彩语录

在东方这个世界里,中国是领袖,是老大哥,我们以大哥自居,他国连日本在内,也承认我们的优越地位。到了十九世纪,来和我们找麻烦的不是我们东方世界里的小弟们,是那个素不相识而且文化根本互异的西方世界。(P1)

我们倘若大胆地踏进大世界的生活,我们需要高度地改革,不然我们就不能与列强竞争。但是我们有与列强并驾齐驱的人力物力,只要我们有此决心,我们可以在十九世纪的大世界得到更光荣的地位。我们研究中华民族的近代史必须了解近代邦交是我们的大困难,也是我们的大机会。(P7)

林则徐谕告外国人说:"利己不可害人,何得将尔国不食之鸦片烟带来内地,骗人财而害人命乎?"他要外国人做两件事:第一,把已带到中国而尚未出卖的鸦片"尽数缴官";第二,出具甘结(注:即写下保证书),声明以后不带鸦片来华,如有带来,一经查出,甘愿"货尽没官,人即正法"。(P9)

不平等条约的根源一部分由于我们的无知,一部分由于我们的法制未达到近代文明的水准。(P16)

这种关系固可以为祸,亦可以为福,看我们振作与否。奕䜣与文祥绝不转头回看,留恋那一去不复回的闭关时代。他们大着胆向前进,到国际生活中去找新出路。我们研究近代史的人痛心的就是这种新精神不能出现于鸦片战争以后,而出现于二十年后的咸末同初。一寸光阴一寸金,个人如此,民族更如此。(P22)

历史上的精神领袖很少同时也是事业领袖,因为注重精神者往往忽略事业的具体条件。(P29)

中国欲自强,则莫如学习外国利器,欲学习外国利器,则莫如觅制器之器,师其法而不必尽用其人。(P35)

同治、光绪年间的政治领袖如曾、左、李及恭亲王、文祥诸人原想一面避战,一面竭力以图自强。不幸,时人不许他们,对自强实业则多方掣肘,对邦交则好轻举妄动,结果就是误国。(P55)

假使我民族不是遇着帝国主义压迫的空前大难关,以一个曹操、司马懿之流的袁世凯当国主,树立一个新朝代,那我们也可马虎下去了。但是我们在二十世纪,所需要的,是一个认识新时代而又能领导我们向近代化那条路走的伟大领袖。(P73)

平等对待及自由贸易可解释尼布楚外交成绩的大部分。中国外交史上的大成绩是由平等对待及自由贸易中得到的,不是从独自尊大、闭关自守的传统中得来的:这件事值得吾人的深思。(P90)

所谓的"不知礼节"究是何事,我们不知道。果氏出使的失败可算到了十分。他经过这次的失败,深信俄国所希望的权利非外交家所能得到,必须一军的军长方能济事。(P156)

我们于研究百年的外交之余,可以得着几个结论。第一,我们近百年对外的失败不是由于我们的不爱国。第二,我们的失败由于外交本身者尚为次要,由于内政者实为主要。内政的致命伤即现代化的建设之过于零碎、迟缓和不彻底。第三,就外交本身而论,我们的失败一部分应归咎于士大夫的虚骄,其他部分则应归咎于外交机构的不健全。(P192)

单靠外交,我们当然不能救国;忽略外交,我们确能误国。(P199)

延伸阅读

什么样的学者是一个好的历史学者?蒋廷黻是,著有《走出中世纪》的朱维铮先生也是。他的这部代表作并非大部头的历史专著,而是体例、长短不一的"随想录式"的历史札记,"有话则长,无话则短,长话短说,言尽为止"的写作风格,显现他对史学严谨负责的态度。该书由中信出版集团2018年出版。

(张义成)

11 《之江新语》

作者：习近平
出版社：浙江人民出版社
出版时间：2007年8月

推荐理由

《之江新语》一书是习近平同志担任中共浙江省委书记期间自2003年2月至2007年3月在《浙江日报》"之江新语"专栏发表的232篇短论。虽是短论，但意蕴深、境界高，基于实际而又高屋建瓴。

本书虽为多篇评论，但自始至终贯穿着"从群众中来，到群众中去"的领导方法和工作方法。静读此书，定能深刻体会到治校亦如治世："秉纲而目自张，执本而末自从"，从根本出发才能收获好的管理成果。

读此书可"浓"情怀。习近平同志在书中短论《不求"官"有多大，但求无愧于民》一文中提到："一个干部，无论处在什么岗位，只要心系群众，都可以做出一番事业来"，文中凝聚着习近平同志浓厚的家国情怀。由此引发到我们教育领域，教育的根本是"学习"，这里的学习是一个大概念：既包含学习知识的层面，也包含学习做人的层面；既涵盖了教师学习层面，也涵盖了学生学习层面。优秀的校长一定是有着浓厚的教育情怀的管理者，先求"会学"之基，再谋"学会"之强。

读此书可"大"格局。管理者须有"大格局"，而"大格局"又须以"大德、大行"为基础。习近平同志在书中短论《做人与做官》一文中提到："做官先做人，做人先立德；德乃官之本，为官先修德。"特别强调了"德"在为官方面的重要性，在其他多篇短论中也强调了"德"的重要，作为管理者，先有"大德"才会有"大格局"。同时，读此书还能让我们深刻体会到"大行"，如关于农村问题的几篇短论，题目分别是《以发展强村》《以建设美村》《抓反哺富村》《促改革活村》《讲文明兴村》《建法治安村》《强班子带村》,光从题目中就可以明显感受到这些短论围绕农村工作愿景、行动而展开,体现了建设新农村的大格局,以此理念迁移到学校管理,必是"大"格局。"大德"使人"信","大行"使人"服"。

比如,2005年8月15日,习近平来到浙江湖州安吉县余村。九天后,他写下短论《绿水青山也是金山银山》。文中说——绿水青山可带来金山银山,但金山银山却买不到绿水青山。绿水青山与金山银山既会产生矛盾,又可辩证统一。在选择之中,找准方向,创造条件,让绿水青山源源不断地带来金山银山。"两山论",是习近平自然观大格局的具体体现,以人与自然的关系为思考的框架,既肯定了人文世界的独立价值,亦肯定了自然世界的优先性、本源性,并找到了人与自然的和解之道,为人类文明的生态转向提供了较为全面系统的方案。

读此书可"坚"理想。细读此书,会愈益深刻地体会到习近平同志坚定的治世理想,无论是三农、科技、文化、经济等具体领域,还是在为官之道、管理理念等抽象领域,都能感受到习近平同志坚定的强国富民的理想。习近平同志曾引用老子的话"治大国若烹小鲜",这也进一步提醒各领域的管理者要尽全力谋求管理的一种理想状态:各方面要恰到好处,不能过头,也不能缺位。就像清代学者杭世骏就此句进一步阐释的那样:"烹小鲜不可扰,治大国不可烦。烦则人劳,扰则鱼溃。"学校管理又何尝不是如此,优秀的管理一定也是"各方面恰到好处,不能缺位,也不能过头的";还得是"不可扰,不可烦"。因为不作为的管理者一定不是个好管理者;但最蹩脚的教育管理莫过于无效地折腾,"劳师伤生"还无用。诚如治世理想首先应为"安居乐业"一样,治校理想也首先应为"安教乐学",作为学校管理者,校长读此书一定能树立并坚定美好的教育和治校理想。

精彩语录

做人要有人品,当"官"要有"官德"。当干部的,不能老是想着自己的升迁。"莫道昆明池水浅",一个干部,无论处在什么岗位,只要心系群众,都可以做出一番事业来。县委书记的榜样焦裕禄,"官"有多大?但他的形象是十分高大的。当干部，不求"官"有多大，但求无愧于民。同时，一个干部的能耐有多大，最终人民群众看得清清楚楚，组织上也明白。是"锥子"总会脱颖而出的。（P3）

我们国家历来讲究读书修身、从政以德。古人讲，"修其心，治其身，而后可以为政于天下"，"为政以德，譬如北辰，居其所而众星拱之"，"读书即是立德"，说的都是这个道理。传统文化中，读书、修身、立德，不仅是立身之本，更是从政之基。按照今天的说法，就是要不断加强党员领导干部的思想道德修养和党性修养，常修为政之德、常思贪欲之害、常怀律己之心，自觉做到为政以德、为政以廉、为政以民。（P175）

清代思想家顾炎武在《与公肃甥书》中说："诚欲正朝廷以正百官，当以激浊扬清为第一要义。"这就是说，要兴国安邦正百官，要稳社固稷泽百姓，就必须惩恶扬善，扶正祛邪，弘扬正气。文官不爱钱，武官不惜命，国家才有希望，社稷才能稳固。（P176）

敬业是一种美德，乐业是一种境界。朱熹说："敬业者，专心致志以事其业也。"对待本职工作，应常怀敬畏之心，专心、守职、尽责，干一行、爱一行、钻一行、尽心竭力、全身心地投入。（P177）

"非淡泊无以明志，非宁静无以致远。"力戒浮躁，最根本的是要坚守做人的操守和从政的道德，树立正确的世界观、人生观、价值观，树立正确的权力观、地位观、利益观，正确对待名利地位，正确看待进退留转，淡泊处世，静心思考，磨炼意志，砥砺志趣，耐得住寂寞，守得住清贫，"静而后能安，安而后能虑，虑而后能得"。能够负重，方能担当重任。力戒浮躁，还要大力倡导实干精神，大兴求真务实之风。工作靠实，事业靠干。讲实话是硬本事，干实事是真功夫。我们每一位党员干部，都要把个人进步与党的事业联系起来，脚踏实地，踏实工作，讲真话、报实情，不夸夸其谈、不脱离实际，扎扎实实干出实绩，实实在在让群众满意。（P179）

一个好的领导班子，要善于团结协作。大事讲原则，小事讲风格，遇事多通气，多交心，多谅解，真正做到讲团结、会团结。（P254）

领导干部不仅要想干事、肯干事、敢干事，还要会干事、能干事、干成事，特别是对事业要始终保持奋发进取的精神状态，不仅仅是上级推着干、群众推着干，首先是自己要始终充满激情、充满干劲，这样去干事业，才能更加主动、更加自觉。（P256）

领导干部也是一个普通的人，也是一个普通的百姓，要会做人，做好人，注意自己的言行举止，珍惜自己的人格魅力，洁身自好，做一个有高尚品德的人。（P258）

延伸阅读

《平"语"近人——习近平总书记用典》是中共中央宣传部、中央广播电视总台联合创作的《百家讲坛》特别节目，该书为其文字版。节目从习近平总书记一系列重要讲话、文章、谈话中所引用的古代典籍和经典名句为切入点，旨在推动新时代中国特色社会主义思想的生动阐释与广泛传播。该书由人民出版社2019年出版。

（娄志军）

12 《文学回忆录》

口述：木心
笔录：陈丹青
出版社：广西师范大学出版社
出版时间：2013年1月

> **推荐理由**

木心先生本名孙璞，字仰中，号牧心，中国当代文学大师、画家，在台湾和纽约华人圈被视为深解中国传统文化的精英和传奇人物。1927年生于浙江乌镇，毕业于上海美术专科学校，2011年12月21日，木心先生在故乡乌镇与世长辞，享年84岁。

自1982年起，木心先生长居美国纽约，从事美术及文学创作。1989年元月，木心先生为陈丹青等一批中国艺术家开讲世界文学史，赫然开启了长达五年的"文学的远征"。《文学回忆录》就是陈丹青长达五年的听课笔录，先生大量的文学见解和妙语趣谈都在笔录中呈现。这种方式有点类似于当年孔子讲述由其门人弟子笔录的方式。艺术家总是通过朋友的手，将礼物赠给世界。"读过之后，必在世界文学门内，不在门外。"

《文学回忆录》讲述的是世界文学史，其框架底本是上世纪二十年代郑振铎先生编著的《文学大纲》，但木心先生的讲述和一本正经的学院派又有截然不同之处。全书虽然以文学史的脉络讲解文学发展的整体路程，从古代希腊神话、史诗、悲剧、罗马文学、诸子百家讲到中世纪欧洲文学、唐宋诗词、文艺复兴，再讲到十八、十九世纪文学，最后回到二十世纪文学，先生博览群书，侃侃而谈，俯仰天地之间，但对文学史实的罗列语言极为精简，大量的篇幅是在阐述自己独到的精彩见解。正如先生在开课引言中所说"我讲世界文学史，其实是我的文学的回忆"，"一部文学史，重要的是我的观点"。这些观点严谨中见幽默，哲思中含俏皮，常用譬喻，妙语连珠，化高深为质朴，化抽象为直观，处处闪耀着先生思想的灵光，读起来让人时而会心一笑，时而又陷入深深的思考。这种语言风格很"木心"，既有江浙一带蕴藉丰厚的文脉，又非常西化前卫。

《文学回忆录》既讲文学史，也讲哲学、宗教、历史、艺术，视角宏大，论述通透，见解深刻，让人佩服。"不从宇宙观而来的世界观，你的世界在哪里？""宇宙观决定世界观，世界观决定人生观。""只有从宇宙观来的世界观、人生观，这才真是恳切，不至于自欺欺人。"木心先生把人的视野从地球的范围扩大了，不仅仅是着眼世界，更要着眼宇宙，开阔了人的精神世界和心胸气概。"中国哲学家只有老子一个，庄子半个。"木心先生推崇老子，就是因为老子有明晰的宇宙观"天地不仁"。木心先生不待见孔子，也是因为孔子宇宙观模糊，"既不足以称哲学家，又不足以称圣人。"

"艺术广大已极，足以占有一个人。"福楼拜的这句话是对木心先生一生最好的概括。木心先生孑然一身，与艺术为伴，如此虔诚，如此纯粹，如此圆满。"艺术是要有所牺牲的。"这是先生在书中最后一课中的一句话，他把所有的牺牲都献给了艺术。《文学回忆录》也成了木心先生一生的映照。

精彩语录

我觉得艺术、哲学、宗教，都是人类的自恋，都在适当保持距离时，才有美的可能、真的可能、善的可能。（P33）

最早的文学，即记录人类的骚动、不安，始出个人的文学。所有伟大的文艺，记录的都不是幸福，而是不安与骚乱。（P36）

历史学家，是真口袋里装真东西。艺术家，是假口袋里装真东西。历史学家苦，要找真口袋，我怕苦，不做历史学家。艺术家造假口袋，比较快乐。但艺术家应有点历史知识。（P50）

凡是健全高尚的人，看悲剧，既骄傲又谦逊地想：事已如此，好自为之。一切伟大的思想来自悲观主义。真正伟大的人物都是一开始就悲观、绝望，置之死地而后生。（P58）

所谓教育，是指自我教育。一切外在的教育，是为自我教育服务的。试想，

自我教育失败，外在教育有什么用？凡人没有自我教育。所谓超人，是指超越自己，不断超越自己。（P105）

宗教是父母，艺术是孩子。艺术在童年时靠父母，长大后，就很难管。艺术到了哀乐中年，渐渐老去，宗教管不着了。艺术是单身汉，它只有一个朋友：哲学。（P117）

整个《诗经》是悲苦之声。我骂儒家，是将好好一部《诗经》弄成道德教训，诗曰如何如何……《诗经》原本是个人主义、自由主义的压抑，可是几乎所有中国文人接引《诗经》都错，都用道德教训去看《诗经》。（P124）

文学要拉硬弓，不要拉软弓。所谓拉硬弓，要独自暗中拉，勿使人看见。《诗经》《楚辞》，是中国文学的两张硬弓。你只有找到精华中的精华，那整个精华就是你的。如果辨不出精华中之精华，那整个精华你都不懂。（P156）

文学，有本事把衣服脱下来。多少有名的文学，靠服装、古装、时装，琳琅满目，里面要么一具枯骨，要么一堆肥肉。庄子的衣裳就很讲究，汉人喜宽博，魏晋人穿得潇洒，唐人华丽，宋人精巧，明清人学唐宋衣冠学不像，民国人乱穿衣，乱到现在，越来越乱。（P177）

读陶诗，是享受，写得真朴素，真精致。不懂其精致，就难感知其朴素。不懂其朴素，就难感知其精致。他写得那么淡，淡得那么奢侈。（P234）

唐是盛装，宋是便衣，元是裤衩背心。拿食物来比，唐诗是鸡鸭蹄膀，宋词是热炒冷盆，元曲是路边小摊的豆腐脑、脆麻花。（P253）

词分所谓"婉约派"和"豪放派"。以西方的说法，是柔美、壮美之分。向来是婉约派占上风，算是词的正宗。但为人所骂，说是儿女私情、风花雪月，又推崇苏东坡、辛弃疾等——我以为不对，弄错了。词本来是小品，是小提琴。打仗可用枪炮，不要勉强小提琴去打仗。（P293）

凡是纯真的悲哀者，我都尊敬。人从悲哀中落落大方走出来，就是艺术家。真的悲哀者，不是因为自己穷苦。哈姆雷特、释迦、叔本华，都不为自己悲哀。他们生活幸福。悲观，是一种远见。（P336）

所以天才者，就是有资格挪用别人的东西。拿了你的东西，叫你拜倒。世界上只有这种强盗是高贵的，光荣的。莎士比亚是强盗王，吴承恩这强盗也有

两下子。（P430）

文学要有读者，宿命的是，文学很难得到够格的读者。（P476）

文学的最高意义和最低意义，都是人想了解自己。这仅仅是人的癖好，不是什么崇高的事，是人的自觉、自识、自评。（P645）

世界上的书可分为两类，一类宜深读，一类宜浅读。宜浅读的书如果深读，那就已给它掐住了，控制了。尼采的书宜深读，你浅读，骄傲，自大狂，深读，读出一个自己来。罗兰的书宜浅读，你若深读，即迷失在伟大的空想中。（P746）

现代作家，自己应该又是伯乐，又是千里马。伯乐是意识，潜意识是千里马。一个伟大的小说家应是潜意识特别旺盛、丰富，而意识又特别高超、精密，他是伯乐骑在千里马上。（P813）

延伸阅读

木心先生的散文集《琼美卡随想录》于2006年由广西师范大学出版社出版。薄薄的一小册书中可以看到木心先生丰厚的历史、地理、文化知识，语言内敛有力，含而不露，娴熟地运用汉赋般的文字，通篇用两字作为标题，如"将醒""缀之""尖鞋""嘁语""步姿"，字字独特精湛，只写适当的、少量的字，留下大片空白，微笑着让读者自己去填补。

（张大建）

13 《美学散步》

作者：宗白华
出版社：上海人民出版社
出版时间：1981年6月

推荐理由

《美学散步》是美学家宗白华创作的一部美学著作。于1981年6月首次出版。该书是作者一生主要的美学论集，以独特的视角解析了美学，全面而深入阐述了中国美和西方美的不同，以及历朝历代对于美的理解，书中抒情的笔触、爱美的心灵，引领着读者去体味中国和西方艺术家的心灵。

也许人们看了标题后一定会大胆猜测：这本书肯定是与美学有关的，读起来一定要有艺术基础才行，而且美学理论一定读起来枯燥无味。然而，当初读这本书，完全颠覆自我认知，这是讲美的书，可是它连文字都是如此美好，作者的语言就如跳动的音符，极具灵动气息；作者的文学功底非常深厚，对于中国艺术、绘画、书法以及西方艺术的理解太独到了，优美的文字结合大量古诗词、书法作品、绘画作品案例，犹如在播放画面一般，把这些美通过想象用声音和画面表现出来。

这本书中的美具有各种不同的意识形态，而作者的阐述从初级层次的美——视觉的美，一直深入到人格的美。对于美，这是一种人主观的感受，那么这就一定离不开"情"，所以作者才会说："艺术不只是和谐的形式与心灵的表现，还有自然景物的描摹。'景''情''形'是艺术的三层结构。"

当读完这本书后，我们对于美的理解已经升华了，不再仅仅指向于简单的美，而能够逐渐看到深层的美。不仅如此，认真细读本书时，又会发现中国人对于美的理解和西方人对于美的理解有共同之处，又具有诸多不同之处。特别是中国文化中辐射出来的美，灿烂而具有吸引力。就如书中所说：中国人于有限中见到无限，又于无限中回归有限。他的意趣不是一往不返，而是回旋往复的。唐代诗人王维的名句云:"行到水穷处,坐看云起时。"韦庄诗云:"去雁数行天际没,孤云一点净中生。"储光羲的诗句云:"落日登高屿,悠然望远山,溪流碧水去,云带清阴还。"以及杜甫的诗句:"水流心不竞,云在意俱迟。"都是写出这"目既往还,心亦如纳,情往似赠,兴来如答"的精神意趣。

其中的引用,真是精妙绝伦,每一首诗词的引用都是那么贴合主题,就好像这些诗词是专门为作者而写一般;画作的分析又是那么理性而深刻,犹如作者亲眼目睹了画作的整个完成过程一般。整本书充满活力,读起来也就不再是枯燥的说教,而是引导读者用不同角度的眼光去发现美。

本书在现代美学史上的价值不言而喻,具有非常高的地位,而全书文辞典雅,富于诗情画意,每一个段落单独拿出来都是一段佳句,值得细细品味。灵动的文字不仅仅是美的享受,也通过书本传递出一种美的思想,这种思想就如散步一般,美丽的景色映入眼帘,虽然在散步,可是心中的那份宁静与热情已经融入到美景中,与自然化为一体。如果读这本书就是散步,那么书中的文字就是周围美丽的风景,读者不仅体会到了"散步"的乐趣,又感受到心灵与自然合二为一的乐趣。

这本书非常值得推荐,它不仅能够提高我们鉴赏美的能力,而且还能指导我们去发现更多生活中的美与乐趣;同时书中对于古代美学观点的阐释也非常新颖,能够开阔我们的视野,发散我们的思维;对于西方美学的阐述,也可以让我们去理解不一样的文化,从而启发我们更多的思考。

精彩语录

诗和春都是美的化身,一是艺术的美,一是自然的美。我们都是从目观耳听的世界里寻得她的踪迹。(P14)

"美"对于你是客观的存在,不以你的意志为转移。(你的意志只能指使你的眼睛去看她,或不去看她,而不能改变她。你能训练你的眼睛深一层地去认识她,却不能动摇她。希腊伟大的艺术不因中古时代而减少它的光辉。)(P15)

哲学求真,道德或宗教求善,介乎二者之间表达我们情绪中的深境和现实

人格的和谐的是"美"。(P24)

艺术心灵的诞生，在人生忘我的一刹那，即美学上所谓"静照"。(P25)

魏晋六朝是一个转变的关键，划分了两个阶段。从这个时候起，中国人的美感走到了一个新的方面，表现出一种新的美的理想。那就是认为"初发芙蓉"比之于"错彩镂金"是一种更高的美的境界。在艺术中，要着重表现自己的思想，自己的人格，而不是追求文字的雕琢。(P35)

世界是无穷尽的，生命是无穷尽的，艺术的境界也是无穷尽的。"适我无非新"，是艺术家对世界的感受。"光景常新"，是一切伟大作品的烙印。"温故而知新"，却是艺术创造和艺术批评应有的态度。(P68)

在一个艺术表现里的情和景互融互渗，因而发掘出最深的情，一层比一层更深的情，同时也透入了最深的景，一层比一层更晶莹的景；景中全是情，情具象而为景，因而涌现了一个独特的宇宙，崭新的意象，为人类增加了丰富的想象，替世界开辟了新境，正如恽南田所说"皆灵想之所独辟，总非人间所有！"这是我的所谓"意境"。(P72)

然而，尤其是"舞"，这是最高度的韵律、节奏、秩序、理性，同时是最高度的生命、旋动、力、热情，它不仅是一切艺术表现的究竟状态，且是宇宙创化过程的象征。(P79)

画家以流盼的眼光绸缪于身所盘桓的形形色色。所看的不是一个透视的焦点，所采的不是一个固定的立场，所画出来的是具有音乐的节奏与和谐的境界。所以宗炳把他画的山水悬在壁上，对着弹琴。(P98)

节奏化了的自然，可以由中国书法艺术表达出来，就同音乐舞蹈一样。而中国画家所画的自然也就是音乐境界。他的空间意识和空间表现就是"无往不复的天地之际"。不是由集合、三角构成的西洋的透视学的空间，而是阴阳明暗高下起伏所构成的节奏化了的空间。(P99)

中国人于有限中见到无限，又于无限中回归有限。(P114)

中国画的作者因远超画境，俯瞰自然，在画境里不易寻得作家的立场，一篇荒凉，似是无人自足的境界。然而中国作家的人格个性反因此完全融化潜隐在全画的意境里，尤表现在笔墨点线的姿态意趣里面。(P134)

美学的研究，虽然应当以整个的美的世界为对象，包含着宇宙美、人生美和艺术美；但向来的美学总倾向以艺术美为出发点，甚至以为是唯一的研究对象。因为艺术的创造是人类有意识地实现他的美的理想，我们也就从艺术中认识各时代、各民族心目中之所谓美。（P146）

艺术不只是和谐的形式与心灵的表现，还有自然景物的描摹。"景""情""形"是艺术的三层结构。（P232）

宇宙是无尽的生名、丰富的动力，但它同时也是严整的秩序、圆满的和谐。在这宁静和雅的天地中生活着的人们却在她们的心胸里汹涌着情感的风浪、意欲的波涛。但是人生若欲完成自己，止于至善，实现他的人格，则当以宇宙为模范，求生活中的秩序与和谐。（P236）

延伸阅读

西方人是如何看待美的呢？《审美教育书简》是席勒的一部经典名著，也是现代性美学批判的第一本著作，它主张用艺术取代宗教而成为一种交往形式，强调交往理性将在未来"审美国度"中得以实现，这就建构了一个审美的乌托邦。该书由张玉能翻译，译林出版社2009年出版。

（张义成）

14 《汉字书法之美》

作者：蒋勋

出版社：广西师范大学出版社

出版时间：2009 年 11 月

推荐理由

本书作者蒋勋，祖籍福建，1947 年生于古都西安，成长于宝岛台湾。著有《给青年艺术家的信》《天地有大美》《美的觉醒》《孤独六讲》等。

关于书法理论的研究，自古及今，著述可谓浩如烟海，如蔡邕的《九势》、卫夫人的《笔阵图》、王羲之的《书论》、孙过庭的《书谱》、张怀瓘的《书断》、包世臣的《艺舟双楫》、康有为的《广艺舟双楫》、沈尹默的《学书有法》等，但读起来往往感到生涩难懂，难以言传。蒋勋的《汉字书法之美》，文笔清丽流畅、恬淡闲适，却能直抵心灵、引起共鸣。该书既不是一本论述书法研究的学术集，也不是毛笔练习的教科书，却像是一本唯美诗意的散文集，带领我们领略古老而神秘的汉字艺术世界。

蒋勋是中国台湾知名画家、诗人与作家，对中国传统文化尤其是书画艺术有着独特的理解和体悟。本书共四个版块内容，第一版块侧重于对汉字演变过程的追溯，从远古时代的结绳记事、仓颉造字，写到甲骨、金文、石鼓、秦隶、简册等演变过程。第二版块侧重于对书法审美的探究，如汉隶的波磔与飞檐、王羲之《兰亭序》的即兴与自在、碑与帖的厚重与飘逸、行草到狂草的平正与险绝、唐楷的法度与庄严、宋代书法的意境与个性、元明书法与文人画的形式与表现，走向民间书法的古朴与拙趣，赏析书法的点画之美、结构之美、章法之美、风格之美，乃至人性之美。第三版块"感知教育"，则通过对王羲之的老师——卫夫人所作的教科书《笔阵图》的研究，解剖"点""横""竖""撇""捺"等笔画的意象，感知重量与速度、胸襟与坚持！第四版块"汉字与现代"，通过对建筑上的汉字、书法与抽象表现主义、帖与生活、书法与舞蹈、书法与信仰等方面的思考,寻找书法美学与生活美学的联结。正如作者所说的:"汉字书写,对于我,像一种修行。我希望能像古代洞窟里抄写经文的人,把一部《法华经》一字一字写好,像当初写自己的名字一样慎重端正。我不断回想起父亲握着我的手书写的岁月,那些简单的'上''大''人',也是我的手被父亲的手握着,一起完成的最美丽的书法。"

著名书评人傅月庵这样评价本书:"蒋勋先生此书,历数汉字根源变迁,多方譬喻,以小见大,让人看出汉字书法之奇,不仅在指腕之间,甚至'是呼吸,是养生,是身体的运动,是性情的表达,是做人处事的学习,是安定保佑的力量',最终乃臻而为'是我与自己相处最真实的一种仪式',一如瑜珈、太极、舞蹈,乃至慢跑,由静转动,动中见静,成就了一种肢体韵律之美。其视野之宽广,立意之深远,令人浮想联翩,心跃难耐,直想拿出纸笔,悬腕一试矣。中华书道,或竟因此不颓,得萌一线生机。"

诚然,汉字(书法)经历数千年的嬗变,成为世界上独有的艺术形式,但在数字化时代的冲击下,书法人口和书法教育有所减少和弱化。因此,作为国人,尤其是学校教育管理者,理应成为继承和发扬中华民族优秀传统文化的自觉践行者。

精彩语录

童年的书写,是最早对"规矩"的学习。"规"是曲线,"矩"是直线;"规"是圆,"矩"是方。大概只有汉字的书写学习里,包含着一生做人处事漫长的"规矩"的学习吧!学习直线的耿直,也学习曲线的婉转;学习"方"的端正,也学习"圆"的包容。(自序,P5)

上古人类结绳记事,或许只记攸关生命的大事,那个"结",可能是三十万年前一次山崩地裂的地壳变异的记忆,幸存者环顾灰飞烟灭尸横遍野的大地,惊魂甫定,拿起绳子,慎重地打了一个"结"。那个"结",是不能忘记的事件。那个"结",就是历史。(P17)

我喜欢看甲骨。有一片骨骸上刻满了二十几条和"下雨"有关的卜辞——

"甲申卜雨""丙戌卜及夕雨""丁亥雨",看着看着仿佛看到干旱大地上等待盼望雨水的生命,一次又一次在死去的动物尸骸上契刻着祝告上天的文字。那"雨"是从天山落下的水,那"夕"是一弯新月初升,那"戌"是一柄斧头,"申"像是一条飞在空中的龙蛇。(P38)

这些还没有完全发展成表意文字的原始图像,正是汉字可以追踪到的视觉源头,充满象征性、隐喻性,引领我们进入初民天地初开、万物显形、充满无限创造可能的图像世界。(P40)

《兰亭》是一篇还没有誊写恭正的"草稿",保留了最初书写的即兴、自在、心情的自由节奏,连思维过程的"涂""改"墨渍笔痕,也一并成为书写节奏的跌宕变化。(P78)

"以头濡墨",是以身体的律动带起墨的流动、泼洒、停顿、宣泄,如雷霆爆炸之重,如江海清光之静。张旭的"狂草"才可能不以"书法"为师,而是以公孙大娘的舞剑为师,把书法美学带向肢体的律动飞扬。(P103)

宋代瓷器也大多追求单色,定窑的纯白,汝窑的雨过天青,建阳窑的乌金,都不再是色彩的炫耀喧哗,而是回归到更内敛、含蓄、朴素的色彩本质。书法是一个时代美学最集中的表现。宋代的书法美学也如同水墨山水,追求素净空灵,追求平淡天真,渴望从时代的伟大里解放出来,更向往个人自我的完成与个性的表现,不夸张宏伟壮大,宁愿回来做平凡简单的自己。(P123)

赵孟頫之后元明清的美学发展,绘画、文学、书法三者已经无法分割。横平、竖直、点、捺、撇、磔,是书法线条,也是绘画元素。"书画同源"又再一次被赋予新的结合意义。(P142)

书法的美,一直是与生命相通的。"高峰坠石"理解了重量与速度。"千里阵云"学习了开阔的胸怀。"万岁枯藤"知道了强韧的坚持。通过书法,完成了感知世界一切现象的能力,这才是书法美学的意义(P179)

这是彻底而完全的"美学教育",不是在教技巧,不是在教写字,而是通过写字,回归到自身的感觉去体悟生命。"永字八法"里少了这种生命的连接,单纯技巧的训练通常只能走向正楷书写,像王羲之的"行""草",都需要卫夫人感觉领悟的带领。卫夫人不只是书法老师,而且是一位最好的美学老师;她不

只教书法，也教孩子体会自己的生命本身。（P186）

　　抽象表现主义对汉字书写的创造性，可能是毛笔书写在未来艺术发展的一条路，但当然不是全部。对于读得懂汉字的人而言，汉字书写一定有在"美"与"辨识"之间互动。（P212）

　　汉字的书写最终并不只是写字，不只是玩弄视觉外在的形式，而是向内寻找身体的各种可能。汉字的书写是创作者感觉自己的呼吸，感觉到自己呼吸带动身体的律动，从丹田的气的流动，源源不绝，充满身体，带动躯干旋转，带动腰部与髋关节，带动双膝与肩部，带动双肘与足踝，再牵动到每一根手指与脚趾。（P229）

延伸阅读

　　《美的沉思》是蒋勋早期关于美学领域的另一代表作。这本书是蒋勋系统梳理中国美术的一部断代史，透过玉器、陶器、青铜器、泥塑、竹简、雕刻、敦煌壁画、绘画等这些"美"的化身，挖掘他们在漫长历史长河中的时空价值和历史意义，启发我们对中华民族信守和坚持的生命理想和审美法则的思考。该书2014年由湖南美术出版社出版。

（俞仲华）

15 《生物与非生物之间》

作者：[日]福冈伸一
译者：曹逸冰
出版社：南海出版公司
出版时间：2017年4月

推荐理由

福冈伸一，1959年生于东京，毕业于京都大学。历任美洛克菲勒大学和哈佛大学医学系博士研究员、京都大学副教授，现任日本青山学院大学教授，专攻分子生物学。除在专业领域发表论文之外，还以深邃活跃的思维和流畅幽默的文笔，著译面向大众读者的科普作品，除去本书，还出版过另一本同类作品《可以放心吃牛肉了吗》。

本书是一本关于生命科学研究的科普读物。作者以"什么是生命"为题向读者慢慢展现人类生命科学研究的历史，文字很是优美，每段研究史都是那么的生动。本书有以下几点让人印象深刻，也让人产生强烈的阅读欲望。

一是围绕"什么是生命"，详细讲述了不同时间科学研究及科学家的故事。作者结合他本人的科研经历以及他渊博的学识，把人类在研究DNA的关键时期、关键事件以及主要科学家都生动地展现出来，让读者对人类研究DNA的历史有了详细的认识。如从埃弗里提出遗传因子是从DNA开始，揭开了二十世纪生命科学的序幕；查戈夫发现DNA结构之谜，即A的数量等于T的数量，C的数量等于G的数量；罗莎琳德·富兰克林根据DNA晶体的X衍射图片，发现DNA的结构是C2空间群，这个发现离揭开DNA结构之谜只有一步之遥；沃森和克里克提出DNA的双螺旋结构，并提出DNA的双链相互交缠，是互补的，而且能够复制……或许科学研究的魅力就在于此，当一个问题解决后，一个新的问题就会出来，推动着科学研究不断深入下去，不断假设、不断发现、不断否定，循环往复，螺旋上升，永不停歇。

通过众多科学家研究的故事，让我们有机会了解科学家这个特殊的群体。正如作者所言，科学家的工作有时也有许多的无奈，充满了酸甜苦辣，他们的世界与常人无异。如博士学位和粘在脚上的饭粒一样。不拿不爽，拿了也没法吃；你不得不低三下四地伺候教授，小心翼翼地往上爬，踏空一步都是万劫不复。

二是本书虽是科普读物，但专业性很强。书中出现了很多生命科学的专业名词，如DNA、原子、蛋白质、细胞膜、核酸、动态平衡等。作者为了让读者更容易理解，经常采用打比方、举例子的方式进行阐述。如介绍膜的形成机制时，把组成薄膜的磷脂比作孩子，把GP2比作气球。一群孩子拿着气球，当PH值下降，气球开始集合到一起。孩子们也被气球拽到一起。其实气球是梯形的，聚在一起就会形成弧面等。再如为了确认某种蛋白质在生命现象中的作用时，比作电视机里的某个零件。我们可以把这个零件拆下来，看看电视会有什么变化。如果你用钳子把零件的末端切断时，电视机突然没声音了，那就说明零件与声音有关；如果电视画面变成了黑白两色，那就意味着这个零件与色彩有关。这样的阐述，能帮助没经过生物专业学习的人进行阅读。

三是生命科学研究虽讲究严谨，但作者在叙述时文字很是生动、优美，书中的每个章节都像是一篇散文诗。如："我住在多摩川附近，平时常去水边散步。河川的风迎面吹来，舒爽极了。避开水上反射的阳光，注视着河流，便会发现那里其实是各种生命的家园：露出水面的'小三角'是乌龟的鼻尖；随水流摇曳的'丝线'原来是一小群鱼苗；缠着水草的'灰尘'竟是蜻蜓的幼虫。"科学研究的理性中带有感性的美，也让我们更好地认识生物与非生物的微妙关系。

作者最后提出生命的动态平衡系统是如此的精致，生命也无法倒退。胡乱介入，只会破坏生命的动态平衡系统，只会将生命运动引向"计划之外的岔路"。尊重生命，就是对人类的未来负责！人类对生命应保持敬畏！

精彩语录

在生命科学研究的漫漫长路上,最令人头疼的问题莫过于纯度。因为无论你如何努力,都不可能让生物样本的纯度达到百分之百。(P39)

当假设与实验数据出现偏差时,是认定假设没错,实验环节出了问题,还是怀疑假设的准确性?这种情况特别考验研究人员的本事。数据不对怎么办?关键就在于研究人员能否保持冷静,如此诱人的果实摆在眼前,善良如天使的人恐怕也会伸出罪恶之手。(P85)

暑假来到沙滩边,我们会发现脚下散落着无数生物与非生物。比如红色的小石子,它的截面有好几道美丽的线条。我拿起它,端详片刻后,又把它放回沙滩上。一转眼,我看到小石子旁边还有个小贝壳,它的颜色和小石子几乎一样。虽然贝壳已经没有了生命,但我们都很清楚,贝壳是生命活动的产物。(P110)

参与生命现象的微粒越少,不遵循"平均"趋势的特殊微粒的比例,也就是误差率越高。反之,微粒总量越大,误差率就会相应下降。为了提升生命现象必不可缺的秩序的精准度,"原子必须要小",而"生物必须要大"。(P117)

生命就是处于动态平衡状态的流体。组成生命的蛋白质在不断变化,前脚刚合成,后脚就被破坏了。这是生命体维持秩序的唯一方法。(P146)

生命对环境变化的适应能力,以及维持内部秩序的能力,都建立在这一套反馈循环上。正所谓"以柔克刚"——"灵活"的互补性,才造就了生命的可变性。(P151)

氨基酸源源不断地流入生命体,而生命体无时无刻不在分解和合成蛋白质。流动才是生命现象的关键词。大量的消化酶就是促进流动的执行部队,胰脏的任务就是每天为这支部队注放新鲜血液。(P159)

胰脏细胞的顶部便出现了戏剧性的变化——包裹着球体的薄膜的某一部分靠近,轻轻一"吻"。说时迟那时快,两层膜融为一体,在球体内部与外界之间形成一条通道,两个空间就此连通。(P174)

生命绝不是电视这样的机器。把生命比作电视本就是个天大的错误。而且,基因破除和拆掉基板上的零件也是两码事。我们的生命，始于受精卵诞生的那个瞬间。生命是一个"单向"的过程，一切变化严格按照时间轴进行。（P216）

生物则不然，生物内部总有不可逆的时间洪流。生物就是沿着时间叠起的折纸作品，而且它一旦叠起来，就再也没法拆开了。如果有人问你"生命是什么"，你不妨用"无法拆开的折纸"来回答他。（P222）

失去了一段基因的小鼠一切正常。我们不应该消沉失落，而是应该惊讶于它的正常。动态平衡系统那灵活的适应能力与惊人的修复能力，值得我们赞叹与喝彩。我们进行的种种研究与实验，其实只证明了一件事——人类不可能像操纵机器那样操纵生命。（P223）

名为生命的动态平衡系统始终保持着微妙的平衡，同时沿着时间轴，朝一个固定的方向不断折叠。生命无法倒退，每个瞬间都是完成时态。胡乱介入，会对动态平衡系统造成难以修复的损伤。即便平衡状态看似没有太大的变化，那也是因为动态系统太灵活、太柔软，能暂时抚平介入带来的冲击。系统中的某个部分已经变形、损坏了。（P233）

延伸阅读

获得过诺贝尔奖的额叶切除术，为何成了科学史上臭名昭著的"黑历史"？冥王星被降级为矮行星背后，有怎样错综复杂的天文学之争？爱因斯坦"一生中的错误"究竟是什么？日本学者竹内薰所著的《假设的世界：一切不能想当然》，回溯当代科学理念的发展历程，指出我们如今掌握的科学知识，不管是父母教的，课本上学的，或是理所当然认定的常识，全都始于假设。该书由南海出版公司2017年出版。

（贾建刚）

16 《警惕科学》

作者：田松
出版社：上海科学技术文献出版社
出版时间：2017年10月

> **推荐理由**

本书作者田松，哲学博士、理学（科学史）博士。现为南方科技大学教授。他曾做过物理教师、报社记者、电视策划、专栏作家。偏爱跨学科案例研究，研究对象涉及垃圾、牛奶、食品工业、民科、科学传播、环境研究等。

《警惕科学》一书集中选编了田松反思科学、批判科学的重要文章，共有八篇，写作前后跨度达十余年。田松对当下科学运用科学哲学、科学历史等方法进行深入分析研究，各篇文章在思想上层层递进，逐步深入；在视角上屡屡出新，见招拆招；在对象上步步为营，攻城略地。最终，对科学和科学共同体提出批判，发出警惕科学、警惕科学家的呐喊。

田松对科学的批判，不是对外的，而是对内的。田松认为：批判首先不是批判别人，而是自我反省、自我批判，批判头脑深处未经思考就接受为理所当然的那些东西。

"好的归科学，坏的归魔鬼"以逻辑对称为刀锋，对科学主义提出质疑。为什么要做这种剥离？无非是为了维护科学伟大光辉的"正确"形象！于是科学成为主义，成了信仰！科学成了迷信的对象！

"中医为什么要有科学依据"对中、西医之争进行阐述。田松提出"经验依据"和"科学依据"的方法，得出：如果从宽泛的意义上理解科学，中医已经具有了科学依据；如果从狭义的具体的意义上理解科学，中医不需要科学依据！

"人这种动物为什么要喝牛那种动物的奶"中提出"资本分析"方法论。全民喝牛奶是一种健康巫术，一种科学巫术，至少田松已不再喝牛奶了。同时，通过对牛奶产业链的分析，讲述了工业文明存在的方式和运行方式，阐述了科学技术是为了满足资本增值的需要。

"我们就是不需要蛋白质——营养学批判"中将营养学作为分析和批判的对象，人类需要补充蛋白质，但只需要吃含有蛋白质的食物，无需额外补充高纯度的蛋白质。

"天行有常，逆之不祥——从历史与哲学看转基因问题"和"太阳之光还是炼狱之火——核电问题是文明问题"两篇文章结构相似，对转基因和核电站问题进行系统分析。田松认为：转基因问题首先不是科学问题，转基因好不好，完全可以通过历史的、哲学的以及伦理的方式，有所预见、有所判断！核电问题不是核电本身的问题，也不是能源问题，而是我们生存模式问题。反思核电，归根结蒂，是要反思，人类要怎样活着？田松提出警告：如果我们不能停下工业文明的步伐，人类文明将会灭亡。

《警惕科学》汇集了田松对科学及其技术加以全面反思的文章。田松通过分析具体的科学事例，如苯的运用，阐述了科学技术对生态和人类的危害是内在的，必然的，也是不可避免的。科学技术产生的负面效应随着新技术的产生，能得到有效解决，但新技术会带来新的负面效应，对生态和人类健康造成更大的危害。

"警惕科学家"阐述了在工业文明的社会中，科学共同体首先是利益共同体，然后才是知识共同体，从来不是道德共同体。正因为如此，科学共同体必然与资本结盟、与权力结盟，以实现利益的最大化。科学技术更多地为资本增值服务，必然导致环境问题、生态问题。可以说，科学技术越强大，问题越严重。

精彩语录

崇尚科学，反对迷信；依靠科学，战胜非典；科学殿堂，不容玷污；这种语言方式透露了我们以科学为神圣的潜意识。（P11）

任何东西，一旦被尊崇为绝对正确的东西，注定是可疑的；而当这种东西与权力结合起来，注定是有害的！（P17）

在所有的哺乳动物中，没有哪一种动物的成年个体依然需要喝奶，更没有哪一种动物的成年个体会依赖另一种动物的奶。人类是一个绝无仅有的例外。（P34）

科学观察不可能是完全中立的、客观的。任何一个实验，它的设计都是建立在设计者的缺省配置之上的。如果一个研究人员已经默认了牛奶有益于健康，他的实验目的必须是验证牛奶有益健康，他设计的实验也只能给出牛奶有益健康的结果——即使实验失败，也不能给出牛奶有害健康的结论，因为那将是另一个实验，需要另一种设计。（P50）

我们需要吃的，就应该是高粱、小米、茄子、黄瓜这些食物本身，而不是什么蛋白质、维生素、氨基酸。（P76）

科学的技术首先满足的不是人的需求，而是资本增值的需要。只有那些能够满足资本迅速增殖的科学和技术更容易被发明出来，也只有这样的科学和技术更容易得到应用和推广。（P79）

如果说，我们需要补充蛋白质，指的是补充含有蛋白质的食物……因为不存在不含蛋白质的食物。如果说，指的高纯度的蛋白质分子，则必然是有害的……我们就是不需要吃蛋白质。（P97）

科学家常常许诺，他们将会发明某种技术来解决我们当下面临的某个问题，然而，我们当下的这个问题，恰恰是他们以前发明的、为了解决前一个问题的技术所导致的。（P107）

人类文明一直是在一个太阳的照耀下成长起来的。多出来的太阳，只会是人类的灾难。我们以为给自己带来了太阳之光，其实是点燃了地狱之火。那个多出来的太阳，来自资本的贪婪，来自人类内心的贪婪。如果我们不能停下工业文明的步伐，人类文明将会灭亡。（P139）

当科学家告诉我们他们发明了一个什么新奇的玩意儿，我们的第一反应不应该是欢呼，不应该是歌颂，而应该是警惕。唯此，才有可能把科学及技术对生态环境和人类健康的潜在危害，阻拦在其尚未发生的时候。（P154）

人类必须对工业文明进行彻底的批判，对科学及其技术内在属性有清醒的认识，才有可能走向生态文明的道路。（P155）

所谓学妖，存在于科学共同体与其他共同体的界面上。虽然它隐而不显，但有时起着意想不到的决定性作用。比如要建某一座大坝，需要专家委员会投票，如果第一轮没有通过，可以重新组建专家委员会，组织第二轮投票。只要不断地重新组建专家委员会，重新投票，最终就可以以高比例通过，并且能够做到不违反程序。（P167）

资本为了使自己增殖，有的时候需要满足人的需求，有的时候需要刺激人的需求，还有很多时候，需要剥夺一部人的需求而满足另一部分人的需求。（P168）

人类社会需要建设一种机制，对科学共同体进行有效的约束、监督、防范，防止科学危害社会。（P174）

延伸阅读

科学很枯燥吗？不，它远比我们想象的有趣。江晓原所著的《科学外史》涵盖天文地理、宇宙太空、科技科幻诸多领域，谈及司南传说、传奇星占学家开普勒、"超级民科"和被监听者爱因斯坦、《三体》黑暗森林法则对"费米佯谬"的解答等科坛趣事。作者将科学从人们盲目崇拜的神坛上请下来，还其应有面目。行文之中，注重科学、技术与社会、文化诸外部因素之关联及互动，又以学术眼光分析逸闻趣事，常有标新立异之论点及表达。在有趣、新奇的知识背后一以贯之的是作者对科学和人性的严肃思考。其中，对于唯科学主义之弊端及谬误，作者关注尤多。《科学外史》，江晓原著，上海人民出版社 2017 年出版。

（贾建刚）

17 《最有人性的"人"——人工智能带给我们的启示》

作者：[美] 布莱恩·克里斯汀

译者：闫佳

出版社：人民邮电出版社

出版时间：2012 年 10 月

推荐理由

事实上，人类进入工业文明、科技时代后直至今天，无论你是从事的哪个行业，无关你的学识地位，都会思考这样一些问题：人工智能还能为我们做些什么？机器是否能够代替人类？机器究竟能不能理性思考？机器会不会拥有情感？人类有别于机器的特殊之处究竟是什么？有的人仅仅想想就算了，有的人付诸了科学探索与实践，有的人则继续往更深更远处思考。

布莱恩·克里斯汀，美国布朗大学计算机学及哲学双学士，华盛顿大学的诗歌艺术硕士。他常在文学和科学期刊上发表作品。2009 年布莱恩·克里斯汀参加了人工智能洛伯纳大奖赛，比赛中有趣的经历引发了他的思考。如果你认为这仅仅是一本有关预测科技发展方面的书，那么你就错了。这本书以科技发展为着眼点，内容丰富，但读起来有时给你的感觉还挺"怪"的，是一本比较难定义类别的书。《最有人性的"人"——人工智能带给我们的启示》是把信息科学和人文哲理的新思维进行了融合，试图探索计算机如何重新改造我们对人类定义的看法。书中介绍了人工智能的发展历程，从图灵测试入手，从多个方面阐述了人工智能的本质，引出了"机器是否能够替代人"这个人工智能的根本问题。作者从心理学、医学、生物学的试验以及哲学等多个角度阐述了人的特质，列举了丰富的实例，从而给读者展示了对人、智能、人工智能以及人性的深度思考。

马修·克劳福德说："布莱恩·克里斯汀把帕斯卡认为的两套截然相对的思维方式——几何学的精神与美的精神结合起来写作。他将两者都推进至极限，把人工智能蹒跚的发展历程视为思考最有人性的活动——对话之艺术——的好机会。"

我们在读这本书时，完全可以看作是一本以人工智能发展为"壳"的探讨人性"内核"的哲学书籍。我们常常规劝他人"做好你自己"，告诫自己"保持本真，做最真实的自己"。作者在书中质疑："如果你不能做自己，那么你要做谁呢？你知道吗？所以，吩咐、规劝、命令你做你自己，本身就是一件奇怪的事——就好像料定了你做不了自己一样！"我们往往先设定一个创造目标，然后设计出与这个目标一致的机器。而我们人类自己也往往先创造一个自己认可的形象，然后就开始努力向这个形象保持一致。那么，我们究竟该如何认识自我，发展自我？

从教育的视角来看这本书，同样能引发诸多思考。"你不妨这么看，人工智能的崛起，对就业市场而言并不是效率病感染，也不是癌症，而是一种蛆虫疗法：它吞噬了那些不再具有人性的环节，还我们以健康。""菲舍尔想从象棋里得到的东西，就是卡斯帕罗夫想从自己跟'深蓝'的比赛里得到的东西。"随着人工智能的发展，我们传统的教育内容会逐步发生变化——这几乎是肯定的。现在大量的基础性知识、母语以外的语言技能的习得过程会变得不再复杂而漫长，甚至可能通过"植入""拷贝"等方式进行，那么，我们教育是否就变得无足轻重？《最有人性的"人"——人工智能带给我们的启示》告诉我们应该更重视"人性"的教育。把教育中的所有人工智能可以胜任的部分去掉，剩下的就是我们教育所需要强调与保持的。

"你有五分钟时间向另一个人表现你自己是活生生的、有呼吸的、独特而鲜明的、有名有姓的真正的人。"这段文字读了后，如果我们跟着作者展开想象，人工智能发展到一定阶段，会不会出现一个像《西游记》中"真假美猴王"那样的场景？如果说这个场景真的出现了，我们该如何证明"我是我"？如果这个场景正在向我们走来，你从自己的职业、专业入手，又能为此做些什么？我们是否正在改变"人"的定义，或者说我们应该重新制定关于"人"与其他的界定标准。

阅读《最有人性的"人"——人工智能带给我们的启示》这本书，正如艾伦·莱特曼所说的那样："本书雄心勃勃，大胆无畏，挑战人的智力，同时好玩又诙谐——这是一本关于如何过上有意义的蓬勃人生的妙书。"

精彩语录

我对图灵测试最初的一种认识是：你有五分钟时间向另一个人表现你自己是活生生的、有呼吸的、独特而鲜明的、有名有姓的真正的人。（P13）

计算机缺乏构成人类的几乎一切特征，但它比我们还理性得多。我们该拿它怎么办？这一局面对我们的自我意识有什么样的影响？我们的自我意识对这一局面又有什么样的影响？（P33）

你不妨这么看，人工智能的崛起，对就业市场而言并不是效率病感染，也不是癌症，而是一种蛆虫疗法：它吞噬了那些不再具有人性的环节，还我们以健康。（P61）

菲舍尔想从象棋里得到的东西，就是卡斯珀罗夫想从自己跟"深蓝"的比赛里得到的东西，它是人们渴望从谈话里得到的东西，是艺术家渴望从艺术创作里得到的东西，是一条跳出礼节和客套、跳出棋谱、进入真实的通路。（P83）

2009年洛伯纳大奖赛的组织者菲利普·杰克逊解释说，图灵测试之所以有这么大的灵活性，原因之一在于，成绩出色的程序往往能得到大企业的扶持，相关的技术可以用到某些具体的用途上。（P111）

"如果你不能做自己，那么你要做谁呢？你知道吗？所以，吩咐、规劝、命令你做你自己，本身就是一件奇怪的事——就好像料定了你做不了自己一样！"（P127）

不妨把图灵测试看成是测谎测试。计算机所说的事情，尤其是关于它们自己的事情，大多都是假的。事实上，倘若你有一定的哲学倾向，你或许会说，计算机软件完全无法表达真相（因为通常我们认为，骗子必须要理解自己所说的话为什么算是谎话）。（P147）

我们通常从行为的成熟性或复杂性的角度思考智力和人工智能问题。但很多时候，你很难判断程序本身是否具有智能，因为软件的诸多不同环节（其"智能"程度相去甚远）都可以产生该行为。（P165）

研究人员说，如果计算机能最优化地玩香农游戏，如果计算机能最优化地压缩英语，那么它对语言就有了足够的了解，可以说"懂得"这种语言，那么我们必须将之视为"有智能"——对用字有着人类的感觉。（P185）

我不是未来学家，但我认为，不管怎么说，人工智能的长远未来既不是天堂，也不是地狱，而是炼狱：一个有缺陷，但乐于走向纯净、愿意变得更好的地方。（P219）

延伸阅读

夸张一点地说，我们现在生活在一个"比特世界"中。现如今，信息如蛛网一般密密地"缠绕"着我们，影响着我们作出各种重大的决定，使我们深陷信息过载、信息疲劳、信息焦虑的困扰。《信息简史》则告诉我们人类与信息遭遇的历史源远流长，几乎可推定为伴随人类而生，即我们人类是信息的造物。该书由詹姆斯·格雷克著，高博译，人民邮电出版社2013年出版。

（许华章）

18 《必然》

作者：[美]凯文·凯利

译者：周峰　董理　金阳

出版社：中国工信出版集团　电子工业出版社

出版时间：2016年1月

推荐理由

凯文·凯利，当代美国学者。著有《科技想要什么》《技术元素》《失控：全人类的最终命运和结局》等著作。

在《必然》一书中，凯文·凯利总结了自己几十年来对于科学技术的分析与推断，并预测未来30年间科技发展的必然趋势，为科技产业的发展与革新提供了极具前瞻性的指导方向。在今天，我们生活中的每一项显著变化，其本质就是某种技术，而所有的变化都处在"形成"的过程中，每样新事物也都将成为别的东西。凯文·凯利在本书中提到，在新科技被淘汰前，我们不可能在足够的时间内掌握所有事情，所以我们将一直保持一名新手的身份。在畅想未来30年，网络必将变得激动人心，整个世界也将与我们的"设备"交织在一起。

在2010年12月，凯文·凯利写于1994年的新书《失控：全人类的最终命运和结局》在中国发行，为此凯文·凯利来到北京，举办了为期一周的演讲、发布会，与众多互联网大咖对话、交流，在互联网界和媒体界引起了不小的轰动。2014年6月14日，凯文·凯利又一次现身于浙商大会暨移动互联网峰会，作了题为"中国会成为3D打印的领军者"的报告，时间长达一个半小时，当中列举了他所认为的代表未来的、基于移动互联网、可以产生颠覆性力量的技术，比如，语音智能、3D打印、大数据、云计算、人工智能、P2P、比特币等。

《必然》在中国的发行，让我们领略到未来科技将一次又一次地从头再来。在本书中，凯文·凯利用实例对12种必然的科技力量加以分析与阐述，而它们将会塑造未来30年。一是"形成"——整个世界正在逐渐形成一张巨大的网络，毫无疑问，它延伸到这颗星球的各个物理维度，这张网络会充满着来自过去的内容，当然网络本身也会延伸到未来中去。二是"知化"——人工智能的神奇力量将加速强化个体和全人类的能力，全面应用到我们的生活中并代替我们从事现在的工作，机器人的触角将伸向各个领域并为此而服务。三是"流动"——我们的生活、工作、娱乐刚刚开始流动，我们的基础设施和日常生活，还有待"液化"，但它们终将变成无处不在的信息流。四是"屏读"——屏幕是"当下"的工具，无处不在，通过屏幕，我们将五花八门的碎片化信息聚集在一起，而阅读也变得社交化。五是"使用"——大多数现代化产品都在经历着减物质化，这就意味着在使用新事物时我们经历了近乎即时的传递。六是"共享"——共享释放出惊人的力量，现在，数字共享已然超脱了个人贡献者的力量。我们共享的不仅是最终的成品，还包括了整个过程，即便是沉默也将被共享。七是"过滤"——我们以大量的过滤信息为我们自己进行个性化定制，以凸显人们之间的差异。八是"重混"——而今已有很多事物被重新排列、组合并进行再利用。这种取样、混搭、借用的过程，已经得到了转化、提升和进化，而重混现象发生最频繁的地方则会在最重要的文化作品和最具影响力的媒体中。九是"互动"——未来的技术发展很大程度上将取决于对新型互动方式的挖掘与应用，持续的交互，互动程度的提升让我们有更多的机会在虚拟世界中做些实际的事情。十是"追踪"——整个世界都在被追踪和记录，微缩的芯片、强劲的电池以及云端数据的连接正以"生活流"的形式影响着我们的生活。十一是"提问"——未来随处可见的答案会变得越来越廉价，以至于答案会变得更即时、可靠和无处不在，并且几乎都免费。而问题将变得更有价值。十二是"开始"。我们此刻正站在开始的阶段，当然，这仅仅是个开始。

作者从以上12个内容谈及今天正在兴起和处于热门的概念，对未来30年变化的预测让人们明白科技的不断更新与替代使我们的生活更趋于"液态"，这种"液态"的力量并非命运，而是必然的轨迹。本书告诉我们，未来会向哪些方向前进，必然而然。

精彩语录

在新科技被淘汰前，你不会有足够的时间来掌握任何事情，所以你会一直保持菜鸟的身份。永远是菜鸟是所有人的新设定，这与你的年龄，与你的经验，都没有关系。（P5）

新事物还是源源不断地被我们发明出来，它们给我们带来了新的欲望，新的向往，新的需求，也在我们的思绪里挖出了难以填满的新的沟壑。（P6）

现实世界遵循补偿的法则，哪怕在强大心智的世界中也是如此。（P45）

经济学中有一条颠扑不灭的定理：一旦某样事物变得免费，变得无所不在，那么它的经济地位就会突然反转。（P69）

我们的日常生活和基础设施，还有很多有待液化，但它们终归会变成流动的信息流。稳定朝着减物质化和去中心化的巨大转变，意味着进一步的流动将会是必然。（P87）

我们现在成为了屏幕之民。这在当下的文化中埋下了书籍之民与屏幕之民冲突的种子。

屏幕之民倾向于忽略书籍中的经典逻辑，和对书本的崇敬。他们更喜欢像素间的动态流动。（P93）

书籍之民认为，他们理解书籍的本质：书是书页装订在一起的集合，它会有一条书脊，好让你握在手里。（P96）

尽管文字重新回到了我们的视野，但书籍之民却有理由担心，书籍和因此产生的经典阅读与写作，作为一种文化形式，会很快消亡。如果这种消亡成为现实，谁还会追随阅读书籍所鼓励的线性推理？或许到那时，只有富人才会阅读纸张做成的书籍，只有少数人才会留心那些书页中的智慧，只有少数人才会为此付费。（P96）

书籍曾擅长培养出深思的头脑，屏幕则鼓励更加功利地思考。屏幕是当下的"工具"。（P113）

不论好坏，我们的生活正在加速，而足够唯一足够快的速度就是"立刻"。

电子运动的速度将会是未来的速度。（P132）

我思考起问题来，更像是一个云端：没有什么边界，开放地应对改变，并且充满矛盾。"我"包含了大量不同的东西！（P142）

在未来 30 年里，减物质化、去中心化、即时性、平台协同和云端的发展将继续强势发展。（P146）

为了达成最好结果，我们还需要些自上而下的智慧。每一个有影响力的自下而上的组织得以存在超过数年的原因正在于它把自己变成一个自下而上和一定程度自上而下结合的混合体。（P167）

任何可以被共享的事物——思想、情绪、金钱、健康、时间，都将在适当的条件和适当的回报下被共享。在我们历史的这一时刻，将从未被共享过的东西进行共享，或者以一种新的方式来共享，是事物增值的最可靠的方式。（P182）

只接触你已经喜欢的东西是有风险的，即你可能会卷入一个以自我为中心的漩涡，从而对任何与你的标准存在细微差异的事情都视而不见，这种现象被称为"过滤器泡沫"，技术术语是"过适"。（P195）

事实上，混搭的习惯正是借鉴自文字的交流表达。（P228）

对已有材料的利用是一种值得尊重而且必需的实践活动。正如经济学家罗默和亚瑟提醒我们的，重组才是创新和财富的唯一动力源泉。（P242）

想要互动，就需要掌握技能、学会配合、多加体验，并加强学习。我们需要把自己嵌入到技术中，并培养自身能力。（P275）

延伸阅读

尼葛洛庞帝 1996 年所著《数字化生存》（电子工业出版社 2017 年出版）一书，向我们展示数字科技给我们的工作方式、学习方式、娱乐方式等一系列生活方式带来巨大的影响和变化，更多的是便捷和享受。如若 20 年前读它，是科幻书；我们今天读它，则是历史书。

（江世林）

19 《反常识》

作者：[澳]邓肯·J·瓦茨
译者：吕琳媛　徐舒琪
出版社：四川科学技术出版社
出版时间：2019 年 9 月

推荐理由

邓肯·J·瓦茨，小世界网络之父，网络科学奠基人之一。他曾任雅虎研究院和微软研究院首席科学家，哥伦比亚大学教授，并且是影响全世界的康奈尔大学"A·D·怀特博文讲座教授"。现为宾夕法尼亚大学工程学院、传播学院和沃顿商学院教授，横跨工程学、商学、社会科学三大领域。瓦茨是一位跨界的高手，他大学主修的是物理学，后来拿到了工程专业的博士学位，然后却主要从事社会科学研究。瓦茨结合自身的研究（其中不乏许多颇为有趣，与日常认识相悖的结论），深入浅出地论述了自己的观点。在《反常识》这本书中，瓦茨认为以常识来思考社会科学研究可能会导致常识的滥用和对常识的依赖，进入许多误区，他提倡"反常识"的思维方式，多线思考，加速认知，人们应当小心翼翼地避开常识的陷阱。

什么是常识呢？常识是帮助我们解决问题的人类智慧。简单来说，它大致由事实、观察、经历、见解，以及每天解决问题和学习的过程中积累的智慧组成。常识深深根植于法律体系、政治哲学和专业训练之中。常识更关心问题的答案而不是求解的过程，它强调以自己的方式处理具体情况的能力。常识是人们在日常生活中无法离开的助力。常识是人在长期和其他事务打交道的过程中所总结出来的行之有效的方法，它可以极大促进活动的效率。试想一个类似于下雨天外出应该带伞这样的事情都要花时间思量的世界，人们的行动将无比艰难。因此，所谓的反常识，并不是说反对所有的常识，而是在社会科学研究当中，有些复杂的环境中的因果关系并不能轻易判定，这时候，仅仅依靠常识可能就会得出错误的结论。

瓦茨提出了常识的四大类误区。第一类常识误区是，当我们想解释他人的行为时，总是不自觉地把注意力放在像激励、动机、信念这些我们意识到的因素上，而忽略了其他许多看似琐碎或无关紧要的因素。第二类误区是用常识解释整体行为的产生，整体行为其实并不能轻易地与自身各部分的行为联系起来。第三类误区是极具影响力的人比一般人更能引发社会潮流，不过其实他们的相对重要性远没有我们想象的那么大。第四类误区是用常识解释历史事件的产生，但我们从历史中学到的内容远比我们想象的少，而正是这种错觉扭曲了我们对未来的理解。

常识带来的误区并不是无法避免的，瓦茨对此提出了一些建议。首先，未来更像是一堆可能发生的事件链的集合，每条链都有一个发生概率，我们能做到的就是估计不同事件链发生的概率。其次，我们确实无法把握预测的结果，但是却可以在可能发生的结果范围内保持灵活的余地，规划更切合实际的制度以随机应变。最后，成功带来的声望和认可能够让你获得更多的资源，获得更多的成果，但是应该根据真正的能力作为标准来进行衡量，系统思考相关的内容并且做出清晰地定位。

本书英文书名为 *Everything is Obvious*，直译为"每件事情都很明显"。瓦茨玩笑般地调侃着那些认为事事简单、尽在掌握的轻松语调和态度，真正的情况恐怕恰恰相反，每件事情都没有那么显而易见、简简单单。瓦茨在书中列举出的种种尝试的误区，正是我们平时缺少反思的地方。本书确实值得一读。

精彩语录

如果你读完《反常识》这本书后，仅仅是证实了自己已有的想法，那么我很抱歉，作为社会学家，我还未完成自己的任务。（前言，P1）

依赖常识的代价便是，我们认为自己已经理解的事情，实际上被我们用一个看似合理的故事掩盖了。（P21）

人们倾向于通过强化已有思考内容的方式来接受新信息，该方式的实现，

一方面是通过重视那些更容易证实自己已有观念的信息，另一方面是通过对不确定信息施以更加严格的检查和怀疑。（P36）

要确定哪些特征与某种情况相关，就需要我们将该情况与一些相似的情况联系起来，而要知道与哪些情况相似，又需要知道与它们相关的特征。（P38）

我们对于谁影响了我们的认知，可能更多地反映了社会和层级的关系，而不是影响本身。（P81）

当影响通过某种感染性过程传播时，产生的结果更多取决于网络的整体结构，而不是引发传播的个体的特征。（P85）

事实上，关键条件与那些极具影响力的少数人没有任何关系，而存在大量易受影响的人反而更加重要，这些人也会影响其他易受影响的人。……相反，若没有这群人，即便是理论上最具影响力的个体也不会产生太大影响。这样导致的结果是，除非你知道某个人在整个网络中所处的位置，否则就无法预测出他的实际影响力大小，无论你采取什么样的方法。（P85）

当无法证明某些事情时，每个人都可以提出自己认为合理的设想，但我们没办法判断它们的对错。（P86）

当我们目睹了一系列事件之后，就想当然地推断出它们之间的因果关系，这就是后此谬误。（P104）

常识和历史共同产生了一种根本不存在的因果错觉。一方面，常识可以很好地作出合理解释，无论是关于特殊之人、特殊特性，还是特殊条件。另一方面，历史会有意摒弃大部分事实，只留下事情的主线来进行解释。因此，常识解释似乎告诉了我们为什么有些事情会发生，但实际上，这些解释只不过是对已有事情的描述罢了。（P107）

正在发生的历史无法被讲述。这不仅是因为参与者太忙或者当局者迷，而且还因为正在发生之事在其含义没弄清楚之前是说不清的。（P110）

历史解释既不是因果解释，也不是真正的描述，至少不是我们想象中的解释和描述。它们其实就是故事。（P114）

当人们已经有了现成的解释时，会对自己的判断更加自信，尽管我们还不知道这个解释是否正确。（P115）

理解我们对于过去解释的局限性，有助于阐明我们对未来能作出哪些预测。（P117）

我们总愿意对未来作出预测，却不愿意为自己作出的预测负责。（P122）

预测的真正问题不是我们常说的擅长或不擅长作预测，而是我们很难区分哪些事情我们可以作出可靠的预测，而哪些不能。（P125P）

当我们尝试用概率来思考未来可能发生的事件时，会遇到这样的困难。我们会偏好于那些对已知结果的解释，而忽略其他可能性。（P130）

预测"黑天鹅"事件不仅需要我们预测未来的结果，还需要预测到这些结果可能带来的影响，因为只有这样，我们才知道该事件的重要性。（P137）

在预测时，人们不该使用的方法就是仅仅依靠个体的意见，尤其是自己的观点。原因是，尽管我们善于发现与某个特定问题相关的因素，但却不擅长衡量这些因素之间的相对重要性。（P139）

计划的失败不是因为规划者忽视了常识，而恰恰是因为他们依据自己的常识来推断那些与自己不同的人的行为。（P187）

一个公正的社会并不是从道德中立的角度来裁决个人争端的社会，而是会促进关于"恰当的道德观点应该是什么"的讨论的社会。（P213）

延伸阅读

曾与霍金合著《时间简史》（普及版）和《大设计》的美国学者列纳德·蒙洛迪诺所著的《思维简史》简要概述了人类从丛林到宇宙的科学发展历程。《思维简史》这本书可以与《反常识》相互印证，跟随蒙洛迪诺从另一个角度领略科学动人心魄的美。此书由龚瑞翻译，中信出版集团2018年出版。

（余海燕）

20 《普鲁斯特与乌贼:阅读如何改变我们的思维》

作者:[美]玛丽安娜·沃尔夫
译者:王惟芬 杨仕音
出版社:中国人民大学出版社
出版时间:2012年9月

推荐理由

玛丽安娜·沃尔夫,美国塔夫茨大学儿童发展心理学教授,阅读与语言研究中心主任。《华盛顿邮报》称赞沃尔夫"她的每个观点都很有道理,她非常清楚自己要写什么样的书,并特别提出在当今文化背景下尤其要重视儿童的阅读需求,她还真正预言了计算机文化对'阅读思维'的影响"。《普鲁斯特与乌贼:阅读如何改变我们的思维》是沃尔夫教授第一本写给广大读者的科普书,它成功地引起了广大读者的兴趣与关注,使得我们愿意一探究竟!

《普鲁斯特与乌贼:阅读如何改变我们的思维》一书阐述了阅读的魅力与方法。沃尔夫从回顾语言文字的历史发展入手,用相对紧凑的篇幅,广征博引了众多学科的知识,诸如考古学、心理学、语言学、历史学、教育学等,由此详细揭示了阅读隐含的神经学原理。在书中,作者将法国小说家马塞尔·普鲁斯特的阅读圣殿与代表研究阅读的神经生物学方法的"乌贼"作为探索"阅读"的两种意象,提供了一对互补的角度,并率先提出这样一个有趣的观点——阅读障碍可能和"独一无二的创造力"有所联系,帮助我们深入了解"阅读"与"创造"的繁复之美。她的研究证实了阅读对人类认知的革命性力量。

这本书里许多有价值的见解都在围绕同一主题:当学习脱离轨道时,会发生什么?《书籍论坛》杂志赞扬本书是阅读研究的范例,为阅读研究提供了一个独特的想象力和智力上的规范模式。在该书出版后不久,作者玛丽安娜·沃尔夫就开始收到众多读者的来信,他们的职业、生活背景各不相同。

有建筑师来信告诉她，学生严重依赖于现成的数字信息，以至于不能现场解决基本问题。有神经外科医生担心学生单纯地运用"剪切—粘贴"这样的拷贝式操作而丢失了绘制图示的关键细节，因为他们在任何实际案例中都不能研究得足够深。当然还有一部分教师，他们都提到了很多学生利用数字阅读来进行语言的学习，效果却不是很理想。这些反馈使得沃尔夫逐渐意识到：在她研究和撰写书籍的这些年，阅读已经发生显著变化：由纸质阅读到电子阅读。但这种变化显而易见会出现问题：在线阅读得越多，学生理解得似乎越少，这是引发以对文本的理解、分析、评价与反思为代价。早在苏格拉底时代，大哲学家就担心人们在刚了解一件事物时，就误以为自己已经完全了解它了，这会导致人们的骄傲自负和一无所获。在书中，她谈到如果我们每天花大量的时间在电脑、手机屏幕前接收繁杂信息而又不懂得过滤与选择，就未必能理解所有信息。她敏锐地预感到，在充满着"原始"到"先进"的更替承接中，纸张印刷的页面质感可能更容易获取传统的阅读体验。沃尔夫的关心由此远超出了简单的理解。

令她担忧的是，随着我们阅读方式的转变，人们可能会感受到数字时代中"深度阅读"受到的负面冲击。据相关调查数据显示，2015年中国成年国民数字化阅读方式的接触率首次超过60.0%。未来人们阅读的行为、方式、内容以及结构等都在潜移默化地发生着巨变，电脑、平板电脑、手机屏幕上涌现的大量信息往往会淹没我们的好奇心，却没有引发我们对更深层知识的求知欲。今天，我们中的大部分人都习惯于视频化阅读，加上虚拟实境、虚拟现实技术等新的技术应用，使得人们更喜欢像素间的动态流动，并越来越沉迷这种新的阅读模式、传播模式，无法摆脱。正如玛丽安娜·沃尔夫担忧的那样："适应了数字阅读的孩子有耐心广泛阅读和学习早期文化中的书籍的可能性微乎其微。数字媒体不会提高阅读能力。""年轻的阅读者会跟着快速地转移注意力，根本没时间也没有动力停下来，认真思考他们看到的东西。"

《普鲁斯特和乌贼：阅读如何改变我们的思维》试图以阅读视角来理解人类的认知，并对现代的数字生活提出了反思。她说："我们不仅由阅读的内容决定，而且由阅读的方式决定。"而人们通过屏幕了解大量的信息，得到的反而只有碎片、线索和印象。总的来说，在新时代里读什么样的书决定我们成为什么样的人，用怎样的方式读书将收获一个全新的阅读脑。这是本需要慢慢地阅读的书，因为它需要一个吸收和理解的过程。在读完这本书后，我们需要把零零碎碎的信息和知识整合起来，从而形成自己的阅读框架，建立起阅读信仰。

精彩语录

阅读不仅反映了大脑超越原有设计结构的潜能，同时也反映了读者超越文本或作者赋予内容的潜能。（P16）

数字化时代对大脑提出了新的不同的要求，同时我们也不希望失去阅读脑的已有成就。（P22）

当我们能以自动化的速度识别符号时，就可以把较多的时间分配到智力活动上，因此可以在读写的同时持续地发展智力。（P53）

实际上每个儿童在学习阅读他人思想及写下自己的思想过程中，都会在文字与新想法之间建立起新的、之前完全没有想象过的联系。（P64）

写作之人需要在其内心的对话中，找到更精确的文字来捕捉思想。每个试图表达自己思想的人都有这样的经验：在写作过程中，慢慢地可以观察到我们思想的改变。（P71）

一个儿童聆听父母或其他亲人阅读的时间的长短，与他数年后的阅读水平有很大关系。（P80）

花许多功夫教导四至五岁的儿童读书识字，从生物学角度来看，其实是拔苗助长，在许多儿童身上可能会收到相反的效果。（P92）

阅读者知道要如何在阅读前、阅读时及阅读后激活先前的知识，决定文章的重点，整合信息，从中推论，提出问题，自我检测并且修正错误的理解。（P133）

专家级阅读改变成人生活的程度，主要取决于我们所读的书籍，以及我们阅读的方法。（P148）

大脑在人类进化的过程中从来就不是用于阅读的。(P160)

在传统书籍与电脑屏幕的冲突中,屏幕终将取得压倒性的胜利。地球上已有10亿人在看这样的屏幕,搜索技术会把零散的书籍转化为全人类知识的环球图书馆。——凯文·凯利(P201)

阅读展现出大脑组织中最基本的设计原则,是如何塑造完美持续进化的认知发展的。大脑的设计让阅读成为可能,而阅读的设计则以多层次的、关键的持续演变的方式来影响并改变大脑。(P206)

学会重塑自身结构来阅读的大脑,更容易产生新的想法;阅读与书写促进智力技能日益复杂化,这又增加了我们的智能储备库,而且会持续增加。(P208)

阅读本身并不是直接造成这所有技巧逐渐成熟的主因,而是来自阅读大脑设计核心的神秘礼物:思考的时间,这对所有技能的成长产生了前所未有的推动力。(P211)

阅读脑最伟大的成就就是这份神奇的、看不见的礼物:超越时间去思考。(P218)

延伸阅读

《脑与阅读:破解人类阅读之谜》一书先为读者展现了人脑神奇的阅读能力,像拆解钟表的精密结构一样,揭示了阅读在脑中的认知齿轮,回答了"我们是如何阅读的?"这一问题。此书为法国学者斯坦尼斯拉斯·迪昂所著,周加仙等译,浙江教育出版社2018年出版。

(范伟东)

教育类

01　《论教育家》

作者：孙孔懿
出版社：人民教育出版社
出版时间：2006年6月

推荐理由

孙孔懿，男，江苏泰兴人。江苏省教育科学研究院基础教育研究所资深研究员，长期从事教育学术研究，在若干领域取得了丰硕成果，主要著作有《素质教育论》《学校特色论》《素质教育概论》《教育时间学》《学校时间管理学》《教育失误论》等。曾四次获江苏省哲学社会科学优秀成果奖。

本书系统探讨了教育家的认定和分类，教育家的社会影响，教育家的人格和个体风格，教育家群体和教育流派的形成，教育家成长的社会历史条件和成长规律，当今教育家的成长环境和未来教育家涌现的展望与期待。作者大量搜集、精心选择古今中外数百位教育家的事迹和思想资料，反复提炼，以史实为依据，展开了论述与评点。史论结合，情理融通，为教育家雕塑了群像，树起了丰碑，唱出了赞歌。全书内容丰富，史料翔实，构思新颖，评述允当，文字流畅，极富可读性。

教育家办学，这是时代的呼唤。什么样的人可称为教育家？作者对教育家进行谱系分析，指出教育家有多种类型，有广义教育家和狭义教育家之分，有社会教育家、家庭教育家和学校教育家之说，也可以划分为教育思想家、教育理论家、教育实践家等，总之，为教育作出积极贡献的，对社会有正面影响的都可以称为教育家。作为一线教育工作者,当你的工作日益为人们所瞩目,你的品德和业绩广为传颂,你的言论被他人广为引用,你的行为被众人效仿,你的理想成为众人的理想,你就是具有社会影响的、能使教育有所改变的教育家。心里有教育才能成为教育家,而一心只想成"家"的人成不了教育家。

教育家对社会产生影响,是通过教育家的人格、思想和业绩三个要素。教育家对社会的影响是全方位的,归根到底是对人的影响,在各自对象世界打上自己的信仰、情感、意志、才华及风格的烙印等。教育家的影响力,是以教育家的崇高人格为核心吸引着他的教育对象,教育家的思想和业绩以无形的方式全方位渗透给教育对象,这就是教育家价值之所在。

不论是谁,只要是搞教育的,一定会被作者那深情的文字所感染,一定会激起教育人深深地思索。"教育家,你在哪里?"——回响于天地间的呼唤,这是本书的引言部分,作者用激情的文字,深情地呼唤,唤出了一种时代的需求。仔细阅读,你会被作者的呼唤所震撼——教育家在辞书上;教育家在历史上;教育家在领袖的建国方略上;教育家处于浩劫之中……教育家就在我们身边,而新一代教育家即将崛起。这就是作者在贯彻古今的历史长河中所追寻到的那一抹亮丽的色彩。

本书是作者经过了六年的探索和研究,参考了120本专著,走访和查阅了大量的历史资料整理而成,从这里我们看到了孙孔懿先生那种坚忍不拔的探索精神,从中也体会到了作者对当今教育家的一种祈盼。

精彩语录

概言之,教育家的社会影响,就是教育家通过自身自觉性和创造性的发挥,在各自的对象世界打上自己的烙印——信仰的烙印、情感的烙印、意志的烙印、才华和能力的烙印以及风格的烙印等。(P68)

教育家的产生不同于院士评选,既难确定名额,也很难制定可操作的标准,最权威的只能是社会实践检验——用事实说话。(P74)

教育家的影响力,是一种全方位放射性的力。即从中心向四周发散的力,

是一组以教育家的崇高人格为核心，以其思想和业绩为外围的同心圆。（P87）

相应地，教育家人格是一种带有社会性、职业性、先进性特点的社会人格，是教育家群体区别于非教育家群体的根本所在，平凡而崇高，世俗而神圣。（P120）

卢梭在读者面前展示的真实的自我：崇高与卑劣同在，坚强与怯懦共存，真诚与虚伪并行。卢梭的忏悔行为本身表现出了人格的伟大，也表明了真善美能够战胜假恶丑，表明了人格的双重性是可以统一，也可以超越的，可以像凤凰涅槃一般在烈火中实现痛苦的新生。（P133）

任何一个民族的教育家，在其生长和生活的民族传统文化中，都将通过耳濡目染、潜移默化而不知不觉地形成他的民族风格，这是他无法抗拒、无意抗拒甚至引以为豪的风格。……教育上也是这样。一方面，同辈教育家们的探索实践共同孕育出特定时代的精神与风尚；另一方面，时代精神与风尚也深深地影响着每个教育家的理论和实践，造就出具有时代特征的教育家。（P168—174）

傅任敢说过："做领袖的人有两种，一种使人慑服，一种使人悦服。毫无疑问地，教育工作者应当使人悦服，而不在于使人慑服，因为教育的出发点是爱。"（P241）

教育流派有两个最基本的特征：其一，在横向上体现独特性，即与其他教育思想的差异性；其二，在纵向上体现延续性。（P249）

在教育思想的统一与多样的交替式发展过程中，教育家群体和教育流派在历史提供的舞台上扮演着主要角色。一种学术思潮的"退场"，常常为后一个学术思潮的孕育与兴起而"静场"。（P284）

"教育家成长"即"成长为教育家"或"向着教育家成长"，是教育工作者教育素养协调发展到较高水平的过程，是教育工作者热爱并立志献身教育事业，逐步树立教育信仰，认识、把握与创造性运用教育规律形成教育风格，积累教育业绩并扩大社会影响的过程，也是逐步获得学生、家长、社区乃至全社会肯定与赞颂的过程，其最终将在学生和家长心中留下终身难忘的记忆，在校史、地方志乃至全国教育史上留下光辉的记载，被公认为教育家。（P347）

纵观古今中外最著名的教育家的成长史，我们的确看到一些人具有较好的天赋条件和成长环境，但更突出的印象是，他们具有比一般人更为强烈的自觉能动性，有更明确的目的和更执着的追求，不是对"教育家"称号的追求，而是对人生意义、社会责任和教育价值的自觉、关切与追求。（P369）

延伸阅读

近些年来，教育家已成为社会各界的殷切期盼，也成了教育者自我完善的隐性目标。为使关于"教育家"的思考与讨论进入新的境界，孙孔懿研究员精心选编了《众论教育家》一书。该书收编了杜威、尼采、陶行知、梁启超、张岱年等教育大家以及金生鈜、顾明远、朱小蔓、刘道玉、胡德海、杨九俊、成尚荣等当代著名教育学者关于教育家的专题论文若干篇，以及苏霍姆林斯基等中外教育家关于教育家的观点摘编。内容丰富，可读性强。江苏教育出版社2018年出版。

（黄建军）

02 《新学记：中国现代教育起源八讲》

作者：傅国涌

出版社：东方出版社

出版时间：2018年8月

推荐理由

傅国涌，历史学者，自由撰稿人，当代中国著名知识分子。1967年生于浙江乐清，现居杭州。

《新学记：中国现代教育起源八讲》一书试图在整个文明史的脉络中理解中国现代教育的起源，从与科举制度相匹配的传统教育的衰败、教会学校的创办、留学大潮的兴起、本土教育家群体的涌现、新式教科书的出版、教育地理的变迁、中国人知识系统的重构等角度切入，从人到书，从外部变化到心灵革命，比较完整地呈现出一幅现代教育在中国发生、发展的生动画面，并进一步探讨现代教育如何重构了中国人的知识世界，如何重塑了中国人的心灵。

阅读《新学记：中国现代教育起源八讲》具有双重意义：一是于历史中感受薪火相传的暖意，重获教育的热情。比如教会学校，有人重视其公益性质，也有人关注其利益考量，傅先生则注意传教士的宗教热忱、向上的永恒视角。比如张謇这样的实业家、教育家，傅先生看重的是他的言行合一："他所说的那些话看上去都很简单，但真的这么去干，就不简单了。如果你真的像你所说的那样去做，那你所说的就是有力量的。"虔诚、正直、勇敢、坚韧，这些人类最优良的品质，在他们那里绝非宣讲的高调，而是化作日常实践，完善自身，更进而润泽他人。他们当然并非完人；我们常人也各有信仰或信念，但对于这样的品质，应当有永恒的敬意：虽不能至，心向往之；虽不能至，也可以逐渐提高这些品质在自身构成中所占比例，积跬致远。师非圣贤，孰能无过？但我们在选择这个职业时，就应当知道它对从教者有高于常人的道德要求，这是选择职业时应有的心理准备。选择之后，则当有所坚持，有所牺牲，这是从事这份职业应有的操守。《论语》中说"古之学者为己，今之学者为人"，意在批评以知识装点门面，炫耀于人，主张完善自身，提升境界。完善自我当然是个体学习的首要任务，也是自身能服务社会的前提。但如果只强调"为己"，还是易引起误解，以为"独善其身"即可。本书中提及铭贤学堂以"学以事人"为校训，以"培养博爱济公、服务社会的人"为宗旨，傅先生以此区分传统教育和现代教育：传统教育中的科举仕途是获得个人荣华的台阶，个体追求将自身纳入皇权秩序中；现代教育则建造独立的、有个性的、能承担责任的个体，并且是与他人共同承担人类命运、民族命运，承接文明遗产，继往开来的合群之人。

阅读本书的另一重意义，是去除燥热中的蒙昧与偏见，获得理性与冷静。本书批评传统教育的固化、狭隘与落后，但也并非全盘否定，有钱穆所说的对历史的"温情与敬意"。梳理现代教育的起源，高度肯定其变革的意义，但也并非一味称颂。比如民国教育在现代教育中占据重要一环，承前启后，做了许多奠基性工作。商务印书馆、中华书局等印行的教科书，为闭塞地区的孩子打开了一个辽阔的世界。这些教科书以及借此展开的教学中价值观念的更新、知识体系的重构，开启了从校园延伸至社会的静悄悄的变革。

本书后记中，傅先生称此书与之前的《过去的中学》《过去的小学》，均为无心之柳，如今却都已泛绿。傅先生以"新学记"为之命名，"一个老夫子，六七个童子""挤开大地的缝，透进世界的光"，此其志不在小。读完此书，有心与历史相通相连的教者理应会在感受这份清荫后，用小小的实践，让自己的教室多几分清凉和生机。

精彩语录

在中国非常漫长的历史中，传统教育最终凝固为一种以科举为导向的教育模式，但科举不是从天上降下来的，科举也是在传统教育演变过程中慢慢形成的一种选拔人才的制度。（P9）

如何理解中国的传统教育，最直接，也是简单的方法，就是将它放"在孔子——朱熹——王阳明"的脉络里理解，在中国传统教育当中，从一条高的线来说，就是孔子、朱熹、王阳明，在三个不同的时段里产生的三个重要人物。（P13）

"四书五经"应对不了新题目，这就是传统教育要被替代的原因。面对社会的大变动，已不可能在传统教育里继续求得答案，因为问题变了，那就必须得有与之变动相适应，能回应这些新问题的教育。（P32）

传教士最初来中国办学校，其首要目的倒不是为了教育，而是要让穷孩子识字，以读懂圣经，但却在无意中，让部分中国人看到传统的人文教育之外，还有科学教育，打开了丰富、广阔、充满了未知性的世界。一个知识的新天新地在千疮百孔的中国降临了。（P63）

留日学生对中国教育的影响是巨大的，他们翻译或编纂了自然科学、社会科学的教科书，在辛亥革命前夜，各类学校高、中级水平的教科书几乎都是从日文翻译过来，或是根据日文的教科书编写的。他们中不少人回国以后直接参与创办了新的教育机构，成为学校的创建者、管理者或教师。（P103）

课本革命也可以看作中国融入世界的标志之一，新式课本在中国还是一个前所未有的事物。中华书局创始人陆费逵说："立国根本在乎教育，教育根本实在教科书。教育不革命，国基终无由巩固；教科书不革命，教育目的终不能达也。"这是以往不可能有的认识。（P160）

海棠、古槐、老樟树、合欢树，和不知名字的树，毫无疑问都参与了教育，构成了一个个心灵操练的场所，孩子们就是在那样的校园里，与一花一草一木日复一日的对话，被美抓住，被美开启，被美建造，这是课堂、书本、知识都代替不了的。（P241）

为什么一所学校会出现在这个地方？一定是有原因的，最初的教会学校首先创办于通商口岸；朝廷倡办新学，在京师或省会城市率先有了早期的新式学堂，这都是优越的地理位置所决定的。（P263）

不仅大学，大量中学也都集中在东部城市，突然有一天这些学校分散到了全国各地，这在空间分布上是一次极大的刷新。如果没有战争，绝不会有那么多学校迁往偏远的内陆，这不是设计出来的，而是历史生成的，正是重大的不

可抗的变故促成了教育地理的戏剧性变化，这个过程充满艰辛，又令人振奋。（P287）

中国的传统教育向来重纸面、重记忆，死读书，不重实地调查。像郦道元、徐霞客、李时珍这样的人十分罕见，直到有了现代教育，学地质、学生物的才知道要实地考察，学物理、化学的要进实验室。学心理学的要做问卷调查，学社会学、人类学的也要做田野调查。（P315）

知识世界的更新，带来了话语方式的变化，自晚清以来，接触过现代教育的一代代学生不再匍匐在皇权的脚下，在他们的笔下，常常可以呼吸到与桐城古文、唐宋古文不同的气息，特别到了辛亥以后，帝国谢幕，民国开启，学生已抛弃了过去的话语系统、表达方式，即使还是用文言或半文不白来表达，但他们想要传递的价值常常是新的，不同于过去君臣等级秩序下的可怜光景。（P337）

延伸阅读

小学时代是一个人启蒙、开智、塑性的黄金年代。《过去的小学》收入季羡林、叶圣陶、钱穆、周汝昌、何炳棣、梁实秋、许渊冲、费孝通、丰子恺、金克木等40多位民国时期的小学校长、教师和学生撰写的回忆小学生活的文章，涉及过去小学的课堂授课、学习方式、教师风格、学校制度、校园文化等内容，对民国时期的小学教育进行了全景式追溯。该书由傅国涌编，东方出版社2018年出版。

（周春梅）

03 《西方教育思想史》

作者：林玉体
出版社：九州出版社
出版时间：2006年6月

推荐理由

林玉体，1939年出生，美国爱荷华大学哲学博士，台湾师范大学教授。

西方著名的教育思想家为数甚多，他们的著作又指不胜屈，作者尽可能地遍读西方教育史上重要教育思想家的作品，数量有数百本之多。其中概念之领会及整理，分类及评述，都用尽心思。作者三次游学于英美两国的著名大学，历经数十年，实际的写作也耗时两三年时间才完成了《西方教育思想史》，这本书是作者写作以来最浩大也最艰巨的工程。

本书描述的教育思想家，多半以生平及环境之说明开始，使读者领会思想绝非凭空而来；而思想家都有其深奥的哲学功底，因此概括性地介绍教育思想家之哲学思想，亦属不可或缺。不过，作者并不胪列全部传统的哲学分类，只选择与教育思想有关的哲学领域作为前提，因之知识论与伦理学（道德哲学）的重要性遂突显出来，前者与智育关系密切，后者则是德育的主干。至于形而上学中本体论或宇宙论等与教育关系疏远，则略而不谈。在挑选教育思想家的考虑上，作者采用两项标准。首先，他们的著作中必须含有较深奥的教育学术成分，如果只是常识之见，未能发人深省，缺乏"智慧之言"，则割舍不取。荀子说：言之成理，持之有故。这两句话似乎可以作为教育作品是否达到"思想家"程度的检验标尺。如此一来，西方哲学史上的重要哲学家都可名列其中；但并非所有著名哲学家都是教育思想家。虽然杜威说哲学是教育的指导原理，教育是哲学的实验室。但是不少一流的哲学家对教育问题却兴趣缺失，他们的作品即使扩大了教育的广义解释，也很难牵强附会地说他们就是教育思想家。倒是在哲学史上并无显赫地位者，却对教育理念具有深远的影响，如裴斯泰洛齐、福禄贝尔及蒙台梭利等。哲学与教育自有分际，二者不能混为一谈。其次，教育思想家的观念如只是重述前人说法，而未见自己的主张，则也难望上榜。一来是为了节省篇幅，二来是仅仅把古圣先贤的立论再说一次，了无新义，无甚价值。如能见人之所未见，或批判他人学说而拓展教育眼界者，当然就能雀屏中选了。读者如拟加深领会西方教育思想之演变，得先具有普通教育学的概念，还须研读西方文化史、西方教育史及西方哲学史。借用笛卡儿之"清晰与明辨"要求，如能明确了解教育思想家的意旨，获得清晰的概念，然后将思想家与思想家之间的观念作异同比较，以掌握明辨观念，则印象将更为深刻。不过这种工程甚为巨大，非轻易可为。

"太阳底下没有新东西。"当较深入地研读教育思想家的作品之后，发现几乎所有现在我们深觉困惑的教育问题，都早已为以前的教育思想家讨论过。为了解决这些问题，在发表己见之前，如能先知悉先人主张，则有事半功倍的作用；尤其在与杰出教育思想家神交之时，可能冒出智慧的火花，对于敏锐思考，效用甚大。此外，不少教育问题并无时空性，既无国界，也无时代性；存在于西方的教育问题，照样也存在于我国；发生在古代的教育现象，也发生在现代。我们如能撷取西方教育思想家的结晶，在拯救我国教育的沉疴之余，又能提出新颖的教育观念，则可以在教育思想的圈内立一足之地。

精彩语录

教育本带有改善现状之义，而人群中带领大众向上提升的，就是那些少数的优异分子，只要大家都能平心静气，共同追求理性与知识，则曲高和寡可能只是短暂的，在经过一番共同讨论与争辩之后，或许可以为全民所接受。多数人应该容忍甚至尊重少数人的奇特想法。苏格拉底的论调，在于强调贝里克《国殇演说》中所说的民主政治之第二层意义——多数尊重少数。（P27）

柏拉图是西方第一位注重超越，高悬理想作为追求鹄的，并主张以哲人当政的教育思想家。他不只著作丰富，且开门教学，是教育理论与教育实际并重

的学者。因为他对改变现状,采取"盘更动"的翻新,学界乃认为他是一位激进的革命教育将。(P43)

专心于自然科学研究的亚里士多德,在观察自然现象之余,提出潜能性与实现性的主张,并不令人讶异。儿童是成人的潜能性,成人则是儿童的实现性;鸡是蛋的实现性,蛋是鸡的潜能性。大理石是雕像的潜能性,雕像则是大理石的实现性。(P57)

威夫斯希望将教学建立在心理学的基础上,而心理学则与生理学息息相关。比如说"遗忘"影响了学习成果,而遗忘的原因有三,一是生理原因,如生病;二是情绪因素,如分心、恐吓等;三是不常使用而失去印象。各种观念,彼此之间有联合关系,如部分与整体、时空、相似性的教材编制,如能一次按部就班,则有利于学习。(P188)

封闭的心灵,就如同处在洞穴里的可怜虫一般,不知洞穴之外有晴朗的天空,皎洁的白云,绮丽的风光。专制及独裁国家,也经常设计一套自圆其说的教育系统来愚弄学生。不少儿童经过长期的欺骗,即信以为真,还奋不顾身地为其辩护;不知这种行径,正是助纣为虐,为虎作伥;悲痛的是他们浑然不知,还与真理为敌,与事实作对。柏拉图早有警告,久居洞穴者,对阳光之照射,颇有眼痛之感。同理,冲破牢笼者,更需经过内心中的挣扎与折磨。(P216)

洛克虽然主张人性如白纸,但人性却有求知若渴的本能。在追求知识的过程中,必须让学生了解,与其作为一个学问家,不如"让他兴起一股对知识喜爱及敬重之情,告诉他探讨知识的方法,当他有心于知识时能够改善自己"。(P275)

由简单而复杂,由容易而困难,由近及远,由具体到抽象,这些都是"心理化"的教学原则。裴氏基于此种原则,及提出了知识教学的三个最基本元素,即数、形及语。不过不管教学资料是否分析到这种最原始的心理成分,这三种元素的教学都以具体实物为主。(P414)

教育爱与体罚:儿童行为有必要陶冶,陶冶就不允许孩子放纵。放纵孩子,绝非爱的表示,更非教育爱所准许。裴氏给英语友人的书信上,就提到如何训练孩子学习"自我拒绝"。不过他也承认,这是最艰巨但却是最具意义及价值的工作。要求自由的同时，也需节制。裴氏这种认识，呼应了洛克"一方面给学童自由，一方面约束学童"的主张。约束的手段当中，偶有体罚之事。但只要有教育爱的具体感受，则体罚问题可以消失于无形。（P416）

教育思想的核心，就是教育目的；因为目的指挥一切，不过教育目的的争议性却最多。教育目的一确立，则所有教育活动都依教育目的而设计。但对教育目的的探讨，却是教育思想中最棘手的难题。（P630）

延伸阅读

单中惠教授主编的《西方教育思想史》一书，循着历史的轨迹对各种西方教育思想进行考察，共介绍了48种西方教育思想，系统阐述了这些教育思想的产生背景、内容、特点、主要代表人物以及对教育实践和后世教育制度的影响，并作了适当的分析和评价。此书由中国人民大学出版社2017年出版。

（丁志根）

04 《大教学论》

作者：[捷]夸美纽斯
译者：傅任敢
出版社：教育科学出版社
出版时间：2014 年 12 月

推荐理由

这是一本阐明"把一切事物教给一切人们的全部艺术"的书，也是一本让"所有青年全都迅速地、愉快地、彻底地懂得科学，纯于德行，习于虔敬，这样去学会现世与来生所需的一切事项"的书。

作者说——我们这本《大教学论》的主要目的在于：寻求并找出一种教学的方法，使教员因此可以少教，但是学生可以多学；使学校因此可以少些喧嚣、厌恶和无益的劳苦，多具闲暇、快乐和坚实的进步；并使社会因此可以减少黑暗、烦恼、倾轧，增加光明、整饬、和平与宁静。

放眼当前教育，虽然新课程改革已经进行了十几个年头，也有很多以学生为主的课题研究，并取得了一定的效果，但是，绝大部分学校仍然是"老师讲得声嘶力竭，学生学得艰难晦涩"的现状，老师霸占课堂，拥有课堂的绝对话语权，学生被动地迎合老师的教学，成为学习的机器，哪里去谈教学的艺术呢？

夸美纽斯认为，教学论是指教学的艺术。是的，教学是一门艺术，教育也是一门艺术。身为家长，对于子女的成就多半是没有把握的，在孩子成长的路上感到茫然无措的时候，需要艺术的协助。身为老师，当感到工作力不从心、疲惫不堪，耗尽了所有的精力时，需要艺术的帮助。身为学生，当感觉学习索然无味、厌倦困乏时，需要艺术的援助。如果一所学校，不管是人还是物，都充满艺术感，那这所学校一定是"富于欢乐和吸引力的宇舍"。如果一件事，艺术地去思考，并艺术地去执行，产生艺术的效果，那就达到了艺术的最高境界，尤其是教学艺术。

书中明确提出并详细论证了一系列的教学原则和教学规则，也明确提出并论述了各种教学方法。包括自然适应性原则、直观性原则、自觉性和积极性原则、系统性原则、巩固性原则、量力性原则和因材施教原则等。夸美纽斯依据其自然适应性原则，类比和论证了教育上的其他原则。他的论证顺序是：自然法则（现实）——自然界中遵循自然法则的实例（模仿）——现实教育中违背自然的错误做法（偏差）——如何依照自然法则来改进教育工作（纠正）。这种假物阐意、随物引申的类比的论证方法可以使人触类旁通，获取新的认识。

书里也拟订了各级学校的课程设置，确立了学校教学工作的基本组织形式，制定了编写教科书的原则要求，对教师如何上好一堂课也都作了具体的规定。比如会提出这样一些问题——一个教师怎样能同时教许多孩子，不管多到多少呢？怎样能用同样的书去教一切学生呢？一所学校里面所有的学生怎样同时能做同样的事呢？怎样能够按照一种，并且同一种方法去教授一切呢？许多的事情怎样能用少数的话说清楚呢？一次怎样能做两三件事呢？……这些问题仍然是当下教育的或课堂的主要问题，不管你的教龄有多长，并且也给出了一定的方法进行阐述和论证。

此书还论述了道德教育、宗教教育、艺术教育和体育等。如在德育的方法上，夸美纽斯强调预防、榜样、实践、恩威并用、教训与规则、纪律与惩罚等，主张在运用纪律与惩罚等方法时，对于极端做法要谨慎行之，不可滥用。

书的附录，由译者傅任敢提炼总结出夸美纽斯的几个有意义的问题。一是对教育力量的坚信，夸美纽斯认为人心如同树木的种子，树木实际已经存在于种子里面；二是对教学方法的重视，阐明"把一切事物教给一切人们的全部艺术"；三是对教学过程的主张，夸美纽斯格外重视以下几点：自觉、直观、注意、理解和应用；四是对道德教育的意见，体现在预防、实践、榜样和纪律。

本书奠定了教学论的基础，成为教学论的经典之作。当然，对于夸美纽斯的一些见解，不可以一刀切，切忌片面化、简单化地去看待，需要结合当下的具体情境去作出策略的选择。

精彩语录

我们在今生中的一切行动与情爱都表明，在这个世界上面，我们达不到我们的终极目的，一切与我们有关的事情和我们本身全都另有一个目的。（P3）

我们每个人的生活和住所都有三重。即母亲的子宫、世上和天堂。从第一重到第二重，它所经由的是诞生，从第二重到第三重，它所经由的是死亡与复活。到第三重，他便不再动了，永远歇在那儿。在第一重，生命是简单的，动作与感觉都刚开始。在第二重，我们有生活，有动作，有感觉，有智性的因素。在第三重，我们发现一切都已登峰造极。（P5）

人除了赋有求知的欲望以外，他不仅能够忍受劳作，并且爱好劳作。这在儿童最小的时候就可以看出来，我们一辈子都是如此。因为谁不愿意常常看到新鲜的东西，听到新鲜的东西或抚弄新鲜的东西呢？谁不乐意每天到一个新地方，谁不乐意和人谈谈，谁不乐意说点什么，谁不乐意获得新鲜的经验呢？（P15）

凡是生而为人的人都有受教育的必要，因为他们既然是人，他们就不应当成为无理性的兽类，不应当变成死板的木头。并且由此可见，一个人愈是多受教导，他便愈能按照准确的比例胜过别人。（P25）

骏马有敌手要赛过或有先导马可追随的时候，才是它跑得最快的时候。尤其是年轻的儿童，用榜样总比训条容易领导，容易管束。（P31）

一个人的整个生活全是儿童时期所受的教导为转移，所以，除非人人的心都在小时候有所准备，能去应付人生中的一切意外，否则任何机会都会被错过。（P40）

一只鸟儿学飞，一条鱼儿学游，一头野兽学跑，都不需要任何强迫。它们一旦觉得自己的肢体长得够强健了，它们立刻就自行去做这些事情。（P47）

这个世界是因什么媒介才保持了它的现状的呢？是什么东西使它这样非常稳定呢？这是由于每一种造物都肯服从自然的命令，把它的行动限定在一种合

适的限度以内的缘故；所以在小事情上面小心地遵守秩序，宇宙的秩序就保持住了。（P54）

教育应当从早开始，学生的每门学科不可有一个以上的教师。在做其他事情以前，先要运用教师的力量使德行变和谐。（P82）

对青年的正确教育不在于把他们的脑袋塞满从各个作家生拉硬扯地找来的字句和观念，而在使他们的悟性看到外面的世界，以便从他们的心灵本身涌出一道活流，如同树叶、花儿和果实从树上的蓓蕾生出来，到了第二年又生出一个新的蓓蕾，又从新的蓓蕾生出新的嫩枝和枝上的树叶、花儿和果实一样。（P97）

教导别人的人就是教导了自己。（P104）

把学生的心灵塞满书本与字句的废物，那是白费精力的。（P118）

孩子只要有事可做，至于做的是什么事，或者为什么要做，那都没有分别。从游戏里面，我们可以学到许多日后环境需要时有用的事。（P147）

要使大学的课程具有普遍性，大学必须具有：（1）精通一切科学、艺术、学部和语文的有能力的教授，能在任何学科上把知识灌输给全体学生；（2）一所藏有选择得当的图书的图书馆，供大家利用。（P199）

延伸阅读

巴班斯基是苏联著名的教育家。他撰写的《教学教育过程最优化》一书，由教育科学出版社2016年1月出版。作者根据自己多年的教育工作经验和教育研究成果，从理论上全面地、科学地、系统地、辩证地、具体地论述了教学优化原则。

（苟　鹏）

05 《杜威在华教育讲演》

编者：单中惠　王凤玉
出版社：华东师范大学出版社
出版时间：2016 年 11 月

推荐理由

若问哪一位西方教育思想家对中国教育甚至社会产生的影响最大，答案恐怕非杜威莫属。

杜威（1859 年—1952 年），是 20 世纪世界著名的思想大师，是实用主义哲学的主要代表人物，是实用主义教育思想的创始人，也是杰出的教育家和社会活动家。他于 1919 年到 1921 年间到中国进行了两年多的游历和讲学活动，共作了大小不下 200 次的讲演，既有在大学的长篇学术讲座，也有面向普通公众的短篇演说，听众人数常常多达数千人。他讲演的中文译稿刊登在当时的各大报刊，广为流传；其中的一些篇目还结集出版，在当时学术界掀起了一股浪潮。1998 年，"杜威在华讲演"被中国文化书院评选为"影响中国 20 世纪历史进程的重要文献"。

说杜威最大的影响在中国，不仅因为他连续近两年半时间（1919 年 4 月 30 日抵达至 1921 年 8 月 2 日离开）在中国访问和讲学，而且还因为他在哥伦比亚大学任教时的学生胡适、陶行知、陈鹤琴等人的大力宣传。这都使得实用主义教育思想在 20 世纪前半期的中国成为一种传播极广的教育思想，其影响超过了任何一种西方教育思想。胡适在《杜威先生与中国》一文中曾这样写道："自从中国与西洋文化接触以来，没有一个外国学者在中国思想界的影响有杜威这样大。"原北京大学教授、现代中国教育学者吴俊升在增订《杜威教授年谱》时也强调指出："中国教育所受到外国学者影响之广泛和深远，以杜威为第一人。杜威所给予外国教育影响之巨大，也以中国为第一国。"美国教育学者施瓦茨也指出："在 20 世纪中国的学术史上，约翰·

杜威与现代中国之间的交往是最吸引人的事件之一。"据此，不少学者认为，在教育界，西方著名学者中最熟悉中国的人当首推杜威，中国学者最熟悉的以及对近代中国教育影响领域最广、程度最深和时间最长的西方学者也当首推杜威。

杜威访华，是中国近现代哲学、政治与教育思想史上具有重要意义的一件大事。但是杜威讲演由于当时条件所限，并没有录音设备，也没有保留英文原稿，就连提纲也都散失了，保存下来的只有经过翻译的中文讲稿，除很少一部分在当时结集出版外，大部分都散落在《晨报》《时事新报》《民国日报》等旧刊上，给研究者带来很多困难，导致中外学术界在研究杜威访华的影响、杜威在华期间思想演变以及中外思想文化交流等问题上出现了很大空白。本书的61篇讲演，皆由近代著名教育学者根据现场讲演翻译而成，原本地保留了杜威教育思想的原貌；阅读一篇篇讲演，仿佛亲临现场，不仅可以跟随大师在近代中国教育的特色中沉浮，而且可以从当时的教育问题、教育趋势中略窥中国现代教育的发展源流。

本书由我国知名的西方教育史学者单中惠教授及其弟子王凤玉教授合编。目录编排按照主题，分为教育哲学、社会教育、学校教育、平民教育、职业教育、大学教育、现代教育、伦理教育、学生自治、教师职责十个方面。在每一部分前面，编者对该部分所汇集的讲演进行了初步的概括和归纳，可作为一个简要的导读。透过这些讲演，读者可以对杜威的教育思想有清楚而深刻的认识。

精彩语录

教育所以不可少的缘故，就是因为人类在婴孩时期自己不能生存，要是没有父母去教育他、扶助他，就不能成人了。有许多低等动物的教育，从小到大，不过都有偏于形体一方面的。人类却不能仅注重形体一方面，还有心理、知识、道德等各方面的教育也都应该注重的。因为人类的婴孩时期是个渐进的时期，什么人都要经过的。教育就是从这个婴孩时期渡到成人时期的一只摆渡船，所以，教育不是奢侈品，是必需品。简单说，教育所以不可少的缘故，就是因为

"生"与"死"两件事。人类刚生下来的时候，不能独立，必须依靠他人，所以有赖于教育；死去的时候，把生前的一切经验和知识都丢了，后世子孙倘要再去从头研究，岂非太不经济，甚至文化或可因此断绝。所以，因为人有死亡这一件事，也非有教育把他的经验和知识传之子孙不可。（P5）

我们常觉得中国社会不大好，有许多地方有缺点，想用法子来救济。有些人出来攻击社会，固然很好，但是不宜用囫囵的攻击，应当一一分析它出来去应付它，考查它出来去补救它。一部分一部分地做，不能全体囫囵去做，所凭借的是我们的理智，不是我们的感情，也不是命运。分了部分去做事，头绪可致纷繁，做事不成功，可不致灰心。若囫囵整个地去做，每每不易成功，失败又很容易使人灰心。以成败而转移心理，他的自信心就不能坚了。（P103）

我们外国人到中国游历，时间太少，对于中国的事不能下一个确当的批评。只是照着讲中国的儿童看起来，总嫌不活动。（P187）

手工的教育和游戏有同等的价值，手工的教授应当和游戏的教授一样的注意，也可以养成儿童的思想力、创造力、发明力。利用这三种力量，可以用手去做社会上许多工作。与其学校里边去买一些贵重的仪器，倒不如买些刀子、剪子、尺子、竹子、木头、纸张等，使学生去做手工。（P227）

诸君现在贵校里边，直接所受的教育是要培养公民资格，要做一个良好的公民，须有几种必备的资格。要做一个良好的公民，在政治方面，也要有一种精神来辅助中央政府，为国家谋公共利益。但一个良好的公民，不但要趋重于政治方面，对于家庭方面也是非常重要。少时在家，做个良子弟，后来做个良父亲，去教养子弟，成一好的公民，以补学校的不足。因为要做一个好公民，一定要有良父母去教训他，不但是靠着学校教育的。要做一个良好的公民，一定还要注意经济方面，不但是谋个人的经济，也要顾到谋公共的经济才好。要做一个好公民，总要善用余暇，到社会上去谋人与人的交际，勿使有害身心的事发生。凡一公民，总要完全以上四种资格，但是欲培养成这种资格，那是非常重要。（P227）

一切学问和训练，必然要拿人类天然的生来的本能作根据，利用他自动的能力，发展他原有的天性，才是新教育的宗旨。从前的教育，把学生当作被动的，把许多教授的材料装进学生的心里去，就算了事；现在的教育，要是学生自动，是以学生个人的本能做主，拿教育做发展他们本能的工具。（P266）

  学生自治的组织，可以把"自治"和"组织"分作两个概念。这两个概念是一样的重要。许多的学生，都把"自治"的意义误会。只顾了自己的"自"字，忘却了还有管束自己的"治"字。自治的意义"不是绝对的不许外界插入干涉，乃自己练习管束自己的意思"。学组织这一种机关，乃专为管理自己的，不是去管教习、校务及学校以外的一切事的。（P354）

延伸阅读

  有许多一线中小学教师或学校管理者"痴迷"杜威，"偷师"杜威。汇编并出版《杜威教育箴言》的邱磊老师就是其中的一位。把杜威当作"燃灯者"，阅读其经典语段，你会找到自己在课堂、教材、管理、德育中困惑和疑难的突破口，获得教学改革的底气和勇气，逐渐形成自己的教育立场和主张。此书由华东师范大学出版社2015年出版。

（王本余）

06 《儿童精神哲学》

作者：刘晓东

出版社：南京师范大学出版社

出版时间：1999 年 12 月

推荐理由

小学教育的对象是儿童，儿童是天生的诗人、教育家、哲学家。儿童有儿童的精神，儿童亦有儿童的哲学。教师更需时常重新寻找与回归儿童精神，并从儿童精神走向儿童哲学。

《儿童精神哲学》作者刘晓东，1966 年出生，教育学博士。曾任南京师范大学教育科学学院学前教育研究所所长，霍英东高校青年教师研究基金获得者。现为华东师范大学教育学部紫江学者特聘教授。主要研究方向为教育哲学、儿童哲学、学前教育学，并广泛涉猎哲学史、认识论、伦理学、美学、文学等，陆续出版了《儿童教育新论》《儿童精神哲学》《解放儿童》《儿童文化与儿童教育》等专著。

本书是作者在 1995 年博士论文的基础上充实而成，在哲学界是第一部从儿童个体发展维度系统地探讨精神哲学的著作，在心理学界是第一部从哲学层面系统探讨儿童心理世界的著作，在教育学界是第一部从精神哲学层面系统探讨儿童观的著作，也是一部儿童教育的基础性理论著作。

"人的精神有潜在的精神，亦有现实的精神。""儿童的精神成长受到内部根据与外部条件的影响。"作者从人类个体精神成长，溯归于儿童精神成长；从儿童认识的发生，谈到儿童的哲学与儿童的科学。又从儿童的道德、儿童的审美及儿童的梦想等方面，阐发了儿童与伦理、儿童与艺术的关系，解读了游戏、艺术、神话、童话、儿歌（童谣）等形式之于儿童梦想的内涵与价值意蕴。最后扎根在儿童精神现象，从历史生成走向永恒魅力，实现永恒的童年，永恒的童心。

哲学的本意是"爱智慧",是对智慧的热爱和追求。由此,儿童的哲学必然不等同于成人的哲学,"儿童的哲学是儿童的一种天性。""游戏和教育分别从内外两个方面促进个体精神的发育和成长",而一个人的人生到达了极致,便是"复归于婴孩"。所以,我们很有必要"了解儿童的精神世界,关心儿童的精神生活",从而从儿童精神哲学转向儿童教育。这也就是我们现在的课堂生活理应包含理性生活、道德生活、审美生活等方面,从注重认知、理解、体验及感悟等生活形式的统一,转向现实生活与可能生活、书本世界与生活世界、教室生活与课外生活的结合,并且突破书本的学科世界走向儿童实际生活,过理性、道德、审美相统一的课堂生活。

"童年不仅是人的根基,而且是人的核心。"德国教育家福禄贝尔认为幼儿具有神圣的本性,因而对童年所具有的无限价值充满敬意——"孩子就是我的老师,他们纯洁天真,无所做作"。

精彩语录

游戏和教育分别从内外两个方面促进个体精神的发育和成长(P1)

先验的东西是经验的基础,也是先决条件。然而任何先验的东西又是经验积淀的结果,又辩证地是经验。这就是先验与经验的辩证关系。(P4)

儿童为实在论者。……儿童只承认现实的东西,不承认假设的东西,他不愿而且也不能以假设的前提为条件进行推理。儿童的推理离不开现实。(P75)

据皮亚杰研究,儿童九岁到十岁时能发现重量守恒,十一二岁时能发现容积守恒、长度守恒、面积守恒、空间排列改变后的整体的守恒,等等。守恒概念标志着逆向——互反思维的产生,而运算是以可逆性为基础的。因此,守恒概念可以作为运算结构是否形成的心理标志。(P79)

儿童的哲学是活的知识,而死记硬背的那些外部灌输的知识是死的知识,经过自己的头脑思考批判过滤的知识才是活的知识。(P87)

儿童的哲学是其环境直接激发的。因此,不同的环境对儿童哲学的具体内容会产生直接的影响。优美、健康、丰富的环境刺激对儿童的哲学的发展是有益的。(P89)

儿童有自己的科学。儿童的科学确实是科学。不过，儿童的科学与作为文化而存在的近代科学是有所不同的。儿童的科学从个体生命的第一个惊奇开始。近现代科学却是整个人类文化史上一切科学成果的累积的结晶。儿童要达到科学发展的近代形态，不仅要依赖于教育这一外部因素，而且还要有一个内部根据，即能使儿童获得客观经验的认识发展水平。（P115—117）

道德必须以自然规律、自然本性、自然逻辑为基础，才可能是真正的道德。（P130）

道德认知毕竟是一种认知，所以认知发展必然制约着道德认知的发展；道德推理毕竟是一种推理，所以推理的发展必然制约着道德推理的发展。（P172）

杜威认为儿童道德发展有三个水平：前道德或前习俗水平、习俗水平、自律水平。皮亚杰将道德判断的发展分为三个阶段：无律阶段、他律阶段、自律阶段。（P186—187）

儿童获得道德认识要有两个条件：其一，儿童要与外部道德主体发生相互作用，在这种相互作用中，儿童有机会接触外部道德规则；其二，儿童与外部道德主体要有一种情感或情绪上的联系。这种联系将使儿童在原有道德认识结构的基础上进行双向建构：对外部规则进行建构以获得道德规则，对内部道德认识结构进行建构以发展道德认识结构。（P195）

审美水平有三个层次。从最低的说起，它们是生理层面的审美，本能行为层面的审美，意识层面的审美。人类个体具有生理层面的审美和本能行为层面的审美。人类个体具有意识层面上审美的潜能，但不具有现成的意识水平的审美。意识层面的审美潜能需在正常的文化环境的培育下才能表达、生长出来。（P213）

儿童具有游戏的心态，儿童具有童话（神话）的心态，一句话，儿童具有梦想的心态。（P254）

儿童的生活是梦想的、象征的，但这并不意味着我们向儿童提供的材料就应当是假的、非自然的。（P306）

儿童尚未发育成熟，意识尚未发达，然而，在儿童身上却蕴含着万年以后复杂的意识生活的始基。（P377）

延伸阅读

《童年哲学》是马修斯儿童哲学三部曲中的一部。通过孩子的问话、日常小事、儿童文学经典、儿童故事、儿童绘画等形式引发思考,兼备生动的例子,本书将哲学与童年联系起来,对童年进行哲学探究。马修斯论述了哲学家的童年观、童年的理论与模型、儿童道德发展、儿童权利、童年健忘症、童年与死亡、儿童文学、儿童艺术等,为童年哲学建构了一个初步的理论框架,发展出"童年哲学"应作为一门学科的想法。以哲学的方式阐述童年、认知儿童的哲学潜能,有助于反思成人对儿童的观念,解放儿童的同时也解放成人自身。《童年哲学》,加雷斯·B·马修斯著,刘晓东译,生活·读书·新知三联书店2015年出版。

(姚建法)

07 《吾国教育病理》

作者：郑也夫
出版社：中信出版社
出版时间：2013 年 10 月

推荐理由

初读《吾国教育病理》一书，便是被书名所吸引。一个"吾"字，很容易引发读者对作者的身份认同。中国的教育，与中国的历史一般源远流长。在我国漫长的教育发展过程中，每个阶段有进步、有辉煌、有"顽病"，实属正常，今天的教育亦如此。但今时之教育，在取得辉煌成就的同时，却被时人指责为有"病"，并且执此评价的人遍及各个阶层与群体，恐怕不能以"正常"两字以蔽之。教育界的专家、学者、从业人员也试图描述症状、归纳病因、制订良方。目前诸多谈论教育的理论著作，大多引用国外教育论点、理念来对国内教育问诊把脉，但效果并不令人满意。所以，这个偏"中式"的书名，让我感觉作者对中国传统文化与教育有所了解，能对我国教育之"病"进行深层次的探究，从而产生阅读期待。

郑也夫，1950 年生于北京，初中时逢"文革"，18 岁远赴北大荒。后历经八五二农场四分场六队、水利工程队、工程大队学校，直至北京师范学院历史系、中国社科院研究生院世界宗教系、北京社科院社会学所、美国丹佛大学社会学系、中国社科院社会学所、中国人民大学社会学系、北京大学社会学系；现为北京大学教授，兼任北京市交通顾问，曾任央视《实话实说》栏目总策划。郑先生人生经历丰富，长期从事教育工作，学术研究范围广泛且与教育相关，的确对我国教育有"发言权"。

关于"教育病理"一词，日本教育社会学家新堀通也、大桥薰等认为：教育病理是教育过程中出现的偏移和失调状态，是现代教育"不健康""不正常"的产物，是病理性的，必须加以考察、研究，分析其"异常"和"危机"，提出解救办法。其主要表现为四个方面：一是制订的教育目标或目的因为种种原因不能充分实现；二是教育系统内部无序、不协调、不和谐，在意识或行动上不一致；三是教育发展落后于社会发展，教育现实无法满足人们对教育的预期而形成矛盾；四是教育发展不均衡。大桥薰认为：教育病理的表现形式是种种派生出来的"越轨行为"，即一种偏离社会规范和社会期待的行为，如青少年犯罪、自杀、离家出走、旷课等，根源是"教育功能障碍"。

目前国内论述教育现状、描述教育病态的著作很多，但大多是以正面评价为主，偶有指出"小恙"，或描述出诸多"症状"，但不究根、不治本。郑也夫先生在《吾国教育病理》中，对我国教育病理进行了详细的论述。他提出了"高校扩招是通吃社会各阶层的障眼法""独子政策是高考热无法降温的根源""令全社会马首是瞻的官员高学历""过度复习是摧毁创造力的利器""情商对常人重于智商""意志力的缺乏是当代社会的精神癌变"等观点，从描述教育病之态、归纳教育病之因，直至谋划教育治之道。作者希望以犀利的言辞、详实的论据，对我国教育之"病"一针见血，标本兼治。

郑也夫先生从我们没有意识到的角度阐述了教育的意义，借鉴了许多相关著作文章，从历史学、社会学、心理学、教育学等多学科角度，遵循了"提出问题—探究原因—求解策略"的批判思维对中国教育中的病症进行了论述，很多观点都是可圈可点的。然人力有时穷，作者思考深度似乎不够，许多问题并未真正认识到其本质，提出的部分解决策略也比较"想当然"。虽然本书尚有许多疏漏与偏颇，仍不失为一本针砭教育"时弊"、论述教育"病理"的佳著。校长、教师们作为教育政策的解读者、执行者，是直面教育问题的人，是直接接触教育对象与相关利益方的人，在阅读本书时多维度思考教育的本质与各种观点，对其在日常开展各项教育工作而言，不无裨益。

精彩语录

素质在词典和专业工具书中解释为：本始、空白、本体、秉性、天赋、能力发展的前提和基础。（P6）

成长环境是必要条件，但极端的可以扭曲基因的环境是较少的。在大多数情况下，对发育而言环境的作用小于基因的作用，因而决定差异的首要因素是基因，是天赋。天赋离不开环境，幼虎学会捕猎尚且如此，遑论其他。小猫一生下来，就将其一只眼睛盖住，一周后打开，那只眼睛已经永远失明了。幼虎只需看过母亲捕猎后尝试几次，就是合格的猎手了。（P10）

从积极的方向理解，计划生育政策是为了减少必然要消耗掉很多自然资源的人口。但因独自生子导致家庭生态的异常，进而导致父母心态的异常，异常的心态与过多的感情作用于唯一的对象，溺爱必然发生，最终造就的是一个个高消费的个体。与节约资源的论证背道而驰的是中华民族吃苦耐劳的精神毁于一、二代人。这一异常的人口生态、家庭生活下发生了人们行为上全面的变异：没有了一个屋檐下的兄弟姐妹，也就没有了互帮互助的人生第一课，日后生存所必需的合作精神自然先天不足；自立精神更与如此生态绝缘。（P89）

抑制孩子情商成长的两大因素：一是生存方式，大家族变成了超小型三口之家，城市的居住格局导致孩子周围没有一个同龄伙伴；二是学校没有提供空闲时间，反而陷入军备竞赛。

情商可以帮助我们改善人际关系。这是非零和游戏。一个人的情商提升了，功利上对他自己有好处。大家的情商都提升了，关系和谐了，有可能有助于大家的共同利益。（P163）

总是在不停地寻找刺激，总是在寻找一些能令人兴奋的东西的人，他们其实是长期慢性地处于无聊状态的人，但是自己却没有察觉到，因为他们得到了补偿平衡。……这种抵制无聊的形式，弗洛姆认为……患有一种"内在创造性不足"的病症。大多数的人都是以这样的方式来处理无聊，娱乐业就是这样应运而生并赖以存活。（P178）

奖励和表彰的罪过是破坏性情，特别是兴趣和道德。艾恩将奖励看作"行贿"。他说得到奖励者（会）认为："如果他们得贿赂我干这件事，这事儿一定是我不想做的。"……如果爸爸妈妈对孩子说："做完数学作业你可以看一个小时的电视"，他们实际上是在给孩子灌输这么一种想法：数学很无趣。……"所有的奖励都有着相同的效果，"一个作家宣称道，"它们将会冲淡成功本身带来的快乐。"对道德的破坏，艾恩说得更刺激："如果由于某种特殊的原因，我们希望培养的孩子除了关心自己，对别人一概漠不关心的话，我们只需在发现他们表现出慷慨时给予他们赞美和奖励便能够达到这一目的。"（P183）

延伸阅读

《科场现形记》是《吾国教育病理》的姊妹篇。郑也夫教授在北京大学开设"教育社会学"课程，指导选修该课的学生撰写教育现状调查报告，此书正是择选优秀者编辑而成。调查者们将自己敏感的触角伸向教育领域中我们能想到的所有方面，呈现出我们想象不到的事实——奥林匹克竞赛班的记忆、高考加分门、高考移民自述等，林林总总，呈现出当前中国教育的种种怪相。此书由中信出版社2014年出版。

（许华章）

08　《教育改革的"中国问题"》

作者：吴康宁
出版社：南京师范大学出版社
出版时间：2015年9月

推荐理由

刚刚拿到吴康宁教授所著的《教育改革的"中国问题"》一书，便觉得很有意思。"中国问题"在书名中被打了引号。根据中文的语法规则，这个词语被打引号具有两层含义，一是表示特殊含义，是指当下的中国教育具有比较明显的特殊性和复杂性，从时间和空间上看都有独特的研究价值；其二是表示突出强调，引起注意，即是说明当下的这个"中国问题"亟待研究和解决，暗示着问题的严重性和重要性。总的来说，看到书名，读者便会对本书的内容充满了期待。

本书作者吴康宁，南京师范大学教授，博士生导师，全国模范教师、全国百篇优秀博士论文指导教师。他是国家督学、教育部社会科学委员会委员，曾获中国高校人文社会科学优秀成果一等奖、全国教育科学研究优秀成果一等奖（2006年和2016年两次）、第七届吴玉章人文社会科学一等奖。著有《教育社会学》《课堂教学社会学》等，主编"社会学视野中的教育丛书"等，另有译著《去学校化社会》等。

荣誉加身、著作等身依旧没有阻止吴教授在学术上前进的步伐，该书为探讨当下中国的教育改革问题，从时代背景、改革的合法性基础、社会支持系统、改革的顶层设计和学校的自身策略五个方面进行了较为全面的分析。

全书基于当下中国教育改革的事实而作出系统论述，逻辑线索存在于中国教育改革的现状以及每个与之相关联的组织机构乃至个体之中，换句话说，这是与每个国人都有关系的问题。从吴教授近十年的系列文章中可以清晰地感受到围绕着中国教育改革问题进行系统思考的逻辑线索：改革主体上为国家到地方的各级各类公共权力机构——各级各类教育主体——个体三方面综合推进；改革价值诉求上为理念、利益格局的综合考量；改革策略上为公共权力机构对改革措施和制度的推动——教育主体对改革措施和制度的落实与执行——个体对改革的获益与反馈；改革力量为国家上层、教育主体、社会力量、个体等要素。

　　对于国内的教育研究来说，按照逻辑来进行思考是至关重要的。吴教授的这本著作体现了这一特点，我们可以从该书中看到一些有价值的、"实用"的东西，比如政府对教育发展过程中的"超强控制"；比如教育改革各个主体间的利益关系；比如教育改革各个主体对自己的"革命"；比如教育改革的"关键人群"等。这些论断让教育研究者能够清晰地看到当前教育改革的问题节点。这是比考虑问题的多种可能性更为重要的地方。

　　除此之外，在吴教授的这本著作里我看到他用很多案例来说明问题，这是很难得的，理论的构建可以是最终的研究目的，但对其理论的解释也必须和现实案例结合在一起，这种结合不是简单的举例而是要和自己的思维方式结合在一起，这也让读者从吴教授的著作中受益匪浅。

　　总之，本书收录了吴教授近十年时间内对国内教育改革问题研究的主要成果，对当下中国的教育改革作出了"教育社会学式"的思考，其中的很多结论非常有意义，给从事教育研究的同侪提供了拓展视野的路径和新的思维方式。

精彩语录

　　随意张贴价值标签的结果，模糊了价值追求本身的真实意涵，消解了这些价值追求在人们心目中的原本应有的庄严感、使命感。揭去这些价值标签，我们便可看到如今被统统冠以"教育改革"之名的大大小小、不计其数的所谓教育改革中，其实是有真有假、有虚有实的。（P11）

　　办好人民满意的教育，意味着教育改革和发展应当在目标上服务于民，在过程上问计于民，在成效上取信于民。唯有如此，教育改革和发展才能得到人民的广泛许可、广泛认可、广泛赞可，并因此而真正具有正当性、合法性及可

持续性。（P21）

　　作为整个教育机会公平的基石，就学机会公平极其重要，没有就学机会公平，许多公民连学校的门都进不了，其他一切也就无从谈起。（P23）

　　有鉴于此，笔者认为，善始善终，全面实现"就学机会公平"；趁热打铁，加快推进"就读优质学校机会平等"；大力倡导，积极探索"教育过程参与机会公平"，应成为我国当下教育机会公平实践并行不悖的三项任务。（P27）

　　总之，只有当教育改革和发展在目标上体现了人民的需要、回应了人民的期待，在过程上保证了人民的参与、集中了人民的智慧，在成效上取得了人民的信任、赢得了人民的选择，那么，教育改革和发展才会不断顺畅前行，实现预期目标，从而真正成为人民的寄托、人民的事业、人民的骄傲。唯有如此，教育才能真正做到"让人民满意"。（P29）

　　中国教育改革的复杂性、曲折性、长期性世所罕见。理念与利益、文件与文化、前台与后台、官方与民间、中央与地方、城市与农村之间的差异与矛盾是导致中国教育改革步履艰难的重要原因。充分理解中国教育改革的难度及其原因，是实事求是制定教育改革的合理具体目标与科学推进策略的基础。（P67）

　　城乡发展的明显差距使得教育改革的领导者、设计者及组织者们每每处于一种两难困境之中，这在基础教育改革领域，尤其是义务教育改革领域体现得尤为明显。（P84）

　　但无论如何，客观地、冷静地分析制约中国教育改革的各种因素，在确定坚定不移进行教育改革之决心的同时，深刻认识到中国教育改革的难度，这对于实事求是地制定出教育改革合理的具体目标及科学的推进策略，无疑是至关重要的。（P86）

　　任何学生，即便是少数学生，不论是少数能力差的学生，还是少数能力强的学生，都不能成为教育改革的牺牲品，哪怕改革的结果可以使大部分学生得到发展。这对教育改革而言无疑是一项难度很大却又不得不完成的任务，因为教育本身的最终目的与最大难题，也就在于促进所有学生而不只是部分学生健康、顺畅的发展。（P93）

　　因此，只要实事求是地承认教师作为"人"对其切身利益的合理寻求无可非议，只要真正意识到教育改革本身也确有一个需对支持并参与教育改革的教师予以合理利益回报的道德问题，那么，调动教师支持并参与教育改革的积极性这件事，也就并非只是精神引领、思想动员的任务，也是离不开经费支持、资源配置的具体计划与实际行动。换言之，教育改革在教师心目中的合法性地位的获取，也需要付出相应的经济成本。（P98）

不用说，深化教育改革中的攻坚克难不可能仅凭哪一个人或哪一群人的努力便可完成，而是有赖于教育改革相关者的广泛认同与支持，有赖于你我他的共同努力。（P113）

我们的目光不能再仅仅局限于教育改革自身，而是已延展到教育改革所处社会环境。我们应当通过研究，对改变与优化教育改革所处社会环境提供有益启示。这既符合逻辑之理，也符合实际之情。因为，至少在当下中国，若不首先改变社会，教育改革的成功也将无从谈起。（P147）

延伸阅读

《中国教育改造》是我国著名教育学家陶行知先生所著。陶行知坚持从中国国情出发，办中国人民所需要的教育，创立了"生活教育"学说，使教育贴近人民。《中国教育改造》中所研究和实验的教育问题，直到今天，仍然很中肯，很新鲜，仍有进行试验的价值，有很强的现实意义。该书由商务印书馆 2014 年出版。

（孙建顺）

09 《反思教育：向"全球共同利益"的理念转变？》

作者：联合国教科文组织
译者：联合国教科文组织总部中文科
出版社：教育科学出版社
出版时间：2017 年 6 月

推荐理由

世界在变，教育就必须作出改变。面对 21 世纪错综复杂的矛盾冲突，我们需要怎样的教育？教育的宗旨是什么？如何来组织？秉承联合国教科文组织两部具有里程碑意义的出版物——《学会生存：教育世界的今天和明天》（又称《富尔报告》，1972 年）和《教育——财富蕴藏其中》（又称《德洛尔报告》，1996 年）的精神，联合国教科文组织编著本书，对教育再次作出高瞻远瞩的思考。关于未来的教育走向，本书会给读者一个初步的构想，一份行动的指南。

该书认为维护和增强个人在其他人和自然面前的尊严、能力和福祉，应被认为是 21 世纪教育的根本宗旨，即人文主义教育观。重申人文主义方法，重新解读和保护教育的四大支柱，思考课程编排，学会学习和培养学习能力，并确保增强教育的包容性，让其发挥潜在均衡器的作用。

书中还关注到了复杂世界中的教育决策，这些决策也在悄然变化。教育与就业之间日益扩大的鸿沟，使得教育决策者认识到仅靠教育无法解决失业问题，需要反思主流经济的发展模式。正确认知世界流动并承认和认证流动世界中的学习，迈向更加开放和灵活的学习体系。多元化互联世界中的公民教育，让政府的决策交织伦理、文化、经济和社会等问题。

该书的第四章对教育是否是一种共同利益发出了拷问。由于如今的教育发生在新的全球背景下，教育和知识应该作为全球共同利益，而且应该作为公共利益事业的核心原则进行保护，承认这一点，重新审视教育治理的基本原则，特别是受教育权和以教育为公共利益的原则，才能让未来的教育更加公平而有质量，更加开放和包容。

正如联合国教科文组织总干事伊琳娜·博科娃所说，"再没有比教育更加强大的变革力量，我们必须高瞻远瞩，在不断变化的世界中重新审视教育"。这种重新审视的结果引导我们把教育的理念向"全球共同利益"转变。

阅读《反思教育：向"全球共同利益"的理念转变？》时，里面的很多问题都会引起共鸣，比如赋权型教育、基础教育的性别平等、学习方式的变革、教育格局的变化等，这些既是现实存在的，同时又是亟待改变的。人类已经进入新的阶段，科学发展的速度越来越快，想要建立公正的、解放性的和可持续发展的教育王国，还需广大读者投身其中，通读—思辨—实践—反思。正如书中所引用的西班牙大提琴家和指挥家帕布罗·卡萨尔斯的话："我们应将全人类视为一棵树，而我们自己就是一片树叶。离开这棵树，离开他人，我们无法生存。"我们都在为美好的教育愿景而努力着。

精彩语录

学习可以理解为获得这种知识的过程。学习既是过程，也是这个过程的结果；既是手段，也是目的；既是个人行为，也是集体努力。学习是由环境决定的多方面的现实存在。获取何种知识，以及为什么、在何时、在何地、如何使用这些知识，是个人成长和社会发展的基本问题。（导言，P9）

赋权型教育可以培养出我们所需的人力资源，这样的人才富有生产力，能够继续学习、解决问题、具有创造力，能够以和平、和谐的方式与他人共处，与自然实现共存。假如国家确保所有人终其一生都可以获得这种教育，一场悄无声息的变革即将拉开序幕：教育将成为实现可持续发展的动力和建设更美好世界的关键。（P24）

主流功利主义教育观念应接受关于人类福祉的其他解读方式，并因此注重教育作为共同利益的相关性。这意味着倾听沉默者的心声。在集体追逐幸福的过程中，这种多样性蕴含了巨大财富可以启迪我们每一个人。人文主义观点是改变教育观和幸福观的必要基础。（P25）

维护和增强个人在其他人和自然面前的尊严、能力和福祉，应是21世纪教育的根本宗旨。应将以下人文主义价值观作为教育的基础和宗旨：尊重生命和人格尊严，权利平等和社会正义，文化和社会多样性，以及为建设我们共同的未来而实现团结和共担责任的意识。（P30）

1996年《德洛尔报告》提出的最具影响力的概念之一是学习的四大支柱。报告指出，正规教育往往强调某种类型的知识，而损害了人类发展必不可少的其他知识。报告申明，所有的有组织学习都应给予四大支柱同等的重视：学会求知、学会做事、学会做人、学会共处。由于当前的社会挑战，学习的四大支柱正面临严重的威胁，特别是"学会做人"和"学会共处"这两大支柱，最能反映出教育的社会化功能。在学习过程中强化伦理原则和价值观，对于保护人文主义教育观的这些支柱至关重要。（P31）

目前的发展趋势是从传统教育机构，转向混合、多样化和复杂的学习格局。我们需要一种更加流畅的一体化学习方法，让学校教育和正规教育机构与其他非正规教育经验开展更加密切的互动，而且这种互动要从幼儿阶段开始，延续终生。（P40）

我们以往关注的重点是教育和培训课程的内容，目前正在转而注重对于所学知识的承认、评估和认证。这些大规模的评估可以作为宝贵的工具，用来对国家对于公共和私营部门教育投资的使用情况进行问责，特别是教育系统来检测弱势群体的学习成绩。但是这种评估也引起了人们的关切。评估鼓励应试教育，因而造成课程安排的趋同，极有可能损害教育经历的质量、相关性和多样性。（P55）

教育是一项基本人权，并且有助于实现其他各项人权，这一原则植根于国际规则框架。这意味着国家在确保尊重、落实和保护受教育权方面的作用。除了提供教育之外，国家还必须成为受教育权的担保人。（P67）

"共同利益"概念或许可以成为具有建设性的替代品。可以将共同利益定义为"人类在本质上共享并且互相交流的各种善意，例如价值观、公民美德和正义感"。它是"人们的紧密联合，而不仅仅是个人品德的简单累计"。这是一种社会群体的善意，"在相互关系中实现善行，人类也正是通过这种关系实现自身

的幸福。"（P69）

鉴于可持续发展问题，在相互依存日益加深的世界中备受关切，应将教育和知识视为全球共同利益。这意味着知识的创造、控制、习得、认证和运用向所有人开放，是一项社会集体努力，再也不能将教育治理与知识治理分开了。（P72）

当前的国际教育讨论张口闭口谈学习，主要关注的是教育过程的结果，而往往忽视了学习的过程。关注结果，主要是指学习成绩，也就是最容易被衡量的知识和技能，因而往往忽视了学习成果的其他更多方面，其中包括对于个人和社会发展具有重要意义的知识、技能、价值观和态度，而理由是这些成果无法被轻易衡量。（P72）

延伸阅读

《教育——财富蕴藏其中》一书是"国际21世纪教育委员会"提交给联合国教科文组织的报告。它基于三年间在世界范围的广泛咨询和分析，从新的视角探讨了学习的阶段及沟通这些阶段的桥梁。借此新的方法，教育制度将更多样化，而每种教育制度的价值将更加得到提升。该书由联合国教科文组织总部中文科译，教育科学出版社2014年出版。

（孙建顺）

10 《图解中西方教育的异路与同归》

作者：钱志龙

出版社：南京师范大学出版社

出版时间：2016 年 10 月

推荐理由

钱志龙博士出生于上海，就读于南洋模范中学。高中毕业后保送北京大学，获阿拉伯语言文化专业文学学士。后旅居美国近十年，先后获得美国伊利诺伊大学香槟分校传播学硕士，美国夏威夷大学语言教学专业文学硕士，美国东西方中心学者，美国南加州大学教育学博士，主修中小学教育领导及管理。2015 年 9 月，他出任培德书院国际学校总校长，以教育管理者和行动研究者的身份，秉承培德"根深中国，盛开国际"的校训，孜孜探索如何培养出同时具有国际化视野和中式人文素养及东方审美情趣的下一代的道路。

《图解中西方教育的异路与同归》以图文并茂的形式呈现。一幅幅图片背后是一个个故事、一个个思考、一个个感悟，既看到中西方教育现实中的巨大差异，又挖掘传统中式古典教育的先进教育理念及与现代西方教育的共通之处。

这是一本在国际视野下探索教育理念的书籍，主要分为两个部分："略带偏见的当代中西方教育比较""古典中式教育与西方教育的不谋而合及殊途同归"。作者将西方教育理念、中国传统教育理念、当前的素质教育及应试教育，放在古今中外不同维度进行阐释。

第一篇"略带偏见的当代中西方教育比较"中，钱博士通过对比中西方教育在教育理念、教育内容与方法、课程设置、教育评价、教育文化等方面的强烈反差，凸显了中国教育中更需要被关注的元素，引起人们批判性、理性的思考。

钱博士希望还原教育的本质——他认为教育的本质就是让孩子寻找到只属于自己的梦想，并放飞它。我们要摒弃补短式的教育方式，让每一个孩子知道：我不是一个有缺陷的人，我很棒，我不需要每天追着赶着在每一件事情上都比别人做得更好。我们要着眼未来，为孩子的健康成长和全面发展提供肥沃的土壤，鼓励学生大胆质疑、勇于挑战，实现生命的成长。钱博士指出，教师如果不调整自己的角色和定位，很快会像公交售票员一样被淘汰。教师要会赋权，要带给学生更多的动力，更大的成就感，更多独立探索的主观能动性，点燃学生心中的那把火。

第二篇"古典中式教育与西方教育的不谋而合及殊途同归"里钱博士用"中国教育的幸存者"来形容自己。那么中国的教育是否真的一无是处吗？钱博士列举了古典文化中中国教育的先进理念，认为中式教育一样有魅力、一样有精彩之处。不愤不启、因材施教、教学相长、同侪互学……都是值得中华民族引以为傲的教学理念。中华文明独有的德行教育：孝、谦、让、仁、恕、勤、毅、舍更是要略胜西方一筹。当然，他也提到了中国古典式教育理念的缺憾：想象力、创造力、适应能力和解决问题的能力的缺乏。我们应当在回溯历史的同时，仰望星空。

关于未来公民的核心素养，钱博士指出"前瞻性"是教育最关键的特质。教育不能只看中孩子今天的成功，而是为了他们将来可以有竞争力，可以立足世界。中国古典文化中的很多经典名句值得每一个当代人去深入解读。自我引导、广泛阅读、自信心、抗挫力、环保意识……这些未来公民所需具备的核心素养早就在中华文化里扎根了。

中国教育与西方教育，孰是熊掌孰是鱼？其实在教育的本质上，两者是异路同归的，我们既要看到中国教育注重孩子基础知识学习的优点，又要借鉴西方教育注重孩子实践能力的特点，在借鉴、怀疑、摒弃和建设的过程中，培养未来社会所需的创造性人才。

精彩语录

教育的本质是让孩子找到只属于他的梦想，并放飞它，而不是去完成、去

满足父母既成的或未成的期待。（P13）

一个木桶能装多少水确实是由最短的那块木片决定的，但是我们生命的意义并不是装满那个木桶呀！我们生命的宽度和思想的高度一定是由我们最长的那块板子决定的。（P15）

我经常吓唬我们的老师，这个时代变化这么快，如果你不赶紧思考，重新定位一下自己，很快会像公交车售票员一样被淘汰。随着世界逐渐扁平化，信息平面化，现在老师和学生之间的知识差距越来越小，或者说老师和孩子们获得知识的途径和速度越来越接近。在高科技运用方面，有些学生甚至早就走到老师的前面。（P29）

其实好的老师该擅长引导学生提问，并通过一个问题激发出更多的问题，让学生时时刻刻有很多想法在大脑中激荡，这样他们才可能最终问出那些最有意义的问题，并靠自己的努力找到解决这些问题的方法。（P67）

其实我觉得干部还是应该轮流当才好，让每个孩子都有机会去尝试，去服务他人，去帮助他人，同时也锻炼出责任感、激发出更多的潜力来，他会做得更出色。那些书面成绩不够好的学生，更应该有更多的舞台展露才华。（P79）

大家听过毛竹的故事吗？毛竹在地下埋五年，地面上一点动静都没有，但五年以后一路疯长，几个月就能长成参天大树，那是怎样发生的？因为它的前五年都在地下悄悄地扎根啊。而我们的孩子就跟冬天没晒着太阳的水仙花一样，蹭蹭地猛长叶子，最后一朵花都开不出来。（P99）

这个世界是了解不完的，我也不能把智慧下载了打包送给孩子，但是我可以帮他养成一种习惯，一个一天不读书就像一天不刷牙一样难受的阅读的习惯，一个通过阅读、写作，不断探索世界和发现美的习惯。（P115）

我们现在需要更多这样有匠人精神的老师，知道如何去身教，如何用他们的品性，用他们的言谈举止，用他们的生命影响学生的生命。家长也是一样，做好你自己，远胜过跟孩子说教，跟他们唠叨。（P135）

如一所学校抱着仁厚的态度去办学治校而不图虚名，则校风淳朴而不哗众取宠。如一位老师抱着仁厚的态度去传授学问而不计偿失，则师道尊严而受学生敬仰。如一个学生抱着仁厚的态度去追求知识而不争名次，则废寝而忘食水

到而渠成。如一名家长抱着仁厚的态度去教养儿女而不比虚荣，则家庭温暖而恒久长。（P161）

我觉得我们的教育失败的一个原因是中国的教育太强调补短。经常是以补课的形式去把孩子们慢慢养大。英文不够好，去补英文，数学不够好，去补数学。始终在追别人，始终在弥补自己的不足。没有去强调孩子的过人之处，没有去强调他可以自信的地方，但是这个自信太重要了，让孩子在一件事情上建立起的自信，他可以被复制、被衍生，让他去做更多别的事情也可以同样的自信起来。（P203）

这几年在国内外做校长的经验也告诉我，做一所有品质的学校其实也不难。只要你了解了孩子成长的基本规律并充分尊重它，只要你了解了教育的基本规律并充分尊重它，只要你了解了孩子的天性和天生的差异性并充分尊重它，而且不以任何理由、任何借口去伤害孩子们的好奇心、想象力、创造力以及其他所有他与生俱来的能力和禀赋，你就不会走得太偏，做得太差。（P217）

延伸阅读

钱志龙所著的另一本著作《国际教育的门里门外》围绕当下较为火热的"国际教育"议题，探讨了国际学校与出国留学两个方面，全方位讨论了家长、孩子们面对的"在国内上国际学校"和"送孩子出国留学"两个疑难选项。该书由南京师范大学出版社2018年出版。

（祁琴花）

11 《教育走向生本》

作者：郭思乐
出版社：人民教育出版社
出版时间：2018年3月

推荐理由

郭思乐，华南师范大学教授，博士生导师。现任全国教育科学规划领导小组基础教育学科组成员，中国教育学会数学教育专业委员会学术委员，华南师范大学教育科学学院副院长，广东省教育科学研究所所长。

郭思乐教授把近年所开展的从师本教育向生本教育转变的思考、研究和实践的成果，集结成了《教育走向生本》一书，对生本教育体系与师本教育体系作了系统的比较研究，深入阐述了生本教育体系的价值观、伦理观和行为观，探讨了生本教育体系的哲学基础，并对生本教育的课程论、方法论、评价与管理以及其他相关问题进行了思考。

什么是生本教育？让学生自己活动起来，去获得知识，去解决问题，这样依靠学生、为学生设计的教育和教学，就是生本教育。其本质是：一切为了儿童，高度尊重儿童，全面依靠儿童；充分地让儿童依照自己的学习天性来学习，依靠学生的内部自然发展学生的学习天性。像抛秧一样，给学生充分的自主发展的空间，营造宽松的氛围，以提高儿童的学习热情和学习效率。

本书从价值观、伦理观和行为观三个方面阐释生本教育的基本理念。学生是教学过程的终端，是教育的主体，生本教育把一切为了学生、为了学生的长远发展作为自己的价值观。儿童是天生的学习者，也是潜在的创新者，且潜力巨大。儿童是自成系统的独立个体，其独立性不仅表现在物质生命，更表现在精神生命。因此，尊重学生，是生本教育的基本伦理观。生本教育的行为观是全面依靠学生，因为学生是教育对象，更是教育资源；他们将在某种教育生态环境中蓬勃发展。

生本教育如何实现呢？作者从课程观、方法论、评价与管理三个方面进行分析。

"小立课程，大作功夫。"所谓小立课程，指的是教给学生的基础知识要尽可能地精简，而腾出时间和精力让学生大量地进行活动，也就是大作功夫。作者将基础知识分为工具性知识、规律性知识、经验性知识和技术性知识四个层次。生本教育认为，只有第一层次才列入我们不得不教授的视野，其他都可以由学生主体去完成。这样就有可能实现"小立课程，大作功夫"。此外，生本教育还特别强调课程整合。

生本教育的方法可以概括为：先做后学、先会后学，先学后教、以学定教。儿童的认识规律是先行后知，他们对人类的知识，主要是通过自己的活动去获得。在学生先学的同时，教师可以清楚地、冷静地看到学生学习的情况，并作出教的内容和方法的选择，也就教得更精粹，更切中学生的需要了。在儿童学习的过程中，讨论是最常用的方法，儿童在感悟中拓展精神生命、提升潜能。

关于评价与管理，生本教育主要采用分析性评价与综合性评价相结合、硬性评价和软性评价相结合的策略，让评价真正发挥督促和激励的作用，追求内外评价一致的共振现象。在生本教育中，错误是不可避免的，也是有价值、有灵气的。教学管理上，生本教育倡导更为灵活、自由的课堂组织形式。

生本教育改革，已经在大陆、香港、澳门等地100多所学校开展了广泛的实验，逐步形成了民族传统文化背景和现代教育思想相结合的特色。《教育走向生本》一书中列举了大量案例，既让我们清晰地认识到生本教育的本质和内涵，也给一线教师提供了可资参考的范例。更可贵的是，生本教育为教育改革提出了一项有效的策略思考，为素质教育提供了一种有效的操作体系，能有效应对基础教育的许多问题，诸如"减负"、教师苦教、学生苦学、两极分化、高分低能、教师不足等，对促进中国学生发展核心素养在教学中落地、促进教育教学改革具有很强的指导意义。

精彩语录

教育过程的主人和主力原来是儿童自己，我们只不过是儿童自主发展的服务者和仆人。我们必须一切为了儿童，高度尊重儿童，全面依靠儿童。（P1）

夸美纽斯说："找出一种教育方法，使教师因此可以少教，但是学生可以多学；使学校因此可以少些喧嚣、厌恶和无益的劳苦，独具闲暇、快乐和坚实的进步。"生本教育体系希望实现这一理想。（P4）

"为教师的设计"就是"为学生的设计"吗？学生是教育过程的终端。学生是教育过程中的重要资源。学生是一个个生命实体。（P13）

抛秧的启示——尊重人的内部自然。（P15）

如同给脚提供合适的鞋，我们需要提供给儿童适合的教育，当教育适合儿童时，我们也就可以看到儿童忘记了自己在学习，忘记了自己是在课堂上，甚至忘记了自己，这时人的内部自然起作用了，儿童的学习热情和学习效率空前提高了。（P18）

我们的任务是，创造生机勃勃的课堂，建立促使人回归人的自然的教育。（P21）

儿童生产了知识，他就爱知识，也就能不同凡响地出色地用知识。至情至性而得至行。从这个角度讲，我们让儿童自己去获取知识，就有让他们对知识产生深刻的爱的含义。（P29）

作为儿童的知识和游离于儿童之外的知识，它们最大的区别是，属于儿童的知识本身同时也是一个过程，它既是理性的，又是感性的，既是智力范畴，又交叉着情感领域。带着某种情感所学的知识，会永远带着这种情感的烙印，而游离于儿童之外的知识，如纯粹的书本知识，就没有这样的特点。只有情理交融，知识才能在儿童头脑中确立。（P29）

师本教育的连动式机制与生本教育的激发式机制，后者是像开动汽车一样，教师给学生钥匙，去开启自身的动力系统。教师与学生是激发者与被激发者的关系。（P30）

尊重了儿童的独立性，就是保护着他们最大发展的可能性。（P58）

保证学生的"独立有效思维时间"。学生学会任何东西，最终都要通过自己的内化，因而，这个最后过程并不是教师完成的。人的获得最终不是依靠教，而是依靠学。学生是教育过程的最后动作者。（P60）

把课堂进行根本的改造，使之成为儿童自己的课堂，使儿童的生命活动与社会需求统一起来，从而产生最活跃的、共生或共振式的学习和教育生态，在这个过程中，师生都感到更加精神振奋、更加自由开放，更能够接受自己和他人，更乐于倾听新的思想。（P70）

这种学生最显著的特点是，比其他学生具有更高的成熟度即更强的研究意识，并有提出问题的更高的积极性和能力。哈尔莫斯深有感触地说："最好的学习方法是动手——提问，解决问题。最好的教学方法是让学生提问，解决问题，不要只传授知识——要鼓励行动。"（P135）

感悟支配着学生的后继学习。感悟是所学的或所要遵守的规则赖以拥有生命力的基础或温床。感悟的东西是难以遗忘的。感悟的程度高，学习的效率就高，学习的把握就大。（P154）

在学习中，还有什么比学生自己所认识到了的自身的行为与成就的美被周围世界所认同，更令他们感到欣慰的呢？（P170）

延伸阅读

《教育激扬生命——再论教育走向生本》是《教育走向生本》的续篇，是对生本教育理论和实践的细化和升华。书中展示了丰富的实例，反映了学生积极、愉快、优质、高效的课堂学习，以及考试所取得的优异成绩。该书由人民教育出版社2018年出版。

（谢飞鹏）

12 《为孩子重塑教育：更有可能成功的路》

作者：[美]托尼·瓦格纳　[美]泰德·丁特史密斯

译者：魏薇

出版社：浙江人民出版社

出版时间：2017年10月

推荐理由

本书第一作者托尼·瓦格纳，1946年出生，是一位凭一己之力改变学习观的教育实干家。读书时，他十分叛逆，与学校环境格格不入。他两次从大学辍学，最终在一所名不见经传的学校获得学士学位。毕业后，他投身教育事业，十多年后开办了自己的学校，又通过努力获得了哈佛大学教育学博士。目前他已撰写了五部致力于倡导全新教育体系的书籍，其中《教育大未来》《创新者的培养》获得巨大反响。如今，瓦格纳是哈佛大学"教育改革领导小组"负责人，创办了一家与教育相关的非营利性组织，还是《教育周刊》主笔之一。

本书第二作者泰德·丁特史密斯，从斯坦福大学获得工程学博士学位后，主要从事技术和创新领域。荣升为两个学龄期孩子的父亲后，对教育创新尤为关注。2012年，丁特史密斯邀约瓦格纳共进早餐，他们在教育体系对创新意识的培养方面的理解一致。之后，开启了长达五年的合作，共同撰写了本书，并拍摄了同名纪录片《为孩子重塑教育》。借由这部纪录片，两位作者在美国发起了搭建教育创新、重塑学校的改革运动。

本书以"你对现代教育了解多少""什么样的教育更有可能成功""我们为什么关心教育"三个问题开篇，围绕教育创新探讨了教育的密码、功能、目的，基础教育和大学教育的使命，以及教育变革的方向和未来学校的图景。

20世纪初，"装配线教育模式"能大批量培养出数以百万计快速掌握执行重复性任务技能的人，以满足快速发展的工业经济的需求。在互联网时代,知识成了所有人的公用品,掌握更多的知识已经构成不了比较优势。能对信息进行批判性分析,能问出一针见血的问题,能形成自己独特的见解,能进行协作和有效交流等技能才是必不可少的。而教育没有跟上时代的变革,上述能力的培养是如今学校教育的短板。

作者提出,学校的首要任务是帮助学生发现兴趣和目标,为学生成功实现这些目标而培养批判性思维和解决问题的能力,多元协作的能力和以身作则的意识,敏捷性和适应性,积极性和创业精神,有效的口头、书面和多媒体表达,信息获取和分析能力,好奇心和想象力这七大关键技能,让学生成为活跃的、知情的公民。为此,从基础教育到大学教育需要重塑,为所有孩子提供拼搏人生的机会。

基础教育阶段的孩子不能将人生的定型时期全部用来准备考试,因为标准化考试无法对"利用创造力解决问题的能力"进行衡量。作者将21世纪各学科的技能与20世纪对比,提出用计算机改造数学课堂,搭建以沟通为目的的语文教学,以及历史、科学、外语等基础课程的设计;特别强调开设艺术学科,将艺术视为理解和解决问题的工具,还要关注围绕复杂问题展开的跨学科学习。学校应该将课堂讲授的知识"外包"给智能手机,从而释放学生的时间,让学生获得决胜未来的十大能力。而大学的教育也不是为了获得"文凭"这一分类工具的,而应以锻造决定人生优势为目的。

重塑教育就是要建立教学、学习与评估有机结合的教育"乐高",将孩子的成功作为首要大事来对待。教学要实现从教师的笔记到学生的掌握的转化,学习要实现从内容记忆到知识应用的转变,评价要实现从标准化考试到勋章系统的转型。作者例举了河谷学校、比福尔国家走读学校、非洲领袖学校等学校的变革,以呈现未来学校的图景。将创新融入教育,让学生开动脑筋、放开双手,去发现、去发明、去创造、去奉献。变革的时机已经来到。

精彩语录

世界改变了,我们的学校却卡在了过去的某个时间点上,停滞不前。"知识工人"已成为历史,如今的世界需要的是"聪明的创造者"。(P17)

但是，在这一片喧嚣之中，总让人觉得缺了什么。虽然整个社会在教育领域付出了巨大的投入，大部分学生依然不具备找到好工作、成为好公民的基本技能。甚至，很多年轻人连怎么做个好人，怎么让自己幸福快乐都不知道。（P19）

几乎毫无例外，为人类文明作出伟大贡献的杰出人士都受过学徒教育，而不是靠记笔记成长起来的。（P23）

在这个创新为动力的社会中，最重要的不是你知道什么，而是你能利用你知道的东西做什么。（P27）

我们在努力对教育进行"修整"的同时，也通过一系列行为连根拔除了年青一代的创造精神和自信心。（P28）

问题的内涵比解决方案更重要。（P43）

我们认为，要回答"教育目标"这个根本性问题，思路的起点就在于教育要帮助年轻人发现人生的热情和目标，要为学生成功实现这些目标而培养关键技能，要每天都能给学生以启迪，让他们做最好的自己，成为活跃的、知情的公民。（P48）

不管你再怎么逼着孩子默写"坚持不懈"这几个字，背诵"持之以恒"的定义，你也没办法通过这样的方法让孩子成为拥有坚持不懈、持之以恒品质的人。（P59）

教育大计之中的利害关系就是，我们是打算培养年轻人成长为富有创造力和创新精神的成功人才，还是放任教育体系继续扩大富豪精英和其他人之间的差距。（P61）

创新时代与现有教育体系正在全速相撞，我们急切需要推行全面改革。（P74）

如果美国的民主制度想要继续完好无损地存在下去，能够务实地在利益与行动之间实现协同，那么我们的公民就需要拥有坚实的技能基础。这些技能包括批判性分析、沟通、写作以及利用创造力解决问题的能力。（P76）

对于大多数人来说，初中和高中时代埋头做的那些数学题，从人生的后视镜中看去，不过就像一粒灰尘般可有可无。（P89）

为过时的教育课程所付出的最为惨痛的代价，就是孩子们失去了学习的时间。(P96)

这么多优秀年轻人在追求毫无激情的职业发展，是不断上升的大学成本导致的另一个悲剧。(P168)

大学自身的定位首屈一指的是研究知识的储存库，教师的职能是将"知识边界"向前推进。(P174)

在这个世界上，人们利用大学文凭作为省时省力的分类工具，作为给他人"定价"的一种方法。这种社会偏见为拥有精英大学文凭的人带来诸多好处。(P197)

我们需要的教育体制是将孩子的成功当成大事要事来对待的体制，而不是将标准化考试行业的发家致富放在第一位的体制。学校真正的问题不在于讲课的形式，而在于任何形式的以讲课为基础的教育方式，在当今这个世界是否还有意义。(P209)

教育的作用不再是传授知识，而是在这个奖励创新、惩罚刻板的世界里，帮助孩子学习。(P218)

延伸阅读

华东师范大学出版社于2014年出版了哈佛大学教育学博士、"教育勇气"的推进者柯尔斯滕·奥尔森的作品《学校会伤人》。本书包含了很多作者采访保留的叙事资料，并分析了伤人学校的共性：拒绝承认认知、情感或身份认同的差异，要求学生即使不成功也一定要适应或顺从，对作为学习者的自己产生了疏离，降低了学习的愉悦感。作者严谨地搜集数据，并运用深刻的洞察力加以分析，展示了重塑学校的有关勇气、顺应力以及责任心的经验。

（蒋增裕）

13 《聪明人的教育指南：伊顿公学校长谈教育》

作者：[英]托尼·利特尔

译者：刘清山

出版社：新华出版社

出版时间：2016年6月

推荐理由

说起伊顿公学，无人不知无人不晓，因为它是一所令世人瞩目的学校，通常简称为伊顿，是英国最著名的贵族中学，造就了20位英国首相，培养出雪莱、乔治·奥威尔、凯恩斯，也是英国王子威廉和哈里的母校。然而，伊顿之所以著名，不仅因为它是皇室贵族子弟以及英国历史上20位首相的母校，而且它具有卓有成效的教学和管理制度，是一所独立的寄宿学校。本书作者托尼·利特尔是伊顿公学校长、英国知名教育家，本书是他一生的教育理念、方法和经验的总结。

利特尔结合自己在伊顿公学担任校长和多年从事教育工作的经历，围绕青少年教育的基本问题，从学校存在的价值，学校课程设置中存在的问题，教师的专业性及培养，青春期少年的心理特点，青少年的人格和纪律的培养，青少年的想象力、创造性及阅读能力的培养，对富有争议的寄宿制的看法，到作为一个校长的职责，如何改变一所差学校的状况等，提出了许多精辟的见解和非常具体且实用的建议。

站在校长的角度阅读此书，可以尝试着理解"校长"这一名称所包含的精神领导力和精神品格。利特尔在书中写道："校长需要友善对待其他学校成员，但是不能和他们建立真正的友谊。承担最终责任的人必须与别人保持一定的距离，他必须对学校充满热情，但在面对学校里的人和事时又不能流露感情。"

"教师应当是接受过良好培训并因此获得尊重的专业人士。"在"职业，职业，还是职业"一章中，利特尔提到"行为管理、工作任务管理、学科知识和课程"这几个词，可见一名优秀的教师除了要擅长教授学科知识和课程之外，还需要管理好自己的行为、改善自己的工作方法、发现学生的不同特点、与学生和同事建立良好的关系，这样才能建立真正有效的集体，让学生获得好的成绩，这些都有助于我们成为被人信任的专业教育人士。

青春期、性、毒品和摇滚乐、人格和纪律、阅读和灵性等等词语常常浮现在家长的脑海，不时牵动着家长敏感的神经。家长除了要保证孩子的健康饮食及身体健康外，要营造良好的阅读环境并陪同孩子做好阅读规划，同时更为重要的是应多关注孩子的精神世界和心理成长，尤其在青春期。利特尔毕生都在像孩子们的父母一样努力思考孩子们的真正的需要，他列出十条实用建议非常值得家长学习，比如寻找合适的场所和孩子保持定期交谈、始终保持态度的真诚、每次只谈一件事等。不管你的孩子有多抵触，这应当成为生活的一部分，我们不应该等到出现问题时再去找孩子谈话。

《聪明人的教育指南：伊顿公学校长谈教育》这本书文字精简易懂，章节篇幅短小，利特尔从校长、教师和家长多方面谈教育，值得每个教育工作者、家有儿女的父母和关心教育问题的人阅读、学习和思考。

精彩语录

学校的真正价值在于让年轻人在集体中理解各种不同的人际关系，让他们在家庭之外扮演某种角色，帮助他们培养社会生活所必需的道德标准和价值观；简而言之，就是学习如何融入社会。在这种进入社会前的准备中，最重要的是要掌握行为准则，学会接受和衡量纪律。社会的前进需要个人主义、想象力和活力，但社会同样需要每个个体保持克制。为了集体利益适当抑制个人梦想是人类文明的一个重要标志。学校应当帮助学生同时实现这两个目标。（P6）

学术课程作为一个整体，占有举足轻重的地位，但它仅仅是学校课程体系的一个组成部分。体育活动、团队游戏、艺术活动、精神生活和情感培养都是年轻人在成长过程中必不可少的元素。（P21）

教师应当是接受过良好培训并因此获得尊重的专业人士。目前人们对教师

的信任不是源自职业培训，而是由于家长或孩子相信教师关心他们，实实在在地关心他们。这是一件悲哀的事情。（P31）

青少年的"发动机"驾驶着他们的"行为"前进，但是这种"发动机"与分辨恰当做法的高级功能之间只具有松散的联系。引擎已经启动了，但孩子们对变速杆、仪表盘和制动器的使用似乎完全是随机的。我低着头将会看到，这对青少年的身体发育和他们对社会行为的感受具有深远的影响。（P52）

在青少年的生活中，几乎没有什么东西是固定不变的。这种经历就好像是在大型游乐场里游玩、乘坐疯狂的云霄飞车抑或是凡尔赛宫镜厅中看到自己的无数幻影一样。他们选择的道路令人眼花缭乱，有时甚至让人心生恐惧，同时它也可以让孩子摆脱束缚，释放自我；此外，它还是青少年均衡发展、成长为健康个体的必由之路。而在这个过程中，你永远都是那颗永恒不变、指引方向的北极星——不论遇到任何事情都会坚定守护孩子的家长。（P87）

学校的文化和纪律是在不起眼的事情上、在日复一日的谈话中形成的，这意味着我们需要倾听年轻人的声音。在伊顿，我延续了"起诉"这项古老的传统。（P98）

伊顿的生活有一个明显的特点，那就是学生知道，只有入乡随俗，尊重一个场所的基本规则，他们才能获得比较大的自由，做自己想做的事情。平时在校园生活中表现良好的学生可以获得学校的信任，更加自由地追逐自己的兴趣爱好。这是一个重要的人生经验：只有接受规则，你才能获得自由。（P118）

与其他人联系在一起是人类本能的愿望，与家庭以外的人联系在一起是表达个性的一种途径，这些社交活动是有价值的。与规模较大的群体联系在一起、将个性融入到集体之中忘掉暂时的忧虑和愿望，可以让人获得灵性上的洗礼。（P127）

进入中学的11岁学生读写能力的巨大差异简直让人瞠目结舌。……当学生培养出阅读文字的信心时，他们的人生将会呈现出无限的机会和可能性。如果没有阅读能力，他们只能在漫长的旅途中疲惫地跋涉，所有大门都将对他们关闭。（P141）

优秀的校长是由激情驱动的。不管动机是什么，这些校长在工作过程中都非常希望他们所负责的年轻人获得最好的人生机会。口头上的管理和办公桌上的效率并不能改变一所学校。精力、信仰以及坚持才是最重要的品质。（P172）

选择学校的问题还是要由家长来作决定。家长需要在各种因素之间作出权衡。我不建议家长将合校或分校作为一个决定性因素，不过就我个人而言，男生和女生是否能在校园中活出自我本色仍然是一个值得优先考虑的问题。至少，我们可以使用真实性测试（这才是最重要的）：学校本身是否让人感觉愉快？（P204）

延伸阅读

《为师之道：英国伊顿公学校长论教育》（黑龙江教育出版社2016年出版）的作者亚瑟·克里斯托弗·本森也曾是英国伊顿公学的校长。他这样说道："伊顿的氛围一直包围着我的生活，也塑造了我的人生。"他在伊顿的经历为他写作本书提供了足够的灵感和素材。

（代清华）

14 《学力经济学:被数据推翻的教育准则》

作者:[日]中室牧子

译者:魏铀原

出版社:中国人民大学出版社

出版时间:2017 年 12 月

推荐理由

中室牧子,日本庆应义塾大学综合政策学部副教授,哥伦比亚大学公共管理硕士、教育经济学博士,研究领域为教育经济学,即运用经济学的理论和方法来分析教育,曾任职于日本银行、世界银行和东北大学。著作有《数据思维:让大脑更清醒》《原因与结果的经济学》等,其作品《学力经济学:被数据推翻的教育准则》荣膺 2016 年日本亚马逊畅销书连续三周 TOP1,上市一年销量超过 30 万册。

本书的序言中,中室牧子提到他时常被家长咨询的几个问题:"用物质奖励来鼓励、诱导孩子学习不可行吗?""对孩子应该采用鼓励为主的培养方式吗?""看电视、玩游戏会给孩子带来负面影响吗?"这些"问题"已经被教育评论家、育儿专家一一肯定,这也符合多数人的直观感受。中室牧之却认为,大多数教育评论家、育儿专家的主张,都仅基于他们作为教育者的个人经验,并没有科学根据,因此对于"为什么这些观点是正确的",他们无法给予充分说明。作为一名教育经济学者,他在探讨教育和培养子女的问题时,信服的只有一件东西:数据。他认为:经济学运用大量数据,就教育和培养子女问题进行分析所得到的清晰发现,比大多数教育评论家、育儿专家基于个人经验的主观意见要有价值得多。

中室牧子引用了著名行为经济学家丹·艾瑞里的著作《不诚实的诚实真相》之"为什么一到期末考试,学生们的亲人就纷纷离世?"一节介绍了"从经济学的角度运用大规模数据对教育进行分析"的方法及效果。"多年的执教经验让我发现,每到学期末,学生们就会有亲人去世,且大多集中在期末考试的前一周或提交论文的时候。"丹·艾瑞里教授对自己所教授课程的情况进行了数据收集、分析,结果显示:祖母在期中考试前"去世"的概率是平时的10倍,在期末考试前"去世"的概率是平时的19倍;而且,班里成绩不理想的学生,其祖母"去世"的概率更是高达平时的50倍。出于一名教育经济学者的严谨,中室牧之对自己教授的课程也做了同样的调查、研究,得出了"考试当天你们(学生)祖母的'死亡率'高得异常。"他对学生说:"人可以撒谎,但数据不会撒谎。我希望你们知道,分析收集来的数据,以此去了解社会结构,将极大地改变人们的生活。"

中室牧子认为"怎样的教育才能培养出成功的孩子"的答案要用数字展示给大家,不是用"孩子们的眼神变得闪闪发亮"或者"整个学校都充满了青春活力"之类主观表达来评判教育的效果,甚至日本政府报告书中"你感到满意吗"这类面向儿童的问卷调查的统计数据也不会把它称为根据。他主张要用客观的数字来说明事实,将"怎样的教育才能培养出成功的孩子"的原因和结果,以清晰、明确的形式展现出来。

秉承"不加思索地生搬硬套别人的成功经验,反而会让自己的孩子离成功越来越远"的理念,中室教授不是依靠那些个体经验,而是一种在大量观察个体经验的基础上总结出来的、规律性的东西,最终得出与通常观点相反的"怎样的教育才能培养出成功的孩子"的答案:"用物质奖励来诱导孩子可行""以鼓励为主的培养方式不可行""玩游戏不会让孩子变得更有暴力倾向。"

《学力经济学:被数据推翻的教育准则》探讨的背景是日本很少运用教育经济学知识对教育政策课题进行实验、评估、分析,没有对教育起到积极作用。他提到的"政策性价比非常重要","首先从小规模的随机比较实验开始,确认其效果之后,便向州进而向国家层面推广"。这一思路对我国教育改革不无裨益。

精彩语录

"对孩子学力影响最大的因素是什么"——众多研究揭示的问题，在这些经验谈中则很少被提及。这个问题的答案是：父母的收入和学历。（P4）

不加思索地生搬硬套别人的成功经验，反而会让自己的孩子离成功越来越远。（P6）

面对遥远的未来之事，人们会冷静地加以思考，进而作出明智的选择；而面对眼前的事情，即使它微不足道，人们也会十分看重能立刻获得的满足感。（P19）

事实上，给孩子一些立马就能得到的奖励，就是反过来利用了眼前利益的特征，促使孩子尽快学习而不要拖延的一种策略。（P21）

不应该依据考试成绩等输出型指标给予奖励，而应该依据读书、完成作业等输入型指标给予奖励。（P25）

得到物质奖励的孩子并没有失去所谓的"努力学习的快乐"。（P27）

在孩子还小的时候，奖励给他们奖章这种能激发他们的干劲和热情的东西，而不是金钱，效果会更好。（P28）

我们不要不分青红皂白地就否定把金钱作为物质奖励这种做法，如果同时进行金融、理财教育，这种奖励还能让孩子们懂得储蓄的重要性，那么奖励金钱岂不是可以大大增值，进而发挥更大作用吗？（P28）

正是学习水平高这个原因，带来了自尊心强这个结果。（P34）

过分夸奖孩子，有可能不会帮助他们提高自己的实力，反而会使他们成长为自我陶醉型的人，特别是在孩子成绩不太理想的时候。（P36）

如果表扬孩子先天的能力，比如聪明之类，反而会使孩子丧失学习的积极性，导致成绩下降。（P37）

看电视、玩游戏本身给孩子带来的负面影响并没有我们想象中的那么大。（P42）

尽管游戏难免会有一些暴力倾向，但孩子们并不会傻到将游戏中的暴力行为带到学校或社区等现实中来。（P42）

即便完全禁止看电视、玩游戏，孩子的学习时间也几乎不会增加。（P43）

只要把看电视或玩游戏的时间控制在一天一个小时以内，它们对孩子来说就是一种放松身心的好方法，且不会让孩子有任何负罪感。（P44）

"在一旁陪伴孩子学习"或者"帮助孩子制定并严守学习时间"这样的方式往往效果比较好，虽然父母不得不牺牲一些自己的精力和时间。（P46）

只要与优秀生在一起，自家孩子的学力就会大幅度提高这样的想法是错误的。（P52）

搬家可以改变孩子的朋友圈和生活习惯，而这些改变会使负面的同伴效应大为减弱，帮助孩子回归原本的自我。（P57）

（教育投资）收益率最高的是进入小学之前的学前教育（幼儿教育）。（P60）

学校并非只是读书学习的地方，也是从老师、同学身上学习、培养非认知能力的地方。（P72）

锻炼那些学生自制力的同时，对他们学习成绩的提升也产生了良好的影响。（P77）

在非认知能力上的投资对孩子未来的成功极为重要。（P81）

小班教学虽然对学力提升有显而易见的因果效应，但与其他政策相比，投入大于产出。（P89）

测定教师质量还有一种方法，就是观察教师所教孩子的成绩变化。（P128）

延伸阅读

时代的发展似乎并没有相应提高人们的智商，反而使得人们的智商在逐渐衰退。年轻人只关心自己半径三米以内的事情；虽然人们在网上跟人无话不谈，但在现实生活中，却不懂与人面对面敞开心扉；没有成功的追求、学习能力低下但丝毫不以为然；遇到困难，懒于思考就立即放弃……这些观点出自2010年中信出版社出版的《低智商社会：如何从智商衰退中跳脱出来》一书，由日本学者大前研一所著。

（熊　智）

15 《善恶之源》

作者：[美] 保罗·布卢姆
译者：青涂
出版社：浙江人民出版社
出版时间：2015 年 3 月

推荐理由

婴儿有道德感吗？我们是如何成为有道德之人的？理性思考对道德决策来说无足轻重吗？保罗·布卢姆把心理学、行为经济学、进化生物学和哲学的深刻思想熔为一炉，力图探索我们究竟如何超越先天道德的局限。

保罗·布卢姆是耶鲁大学最受欢迎、最风趣的心理学教授。他的心理学导论课是耶鲁大学最受欢迎的公开课之一，超过 500 人选修，全球有上千万人观看、学习这一公开课的视频。《科学》杂志评出的推特上最有影响力的 50 位明星科学家之一，美国哲学与心理学协会前任主席，《行为与脑科学》杂志联合主编。他因出色的研究和教学工作而获奖无数。他的文章屡见于《纽约时报》《自然》《纽约客》《科学》等刊物。著有畅销书《快感：为什么它让我们欲罢不能》。

《善恶之源》这本书的角度新奇而深刻，布卢姆和他的同事们通过和婴儿玩游戏的方式来窥探道德的奥妙。他写下了婴儿的反应给我们带来的深刻教益，也深入挖掘了我们所有人的道德本质。

作者引述了美国耶鲁大学的开创性研究，证明婴儿早在能开口讲话和行走之前，就有能力判断他人行为的好坏，就能产生共情和同情，就能产生原始的正义感。但人类的先天道德仍然十分有限，有时候还会酿成悲剧，比如我们天生就仇视陌生人，也容易产生偏执和狭隘。布卢姆还指出理性与道德判断的紧密关系，即理性和思索能让我们作出道德决定，比如奴隶制是错误的。归根结蒂，我们可以通过想象、同情和我们人类独有的理性思考能力，超越我们生来就具备的原始道德情感，超越婴儿的局限。

"人之初，性本善"还是"人之初，性本恶"，我们无法去猜测，因为没有人能回忆起婴儿时的记忆，这也是所有研究婴儿想法与心理学科的噩梦，作者甚至说他愿意少活一年进入到一个婴儿的思维里面待一个小时……作者通过大量设计精妙、有趣、有说服力的实验针对婴儿的"道德观"进行评估，最后令人吃惊的是，我们的小宝宝，原来在三个月开始，就逐步获取了很多道德的"要素"——同情、共情、帮助、是非判断、"好人好报、坏人坏报"（奖励与惩罚）、公平公正、羞愧内疚。由此可见，"人之初，性本善"是有据可循的，一部分"道德感"与"道德观"是我们人类与生俱来的，所谓"先天的道德"。

与"先天"的道德相比，"后天"的道德就显得十分的错综复杂，其中，涉及基因、需求、厌恶、法律、习俗、宗教……作者用大量的事例证明：道德是一种进化的过程，是一种合作与协助，是一种对人性的提前"投资"，是一种自我保护，也是一种需要。

"平等"和"公平"问题是现实世界中最迫切需要讨论的道德问题之一。布卢姆认为，判断能力和感受能力是人类与生俱来的本能，是自然进化史给我们留下的遗产。这些能力与公平、争议等概念有关，与共情和愤怒等情绪有关，与奖励和惩罚等行为有关。他指出儿童期望平等分配，也更喜欢那些平等分配资源的人；在自己分配资源的时候，他们也会强烈倾向于平均分配。

本书的大篇幅都在论述人性善恶，剖析了一个个经典的实验结果。如心理变态者和正常人的区别在于：心理变态者缺乏同情心。他们会去屈服于自己的罪恶冲动，犯下许多可怕的罪行，从长期来看，他们往往都会失败，最后深陷囹圄。因此，我们要以成为好人为目标，良善之人的特征之一就是他们致力于把经过考量的善行变成无意识的习惯，让自己成为无需经过审慎思考就能作出正确选择的人。

精彩语录

"道德"一词的定义范围相当宽泛。它不但包括恶劣和受人指摘的部分,也包括温暖和利他的部分,或者用亚当·斯密的话说,包括"所有社会性及善意的情感,比如慷慨、人道、仁慈、同情、相互友爱与尊重"。(P9)

对于一般人来说,如果他们认为自己无须对个人行为负责,那么他们的表现通常就会很糟糕。事实上,很多时候我们甚至都不需要依靠威胁和惩罚就能表现良好,因为我们先天就不喜欢自私自利和残忍行径。(P33)

要了解"同情"(compassion)对于我们这些非心理变态者的意义,我们首先需要把它和"共情"(empathy)区分开来。虽然有不少研究者在用这两个词时说的其实是同一个东西,但是它们的真实含义其实存在很大差别:一个是"关心某人"(同情),另一个是"站在某人的立场思考"(共情)。(P35)

心理学家发现,幼儿会帮助成年人去拿他们想够但却够不到的物品,或者在他们怀里抱满东西时帮他们打开柜子门。幼儿在没有任何成年人提出要求的情况下就会自发提供帮助——甚至连目光接触都不用。这类帮助行为让人印象深刻,因为"帮助"就和"安抚"一样,对幼儿来说颇有一定困难。幼儿需要知道什么地方出问题了,还需要知道何种行为能够解决问题,最后他们还要在某种激励之下亲自走过去提供帮助。(P46)

由此看来,"道德感"一开始似乎是对外的;在儿童心理发展达到某个阶段之后,道德感才开始转向自身。从那以后,儿童开始将自己视为道德主体(moral agent),并通过内疚、羞愧和骄傲等道德情绪,展现自己的道德认知。(P51)

儿童期望平等分配,也更喜欢那些平等分配资源的人;在自己分配资源的时候,他们也会强烈倾向于作出平均分配。这与许多人对人类本性的看法完美契合:我们天生就拥有某种崇尚公平的本能,我们是天生的平均主义者。正如灵长类动物学家弗兰斯·德瓦尔所说:"罗宾汉是对的,人性中最深切的渴望就是均贫富。"(P60)

打小报告会给儿童带来满足感。其中一个原因当然是为了向成年人证明自

己是个道德主体，是个懂得判断对错、有责任感的个体。（P89）

婴儿更喜欢自己熟悉的事物，而这是一种适应偏好（adaptive bias），他们很快会发展出某种倾向性——更喜欢那些看起来跟熟人相似的人，而对那些看起来跟熟人不相似的人则保持防范态度。（P101）

共情让人更有可能关心他人，做出同情和利他行为。而厌恶的作用和共情恰好相反。他让我们对他人的痛苦无动于衷，而且拥有煽起仇恨和去人性化的强大力量。（P128）

我们强大的道德能力也是人际交流和人类聪明才智的共同产物。我们创造出来的社会环境可以把一个只拥有部分道德意识的婴儿，变成一个拥有强烈道德感的成年人。（P184）

但有一种力量确实可以扩张道德圈，那就是个人接触——如果一群地位平等的人心怀同一个目标，并共同为之努力，那么他们之间的个人接触往往就能消除偏见。道德圈扩张的另一个重要因素是"听故事"。童年时代听过的故事教导我们，应当掀开面具去了解生命的本质，了解隐藏在外形之下的内心世界。（P189）

延伸阅读

童年是人生至关重要的成长阶段，但我们对那个阶段所知的实在太少了，而许多时候甚至忽略了它！美国心理学家艾莉森·高普尼克的代表作《宝宝也是哲学家：学习与思考的惊奇发现》给孩子一个完整的、充满情感与智慧的视角，从一种崭新的角度去欣赏童年的丰富性与重要性。该书由杨彦捷翻译，浙江人民出版社2014年出版。

（祁琴花）

16 《理解脑——新的学习科学的诞生》

编者：经济合作与发展组织

译者：周加仙 等

出版社：教育科学出版社

出版时间：2014年12月

推荐理由

《理解脑——新的学习科学的诞生》是国际经合组织教育研究与创新中心于1999年发起的研究项目"学习科学和脑科学研究"的重要研究成果汇编。该项目鼓励教育研究者、教育决策者和脑科学研究者之间密切合作，汇集跨学科专家的智慧，提出新的观念与方法，更好地理解脑，理解脑的学习过程，理解如何通过养育、训练和适应教学过程与实践来使学习最优化，同时澄清人们对脑科学与教育教学关系的误解，破解"神经神话"。

"人脑是不断生长的！""比起关键期，敏感期的概念更加适宜，因为的确存在学习的最佳时机，但'不可逆'和'不可弥补'的焦虑是不必要的。""脑成像技术表明，100%的脑都发挥作用。"……之所以能破解常见的教育神话，源于人们对于脑的重新认识和理解。

重新理解脑。脑的故事从A展开，即知识的习得（Acquisition of knowledge）。神经科学家将学习看作脑加工的过程，是脑对刺激产生的反应。它包括脑对信息的感知、处理和整合。教育学则认为学习是主动获取知识的过程，导致行为出现持续的、可测量的、特异性的改变。正因为二者的差异，催生了这一门新的学习科学。脑（Brain）是思维之所，发挥着多种重要的功能，但是，脑终究是整体组织结构的一个器官。一个人不能只依赖这一个器官，因为它总是不断地与人体其他部分发生着交互作用。此书还让我们了解到什么是认知功能、发展、情绪以及学习的神经基础，遗传、智力、动机、记忆、表征等对学习的影响……

重新理解脑的学习过程。脑的基本功能单位主要是神经元，脑的学习能力一则和神经元的数量相关，二则也受神经联结的强度影响，因为学习和记忆事实上就是神经元不断联结，形成神经网络的过程。最新研究表明，某些脑区的神经元在人的一生中都是不断增加的，其中就包括对学习和记忆起着关键作用的海马区；随着外部学习环境的变化，人脑通过突触发生、突触修剪、突触增强和突触减弱的方式，使神经元之间不断进行联结，同时，神经联结会改变神经元的数量，因为活跃的神经联结会不断增强，而不活跃的神经联结会慢慢消减，相应的神经元也会冻滞。

要使脑在人的每一个阶段都得到充分发展，从而更有利于学习的展开，提供适宜的环境是必须的。适宜的环境由以下多种因素组成：食物营养、社会交往、情绪调控、身体锻炼、音乐演奏和睡眠质量。现实生活中，关于营养、睡眠、锻炼、社会交往和情绪调控，通常容易被忽略。此书可以唤醒学校、家庭、社会加大对这些方面的重视力度。

重新理解脑与读写能力以及数学素养的关系。当前神经科学已经深入教学实践领域，取得了一系列成果，其中包括"听说读写与脑"和"数学素养与脑"。

语言发展、语法学习、口音的获得都有敏感期。所以，早期语言学习效率最高，效果最好。但是人的一生都有学习语言的能力。关于脑的研究发现，脑的左侧额下回（布洛卡区）、左侧颞中回后部（威尔尼克区）和语言能力相关，其中布洛卡区和语音功能相关，威尔尼克区则和语义功能相关，大多数研究认为语义加工是通过"视觉字形区"直达的，也就是说，当我们看到字形时就直接理解，而语音的加工则是双重的。说明在阅读教育指导中，同时注重语音技能的培养和"整体语言"的学习，二者平衡发展。

在脑科学研究中有关数学素养一个重要的发现便是数学与其他认知领域是分开的。举例来说，顶叶对于数学运算来说是至关重要的，一个顶叶被破坏的病人不能回答"3与5之间的数是几"这样简单的抽象问题，却可以回答介于"六月到八月的月份是几"的具体问题。报告中还指出，数学学习的神经生物学效应部分依赖于学习内容，而不同的教学方法能产生不同效率的神经通路，说明数学教学中，"教什么"与"怎么教"同等重要。

关于儿童早期、青少年以及成年时期的脑、认知和学习方面，关于脑的知识，就像脑本身一样：处于不断进化之中……神经科学的观点为研究教育的学习增加了一个崭新的重要维度，需要一种新型的超学科将不同的研究共同体和观点连接起来，如本书的题目"理解脑——新的学习科学的诞生"，这门新的学习科学将促进持续性的超学科融合模式的形成。

精彩语录

不是所有神经科学的发现都会促进教学法的革新。然而，它们却能为在实践中证明具有良好效果的方法提供坚实的理论基础。这些科学见解继而对业已积累起来的经验和直觉知识提供支持，并可以解释为什么有些实践方法取得成功而有些导致失败。（P21）

人的一生之中，可塑性是脑的核心特征。脑除了终生存在可塑性外，还存在最佳学习时间，或成为"敏感期"。这个时期内特定学习类型的学习效果是最好的。某些学习的敏感期相对比较早，也比较短，如对某些感觉刺激（如语音刺激）和情绪认知经验（如语言环境）的学习。而其他的一些能力，如词汇习得，则没有敏感期，它们在一生之中任何阶段的学习效果都是一样的。（P59）

个体经验和脑结构之间是一种相互影响的关系：经验能够引起脑结构的改变，脑结构反过来也会影响经验对脑的作用方式。因此，脑在一生之中都不断发生与经验有关的重构现象。（P65）

利用这种所谓的"镜像系统"，研究者就能对这种能够理解自己和别人动作要义的能力进行研究，确认其内在的神经生理活动。这种机制可能是许多高级社会功能的基础，因为要理解别人动作的意义，就必须想象如果直接作用于自己身上的感受。这也是我们能够理解他人和自己意图的原因，也是我们能够模仿和教育别人的原因。（P69）

早期教育的主要目标之一就是应当让儿童尽早获得这种体验。这样，孩子们就会知道，学习是一件多么美妙的事情！（P82）

一旦神经科学发现了特定干预方法与神经生物发展之间的关系，教育工作者就可以针对各种可能的发展道路设计出不同的教学方法。因此，神经科学可以对他那些适应个别差异的教学方法容纳更多类型的个体差异，营造一个更加文明的社会，这种社会是全纳性的，而不是选择性的。（P111）

倾听儿童是最基本的策略，倾听可以了解儿童解决问题或者参与活动所采用的策略，了解他们所拥有的能力，以及那些拥有更多知识的人可以在哪些方面为他们提供帮助。（P218）

脑不同区域的成熟过程是不一样的，同样，个体在脑成熟的过程中千差万别，因此我们需要让教育去适应脑的发育，而不是在脑还没有作好准备的时候，简单地让个体去掌握某些事情。（P241）

认知功能存在年龄差异；智力水平是逐步发展的，具有先天的可塑性；一种有效的、有意义的学习策略需要脑科学研究和教育科学两方面的知识。（P279）

延伸阅读

教育者如何能够利用学习科学来设计更为有效的学习环境？《剑桥学习科学手册》向读者介绍了学习科学的基础理论、方法论以及知识的本质，并向读者展现了基于项目学习的可视化知识，在线共同体中的学习以及理想学习环境的设计，可以为读者提供有关儿童如何学习的最新科学研究成果。该书由美国学者 R·基思·索耶主编，徐晓东等翻译，教育科学出版社 2010 年出版。

（宁超群）

17 《如何调动与激励学生：唤醒每个内在学习者》

作者：[美]罗伯特·J·马扎诺　等
译者：吴洋　等
出版社：中国青年出版社
出版时间：2018 年 5 月

推荐理由

有人说教学是一门艺术，如果往深处说，教学应该是一门如何调动与激励学生的艺术。我们不妨来阅读《如何调动与激励学生：唤醒每个内在学习者》这本书，看看此书是如何体现这门艺术的。

本书作者有四位。第一位是罗伯特·J·马扎诺博士，美国教育界专家，接触教育领域已有 49 年之久，他是马扎诺研究中心创始人之一，著有 40 多本聚焦教学策略的书籍，如《教学的艺术与科学：有效教学的综合框架》《高度参与的课堂：提高学生专注力的沉浸式教学》等。第二位是达雷尔·斯科特，"瑞秋的挑战"公益组织的创立者，他的现场演讲听众累计超过了 500 万人，著有《唤醒学习者：发现有效教育的源头》等。第三位是蒂娜·H·布格伦博士，曾担任过教师、英语学科主任、教学导师、教学教练、职业发展师、运动教练，著有《助力新教师》等。第四位是明·李·纽科姆，马扎诺研究中心的制作编辑，参与写作《教学生学会推理：课堂活动与游戏》。

本书译者之一吴洋在见到马扎诺博士后，非常钦佩这位已过古稀之年的老人，看到他思想的活力与光芒，看到了一位沉潜于教育研究，又时时充满创新的研究者形象。他强调教育的目的并不仅仅是传授知识和技能，更是通过唤起学生内在的动力和激情，帮助他们成为有创造性的人，给自己的生活也给这个世界带来价值。吴洋说："这点同中国的教育情景、同十一学校一直以来的思考和探索不谋而合。当我们逐渐意识到'填鸭式'教育给学生带来的弊端之后，各个学校都在转型，从应试教育到素质教育，直至全人教育。"作为教师，身为教育过程中的具体执行者，怎样在课堂中转变传统的教学方式，落实指向学习目标的教学策略是我们一直思索、探讨的问题，也是所有教师心中的疑惑。而这本书，恰好在这个时候出现，探讨教育理论、聚焦教学策略。

本书作者基于人本主义心理学之父亚伯拉罕·马斯洛的需求层次理论，向教师们提供了一个调动与激励学生的框架，以及在课堂上可操作的具体教学策略，可以帮助一线教师在课堂教学中激发出学生持续的学习内动力和激情，充分释放学生的潜能，让每个学生成为最好的自己。只有理解学生的需求与目标，才能理解学生是如何被调动与激励的。学生的需求和目标实现到了何种程度，他们的积极性和学习热情就会被调动到何种程度。

书中介绍了这个基于学生需求和目标的框架，包括六个层次，即自我超越需求、自我实现需求、尊重需求、归属需求、安全需求、生理需求。后四个是较低层次的需求和目标的满足，可以保证学生的课堂参与与注意力。学校倾向于聚焦在与底部四个层级相关的事情上，也就是满足学生的基本需求。但是，如果想要让学生拥有学习的动力与激情，就必须满足较高的两个层次的需求和目标，即自我实现需求、自我超越需求。当教师满足了学生这六个层次的需求，将看到学生在学习能力和学习热情上得到前所未有的提升，进而提高学生的自我效能。当学校系统性地满足学生这六个层次的需求，我们将看到基础教育的本质和力量经历一场名副其实的变革。

难得有这么一本关于调动学生积极性方面的理论与方法兼备的书，难怪吴洋说："李希贵校长拿到这本书时激动不已，迫不及待地想要尽快提供给全校教师研读。"

如果你细致地读完此书，相信你一定能理解调动和激励学生的艺术，接着要做的是：大胆去尝试。

精彩语录

好教师激励学生，通过加深对学生心理、课堂及学校文化的理解，好教师能够不断提升自己激励学生的技巧。在一个过度强调天赋和能力评价的文化中，我们经常忽略激励的重要性。激励能够帮助我们突破自身的经验和局限，发现新的可能。激励可以让一个漠不关心的人变得充满可能，激励可以改变我们理解自身能力的方式。激励有时候会被忽略，是因为它本身难以把握。但近期的一些研究表明，我们可以调动、把握甚至操控激励，其对于实现人生的重大成就具有重要作用。（P19）

研究者们在解释人类动机时普遍用到的一个模型，涉及人类对于特定需求和目标的追求。也就是说，只有当我们认为一项活动或一个机会能满足和实现特定的需求和目标时，我们的热情才会被唤起。从这个角度看，如果我们要理解人是如何被调动与激励的，就必须首先理解人的需求和目标。（P21）

虽然教师可以按照不同的方式使用本章提供的策略，但我们推荐以下方式：
- 至少一个月一次，给学生播放励志影片，让他们讨论影片所蕴含的理想。
- 随时在课堂上融入励志名言，即便有时不对其展开讨论。
- 至少一年一次，让学生参与"利他项目"（志愿服务项目）。
- 至少一学期一次，使用与"共情""宽恕""感恩""正念"相关的策略。（P56）

不熟悉"自我实现"这个概念的学生可能会望文生畏，教师开始给学生介绍这个概念时可以给出清晰的定义，定义可随年龄而定。比如，面对年龄偏小的学生，教师可以将自我实现定义为"决定做某事并采取行动的行为"。而面对年龄稍大的学生时，教师可以解释为"制订、追求对自身有利并与个人相关的目标"。在学生熟悉此概念之后，教师可以让学生自己总结定义。教师也可以向学生讲解自我实现的具体特点，从而加深学生对这一概念的理解。（P59）

- 在每学年年初和年末时，通过检测学生对自己所持有的自我概念和表现出的尊重感特征，让学生对其尊重感进行评估。
- 让学生反思自己的思维习惯并思考这些思维如何帮助构建自我尊重感，该活动每学期至少一次。
- 关注学生学习进步，将对学习困难生的帮助融入到课堂的每个细节中，以此来保护学生的自尊。
- 采取某些策略，让学生感受到自己的重要性，感受到教师和同伴对自己的

认可,该活动至少一个月一次。(P163)

如果学生感觉自己和同学之间没有什么相似性,那他们就很难感觉到自己是被集体接纳的。为此,教师可以不断强调学生之间的相似性,尤其是平时与人交流较少的学生。这会让学生发现自己和同学间的相似性比想象的多,由此可以为包容性环境建立基础。有很多策略可以帮助学生发现他们和同学之间的相似性。(P168)

教育的目的并不仅仅是传授知识和技能,更是通过唤起学生内在的动力和激情帮助他们成为有创造性的、充实而满足的人,不仅为自己的生活带来价值,也会为这个世界作出贡献,这需要我们对什么是"卓越教育"有新的认识。(P247)

延伸阅读

教学本来就是一门艺术,我们还可以读读罗伯特·J·马扎诺的《教学的艺术与科学:有效教学的综合框架》一书。作者结合典型教学案例,系统分析并展示了有效教学的综合性框架。该书由盛群力等译,福建教育出版社2014年出版。

(刘　畅)

18 《发现天赋的15个训练方法》

作者：[英]肯·罗宾逊　[美]卢·阿罗尼卡
译者：李慧中
出版社：浙江人民出版社
出版时间：2017年8月

推荐理由

　　1950年，肯·罗宾逊出生于英国利物浦。此后，以英语和戏剧为专业的罗宾逊于1981年进入伦敦大学攻读博士学位，将戏剧教育和教育剧场作为学业研究的主要方向。1989年—2001年，罗宾逊任英国华威大学教育学教授，在2003年因具有杰出贡献被英国女王伊丽莎白二世封为爵士。此后，罗宾逊在全球TED演讲大会中关于"学校扼杀创造力"的演讲有数千万人在线观看，被誉为全球最具影响力的教育家、排名第一的TED演讲人，并于2011年入选"全球最具影响力50大商业思想家"排行榜，得到了无数人的认可与肯定。

　　在教育领域内躬耕数十载的罗宾逊根据自身经验、心得等成功创作出了《让学校重生》《让天赋自由》《让思维自由》《发现天赋的15个训练方法》《什么是最好的教育》等教育五部曲，并将毕生感悟融入其中，这些由智慧凝聚而成的文字一经问世便引起了巨大的社会反响以及人们的争相抢购。在《让天赋自由》一书中，罗宾逊对天赋教育及其重要意义之所在进行了更加系统而全面的阐述，让人们对天赋及其能力等进行了一次彻底且深入的思考与分析。《发现天赋的15个训练方法》则是在《让天赋自由》的基础上将15项训练内容分别融入"发现天赋""你擅长什么""如何发掘你的天赋""你的最爱是什么""什么会让你觉得幸福""你的态度是什么""你的现在是不是你的未来""你的'部落'在哪里"以及"接下来你该怎么做"等九部分内容之中。从内容的沿袭和深化上来说，《发现天赋的15个训练方法》完全可以被视作《让天赋自由》的续集，它不仅是对《让天赋自由》一书的完善和深化，还针对众多读者因《让天赋自由》一书而产生的困惑作出了进一步的解答。如：如何发现自己的天赋？无法以自己的天赋谋生怎么办？怎么知道自己已经正确找到了天赋……这既为人们寻找天赋之旅提供了更加明确、清晰的方向，也给予了人们寻找天赋的力量、信心和勇气。

在谈及《发现天赋的15个训练方法》时，中国青少年研究中心研究院副主任、中国科普作家协会副理事长孙云晓曾说："非常喜欢罗宾逊的《发现天赋的15个训练方法》，因为在我看来，天才就是选择了适合自己的道路，蠢材就是选择了不适合自己的道路，而明智选择的基础就是发现自己的天赋。"对于不同人的不同天赋，德国哲学家莱布尼茨曾经说道："树上没有完全相同的两片叶子，人间不会有两个完全相同的人。"每个人都有自身独一无二的优势之所在，只有发现和发挥这种优势，才能将兴趣爱好发展成事业，才能将事业融入兴趣爱好之中。唯有如此，人才能够在轻松愉悦的学习、生活体验中获得前所未有的惊喜和巨大成就，才能在天赋与职业结合的过程中将自身的个人价值、社会价值完美呈现出来。

在异常忙碌而疲惫的现代生活中，很多人茫然地工作、懵懂地学习，难以将自身的天赋挖掘出来，这不仅直接导致了他们在学习、工作以及生活中的愉悦感不足，还使他们难以在学习、生活、工作中真正挖掘出自身存在的价值与意义。当为自己的未来发展感到迷茫时，在学习和生活中面临重重考验而难以作出抉择时，《发现天赋的15个训练方法》一定能够让你在科学、合理的训练与建议下拨云见日，重新收获人生智慧，从而走上事业成功、人生幸福的道路。

精彩语录

最优秀的教育者面临的终极"瓶颈"既不是技术，也不是知识，而是教育者自身对世界和自我的认知的深度和高度。所有真正做教育的人都深谙这一点，所以他们会以最谦逊和敬畏的心，在"外在世界"做好匠人，在"内在世界"寻求开悟。（推荐序，P1）

寻找天赋为什么如此重要？首先是个体原因：因为我们要以此了解自己，了解自己的天资，以及可以为之奉献一生的事业。其次是社会原因：我们必须去发掘自己被深埋的天赋，喜欢上自己的工作、生活，让自己更快乐、更幸福。（P3）

诚如《独立宣言》中所言：追求幸福需要我们真实做自己。让人们做自己，就必须先让其了解自己。（P54）

人们拥有各种各样的学习风格，但是专家对各种风格的定义都有所不同。教育理论家大卫·库伯相信，一个人可能会是聚合型学者，如拥有很强的实际操作理念，学习风格十分理性，兴趣点往往比较集中；也可能会是发散型学者，如富有想象力，有很多想法，能从不同角度思考问题，兴趣非常广泛。（P74）

曾有人估计，一立方厘米的人脑里包含的关系比银河系里的星星还要多。神经学家大卫·伊格曼曾说，我们要了解自己的大脑，就像是笔记本电脑将自己的摄像头转向内部的电路板以了解自己一样。（P97）

顺应天赋就是要常常怀有能表达和实现自己心灵能量的积极情绪。想要发现这些积极情绪的本源和我们的天赋所在，方法之一是"正念"（mindfulness）。（P101）

"积极心理学"是一场将积极情绪发扬光大的运动，它的目标之一就是要发展"正念"的重要意义。这一目标不是要消除每天在你脑海里喋喋不休、无穷无尽的任务清单和随之而来的焦虑，而是你更加深入地内视自己的存在和目标。（P102）

发现自己热爱的东西正是自己已经习以为常的东西，这本身也是一种顿悟。（P109）

当你发现自己的天赋时，最重要的事情之一就是关注你的情绪状态。有没有什么事情总能提升你的状态？什么时候你会感受到放松和真正的愉悦？请记住布莱恩·施瓦茨帮助客户对其兴趣进行分类的方法：评估你在做这些事情的时候感觉有多好。如果想要知道自己应该做什么，那么这样的确认是非常重要的。（P122）

发现天赋的核心不仅需要天资或热情，更需要态度。著名政治活动家安东尼奥·葛兰西曾说:"那些不愿行动的人总会找理由说他们无法行动。"但是,只要你想要有所行动,你的自信和决心就能让你从一片黯淡中找到突破口,并解决那最艰难的挑战。(P161)

不要低估作准备的重要性,我常常跟那些已经在做自己喜欢的事情的人聊天,他们总在担心因为自己在情绪上没有准备充分而酿成错误。任何新环境都需要一些适应时间,但是如果你能提前知道自己需要如何适应它,会非常有帮助。(P178)

一个伟大的生命就是一个接一个的英雄之旅。你会不断地被召唤到一次次的冒险中,你的视野也一次次地变得更广阔。每一次,你都会问出一个相同的问题:"我敢吗?"如果你敢,危险在前面的道路上,帮助也大,你会获全胜或者一败涂地。每个人都会有失败的可能,也可能收获天赐之福。(P232)

延伸阅读

我们不能用19世纪的教育理念去应对21世纪的挑战。全球知名教育家肯·罗宾逊教育创新五部曲之《让思维自由》,是一本帮助你培养孩子的创新思维、激发团队创造力之书。该书由闫佳翻译,浙江人民出版社2018年出版。

(陆小敏)

19 《一个称作学校的地方》

作者：[美]约翰·I·古德莱得
译者：苏智欣　胡玲　陈建华
出版社：华东师范大学出版社
出版时间：2014年3月

推荐理由

  这是一本自带光环的书：1985年荣获美国教育研究协会杰出著作奖，1999年被选为"本世纪经典书籍"之一，21世纪仍名列美国教师与教育领导的经典图书、学校教育研究的里程碑著作。

  约翰·I·古德莱得，当代美国教育界知名学者。主要著作有《不分级小学》《课程探究：课程实践的研究》《学校的职能》《学校变革的生态学》《一个称作学校的地方》和1990年的三部曲：《教学的道德层面》《我们国家的中小学教师》《培养教师的地方》。近年的杰作有自传体的《学校罗曼诗》，近期正在撰写《与学校的浪漫史和美国梦》。

  译者苏智欣，美籍华人，美国加州州立大学北岭分校教育管理学教授、中国所所长，华东师范大学客座教授。曾在上海外国语大学和加拿大多伦多大学主修英语和文学，毕业后在中华人民共和国教育部外事局任职三年，之后在美国华盛顿大学获教育政策学硕士和教育管理学博士学位。先后在加利福尼亚大学洛杉矶分校和加州州立大学北岭分校任教，她的研究领域主要是教育领导和政策研究、教学和教师教育、比较与国际教育以及学校改革。曾荣获中国政府"杰出华裔学者春晖奖"及美国国际学者荣誉联合会"国际交流杰出贡献奖"。译者胡玲，中央教育科学研究所博士。译者陈建华，上海师范大学教授。

  这本书是古德莱得完成美国"学校教育研究"的调研报告书。书中基于总结调查的教师的数据、学生的数据、家长的数据、教学实践的数据以及决策的数据，详细说明了美国学校的现状和存在的问题，找出了形成学校教育种种弱点的原因，深刻揭示了在人们所向往的教育目标和教育实践之间的差距，提出了全面改革学校的整套方案。美国布朗大学教授赛泽说，《一个称作学校的地方》所重视的是学校教育的"语法规则"，即它的基本理念、实践、日常运作，及参与这些运作的人们的真实心态，并且，提出了彻底改革学校的建议。

那么，学校教育到底有哪些"语法规则"呢？

我们能办有效的学校吗？学校是改革的主体，如果在下结论说我们的学校处于困境中之后只强调在教师、校长或课程上的改进，那是不会有什么成效的；我们的学校只有在得到了最广大人民的（不仅仅是家长的）一定程度的关爱时，才能够好起来，并持续地保持良好的状况。

全面的教育是什么样？即调研总结的四大目标——智力目标、职业教育目标、社会和公民教育目标和个人发展目标。

很多人都会认为学校的主要任务是传授学术知识，而"学术知识被他们认作是几门学术科目和一系列的交流和思维技能，其基础是阅读、写作和算术"。但学校需要超越学术知识而存在。

教师在教室里做什么呢？重点是教师的教学实践——分组、个别化教学、时间分配、决策过程、实施控制以及他们组织课堂的方式，等等。

同样的，我相信以下话题都会让你很感兴趣：获取知识的机会有哪些呢？教师与教学环境有怎样的关系？学校和课堂在教些什么？学校间的差异有哪些体现？如何改进我们现有的学校？如何超越我们现有的学校？这些，构成了一所学校的"语法规则"。

书的最后说："在读过本书最初几章就离开我们的那些读者，也许是因为他们对自己理想中的教育和我们研究的许多学校所提供的教育之间的差距感到失望。我希望那些继续读下去的人，和我一起开始看到重建学校的可能性。"

我希望你是那一位看到"重建学校的可能性"的人。

精彩语录

从长远来讲，教育无疑有助于社会问题的解决，可是在短期内，它并不是显示出成功的迹象。不可能在国会议员一届任期的时段内确定教育的整体效果。期待结果是一个严重的错误，正像建造楼房或桥梁的资金一到位，就期待马上破土动工一样。(P3)

戴上一副眼镜来看我们的学校，似乎它们是最差的地方。戴上另一副眼镜来看，它们又似乎是最好的地方。当我们把学校教育与我们国家的快速发展直至在全球的显赫地位联系起来时，我们的眼前便出现了一幅玫瑰色的画面。(P9)

学校必须从事在社会的任何其他地方都不能有意识地去做的教育工作。它包括系统地传授所有主要领域的知识，设计学习经历来启迪和激发思维。但是学校的任务不太可能超出基础知识和基本技能的传授，除非我们要求它们去超出。(P28)

今天，每一个独立的教育机构都置身于复杂的教育机构和组织的大体系中。为了整个教育生态系统的健康，每一个教育的机构和组织都要自觉地履行各自的职责，意识到其他组织的存在并全力协同他人，这是极为重要的。(P39)

学校教育的每一个目标都得到了社会上相当一部分人的支持。所以，学校要满足不同人的需求，就必须提供广泛的而不是狭隘的教育计划。还要指出的是，创造有利的环境气氛也很重要，在这种气氛中，每一个参与者认为是重要的目标也被学校认为是重要的，并在教育计划中得到重视。(P60)

一个人必须看到生活的某一方面与他/她个人的兴趣、目标和满意感高度相关，才会热情洋溢地投入进去。(P71)

也许由于学校占据了童年和青少年时代的大部分白天的时光，所以它在我们成长过程的记忆中显得格外清晰。然而，实际上，我们大部分人每年在校的天数还不到一年时间的一半。(P86)

有充分的证据表明，当教师使用适当的教学方法时，学生们对此的反应是积极的。这也是令人鼓舞的事情。(P111)

教育机会均等的主题几乎都是围绕着是否每个人都可以有平等的机会进入同一所学校的问题和是否基于肤色、种族和信仰的歧视问题，但是现在对其他方面的思考有可能扩大争议的范围。（P116）

小学教师和学术课程的教师在多方面的强化压力之下，相信他们的工作就是开发智力，开发智力的最佳途径就是发展学术课程和实施学术性的教学。（P126）

人们希望教师能日复一日地热情奔放地教学生，并敏锐地诊断和帮助学生克服学习上的困难。这种希望现实吗？据杰克逊的研究，教师在每个小时的上课时间里要作出200多个决定。（P169）

大学教授能够并且应当帮助学校解决至少是在课程方面的问题，毕竟他们是各自领域的专家。但是，很少有人为之作好准备，对其感兴趣并有见识，或具有乐于助人的秉性，即使在课程方面，特别是历经比较长的时期。（P257）

持续性地评估每一位学生的进步是非常重要的工作，评估的重点是学生是否成长为一名富有思维力、爱好社交活动、具有合理自信的人。（P295）

延伸阅读

古德莱得所著的《不分级小学》（谢东海译）一书，由教育科学出版社在2006年10月出版。作者在书中指出，分级制是一种僵化的教育体制，它不是建立在儿童发展的个别性和独特性的基础上，也没有考虑到儿童发展的不同速度和不同层次，因而无法实现儿童发展的多样性。

（宋　茜）

20 《教育的情调》

作者：[加] 马克斯·范梅南　李树英
译者：李树英
出版社：教育科学出版社
出版时间：2019 年 9 月

推荐理由

马克斯·范梅南，教育现象学重要开创者，著名教育学者，美国教育研究协会（AERA）课程和教学终身成就奖获得者，代表作有《教学机智——教育智慧的意蕴》《儿童的秘密：秘密、隐私和自我的重新认识》《实践现象学》等。

李树英，教育现象学知名专家，澳门城市大学教务长兼教育学院院长，澳门教育发展研究所所长，近 20 年来一直致力于推动人文视域下的教育现象学在全球的研究与实践。

《教育的情调》英文名为 *The Tone of Teaching*。英文原著本就是范梅南教育现象学的成名作、代表作，出版后不仅很快成为北美许多教育学院本科生和研究生的专业参考书，更受到广大一线教师的欢迎，曾经一时洛阳纸贵。如今推出的这本中文版，已不再是对英文原著的简单翻译。作为两位作者的合著，其最突出的特色是在原著原创性贡献的基础上加入了李树英教授基于中国情境的教育现象学研究成果，有了真正意义上的"中国本土"元素。

这本书与其他的教育学经典著作是不同的，书中没有高大上的教育理论，只通过具体的事例阐述了对具体孩子的回应方式，以及如何来培养和呵护教学的特殊"情调"。这对老师如何培养和发展一种特殊的能力——关注孩子们的独特之处，关注孩子的个体生活世界具有重要意义。简单来说，这不是一本教育技巧指南，而是一段寻找教育情调的旅程，作者只是想用一个又一个发生在我们身边的教育小故事，以及"接地气"的语言来表达其对教育智慧的理解，让教师看到真正的教育者应有的样子——敏感而机智，知道什么对孩子合适、什么不合适，知道该说什么、不该说什么，关注孩子的独特之处，关注孩子的个体生活世界，懂得如何"看"孩子和"聆听"孩子。整个过程娓娓道来，侃侃而谈，夹叙夹议，有滋有味。

在这本书里，能找到我们平时教学的影子，只不过我们忽略了"情调"一词，比如在某一教学班级里有一个孩子很喜欢问"为什么"，即使是我们看似很平常的东西或道理，她也反复地问："为什么？"教师每次也都会耐心地蹲在她的面前，轻声告诉她想要的答案，并用孩子能听懂的语言简单说明她所提问事物或道理存在的缘由。这就是《教育的情调》一书中提到的"教育爱"，范梅南主张，学校应当被孩子们视为"我们的学校"，而老师绝不能像一个过路人、一个警察或一个朋友那样看孩子，要作为一个保护、培养孩子的观察者，要意识到正在成长的孩子的存在。

李政涛教授这样评价："《教育的情调》不只是一本书，它是一份礼物，献给教师、教育学者和学生的礼物。它告诉'教师'，如何带着敏感、机智和爱，进入孩子的世界，敞开孩子生命发展的无限可能，进而'针对不同的个体实施不同的教育行动'，形成一种'对独特性的独特关注'——关注孩子的独特性、情境的独特性、个人生活的独特性。"

这本书既适合广大家长阅读，也适合校长、教师们阅读。一个个真实的故事就像发生在我们身边，如果我们用心体会，这些就是我们生活中的各种"调调"。作为教育者，最重要的就是要让教育的过程始终是"生命在场"的，只要我们留心观察，用心感悟，去发现儿童那一双双发着光的眼睛，去感受儿童为我们创造的一个个"奇迹"，这个过程和效果就会变成"教育的情调"。

精彩语录

孩子会怎样体验这样的情境呢？这位专业人士拥有很多的临床"知识"，但却缺乏"敏感性"——一种周全的、充分体贴他人的思想。这样的思想是一种特殊的知识。（P8）

培养和提高一个人的教育敏感性和教育机智就是在迎接这样一种挑战——针对不同的个体实施不同的教育行动。智慧的教育者形成了一种对独特性的独特关注，他们关注孩子的独特性、情境的独特性和个人生活的独特性。（P11）

老师也是孩子的观察者，但这并不意味着老师会完全不受其人生观的影响而"单纯地"看孩子。一个不能对自己看孩子的方式进行反思的人是不能充分地观察孩子的。我这里所说的是，老师绝不能像一个过路人、一个警察或一个朋友那样看孩子。老师必须以教育学的眼光看孩子。这就是说，作为一个保护、培养孩子的观察者，老师要意识到正在成长的孩子的存在。（P39）

老师们要懂得，表扬孩子既可能带来积极的结果也可能带来消极的结果。表扬应该是有意义的，而不应该是不加区别地给予的。因为，表扬给得太轻易或太随意都可能使它失去意义。尽管许多孩子因为各种各样的原因值得被表扬，但有时可能只有一个孩子或少数几个孩子因为表现出色而应受到表扬。正是由于这个原因，表扬中包含着重重困难的选择。（P52）

眼神可以表达出教育关系中心灵的能量。为了培养教育的敏感性和机智，我们需要看懂眼神，并根据对眼神的理解去行动。换句话说，教育的敏感性和机智并不是在一个研讨班上所获得的一套简单的外在技巧。有关教育的鲜活的知识并不只是脑海中那些需要智力的东西而已，它还需要融于身体的"体知"（embodied knowledge）。真正的教学需要老师全身心地投入对孩子们世界的体验中去。（P68）

从更深的层次上说，老师的素质与以下这些因素很有关系，诸如教学的思想力、教学的机智、对什么适合孩子的敏感性、了解每个孩子的生活以及他们各自真正的兴趣所在等，同时也包括一种将数学、语文、社会科学、艺术和自然科学的课程引向生活本身对课程的综合理解力。（P100）

老师必须学着对孩子如何感知影响学校和教室气氛的复杂因素具备适当的敏感性。学校和家庭一样特殊，这是一个给孩子提供时间和空间，从而帮助其在走上社会前探索世界的地方。一方面，学校是一块保护孩子的领地，是他们对现实社会还没有充分心理准备时的避风港。另一方面，学校也是培养孩子从独有一片天地的家庭走上社会的一个特殊场所。从这个意义上讲，学校是联系

家庭和大千世界的一座桥梁。(P109)

我们必须当着孩子的面公开反省自己,经常问自己:"我们应该怎样活着?"这样,孩子们习惯了这种方式之后,也就能自由地问他们自己这样的问题。(P125)

优秀的老师会关注课堂里学生的生活体验,对课堂里的教学活动有一种特有的敏感,并能捕捉到每一个细微的心绪变化,以随时调适自己的情绪、讲授和互动的节奏。(P137)

智慧的教育学就是这样一门学问,它具有独特的人文视角。在智慧的老师眼里,教育的对象不是容器,而是教育的主体,是一个个鲜活的生命体。教育,就是成年人与孩子相处的一门学问。教育就是一种影响,是一种影响施加到另外一种影响上,让影响产生影响的过程。(P149)

延伸阅读

《儿童的秘密:秘密、隐秘和自我的重新认识》(教育科学出版社2015年出版)是范梅南的另一本书,通过现象学的研究发现,秘密是人生成长的一个关键的方面。它向我们展示了日常生活中的普普通通的秘密是如何让孩子们明白和意识到自己逐渐拥有的内心世界和外部世界,这种认识反过来又帮助他们形成一种自我感、责任感,以及自主性和人际交往间的亲密性。

(刘　畅)

21 《现代课程论》

作者：钟启泉
出版社：上海教育出版社
出版时间：2003年10月

推荐理由

钟启泉，男，1939年生。华东师范大学终身教授、博士生导师，华东师范大学课程与教学研究所名誉所长。教育部社会科学委员会学部委员（教育学与心理学学部召集人）、教育部教师教育专家委员会委员、全国教育科学规划领导小组学科评议组成员。《全球教育展望》杂志主编。著有《核心素养十讲》《现代课程论》《现代教学论发展》《读懂课堂》《课堂研究》《课堂转型》《课堂革命》等。

钟教授有"新课改的设计师"之誉。新世纪之初，我国基础教育开展了如火如荼的新课程改革。教育部在进行大量国际比较、调查分析、总结经验的基础上，制定了我国2000—2010年基础教育课程改革的纲领性文件《基础教育课程改革纲要（试行）》。这份改革文件明确了使每个学生都得到发展的素质教育的基本理念，以此来规范课程改革的理论研究和实践探索活动，并最终构建起一个开放的、充满生机的、具有中国特色的社会主义基础教育课程体系。使每个学生都得到发展是我国基础教育课程改革的指针，这实际上意味着课程理念和教育方式的转型：由精英主义教育转向大众主义教育。当然，也要求课程开发模式的转型，其具体指标主要体现为三个方面：（1）构建一套具有前瞻性和可操作性的课程教材体系；（2）形成一支善于攻坚、结构均衡，既有国际学术视野，又有本土实践经验的课程理论研究队伍；（3）构筑具有典型性和示范性的新课程实验学校网络。肩负"课程改革必须'理论先行'"的历史使命，钟教授编著了这本《现代课程论》。出版之后，深受学界好评。

作者力图贴近国际课程研究的前沿，贴近我国课程改革的实践，勾画课程理论的发展轮廓，着重向读者介绍当代最有影响的课程学说及其基本特点。著作内容分为两大部分，共九章。前七章为第一部分，论述"课程理论与课程研究"；后两章为第二部分，论述"课程改革与学校文化"。

在第一部分中，作者认为，课程作为学校教育这个系统的"软件"，是最重要、最繁难的教育问题之一。可以说，教育实践就是以课程为轴心而展开的。正因如此，世界各国普遍重视课程研究，并针对历史形成的不同课程样态而形成了丰富多样的课程理论。其中，一些重要的外国课程理论对我国教育发展有着较深的影响，如德国赫尔巴特主义的课程论、美国杜威经验主义的课程论等。从历史形态来看，课程研究成为专门的研究领域，源于科学的课程理论。这种研究将企业的科学管理与控制的理念运用于学校管理及至课程设计，其中最有名的是泰勒原理，被人称为现代课程论的典型代表。自上世纪80年代，逐步兴起的后现代课程学者开始提出追求非理性、多元性和差异性的主张，对现代课程论所强调的追求理性、单一性和确定性进行学术反思与批判。如美国学者小威廉姆·E·多尔所著的《后现代课程观》，就是其中的著名作品。

在第二部分中，作者认为，知识社会要求重塑学校文化。课程改革从本质上说，就是批判和改变落后于时代的应试教育的强势文化，代之以转型改革的素质教育的新文化。课程改革的过程是"各种次级文化、利益团体和多元价值之间相互冲突、协商、适应和妥协的过程"。教师在课程实施中扮演着关键性的角色，甚至可以说，直接决定着课程改革的成败。因为倘若教师没有"知觉"到实施新课程的必要性，并在自己的课堂教学中加以"运作"实践，那么一切都只是纸上谈兵，学生也无法"经验"这种课程。

总的来看，这本书视野开阔，论述精当，既有探索课程理论的纵深历史感，又有呼唤课程改革的强烈现实感，是值得广大校长认真阅读的一本好书。

精彩语录

学校课程的最基本的元素，是一定的知识、技能。学生通过学习，掌握作为一个未来的生产者或社会人所必需的各种各样的知识、技能。但是，课程不是单纯的知识、技能的堆积，它还包括了教师组织指导下的学生的活动。学生有计划地掌握一定的系统的知识、技能，在解决各种问题的同时，发展起一定的能力、习惯和态度，例如，通过说话、记叙、报告，发展表达能力；通过事物的系统观察，发展观察能力。这就是说，课程是由知识、技能及与之相应的学生的活动组成的。（P4）

人本主义课程的特点是：(1)学校的重心，从授受大学学者书斋的学问知识过渡到尊重学习者的本性与要求。(2)承认儿童的学习方式同成熟学者的研究活动有重大的质的差异。(3)学校课程必须同青少年的生活及现实的社会问题联系起来。（P167）

在整体教育论看来，人类这一存在不仅是追求知识与技术，而且是寻求意义的存在。人类必须在健全地成长和成熟之中寻求人生的真谛。恐怕惟有充分领悟人生真谛的人，才能创造出健全的社会。整体主义教育就是旨在哺育和发展拥有人类精神的最重要的憧憬。（P201）

经验中心课程亦称"综合课程""生活课程"，是狭义的经验课程。它不承认一切学科的存在，是以基于儿童之兴趣和目的的活动所组成的综合单元的方式组织的统整的课程。它消除了学科的界限，认为学校教育同儿童的生活是一致的。（P238）

再生产理论研究的课题是，通过课程持续地产生社会的不均等结构。学校是普遍主义与业绩主义的世界，理应是除本人能力之外的因素不加区别的社会。然而，事实并不是这样。这是因为，带有文化偏见的课程在判断人的能力的内涵。学生的出身阶层、性别以及种族的不同导致歧视性的社会结构的再生产。再生产理论的研究目的就是揭示这种现实，纠正人们对学校所抱的幻想，更替现行课程所内隐的权力关系，以实现更平等、更公正的社会。（P293）

传统的教学观缺乏"课程"的地位，充其量不过是局限于"学科教学"范畴内的改良。况且传统意义上的"学科教学"所强调的是其作为传递知识的手段和教师控制的过程。它只关心达成教学目的之手段的选择，而忽略了教育目的本身的追究，割裂了教育目的与手段之间的联系。这样，教学的"全人格发展"功能式微，情意目标、体验目标处于教师关注的边缘。（P447）

课程改革为学校的改革与发展提供了一个平台，为创造新型的富有个性的学校文化提供了契机。在重建"主学校文化"的过程中，我们需要特别关注"对话文化"再生的课题。因为，"没有了对话，就没有了交流；没有了交流，也就没有了真正的教育"。（P468）

延伸阅读

我国教育界对课程问题的研究有着相当长的历史和相当广泛的经验，但对课程理论体系的构建则起步较晚。施良方先生所著的《课程理论——课程的基础、原理与问题》是我国第一本提供了课程理论分析框架的经典之作，同时也是深化与发展我国课程教学领域研究的一个重要标志。施先生在书中通过对课程的心理学、社会学和哲学基础的探讨，对课程目标、课程内容、课程实施、课程评价等整个编制过程的分析与反思，对课程理论体系和研究范式的思索，对课程一些基本问题的探讨，对课程的历史、现状的剖析以及对未来课程的展望，从而确立起一个比较完整的课程理论的框架。该书由教育科学出版社1996年出版。

（刘　猛）

22 《未来课程想象力》

作者：徐莉
出版社：华东师范大学出版社
出版时间：2019 年 4 月

推荐理由

反观自身，问询教师职业发展新的可能；立足当下，寻找国内外课程建设的启示；放眼未来，探寻课程变革的方向和路径。要做好这些事，关键需要有对未来课程的想象力。

作者徐莉，一位名副其实的斜杠青年，是一位真正从教育一线"长"出来的斜杠青年：教师/课程设计师/课程教练/专栏作者/记者/阅读推广人……这样多的身份也就让她思考问题拥有不同角度；不同领域的探索，让她对教育、课程的理解全面而深刻。

这本书是作者作为课程工作者工作 20 年的经验叙事，但是作者努力超越个人经验，呈现 2001 年以来，我国课程改革中教师和学校课程自主权、课程整体优化发展等普遍问题。上、中、下三编分别对应作者的三重角色：一是作为教育从业者，以观察者视角描述分析各种课程案例中的观念体系；二是作为课程顾问，深度参与地区、学校、机构课程变革，厘清课程发展的一般路径、关键要素和焦点问题；三是作为课程实践者，如何将课程优化、课程创新从观念体系落实到具体的教育行动之中。

作者以坚实的教育理论基础、丰富的教学经验和个人阅历来展开文本，使得本书的论述深入浅出，娓娓道来，引人深思，可读性强。

首先，没有一个案例具有全民示范性，我们都要做这样的课程，也没有一个案例是万恶的、糟糕的。整本书都是从分析的角度去思考为什么是这样的案例，它所呈现出来的为大众所接受和喜欢的东西究竟是什么。除了大众视角外，作为课程工作者去观察、研究它的时候，还有哪些需要提醒大众再来思考和分析的部分。除了大陆的网红案例外，还有在当今世界课程样式当中很特殊的两个模块：第一个是以芬兰为代表的北欧四国。这些国家具有相似性，地方小，经济非常发达，经过了多年的民主化进程。思考这种"最不学什么，给孩子最多自由，最快活的教育"为何也能被大众接受。虽然大众一边批评它，但是为什么坚持让孩子多玩。第二个是中国香港，因为作者在香港工作过，在其中能看到很多细节。

其次，作者致力于探明实际课程行进中的结构性状况，避开了常见的关于课程议题宏大叙事的文献式注解。如讲课程优化路径的时候，关于国家推动的课程改革和大众（所有人）参与的探索之间对话的过程，作者采用叙事的方式去记录课程改革中的基本要素，思考课程究竟包含一些什么，为什么在今天格外受到关注。

再次，作者分享了自身的课程实践，涉及课程观念及课程案例。作者并没有详细叙述实施，因为类似的案例网上很容易查到，但是人们会发现同样的做法或者相似的做法背后的解释可能不一样，作者试图把这些解释的部分说清楚。同样，作者也没有详细叙述个人的课程实施步骤，理由很简单，技术化的分享适应性是不够好的。就像有人去听了一节很好的公开课，即便把公开课的教案、PPT等全部"搬回来"，往往也不能在他的学校、他的课堂"复制"成功，因为他注定要遭遇太多并不一样的现实处境。

作者曾言，"作为课程工作者，我的工作绝不仅仅是帮助学校撰写课程方案，研发出叫好又叫座的课程产品卖给他们，我的责任在于解释学习者特征、学科发展、社会发展、不同的课程哲学以及学习理论等对课程决策的影响，善用社会学研究方法分析课程需求，参与课程标准的制定，厘清学习内容焦点及其得失，与持份者们一起实施课程变革等。当教育领域过于关注新的课程产品研发、迭代的时候，过于强调方案出新出奇的时候，其实是对课程工作者工作领域的窄化。对急于输出产品和价值观的人而言，'我们的课程为什么叫好不叫座？''我们已有的课程产品如何落地实现日常化？'这些常见问题背后，往往是缺乏课程理解的问题，因为从一开始，课程设计就没有考虑需求方和多方的合作共赢。特别是在经济大潮席卷一切领域的当下，看到教育生活与经济生活的一致性容易，勉力思考并保持教育领域的独有价值很难。"或许，正是这教育的"很难"之处，"未来课程想象力"有助于人们获得新的能够释放更大潜力的思考空间。

精彩语录

很多人一生都没有机会发现并接受自己对家人、对这世界的爱与责任。幸运的是，没有毁灭和丧失，我也终于能够发现它，并因此与自己的童年和解，与家人及这个世界和解，笨拙地向家人、向伙伴、向这个未完成的世界表达自己的关切。（序，P3）

秩序与规则既是学习的内容，也是为了能够促进持续有意义的学习，且后者更为重要。（P5）

如果你对人有着占有心，就不应该当老师。（P6）

如果说造就一种依赖惩罚的氛围，最终必然会摧毁学生的独立判断与决策能力，那么坚持绝对的自然就是拒绝教育。儿童的天性如其所是，既不是善的也不是恶的，无需也无法为是否生来就好学作出保证，教育实践因人性的丰富复杂而丰富复杂，假定他们生来个个好学在实践者看来并不符合经验。（P8）

请拿自己的现实对比别人的现实，用自己的理想对比别人的理想，只有这样才能意识到，彼此并不是敌人。（P13）

规则和限制最终都必须转化为孩子内在的自觉和自制才能使孩子终身受益。（P19）

这种无所不能、无所不包、无所不至的理想，与社会其他主体无所不能、无所不包、无所不至的理想一起，共同组成当代社会图景——各行其是，深度合作因此很难发生。（P035）

孩子会用他所有的生命力来用心地构建自己，而不用一次一次小心地保护着自己或牺牲自己去迎合或是对抗。（P39）

我享受自己作为一个学习者的身份，我称自己是"永远的学徒"，我愿意不断更新自己。我不喜欢站在固定的地方，以固定的身份强调自己认识和决策的正确英明。（P88）

自主设计，是指除了教师之外，学生、家长及社区专业人士也能够作为课程主持人，担负课程开发、实施、总结的任务，完成重组课程资源、确定主题、设计互动方案、执行方案、进行活动反思、总结的全过程。（P106）

课程领域的创造不是找人帮忙做方案，然后照着方案一步步做，课程就能创新、发展，而是在自己能做的、擅长做的领域，在比自己做得更好的人的身上，在各种能够看到把握和不能看到把握的因素中寻找可能性。（P113）

有时候他们的"热情参与"是一种非常复杂的互动现象，并非表达自己的意愿。不要轻易说"他们很喜欢"或"他们很积极"，过程中的积极和热闹不能佐证良好的参与和互动。（P180）

课程并不是个筐，什么都可以往里装，但它又确实呈现出某种"混乱"，可这又有什么不好呢？用多样性和复杂性打破扰乱既定的流程、秩序。（P193）

回望，我确实感到了自己的变化——对孩子，重心从试图改变他们到尽力理解他们；对课程，从关注课程开发新产品到关注课程理解。这背后有阅读的支撑，有对个人、具体情境的一再反思，有谨慎大胆的实践。（P213）

延伸阅读

万伟撰写的《课程的力量——学校课程规划、设计与实施》一书，由华东师范大学出版社于2017年1月出版。此书从理论层面阐述了课程概念的发展、课程的意义价值，并结合当下的课程情境，梳理了课程理论的百年历史发展以及国外经典课程理论对当前学校课程实践的启示。

（欧小丽）

23 《核心素养：课程发展与设计新论》

作者：黄光雄　蔡清田
出版社：华东师范大学出版社
出版时间：2017年6月

推荐理由

　　本书第一作者黄光雄，台湾中正大学荣誉教授，历任新竹师专校长、台湾师范大学教育系教授兼教育学院院长、中正大学教育学研究所教授兼教育学院院长。黄光雄教授的研究兴趣集中在课程理论与教育思想领域，专长为课程与教学、西方教育思想史。著有《课程与教学》《西洋教育思想史研究》《蓝开斯特与导生学校运动》等专著，主编《教育概论》《教育导论》《教学理论》等书，并发表教育学术论文数十篇。

　　本书第二作者蔡清田，台湾中正大学教授兼教育学院院长，曾任中正大学课程研究所所长与师资培育中心主任。近年来主持"中小学课程相关之课程、教学、认知发展等学理基础与理论趋向""K-12一贯课程纲要各教育阶段核心素养与各领域课程统整研究""十二年国民基本教育课程发展指引草案拟议研究"等整合型研究案。著有《素养：课程改革的DNA》《课程发展与设计的关键DNA：核心素养》《国民核心素养：十二年国教课程改革的DNA》《核心素养：课程发展与设计新论》等专著，并有丰富的译著和课程领域学术论文。

　　世纪之交，各国纷纷确立了人才优先发展战略，推动了新一轮的课程改革，课改的共同关注点就是提高国民的核心素养。本书的两位作者黄光雄教授和蔡清田教授是台湾地区著名的课程学者，在核心素养与课程发展领域都是值得信赖的专家。他们亲历了台湾新一轮课程改革的过程，本书以"核心素养"为灵魂，站在世界的高度，学通古今课程发展理论，并以台湾地区的课程实例为血肉，从课程设计写起，写到课程发展，再写到课程的实施、领导和评价，最后展望课程的未来发展，为读者呈现了一卷指向核心素养的课程发展图景。

教育部人文社科重点研究基地华东师范大学课程与教学研究所所长崔允漷教授亲自为本书校订，并作了推荐序，他认为"本书是华人社会第一部系统论述指向核心素养的课程发展的专著，紧扣前沿的话题、高瞻远瞩的立意、旁征博引的学理观点、完整清晰的篇章布局、深入浅出的语言表达，使得本书颇具可读性、引领性。既值得课程学术研究者收藏，又可用以课程专业的学习教材，还可作为一线教育者（校长、教师和课程研发人员）的实战指南"。

虽然内地和台湾地区对核心素养的定义及内涵在理解上有差异，但是"核心素养如何统整课程发展"是一种逻辑、方法与实践上的过程经验，具有很强的共通性和借鉴性。实际上，台湾地区的实践也借鉴了英国"国家课程"等其他国家的课程经验。而且同为华夏民族子孙，教育生态和社会文化背景相似度很高，大家面临的教育困境和挑战也是相似的，对核心素养的理解其实并没有太大差别，可谓同中有异、异中有同，从这个角度上看，台湾地区的课程改革实践反而对我们更有借鉴的意义和价值。

本书共十章，编写思路即是课程发展的逻辑思路，展现的是课程发展的重点关注的问题或环节。本书既未深入回答"核心素养是什么"，也不讨论"怎么培养学生的核心素养"，但讨论了"有了核心素养，怎么将它变为能够培养学生核心素养的课程"，"核心素养如何统领课程发展"，所以只要用心品阅，就能在书中发现，"核心素养"虽表面提及不多，但"灵魂"无处不在。

本书不仅站位高，而且理论性强，其中，第三章"课程设计理论取向的意识形态"写得很有水平，建议大家多读几遍。不管是精粹主义、经验主义、科技主义还是专业主义的意识形态，其实在我们自己的课程建设实践中都会找到影子。读到深处才会明白，现实中所遇问题，其实都有出处。以前我们总是要分对错，要辨优劣，其实不同意识形态，各有所长，适切不同时代、适切不同国家或环境，而现在更多的是相互渗透，汲取各种意识形态课程设计取向的优点，才是最真实、最适切的课程发展取向。

从第四章到第十章，对操作的指导性更强一点：从课程设计的模式开始，讲到课程选择、课程组织与统整、课程发展、课程实施与领导、课程评价等，最后讲到迈向课程学，阐述了如何解决核心素养统整课程发展与设计的系统性问题，值得我们深入研究和实践，定有满满收获。

精彩语录

"素养"就是透过教育情境获得学以致用的知识、能力与态度而展现的"优秀教养"。（P4）

核心素养是"核心的"素养，不仅是"共同的"素养，更是关键的、必要的、重要的素养，具有关键性、必要性、重要性的核心价值，是经过社会贤达精心挑选、可透过课程设计将学科知识与基本能力取得均衡并加以精密组织及安排先后顺序，而且可学习、可教学、可评量的关键必要素养。（P4）

悬缺课程是指学校应教但却没有教的学习内容，例如开放心胸、包容异己、热爱艺术、环保意识、民主素养、批判反省、爱心耐心、处理冲突之知能等。悬缺课程的探讨一般可分为三个层面：一是学校教育忽略的心智慧力，二是学校课程遗漏的学科或教材，三是学校教育疏忽的情意陶冶。（P25）

国民核心素养不是先天遗传，而是经过国民的后天学习得来，而且国家可透过教育培养国民核心素养，逐渐充实国民核心素养的知识、能力、态度之内涵同时，提升其水准品质，还可扭转国人对基本能力相对于知识之误解，并且可以进一步培养社会所需的优质国民，同时促进成功的个人生活及功能健全的社会。（P53）

所谓目标模式的课程设计，主要的精神在于目标取向的理念，例如台湾地区《十二年国民基本教育课程纲要总纲》明确：启发生命潜能、陶养生活知能、促进生涯发展、涵育公民责任四项总体课程目标，以协助学生学习与发展。（P109）

泰勒提出课程设计的四个重要问题，第一个问题是学校课程应达成哪些教育目标？第二个问题是学校课程要提供哪些学习经验才能达到教育目标？第三个问题是学校课程如何有效地组织学习经验？第四个问题是学校如何确定这些教育目标已经达成？这四个主要问题，非常具有实用价值，被公认为课程设计的里程碑，被誉为课程设计典范"小圣经"。（P112—113）

课程统整是指将两个或者两个以上的概念事物现象等学习内容和经验组织结合，成为一个有意义的整体课程，它不只是一种课程设计的组织形态，更是一种教育的理念，课程统整通常是指课程经验"横"的关联之水平，也是课程内容或学习经验相互之间的统整关系，或者是身心素质与自我精进、系统思考与解决问题、规划执行与创新应变、符号运用与沟通表达、科技信息与媒体素养、艺术涵养与美感素养、道德实践与公民意识、人际关系与团队合作、多元文化与国际理解等核心素养的统整。（P168）

课程发展是指课程经由发展的过程与结果，强调演进、生长的课程观念。是将教育目标转化为学生学习的课程方案或教学方案，并强调教育理念的发展演进与实际的教育行动，以彰显课程并非只是纯粹思辨的教育理念产物，而是付诸教育行动的过程与结果。（P197）

延伸阅读

深度学习，让教学触及学生心灵！《深度学习：走向核心素养》一书主要围绕深度学习的内涵、动因、实现与推进方式等问题展开，是一本关于深度学习的理论普及读本。《深度学习：走向核心素养》，刘月霞、郭华主编，教育科学出版社2018年出版。

（金　华）

24 《学校的挑战:创建学习共同体》

作者:[日]佐藤学
译者:钟启泉
出版社:华东师范大学出版社
出版时间:2010年8月

推荐理由

本书作者佐藤学,1951年生,东京大学教育学博士,日本学习院大学教授、东京大学名誉教授。日本教育学会前会长,日本学术会议第一部(人文社会科学部)前部长。作为"付诸行动的研究者",他三十年如一日,遍访日本全国各地学校并扎根中小学实地观察,与一线教师共同研究教学,倡导创建"学习共同体",是日本学校教育领域公认的最有影响力的人物之一。著有《学习的快乐——走向对话》《静悄悄的革命——课堂改变,学校就会改变》等十余部著作。

本书是佐藤学教授的经典代表作之一,是作者基于日本的中小学课程改革浪潮背景写成的。该书从理论与实践两个维度分别阐述了"课堂革命"的内涵,即保障每一个儿童的"学习权",真正实现"教育公平"的"宁静的革命""永远的革命"。

本书主体部分共分三大板块。第一部分:"合作学习"——课堂的风景,从变化的课堂、亚洲扩展中的"学习共同体"、"合作学习"的奇妙、"合作学习"的意义、走向挑战性学习等,向读者描绘当前教育的组织形式从"同步教学"走向"合作学习"的必然趋势。第二部分:"学习共同体"的创造——学校改革的案例报告,作者从21个真实的、横跨幼儿园至高中的、亲身实践的日本乃至亚洲学校的实践案例出发,以语带温情的叙事性文笔向读者娓娓道来"学习共同体"下的儿童身心的舒展、师生思维与沟通的交响等令人向往的美好学习生态的景致。第三部分:对校本研修的建言,作者从构筑"同僚性"的校本研修、作为学习专家的教师两个基点呼吁谨慎朴素、返璞归真的教育实践，呼吁变"教"为"学"的校本研修主旋律的变革。把创建"学习共同体"作为学校改革的哲学，推进新型校园的建设。

　　作为本书的附录部分，译者选编了佐藤学教授近年来发表的散见于报纸、杂志的数篇教育评论，如："学力神话"的破灭、如何克服"基础学力"的复古主义、"分层教学"落后于时代、"分层教学"有效吗、"综合学习"的可能性与危险性等论述，以实证颠覆个人主义竞争、"分层教学"实效性的论调，明晰21世纪"基础学力"的新内涵，倡导同时追求"优质"与"平等"，从产业主义社会向后产业主义社会转型的理想学力的变化，以适应21世纪的知识社会与终身学习社会。其中所梳理的教育概念，诸如"基础学力""综合学习""教学论思考"等都属改革实践中具有普遍性的基本概念。读者据此可以建构各自的教育观，展开相应的教育实践与课堂转型改革。

　　本书在日本问世之后瞬间风靡日本，并被翻译成中文、韩文、西班牙语，在数个国度广泛流传。对于教育乱象下迷惘的教师、儿童和家长们一直在关注和探索的课题：究竟该相信什么？该改革什么？该如何改革才能构筑更幸福的社会、创造更幸福的学校生活、为儿童缔造更幸福的未来？能给予很好的启示。为读者共同探求这些话题、开辟未来教育的希望，准备了对话的平台。既能成为读者汲取先进教育理论基础知识的平台，也能为读者指明探究教育实践的新航向。

　　对于本书能在中国翻译出版，佐藤学教授倍感欣喜。近年来，他多次受邀前往中国，真切地感受到中国各地的教育学者与中小学教师对于共同推进"学习共同体"的学校改革的渴望与期盼。他坚信，本书所倡导的创建"学习共同体"的改革，作为主导整个东亚的学校建设的21世纪的哲学，在当前这股教育改革激流中，必将是意义深远的。

精彩语录

　　学校和教师的责任并不在于"上好课"，而在于实现每一个学生的学习权，给学生提供挑战高水准学习的机会。遗憾的是这种学校简直是凤毛麟角。随着年级的提升，学生们越来越逃离学习、逃离读书。这并不是由于教师不够努力使然。教师的工作时间每周超过了50课时，已经是疲于奔命了。那么，为什么我们的中小学还不能实现学生的学习权呢？（P1—2）

所谓"学习"，是同客体（教材）的相遇与对话，是同他人（伙伴与教师）的相遇与对话，也是同自己的相遇与对话。我们通过同他人的合作，同多样的思想的碰撞，实现同客体（教材）的新的相遇与对话，从而产生并雕琢自己的思想。（P20）

"上课"是以实现每一个学生的"学习"为目的的，但教师仅仅关注于"上课"本身，未能直面关键的"学习"。这是本末倒置，因此需要教学观念的根本转变。"上课"是以实现"学习"为目的的，每一个学生"学习"的实现必须成为"上课"的诉求。

发人深省的是，大凡实现了学力提高的学校并不是直接以提升学力为目的的学校，我所合作的诸多学校都借助"学习共同体"的创建实现了儿童学力的提高，但这些学校都不是直接以提高学力为目的的，而是拒绝机械训练、拒绝分层教学、拒绝应试主义评价。这些学校改革的宗旨在于实现每一个儿童的学习权。他们是在课堂中实现优质的"合作学习"经验的学校，因而儿童学力的提升乃是必然的归宿。（P39）

倘若一所学校丧失了自身的历史与传统，那么，这所学校就会如同天空的浮云那样来去无踪。（P48）

无论是教学的改进还是教师的成长，以教师自身的实践场所——课堂——为中心，形成了一种同心圆的结构。对于教师来说，最重要的是扎根于自己的课堂事实的研究与研修，重视自己所在学校内部的研究与研修。（P51）

该校的《平成十五年度·校本研修的步伐》中，明确提出了校本研究三原则：（1）及时回应儿童的教学；（2）以倾听为中心的教学；（3）彰显教师风格的教学。（P55）

在智能社会里，"知识的创造与交流"替代了"商品的生产与消费"，成为经济的中心。（P183）

"学力"的形成并不是基于自己理解的水准，而是通过同教师与同学的沟

通，认识自己当下的理解水准并不理解的事物，并把它加以"内化"的结果。（P188）

芬兰的经验告诉我们，"优质"与"平等"的追求并不矛盾。在以往的教育改革中往往把"优质"与"平等"对立起来。过去的常识是：倘若追求了作为教育的"质"的"卓越性"（excellence），"平等"就会遭到破坏；反之，倘若追求了"平等"，"优质"就会遭到破坏。然而，芬兰的案例表明，"优质"的追求与"平等"的追求并不矛盾，倒是可以说，应当并行不悖地同时追求"优质"与"平等"。（P193）

任何一个儿童的思考与挫折，都应当视为精彩的表现来加以接纳。倾听每一个儿童的困惑与沉默，正是课堂教学的立足点。所以，富于创意的教师总是全身心地直面儿童的多样性与教材的发展性的。（P218）

教学的创造能否成功取决于教师在多大程度上尊重教材，尊重每一个儿童，以及教师对于自身教育工作的尊重。（P218）

延伸阅读

"教师的责任不是进行'好的教学'，而是要实现所有儿童的学习权利，尽可能提高儿童学习的质量。"《教师的挑战：宁静的课堂革命》是佐藤学教授另一代表力作，聚焦日常教学实践，以现场素描的方式真实再现了基于"学习共同体"的教学实践和学生生活。该书由钟启泉教授携手陈静静共同翻译，华东师范大学出版社2012年出版。

（陈　燕）

25 《追求理解的教学设计》（第二版）

作者：[美] 格兰特·威金斯　　[美] 杰伊·麦克泰格

译者：闫寒冰　宋雪莲　赖平

出版社：华东师范大学出版社

出版时间：2017年3月

推荐理由

自中国"学生发展核心素养"提出以来，逐渐成为"课程改革的关键、新课标的源头、中高考评价的风向标"。在课程改革进一步深化的今天，如何避开当前教学设计中普遍存在的"聚焦活动的教学"和"聚焦灌输的教学"两大误区，建设一套科学严谨、富有魅力的课程体系以落实学生发展核心素养？

格兰特·威金斯和杰伊·麦克泰格在《追求理解的教学设计》（第二版）中很好地诠释了这些问题。

格兰特·威金斯是哈佛大学教育学博士，"真实性教育"（Authentic Education）的负责人，教育评估方面的专家。杰伊·麦克泰格目前是马里兰州评估委员会的主任。在教师专业发展方面经验丰富，常常作为专家参加国家、州、地区的会议和工作坊。

《追求理解的教学设计》英文名为 Understanding by Design，也有学者译为"理解性教学"，简称 UbD。

什么是理解？它和知道有什么不同？《追求理解的教学设计》建立了"理解"框架：横向上，提出了"理解六侧面"——解释、阐明、应用、洞察、神入和自知；纵向上，提出了"需要熟悉的知识""需要掌握和完成的重要内容"和"大概念和核心任务"三个层级。神入，指能从他人认为古怪的、奇特或难以置信的事物中发现价值，在先前直接经验的基础上进行敏锐的感知。自知，即元认知的意识，反思学习和经验的意义。很显然，这样的

"理解"指向的是迁移的能力，与"知道"有巨大的差别。在旨在促进迁移的教学中，理想的情况是这六个侧面的全面发展。这样的立体结构，为教师进行教学设计提供了开阔的思路和明确的方向，使学科大概念、学科本质、深度学习、学科核心素养等诸多理念在教学中的落地，有了切实可循的方法和阶梯。

如何避开目前教学中的误区而实现真正的"理解"呢？《追求理解的教学设计》提出了"逆向设计"。在常态的教学中，教师大多以"教学目标—教学活动—教学评价"的方式进行教学设计，主要思考教什么和如何教。而本书作者非常认同：好的设计就是以学生为中心，"以始为终"，应该从学习结果开始逆向思考。这就要求教师和课程设计者在思考如何开展教学活动之前，先要努力思考此类学习要达到的目的到底是什么，以及哪些证据能够表明学习达到了目的。因此，逆向设计包括"确定预期结果—确定合适的评估证据—设计学习体验和教学"三个阶段。

《追求理解的教学设计》是一本值得学校管理者和教师深入研究、一读再读的书。

首先，本书提出的基于理解的教学设计方法及建立的单元模板，为教学设计者建设课程体系提供了一条清晰的路径，能有效帮助学生理解学科本质，将零散的知识和技能整合在学科大概念之下，有利于促进学生参与探究活动和提升迁移能力。

其次，本书是作者及其团队在大量实践基础上所作的总结，第一版出版六年之后，推出了第二版，书中展示了大量的实证案例，融入了全球教育改革共同趋势的最新要求。书中借助各学科领域大量的实践策略、工具和案例，建立了"逆向设计模板""基本问题图表""基于理解六侧面的问题模板"等大量模板，这些模板为教师确立教学目标、开展教学评估及实施教学活动提供了脚手架。同时，书中众多"误解警报"和"设计技巧"为追求理解的教学设计划定了边界、提供了方法。

最后，在我国基础教育课程改革进入新的历史阶段、正以学生发展核心素养为纲要建设和完善课程体系的重要时期，本书提出的以"理解"为目的和进行逆向设计，能帮助一线教师将课改理念转化为课堂上教与学的具体行动，对促进课改达到预期效果具有重要的现实意义。

精彩语录

"活动导向的设计"的不当之处在于"只动手不动脑"——就算学生真的有所领悟和收获，也是伴随着有趣的体验偶然发生的，活动纵然有趣，但未必能让学生获得智力上的成长。（P16）

"灌输式学习"，即学生根据教材逐页进行学习，尽最大努力在规定时间内学习所有的事实资料。因此，这种学习就像走马观花式的欧洲之旅，没有总括性目标来引导。（P17）

我们是培养学生用表现展示理解的能力的指导者，而不是将自己的理解告知学生的讲述者。（P18）

理解的目标是利用已有内容生成或揭示一些有意义的事情——利用我们记忆中的已有知识去发掘事实和方法背后的含义并谨慎地加以运用。（P41）

为使教学设计更加完善和有效，设计必须条理清晰，关注明确且有价值的智力因素，我们称之为"大概念"和"核心任务"。（P71）

我们认为，如果你能讲授、使用、证明、联想、解释、辨析所学内容，并领会其言外之意，那就算理解了。（P92）

为了构成成熟的理解，我们形成了一个多侧面的视角，即理解六侧面。当我们真正理解时，我们能解释、能阐明、能应用、能洞察、能神入、能自知。（P94）

最好的问题是指向和突出大概念的。它们像一条过道，通过它们，学习者可以探索内容中或许仍未被理解的关键概念、主题、理论、问题，在借助启发性问题主动探索内容的过程中加深自己的理解。（P121）

我们通过强调理解的几个显著特点来界定理解。（1）理解是一种从专家经验中得出的重要推理，表现为具体有用的概括。（2）理解指的是可迁移，大概念具有超越特定主题的持久价值。（3）理解包含了抽象的、违反直觉的、容易被误解的概念。（4）获得理解的最好方式是揭示学习及应用。（5）理解总结了

技能领域的重要策略原则。(P145)

理解六侧面是测量理解的有效办法,它们标志着表现的各种类型。它们概括地描绘各种表现的证据,使人们可以从理解的某个侧面中将事实性知识与真实的理解区分出来。当我们将理解各侧面加入到逆向设计图表中后,它们的价值变得更清晰。(P180)

从另一种意义上讲,设计的挑战正到达一个新阶段。从原来只需要思考我们(作为设计者)想要完成的内容,转向思考以下问题:谁是学习者(最终设计的使用者)?他们需要什么?他们是独立地实现阶段 1 中的预期结果,还是以合作的方式实现?他们怎样才能在阶段 2 中所提出的任务中表现良好?(P213)

运用逆向设计法和与 UbD 单元模板中相同的关键要素来设计课程大纲和学科框架。特别要强调的是,我们提倡以基本问题、持久理解、主要表现性任务和量规四个要素来构思和构架学科和课程。(P306)

延伸阅读

《教学设计原理》(第五版)是教学设计研究的经典著作,开辟了当代教学系统设计的方向,是当代心理科学与学校教育结合的典范。加涅等人综合行为主义心理学、信息加工心理学和建构主义认知学习心理学的思想,形成了有理论支持也有技术操作成果的学习理论。《教学设计原理》(第五版),R·M·加涅等著,王小明等译,华东师范大学出版社 2018 年出版。

(谢飞鹏)

26 《观课议课与课程建设》

作者：陈大伟

出版社：华东师范大学出版社

出版时间：2011 年 11 月

推荐理由

本书作者陈大伟是成都大学师范学院教授，他在教师幸福生活、校本研修、观课议课、课程与教学改革等领域的研究和实践产生了广泛影响，被誉为教师教育的"桥梁专家"。他所提出的"观课议课"产生了广泛而积极的影响，被《人民教育》列为"创刊 60 年报道过的最有影响力的事件"之一。

陈大伟教授具有传奇的教育履历，他曾经担任过中学教师、政教主任、教科室主任、副校长、校长，还在高校做过副处长、处长，但后来依然割舍不下心中对教书育人的向往，毅然决然地放弃了看似光鲜亮丽的领导岗位，选择了做一名专职的大学老师。

本书是陈大伟教授多年的实践和研究成果，由"观课议课的实践与文化"和"课程建设的问题与解答"两部分组成，作者致力于提供有效观课议课的工具，建构有效教学实践模式，改变课程和教学现状，追求理想课堂建设。

本书第一部分作者围绕观课议课七个维度进行深入浅出的解读。陈大伟教授所倡导的观课议课，是课堂教学的参与者对课堂教学中共同关心的现象和问题进行观察与对话，从而改进课堂教学，促进教师专业发展，提升教师幸福生活的研修活动。

本书中作者在说明自己观点时提及了大量的中外知名著作，诸如帕尔默的《教学勇气：漫步教师心灵》、赵汀阳的《论可能生活》、佐藤学的《静悄悄的革命：课堂改变，学校就会改变》等。同时还引用了孔子、恩格斯、苏霍姆林斯基、卡尔·罗杰斯等众多名人语录，可见理论研究成果丰硕。

与此同时，作者在本书中例举了大量的实践案例，增强了文章的可读性和实用性，避免了许多学术著作生硬和晦涩的缺点。书中以课堂实录的形式记录了作者执教的《爱莲说》《匆匆》《桂林山水》《卖火柴的小女孩》等课文片段。陈大伟教授以丰富的人生阅历、幽默的教学语言、智慧的课堂点拨、独特的文本视角，为一线教师作了最直接、最形象的示范。作为一名大学知名教授，作者却长期坚持站在三尺讲台与中小学一线教师同课异构，在当今的教育专家中可谓是少之又少，能够将理论和实际相结合，这也是作者深受广大一线教师追捧的重要原因之一。

作者认为学生到学校里来是学"生"的，而不是学"考"的；教育是"育人"的，而不是"育分"的。这话一语中的，直指应试教育的症结所在，引起广大一线教师的共鸣。作为教育者，也只有想清楚教育的出发点，保持一颗教育的初心，才能不做随风飘浮的浮萍，开始过脚下有根、心中有魂的教育生活。

本书旗帜鲜明地提出了观课议课的目的是实现"以教师为中心"向"以学生为中心"转变。观课时，要把关注重点和焦点从教师身上转移到学生身上，根据学生的学习思考教师的教；议课时，把学生的学习过程和效果作为课堂教学研究的基础和依据，从而促进执教者了解学生的学习基础、学习状态、学习策略和学习效果，从而更好地因学施教、因材施教。

本书第二个部分是关于课程建设的问题与解答。陈大伟教授将在长期实践中搜集的问题一一罗列出来，并采用一问一答的形式进行呈现，可以称得上是解决教师"疑难杂症"的百科知识全书。如何理解自己，如何理解学生，如何理解环境，如何尊重和热爱学生，如何理解和实施教学，如何有效发展自己……这些不仅对刚刚踏入工作岗位的新老师有指导意义，对成熟老师也非常有帮助。

此外，作者还在本书的第二部分引用了多篇经典论文，诸如《学校的产品和教育的评价》《什么样的课堂是理想课堂》《"醒"过来，为自己也为他人》《课堂上如何知道学生思维》等，这些论文大都发表在《人民教育》等主流杂志上，具有很高的学术价值和现实意义。

总之，本书中有关于"术"的论述，但更多是"道"的指引，通过观课议课，让老师从消极走向主动，从封闭走向开放，从单一走向多元，从因循走向创造，最终实现专业发展的自我觉醒！

精彩语录

观课议课是什么？它是参与者相互提供教学信息，共同收集和感受课堂信息，在充分拥有信息的基础上，围绕共同关心的问题进行对话和反思，以改进课堂教学、促进教师专业发展为目的的一种研修活动。从本质上讲，它是一种研修活动。（P8）

观课不是千方百计地发现别人的优点，批评别人的问题，而是把自己投放进去，寻找对自己和他人有价值、有帮助的思路和做法。无论自助还是帮助他人，都需要改变只填写听课记录等以备检查的行为，而要在观课议课过程中积极有效地思考。（P26—27）

议课首先是一种人际互动。从社会学的角度看，它要关注人们坐在一起对彼此的意义，关注彼此如何互动，如何产生冲突和相互影响。（P52）

观课议课的团队是一个共同体，这个共同体需要一个"伟大事物"来凝聚。观课议课是参与者围绕这个"伟大事物"互动和共舞，在互动和共舞中获得成长和进步的过程。这个"伟大事物"就是观课议课的主题和课堂上的故事与案例。提出主题，围绕主题进行对话和交流，以获得对这个问题的理解，这是观课议课这种教学研究活动的"教研目标"。（P60）

明确教研目标是营造平等对话的议课环境和氛围的前提。议课不是对课的好坏下结论，而是面向未来谋发展和思改进。议课的对象不是上课的人，而是课堂上的现象和事件。对课堂上的现象和事件的讨论和理解，目的不仅仅是促进讲课教师反思和改进，而且是促进参与的每一位老师理解教学，改进教学。这样，参与者就不是置身事外，而是身在其中。（P69）

这几年和老师们一起观课议课，有很多老师也问我心中的理想课堂是什么样的。我说，从状态看，理想课堂是师生共同经历和享受美好生活的课堂；从结果看，理想课堂是有利于帮助学生获得生存的本领、生活的智慧的课堂；从投入和产出来看，理想课堂是有效教学的课堂。（P90）

要成为名师，先要做"明师"。"明师"是什么？就是明白的教师。从结果来看，"明师"是心里明白的教师，他知道自己是谁，自己在干什么，知道自己生活的目的和意义，也知道自己的成长和进步；从过程来看，"明师"在不断研究自己——"人啊，认识你自己"，他在努力争取认识和理解自己，改造和完善自己，在研究和改造中赢得自身认同和自身完整。

当然最好做明白的名师。可以有成为名师的追求和目标，但不可太执著，应先把工夫放在成为明白的教师上。我相信在力争成为"明师"的道路上走下去，就更有机会成为名师，那时候的名师才能实至名归。（P113）

在电影《居里夫人》的片尾，居里夫人这样说："自然是伟大的，我们每个人的发现都只是一点点微光，但把这一点点微光汇集起来，就可能照亮真理的轮廓。"我们个人的确太渺小，但这不妨碍我们聚集众人的力量推动基础教育课程改革向前发展，推动中国教育进步。

我很赞成一位网友的态度，他说："我们不要抱怨，要多发挥主观能动性。多做细致的工作，多调动积极因素。天天想一下：我能把事情做得更好吗？"这样想了，并付诸实践，总会有所改变的。（P132）

延伸阅读

陈大伟教授的著作有很多，深受广大一线教师喜爱，《幸福教育与理想课堂八讲》（华东师范大学出版社，2013年出版）就是其中一本。只有幸福的教师才能培养造就幸福的学生，先有快乐的教师后有快乐的学生。现在的老师不是缺乏幸福，而是缺乏感受幸福的能力。

（周　强）

27 《PBL 项目学习：项目设计及辅导指南》

作者：汤姆·马卡姆

译者：董艳

出版社：光明日报出报社

出版时间：2015 年 10 月

> **推荐理由**

汤姆·马卡姆，美国著名的哲学博士、心理学家、教育家、作家，是 PBL 运动的领导者之一，全球项目教学法的创始人。

本书循序渐进地对每个学科进行了高质量的学习设计和实施方法指导，设置了不同年级水平和主题，以调动起学生们的学习兴趣。全书分别从"PBL 热身指导""设计项目""过程管理"三大部分有序展开，使阅读者跟随作者进行了一次 PBL 项目教学法的从无到有、从有到优的认知洗礼。第一部分，"PBL 热身指导"介绍了 PBL 的训练方法，概述了 PBL 的各种工具，并为使用 PBL 的教师提供了最佳的实践方法，同时确定了在教室建立高效教学环境的六个步骤，即建立适合 PBL 学习的氛围、传授学科之精髓、引导学生表现自己、团队协作、引导探究过程及引领未来。第二部分，"项目设计"介绍了如何按步骤设计一个严谨的项目。要成功设计项目必须走好"四大步"：明确挑战、精心设置驱动任务、从结果入手、构建评估体系。为了方便使用，本书还附上了设计表和其他资料，并为如何将设计流程应用到教学环境中去提出了建议。纵览本指南，使用规划表，按照四大原则进行项目设计，可以为创建项目打下基础。第三部分，"过程管理"把重点移到学生和 PBL 教师之间的伙伴关系上。这部分介绍的三大秘籍可以帮助师生取得最佳学习成果。第一，项目教学教师规划项目，学生落实行动，在这个过程中，需要老师激发学生主动学习的积极性，充分利用助学、指导和组织的技巧，使学生以学为乐；第二，要关注质量，团队协作共建集体知识；第三，其最终的结果是，让学习变成令人难忘的经历，让学生的表现登上一个大台阶。

本书由我国著名教育家顾明远先生作序。他指出，PBL与其说是一种教学方法、教育技术，不如说是一种教育理念。PBL要求学生通过自主的参与、探究，达到解决问题的目的。它重视学生的学习过程，有利于促进学生的智力发展。在采用PBL时首先要树立学生是学习主体的观念，充分认识学生的能力。其次教师要找准定位，即教师是学生学习环境的设计者、学生学习困惑的帮助者及和学生共同学习的学习伙伴。顾明远认为《PBL项目学习：项目设计及辅导指南》这本书全面解释了PBL的指导思想、科学精髓、项目设计、学习管理等。既有对PBL的理论解读，又有具体的技术方法，使愿意开展PBL的教师从中获益。

本书作者汤姆·马卡姆说：PBL是一座通向未来的桥梁。北京师范大学教育技术学院副院长董艳教授说：让PBL不再是甜点，成为主菜。北京师范大学教授、博士生导师桑国元说：培训全球公民，怎可少了PBL。景山学校语文特级教师周群说：PBL的课堂，让知识学习与思维实践不再割裂⋯⋯可见，PBL深化了"以学生为中心"这一理念，革新了教师传统教学方法，提升了教师的教学水平，从而让教师具备国际新型教学法的能力，在项目教学中打造学生的21世纪技能，培养出适应21世纪社会变化的高技能型人才。

精彩语录

项目学习（PBL）应被视为一种教学思想体系而非另一种教学策略。（引言，P1）

为何PBL学习会变得越来越流行？首先，它不仅授学生以"鱼"，还授学生以"渔"⋯⋯其次，PBL学习使得教师有机会教授现实世界所需的技能，并监督和衡量这些技能的发展趋势⋯⋯最后，PBL学习使得教育的重心重新转向学生，而不再是课程。（引言，P4）

PBL的核心优势在于，它可以激发学生的最大潜能，使之发挥出自己最出色的一面。（P3）

开始项目学习时，教师须站在门旁边欢迎学生到来。当他们离开教室时向他们祝好。当他们表现不错的时候，适当给他们点甜头，比如休息五分钟。根据场合提出表扬。（P8）

跳出学校框架考虑问题是设计真实项目的第一步。（P11）

优秀的老师会将讲台视作办公区而不是权力的象征或沟通障碍物。办公桌应设计得尽量小，且不挡道。远离吵闹的地方。使用多种颜色装饰它。将教室变成一个充满创意的工作区。（P13）

PBL学习是个探究性学习的过程，旨在处理亟待回答或解决的重要问题。以学生为中心、以探究为基础的学习过程，可以延长记忆时间、扩大知识深度、增强学生的好奇心。（P17）

高效的PBL学习需要老师扮演类似的角色，即做学生的教练。教师在当教练的过程中，扮演了三大角色：教练、咨询师和导师。（P30）

团队的五大本质：承诺；明确个人长处和作用；专注于一个共同的目标；评价成员的表现；对流程的接受。（P41—42）

在团队中，学生学会倾听、不急于判断、分享资源、反思性格和沟通方式。有证据表明，PBL团队帮助学生学会专注，尊重差异，变得更加宽容。（P46）

PBL教学既是一门艺术，也是一门技术。所谓艺术是指教师知道何时需要放手让学生自己去找出解决方案，查找信息；所谓技术是指教师知道何时需要提供学生所需的工具和信息，推动发现过程按照课程规划和课程目标向前发展。（P51）

一个切实的项目会面向事件，深入问题，探索答案，并能影响社区。（P80）

全球化时代的技能表现为三大类：与21世纪生活有关的技能（全球意识；金融、经济、商业和创业素养；公民素养；健康与保健意识）、学习和思维技能（批判性思维和解决问题的能力；沟通交流；创造力和创新；协作；情境学习；信息和媒体素养）、生活技能（道德；责任；领导力；适应性；个人生产；个人责任感；个人技能；自我调整；社会责任）。（P106）

你需要利用评估工作组合，才能对学生取得的成就有一个全局的观点。（P110）

开始项目的第一要义是什么？答：领导力、组织力和确定性。（P123）

从来没有一种教学方式可以让学生以学为乐。然而，在 PBL 中，它能给学生不同的学习过程，培养他们以学为乐的基本品质。（P126）

让家长参与到项目中是富有成效的，原因如下：项目可以让家长知道 21 世纪的素质教育是什么样子。家长乐于看到自己的孩子积极、热情的学习过程。而且，家长也会认识到，项目中教授的技能对孩子取得成功具有关键作用。（P143）

延伸阅读

《如何进行跨学科研究》是一本全面、系统地介绍跨学科的研究过程及其理论的著作。反映了跨学科研究的大量新兴研究及方法，其突出贡献是提供了整合多种学科的跨学科研究视角。《如何进行跨学科研究》，艾伦·雷普克著，傅存良译，北京大学出版社 2016 年出版。

（陈月波）

28 《游戏改变教育：数字游戏如何让我们的孩子变聪明》

作者：[美] 格雷格·托波

译者：何威　褚萌萌

出版社：华东师范大学出版社

出版时间：2017年7月

推荐理由

本书作者格雷格·托波，哥伦比亚大学新闻学院斯宾塞教育奖学金得主，该奖学金用于鼓励对美国教育系统的改革进行调查式写作，以加深大众对此领域的了解。他曾供职于美国公立及私立学校，有丰富的一线教学经验，现在是《今日美国》资深教育记者。他亦时常以教育新闻记者身份参加学校的董事会会议，并亲历过多项国家级教育项目的制定过程。这些经历让他不仅对基础教育有着独到的见解，而且能精准地把握教育者的需求，直击教育的痛点。在字里行间，我们可以感受到强烈的"托波风格"：从个人体验开始进入教学案例，继而针对案例展开理论讨论，层层深入，兼顾理论与实践，可读性极强。

格雷格·托波写本书的出发点，是源于对美国教育中关于阅读的思考。美国有三分之一的高中毕业生在课余时间都不会再阅读任何书籍，他的女儿是一个在各方面都几乎完美无缺的孩子，但同样不喜欢阅读，这让格雷格·托波感受到危机。他希望找到办法，解决教育为年轻人带来的困扰。直到他发现特雷西·富勒顿把梭罗的《瓦尔登湖》制成了视频游戏，在体验游戏的过程中来阅读《瓦尔登湖》，收到了非常好的效果，由此得到启发，写成了本书《游戏改变教育：数字游戏如何让我们的孩子变聪明》。文中的视频游戏，区别于那种纯粹的娱乐游戏，也区别于暴力游戏，它是指一种体验类的教育游戏。根据学习知识开发出设有不同关卡的数字游戏，学生在玩游戏的过程中，创造了一种强有力的学习方式，在全身心投入的体验中学习。游戏是人类的天性,我们生下来,就和爸爸妈妈做游戏,和小朋友们做游戏,和我们周围的伙伴们做游戏。游戏是一种人类的文化生活方式和学习方式,许多现代化的教育思路,都融入了游戏的思维,实际上就是真正在尊重人类天性的基础上去进行教育、学习和应用。

数字游戏是一种体验,它可以是替代性的,替代现实生活中的滑雪、射击等活动,从而节省金钱和时间成本。也可以是超越性的,它可以虚拟乘坐飞船遨游太空从而进行探索,这样的体验内容和方式,带来了强大的魅力。数字游戏还是一种传播媒介,就像书籍、广播、电视那样,我们要先分辨这些媒介中内容的优劣及对孩子的影响,进行辨别和筛选,给孩子建议与帮助,使数字游戏真正切入到教育中来。

格雷格·托波通过扎实的采访调研和丰富的资料印证,向我们阐述了数字游戏在美国教育中的成功案例。求知中学的"任务实验室",三名全职游戏设计师和三名学习设计师,帮助老师们围绕着游戏来打造课程,帮助学生创造自己的游戏。因为在日常教学与管理中广泛引入游戏化,登上过《纽约时报》杂志封面。求知中学的学生还拿下了纽约市奥数竞赛的三连冠,许多家长都在考虑将自己的孩子送进求知中学。

数字游戏在教育上改变了传统的教学方式,取得了令人震惊的成绩,同时在治疗人们的心理问题上,游戏也是一种有效的手段。马萨诸塞州Atwntiv开发的数字游戏用于治疗注意力缺陷、多动症、焦虑症、情绪低落等不良状况。同时文中还关注了游戏可能引发的潜在问题,如游戏上瘾、游戏中的暴力因素等,指出了媒介和暴力行为之间暗含的行为联系。作者关注的教育游戏,是由教师设计的,绝大部分获得了教师们的赞许和认同,适度玩游戏,并得到成人的指导和帮助,游戏就是有益的,具有持续的认知效应和社会效果。

层出不穷的成功实例,未必能简单复制到中国社会之中,复制到自己孩子的身上。但它们确实拓展了我们对数字游戏的认知,让我们更加严肃认真地思考"玩游戏"这件事。让他们在高度匹配自己能力的状态下进入"心流"状态并继续提升。当我们努力把游戏用于辅助学习,把学习化作游戏,这将会带来惊人的推动力。

精彩语录

我们也不应该害怕孩子由于玩数字游戏而"沉迷"或"变坏"——这只是在接触一种新的媒介形式；除非我们自己既不了解也不打算了解数字游戏，从而完全不具备辨别其高下的能力，完全无法给孩子建议与帮助。（引言，P11）

电脑让孩子们能够接触许多崭新的世界，包括对他们来说原本接触起来代价太高、太过复杂或是危险的现实世界的那些部分，现在可以通过计算机模拟的方式来接触了；还有那些想象的世界，在那儿他们可以用新的方式，在社会现实和物理现实之中玩耍。（P23）

当孩子们不去学习那些已经给他们安排好的功课时，学校教育通常会从孩子生活问题上找原因：贫困、精神创伤、父母教育不力、营养不良、残疾、睡眠不足、糟糕的学习技巧。但是假如玩家玩不好那些买来的视频游戏，游戏设计师可不会去责怪父母教育不力、营养不良或者睡眠不足——哪怕实际上许多游戏玩家确实都具备这些特征、游戏设计师必须创造出让任何人，哪怕是睡眠不足的人，都可以精通和享受的体验。（P27）

玩游戏需要基于"提出假设—探索世界—作出反应—反思结果—重新探索以改进世界"的循环，这样的循环就是典型的实验科学。（P30）

当人们自愿尝试去完成某个困难而有价值的任务，且把个人的身体和心智发挥到极限时，那些最佳时刻常常会翩然而至。因此，最佳体验这种东西，是我们使得它们发生的。（P50）

游戏允许我们无风险的反复失败，在持续反复的死亡与重生的循环中，我们走向成功。事实上，私底下我们或许也蛮享受游戏中的失败，跟享受成功一样。（P53）

与我们最深切的恐惧相反的是，让我们的孩子有大量的机会去品尝失败，并不会让他们陷入悲惨的失败结局，而是把他们变成坚毅勇敢、充满激情、独立自主的学习者。如果有一个卷轴，记载了在深思熟虑的练习中的一万次失败，那它其实是一段名为"成功"的视频。（P56）

"游戏层"——一种精心设计的游戏机制层面,被添加到日常事务之上,令这些事务变得更引人入胜、更激动人心,甚至有时更至关重要。它经常被称为"游戏化"。(P66)

游戏不会奖励漫不经心地尝试、不假思索地重复、或是笼中老鼠般的条件反射。游戏奖励的是持续地练习、不懈地努力和敢于冒险的精神。这些游戏能让大脑过滤掉分心的事物,集中精力于手头的任务。最重要的是,学会享受那些任务的人,会得到游戏的真正奖赏。(P154)

总有些孩子喜欢游戏更甚于书本。但是,如果你能够用小说触碰到孩子的内心,给予他们一种体验,让他们意识到"啊,阅读可能是另外一种冒险",那就太棒了。(P174)

如果总是赞扬孩子们的努力,会让他们受到激励,更加努力;而如果总是赞扬孩子们有多么聪明,则会适得其反。他们会因此而不敢在学习中冒险,害怕学业上的失败会有损于自己"聪明"的头衔。(P177)

如果适度玩游戏,并得到成人的指导或者朋友的协助,游戏就是有益的,具有持续的认知效应和社会效果。(P228)

延伸阅读

游戏作为人类生活的重要方式之一,与教育有着紧密的联系。中国教育技术协会教育游戏专业委员会编的《游戏与教育:用游戏思维重塑学习》一书以游戏的正面价值为主要内容,分析游戏应用与游戏化实践,展望游戏化学习的挑战和机遇。该书2018年由电子工业出版社出版。

(章威维)

29 《全世界都想上的课——传奇教师桥本武的奇迹教室》

作者：[日]黑岩祐治
译者：王军
出版社：教育科学出版社
出版时间：2016 年 9 月

> **推荐理由**

　　黑岩祐治，1954 年生，神户市人。滩校 1974 届毕业生。由早稻田大学政治经济学部毕业后，1980 年入职富士电视台，任报道部解说委员，担任《报道 2001》节目的报道员。后任国际医疗福祉大学客座教授等职，2011 年 4 月出任神奈川县知事。担任《FNN 特别时间》报道员时，制作与急救相关的专题节目，该节目催生了紧急医疗救护员制度，获得放送文化基金奖、民间放送联盟奖。主要著作除了《将手术刀伸向急救医疗》（信息中心出版局）与《从信息中抽取真相的能力》（青志社）之外，就是这本《全世界都想上的课——传奇教师桥本武的奇迹教室》。2005 年日文原著第一版使用的书名为《恩师的条件》，四年后的 2009 年底，日本放送协会 NHK 电视台依该书顺藤摸瓜，制作播出了一期节目《导师　人生教科书　大可绕远而行——传奇国语教师桥本武》，从重视亲身体验、绕远跑题、用自制的研究资料上课三个方面，对桥本武先生展开的独特国语教学进行了报道。该节目在观众中引起了极大的反响，在日本全国引发"桥本武热"。

　　黑岩祐治在书中以学生的独特视角，用自己珍藏已久的当年学习所用"原始材料"，结合多年的消化吸收所得来的感想体会，再现了恩师桥本武的国语课堂及《〈银汤匙〉研究笔记》，与读者一起追问教育的本质。第二次世界大战之后，作为战败国的日本教育体系面临着艰难的重建，旧有的国语类教材因为有许多的"政治不正确"，而难以加以使用，而合乎时流（主要指"弃军国主义，立宪政国家"）的新教材也难以及时问世。这段"空白期"

为真正具有创新意识的国语教师提供了宝贵的契机,赢得了最为难得的教育自主权,对刚刚入职且进入条件相当简陋的私立学校——滩校不久的桥本武来说可谓生逢其时,加之得到奉行"三不"政策(即"不插嘴,不监督,也从不过问")的真田范卫校长的鼓励(给不了你荣耀的光环,给得了你绝对的自由。很多有趣的事情,在公立中学不可能做,但在这里,你都可以自由地尝试。),桥本武开展了大胆的国语教学尝试,并且逐步取得了越来越大的成功,最为显眼的标志是:这所接收公立中学落榜生的"破落户"学校,在桥本武进校后的第16年,东京大学录取率位居全日本第一!他的很多学生日后成为各行各业的精英,如著名作家远藤周作、东京大学校长滨田纯一等。

桥本武是一位"将教育祈愿刻入自制教材的国语教师"。他认为,国语课"绕远才是王道"。因此,他不使用文部省规定的语文教材,而是选用小说《银汤匙》作为初中三年的学习内容。选择《银汤匙》是因为生于明治年间的中勘助先生的这本少年回忆录式小说,其故事能让学生将自己与主人公的成长经历相重叠。通过带领学生撰写《银汤匙》研究笔记,研究此书中的每一处细节,采用给段落取小标题、小组合作研究古典作品形成论文、大量的写作训练、一月一本书的阅读和读后感、短诗写作、诗歌背诵等形式,拓宽学生的学习面,提升他们的学习力。桥本武坚信,无论时代如何变迁,无论环境怎样变化,有了真正的学习能力——这根坚挺的脊梁,我们总能走下去。

作者认为,若用现在的话说,桥本武先生的课,与其说是国语课,不如说是日语修养讲座更加合适。因为,"课里既有自由,又有玩耍,还有对日语之美妙的发现"。

教师必须拥有自己的世界,做有吸引力的成年人。桥本武的传奇不仅体现在他精彩难忘的国语课堂,还体现在他特别讲究人生趣味的生活态度。他有着鲜活、昂扬、极富个性的人格特质。令他着迷的有十多项兴趣,作者在书中着重描述了三项:时髦穿戴、乡土玩具、宝塚歌剧。

由于当今人们普遍反感图书市场的炒作行为,对这本看起来颇有些惊悚的书名,许多读者的"第一印象"往往是不以为然,但他们阅读之后,大多表示自己一读开头，便难以放下，且真真切切地感受到这个书名取得"深以为然"，再合适不过了。

精彩语录

说到底，人，才是一个社会的根本所在。是活力四射的社会还是绝望感笼罩的社会，归根结底还是人的问题。有活力四射的人，才有充满活力的社会。聚在一起的人，没有精、气、神，是无法创造一个充满生机的社会的。而能塑造人的，正是教育。（序，P22）

恩师的条件（1）：做一位有能力满足期待的老师！对老师的期待，不分成人、孩子，居第一位的，是"能通过授课激发孩子的兴趣、引发（对事物的）关注"；居第二位的，是"恰到好处地评价孩子，推动其成长"。（P2）

恩师的条件（2）：不辞劳苦、有创意、有个性、有笑声、有味道、常钻研、会跑题！要自己制作一本教材说说容易，但真要实施就得付出相当的劳力。一旦决定要用手制教材，就必须提前进行充分、缜密的准备。而为让学生用起来有趣，也需要创意和个性。（P24）

恩师的条件（3）：做一名永远的挑战者！想法新于常人，不纠缠于琐事，永怀好奇之心，不断拓展自我世界的精神。（P44）

恩师的条件（4）：拥有自己的世界。要做教师，先做一个有吸引力的成年人。活出自己的个性，活出丰富的色彩。（P100）

恩师的条件（5）：不厌于绕远而行，让授课于20年后大放光芒。上班族一样的教师绝不做"无用之功"。但正是这些"无用之功"，最终化为终身流淌于学生体内的血液。教师的热情会化为一种能量，在学生们的体内持续燃烧。（P124）

恩师的条件（6）：要以坚定的信念和火一样的热情与学生碰撞！教育，是师生双方作为人的同类间的格斗。有大写的教师，才会有大写的学生。（P142）

初高中时代跟随先生进行的极限式写作训练，让我直到今天都喜欢动笔写。而后来之所以能置身电视新闻的世界，说到底也是喜欢动笔所发挥的巨大力量，或者反过来说，正是因为喜欢写，才让我选择了这一行业。想来，可谓

之为"文章道场"的先生的写作特训，直接对我的整个人生产生了绝大的影响。（P126）

唯有灵魂与灵魂的碰撞，才能唤醒学生沉睡的潜能。（P155）

教育的巨匙不在别处，它就握在老师们的手里。（P156）

要做教师，先做一个有吸引力的人！充实人生的"八大要义"：一、打破沙锅是干劲与自信之源；二、既想了解，是岔路也要不断前进，但走无妨；三、国语，是学习能力的脊梁，是生存能力本身；四、在意了就去体验——强烈地印入记忆；五、见效快的，失效也快；六、哪怕是年逾还历也要大步向前；七、答案可置后，生疑要先行；八、时髦是长寿的秘诀。（P167—177）

我不要标准答案，只要你们当时最真实的感受和真正的想法，并把它们留在自己的笔记里。……让学生们亲手去完成我曾做过的工作，一起深入了解小说中的一切，并记录进笔记，到最后，他们就会成为《银汤匙》的另一个作者。（P191）

延伸阅读

语文（或国语）教育是一个民族文化传承的命脉所在。民国时期，我国两位著名的语文教育家夏丏尊与叶圣陶先生合著了《文心》一书，被称为我国语文教育的殿堂级著作。《文心》，夏丏尊、叶圣陶著，开明出版社2017年出版。

（刘　猛）

30 《碎片与重构：互联网思维重塑大教育》

作者：王竹立
出版社：电子工业出版社
出版时间：2015 年 2 月

推荐理由

王竹立，笔名言无忌、草叶等，毕业于中山医学院，曾任中山医科大学教育技术中心主任，现为中山大学现代教育技术研究所副所长、硕士生导师、学术带头人。广东省政协委员、广东省作家协会会员。学医出身，2005年转入中山大学现代教育技术研究所，专职从事教育技术研究与教学工作。其研究横跨医学、文学、教育三大领域，曾获得国家优秀教学成果二等奖和广东省优秀教学成果一等奖。近年来，主要从事网络时代的学习、远程教育、教学设计和创新思维方面的研究与教学。其提出的新建构主义与加拿大学者西蒙斯的连通主义被一些学术刊物并列为网络时代两大学习理论。王竹立被称为"我国富有原创性思考的教育学者"（钟志贤语）。

首先，这是一本跨界融通的书。这本书的作者，并非教育专业科班出身，而是从学医转向现代教育技术研究的。也许正因为这样，作者能够跳出教育看教育，更愿意说出一些教育信息化的真实的状态，不是一味奉承、为"点上成果"无限拓展到"面上成就"而进行吹拉弹唱。他站在客观的立场上，冷静分析利弊，这在浮躁的学术界，也算是一股清流。从这本书的内容上看，它并没有停留在某个学科，而是站在网络时代的高远处，跨界融通，俯瞰中国教育信息化的得失，尊重新型学习规律，探究网络化时代个性化知识结构的形成和创新人才的培养。

其次，这是一本很容易读的书。本书以开阔的视野、全新的思维、通俗的文笔，描绘了一幅网络时代教与学的"清明上河图"。没有深不可测、难懂的理论观点，只要稍有教育信息化经验的人都能快速读懂。有些内容可能就是讲的你我曾经经历过的事。涵盖学校教育、网络教育、网络学习、包容思维、知识创新和教育创新等方方面面,对目前教育信息化热点话题如电子书包、慕课、微课和翻转课堂进行深度解读,同时也对知识的建构、包容性思维培养、学习与创新进行深入研究,并有独到的见解,适合大中学校教师、本科生、研究生、教育研究者、网络教育和在线教育从业人员、教育部门领导以及网络学习者阅读。

最后,这是一本有创新观点的书。本书作者充分借助脑科学、心理学、网络学习理论,开创了新建构主义理论,其中提出了知识的三级结构说:个体的知识结构像一棵榕树,树的根部为知识的一级结构,主要由感性认识构成;榕树的主干和分支是知识的二级结构,主要由理性认识构成;榕树的树冠为知识的三级结构,主要由联想构成,树冠通过根部伸进土壤,与树根紧密相连。在知识的三级结构的基础上,他又提出了知识嫁接学说,对创新思维培养的内在机理进行深度的解析,在理论创新上有了一定的突破。

精彩语录

连通主义和新建构主义:王竹立老师对于加拿大学者西蒙斯提倡的"连通主义"也作了深入的剖析,她把西蒙斯所说的连通分为强连通和弱连通两种,弱连通是指"知道在哪里"和"知道谁",强联通是除了前两个"知道"外,还包括"知道什么"和"知道怎样",而建立强联通的主要方法之一就是靠整合碎片的新建构主义。(序,P Ⅵ)

教育信息化不忘初衷:技术革新和科技进步在改变着全人类教育的方式方法,但与此同时,我们都应该时刻提醒自己,不要忘记教育的初衷是什么,教育的本质是什么。技术的确很重要,但是技术是手段,不是本质,技术的现代化并不等于教育的现代化。教育的本质是"帮助受教育的人,给他能发展自己的能力,完成他的人格"。从某种意义上讲,最终还是要回归教育的本质,而这一切都不是依靠技术革新能够解决的。(序,P Ⅺ)

基于碎片重构的新建构主义:知识不能通过教师的讲授而传递,你必须要到一个真实的情景中去发现、去寻找。我们在真实的情景中遇到的问题大多是零散的、非结构化，需要我们自己去发现、梳理、加工、整合，这种学习方式带来较大的不确定性，因此也是碎片式的。解决这个问题有两种思路，一是复原，一是重构。复原就是教师对网络上的知识重新进行结构化处理，帮助学生将碎片化的知识按照某种学科知识体系重新整合起来；重构，就是根据学习者的兴趣爱好，或以问题解决需要为中心，对碎片化知识进行个性化改造，构建个人的知识结构，而不必按照原来的学科知识体系进行整合。（P4）

网络教育的反思与方向：目前我国网络教育课内整合的成功案例大多都是公开课、示范课和教学竞赛课，但是在常态教学中，教师基本上还是采用传统的讲授的教学模式，这就造成了"叫好不叫座""丰产不丰收"的状态。网络教育的优势是可以突破时空的限制，有利于信息与知识的远距离传播与分享，网络教育应该充分利用这个长处，将优质的资源向农村和山区、向薄弱地区和薄弱的学校进行分享。而想在课堂中改变课堂教学模式或者结构的研究和努力，已经接近"天花板"，再想突破非常困难。而通过网络与信息技术进行资源共享，促进社会化交流与合作，还有很大的拓展空间。（P69）

网络教育的核心是依靠人：如果网络教育或在线教育变成一种基于资源的学习，那么在与学校教育竞争的时候，网络教育就必败无疑。网络教育中一定要有人，要有教师，要有师生互动和生生互动，不能把人仅仅视作一种资源，资源是死的、静态的、被动的，而人是活的、动态的、主动的，然而正如前文所说，人的互动恰恰是目前网络教育的短板。（P71）

创造性重构：新知识不能被顺利纳入原有的知识体系，或者新知识与旧知识之间不能很好地融合，暂时处于游离状态，当这种游离的知识越来越多，不断地发生碰撞并冲击原有的知识体系，有可能在某一刻导致新知识或原有知识体系发生变形和与重构，这个过程就是"创造性重构"。（P99）

未来人的知识结构：我国传统的教育思想主张学习者建立金字塔型的知识结构，进入网络时代，我们要建构蜘蛛网型个人知识结构：以"我"为中心编织起来，是学习者主动建构的过程，它打破了传统的学科界限。在网络中的每个人要根据自己的需要，像蜘蛛织网一样围绕一个核心一圈一圈地向外扩散，建构个性化的知识网，随着知识经验的不断积累，解决问题的能力也相应提高。（P135）

教育可视为一个知识嫁接的过程：就把经过经验者加工、整理并已经专门化、结构化的有生命的知识移植到学习者头脑中原有知识结构中去的过程，"受教"可视为被嫁接，自学可视为"自嫁接"。教与学的技术，其实就是知识嫁接技术。（P215）

延伸阅读

今天我们处在一个日新月异的时代，网络与信息技术的飞速发展已经让知识由"硬"变"软"，不断发生更新与迭代；人工智能的到来，更让我们不得不重新定义知识与学习。以前人类总希望将知识用书本的形式固化下来，现在则越来越困难了。借助版本更新重塑内容与结构，不失为延长书籍生命的一种方法。王竹立所著的《碎片与重构2：面向智能时代的学习》，也正是在前一版基础之上的重构，由电子工业出版社于2018年1月出版。

（金 华）

31 《电影教你当老师——60部中外电影的教育意蕴》

作者：张荣伟 等
出版社：福建教育出版社
出版时间：2015年10月

推荐理由

张荣伟，安徽蚌埠固镇人，福建师范大学教育学院教授。

作者认为教育理想、教育激情、教育智慧、教育良知是成为一名真正的好教师的四个条件。《电影教你当老师——60部中外电影的教育意蕴》即据此四个条件展开阐述，分别为：教育理想是教师职业的内在动力、教育激情是教师职业的精神风貌、教育智慧是教师职业的创新之本、教育良知是教师职业的道德底线，每部分都选取了15部相关中外教育电影进行剖析。

不同时代的60部中外电影，塑造并呼唤60个不同的教师形象。有为了理想去偏远地区支教的老师，有患妥瑞氏症受尽嘲笑却执意献身教育的老师，有凭借强硬手腕拯救暴力学生的老师，更有万世师表、开创教育普及平民先河的孔子……书中，张荣伟更是借电影呼唤——借《录取通知》呼唤真正的学习和人们心中的乌托邦大学，借《中国合伙人》呼唤远大的教育理想、坚定的教育信念、澎湃的教育激情，借《摇滚校园》呼唤与学生能情感共鸣、思维共振、个性张扬的教育者……这里面也提到一些教师队伍的反面案例：如《三傻大闹宝莱坞》中迂腐守旧、死守所谓的权威、逼死不听话的学生以及自己儿子的校长，《草房子》中戴着"有色眼镜"给学生贴标签的老师，《十三棵泡桐》里毫无教育良知、利用学生、看不起学生的老师……作者更是借《赵氏孤儿》《小孩不笨》等作品呼唤作为孩子第一任教师的父母高度重视家庭教育，他们的教育理念将影响孩子一生。

社会的进步靠人才，人才的培养靠教育，教育的主力在教师。教师形象历来有着很高的社会期待，"春蚕""蜡烛""人类灵魂的工程师"等很多的词语都赋予了教师角色神圣的灵魂。教师形象一再被搬上荧幕，不同时期的影视作品塑造了不同的教师形象，这些都反映了整个教师群体的生存状态，更是打上了这个时代的烙印，每一个角色都会让观众有强烈的代入感，引发热议。新中国成立至"文革"前夕，以教师为题材的电影数量不多，教师更多的是以单一的正直勇敢的思想传播者形象出现；"文革"到改革开放前夕，电影中教师的社会职能被弱化，教育者失去了对知识的崇敬之心，更多地成为政治运动的牺牲品；改革开放至今，有关教师形象的电影多了起来，社会开始意识到教师职业的重要性，开始歌颂高尚的教师，注重教师形象的多元化，呼唤有崇高的教育理想、坚定的教育信念的教师回归。

电影是一门魅力无穷的综合艺术，更是大家喜闻乐见的传播形式。作者张荣伟一直注重影视资源的开发和利用，电影成了他的本科生、研究生课程必不可少的教学辅助，他力图通过电影资源去帮助学生理解教育的基本问题，全面认识教师职业的主要特点，全面提升教育理解力和教师职业素养。如今，教师形象频频被搬上荧幕，《老师·好》中严厉甚至苛刻但是一心为了学生的苗宛秋，《嗝嗝老师》中患有妥瑞氏症却无条件地接纳、关爱学生，拥有良好的教育方法和教育智慧的奈娜，《五个小孩的校长》中不计个人得失、无私奉献、有良知的吕慧红……从电影中汲取教育的力量，获得对教育的新认识。正如朱永新老师所说：阅读的形式，会随着时代的发展不断调整改变，从当初的竹简到后来的纸张，如今的观赏影像从其本质来说也是一种阅读。电影以其独特的视觉魅力给人以直观、感性的力量，与经典著作相辅相成，更加完整地塑造着我们的精神世界。由电影走向书本，本身也是培养阅读兴趣，加深对经典作品理解的重要途径。让教师从电影中汲取教育的力量，是一种潜移默化、润物无声的教育办法，值得我们更多地尝试与推广。

精彩语录

理想，因坚持而展翅，因实现而升华。在提倡"中国梦"的今天，每个人都应有属于自己的梦，尤其是在教育这一充满无限可能的领域，梦想是尤其必不可少的。一个教师有怎样的教育理想，就会有怎样的教育理念、方法和行为

方式，并将影响一代代的学生。（P7—8）

　　对张美丽来说，最简单最真实的幸福是引导孩子们走上知识之路。人，一旦有了理想，有了对未来的憧憬，即使在最艰苦、最痛苦，甚至面临死亡的时候，也会感到幸福。因为一场车祸，张美丽生命垂危，躺在病床上不能动弹，而她依然选择用微笑告别这个世界。遗憾中有幸福，她的幸福在哪里？在她的泪水和汗水里，在电影放映员王树刻骨铭心的爱恋里，在孩子们幼小的心灵里。教育是张美丽的挚爱，是她生命的组成部分，她享受着教育带来的痛苦与幸福。（P24）

　　观看这部电影，也许你能够在镜头中频繁地感受到画面里出现的浩瀚的宇宙空间，其实这是在提醒观众，在千年以前曾经有一位伟大的女哲学家那么赤诚地仰望着星空，可是在浩瀚的宇宙里，伟大如她也和我们一样是那么的渺小。希帕提娅作为古希腊最后的女神，不死的自由思想者、教育者，她的身躯虽然是渺小的，心灵却是伟大而崇高的。（P39）

　　一个对教育具有激情的教师，谈到教育，眼睛就会焕发出热力四射的光芒。谈到学生，就会视其如己出并眉飞色舞地讲述其种种潜能。一个对教育充满激情的教师，就会发自内心地喜欢自己的职业生活，将其作为自己生活中不可分割的部分。一个对教育富有激情的教师，会留恋学生、留恋教室、留恋学校，会期盼新学期的到来，会对学生给予肯定和鼓励。（P71）

　　"全国有多少老师是合格的老师？为他人做出榜样行为的就可以成为老师了。"这是校长在挽留、劝导美玉老师时讲的一句话。最后重返讲台，重拾教育激情的美玉老师就为那些出现职业倦怠的教师做出了榜样行为，那时她就是一名合格的老师。对于深陷倦怠的教师而言，出路只有两条：要么改变职业、改变环境，要么改变自我、改变态度。之前一心想改变职业环境的美玉老师幸运地找到了改变自我、改变态度的契机。愿那些身感倦怠的教师们也能如美玉老师那样抓住机遇，重新点燃对于教育事业的激情。（P81—82）

　　也许，费利逃掉的不只是限制身体自由的课堂，还有限制思想自由的各种主义，如种族主义、资本主义等。正如费利在电影开头所说："我不相信什么主义，我相信自己。"（P111）

白衬衫，手势，团体名称，排挤不服从的学生等，通过这些达到独裁的方式可以反观教育现状。当前许多教育者为了便捷地管理学生，采取了一系列制度化的规则，特别是对于标准答案的重视不仅降低了教育难度，也磨损了学生的个性。注重平等，并不意味着消除差异，而是尊重差异。（P131）

在生活中，我们往往强调听父母的、长辈的、领导的，很少会反过来问问自己真正想要的是什么。大多数人都是在适应着这个社会，在潜在规则的条条框框中行走，只有极少数人会去追求真正渴望和热爱的事情。《死亡诗社》传达给我们：一个人不仅要学会表达内心的感受，还要认真地走好属于自己的人生之路。（P197—198）

延伸阅读

只有不断进步的父母，才能不断激励孩子进步。张荣伟主编的另一本书《电影教你当父母——60部中外电影的教育意义》，湖北教育出版社于2017年出版。本书精选60部中外电影，探讨其中的优秀父母形象，阐释家庭教育的成功经验和失败教训。

（王　清）

32 《测量时代的好教育：伦理、政治和民主的维度》

作者：[荷] 格特·比斯塔
译者：张立平 韩亚菲
出版社：北京师范大学出版社
出版时间：2019 年 11 月

推荐理由

格特·比斯塔，英国伦敦布鲁内尔大学教育学系教授。曾任美国教育哲学学会（首位来自北美地区之外的）主席，欧洲斯普林格学术期刊《哲学与教育研究》主编。他的研究领域涵盖教育理论与教育哲学，教育研究哲学与社会研究哲学，教育政策，教学、教师教育与课程，以及教育、解放与民主的宏观联系等。比斯塔的著作多次获奖，代表作包括《超越人本主义教育：与他者共存》《测量时代的好教育：伦理、政治和民主的维度》和《教育的美丽风险》。因其在教育学术领域的杰出贡献，比斯塔曾获得瑞典乌普萨拉大学（2004 年）、厄勒布鲁大学（2007 年）和芬兰奥卢大学（2013 年）授予的荣誉博士，以及比利时根特大学大奖章（2011 年）。学界有评论认为，比斯塔是这个时代深沉思考的教育学者和批评家之一。

教育为了什么？在本书中，比斯塔一直在努力让大家意识到，我们为什么需要重新审视教育的"目的"问题。我们生活在一个教育讨论和实践由对教育结果的测量所主导的时代，其危险在于，我们最终重视的是测量到的东西，而不是测量我们所重视的。

通过将教育与自由的理念联系起来，比斯塔将自己明确地放置在了一种植根于启蒙运动的特定教育传统与政治传统中。但他对启蒙运动传统的关注与其抱负无关，而关乎那些用来引发启蒙的现代方式。比斯塔认为这些方式是有问题的。因此比斯塔从哲学的视角出发，深入考察我们这个时代的教育，探寻教育实践被窒息的历史过程，并提出一种关注主体性的教育观。

比斯塔深刻地洞察到，过分关注对教育结果的测量，无形置换了对于教育目的的讨论，好教育问题几乎不见了踪影。比斯塔回溯了当前的循证研究、问责文化和消费主义等如何影响了教育实践，邀请我们从民主、伦理和政治维度重新展开对于何为好教育和教育目的的讨论，并建立了一个全新的关于教育功能和目的的理论架构，从资格化、社会化和主体化三个方面界定了教育的方向。所谓资格化，就是通过教育向学生提供知识、技能，帮助他们理解，以及给予他们做事所需要的判断倾向和判断方式。资格化功能是组织化教育的一个主要功能，并为国家办教育确定了一个首要的基本原则。社会化功能所表达的则是我们如何通过教育成为特定社会、文化和政治秩序的一部分。而比斯塔所理解的主体化即成为主体的过程，甚至"不妨理解为社会化功能的反义词，准确地说，它不是把'新来者'嵌入既存秩序，而是暗含独立于秩序之外的存在方式，暗含个体不单纯作为包罗万象秩序中的'标本'的存在方式"。有些人可能要求学校只关心资格化，其他人则要求教育在社会化中扮演重要角色，而比斯塔的立场是偏向于主体化应当成为教育名副其实的本质元素。因此，这三个概念的区别既可以是分析性的也可以是纲领性的，可以帮助教育者分析他们的实践，帮助他们对自己的活动目标和目的进行更精确的讨论。

有学者这样评价格特·比斯塔的著作："语言优美而新颖独特，针砭时弊而强烈有力。比斯塔的学术课题不只是邀请我们以不同的方式思考教育，而且指出一个更有抱负的动力以从事教育。"它虽然是针对比斯塔另一本书，但若借用到这本《测量时代的好教育：伦理、政治和民主的维度》其实也是相当合适的。当然，任何学者的思想产生都离不开前人的思想资源，而且我们若不能对前人的思想资源有同样的了解和熟悉，要想进入对话性的阅读必然是困难的。具体来说，比斯塔的学术语境是在学界同行较为熟悉康德、阿伦特、列维纳斯、朗西埃等当代西方哲人思想的基础上建构的，是一种努力通过"接着说"而进行教育理论创新的尝试。这在一定程度上对欠缺西学传统认知的中国教育工作者来说，要想深入领会比斯塔的思想精髓不能不说是一个有一定挑战性的任务。

精彩语录

人们宁愿用教育过程中的有效性和效率这样技术的、管理的问题来取代好教育这样的规范性问题，而不考虑这些过程的目的应该是什么。这不仅对教育本身有害，而且把那些本应该参与讨论"好教育由什么构成"的人——如教师、家长、学生和整个社会——阻挡在外。（P4）

教育中测量文化的兴起已经对教育实践产生了深远的影响，它的范围上至国家层面和超越国别的教育政策，下至地方学校和教师的实践。在某种程度上说，这种影响一直是有益的，因为它使各种讨论建立在事实性数据的基础上，而超越了关于可能是什么的假设和个人的观点。然而，问题在于，大量关于教育结果的信息给人一种印象，那就是针对教育政策的方向、教育实践的模式和形式所作的决策只能以事实信息为基础。（P13）

教育不仅促成资格化和社会化，同样也会影响我们所说的个体化，不过我更愿意称之为主体化，即成为主体的过程。主体化功能不妨理解为社会化功能的反义词，准确地说，他不是把"新来者"嵌入既存秩序，而是暗含独立于秩序之外的存在方式，暗含个体不单纯作为包罗万象秩序中的"标本"的存在方式。所有的教育都能真正促成主体化，这一点尚存争议。有些人声称事实未必如此，并且教育的实际影响能达到资格化和社会化就足够了。其他人则认为教育总会影响到个体；也就是通过主体化的方式，教育产生了个体化的"影响"。（P21）

我认为，我们生活在这样一个时代，即对教育的讨论似乎由对教育效能的测量所主导，而这些测量在教育政策中扮演着有影响力的角色，凭此也影响了教育实践。这种情况的危险在于我们最终重视的是测量到的东西，而不是测量我们重视的。然而，只有后者才应该最终说明我们关于教育方向的决策。（P26）

大量的研究证据表明，影响学校成功的关键因素是学生的家庭环境，尤其是在他们生命的起初几年。（P35）

一个必然的结论是，问责文化已经极大地改变了教育空间里的各种关系，并且通过同样的过程改变了相关人员的身份认同和自我认知。……问责文化使

得家长/学生与教师/教育机构之间很难形成共同、互惠和民主的关系，这种关系建立在对公共教育利益的共同关注之上。（P68）

强调主体化的重要性，以及强调主体化可以用一种民主要求的非特殊主义的方式被理解和实施，并不意味着一个以主体化为目的的学校与一个以资格化为目的的学校有天壤之别。学科学习是我们设立学校之初的重要因素之一，但是学科学习只有在给主体化留有一席之地时才会变成教育性的学科学习。（P102）

教育不仅在自由的问题上发挥作用，而且与自由之间确实存在着内在的关系。……教育自身承载着自由的取向。（P126）

延伸阅读

《教育的美丽风险》是格特·比斯塔所著的另一本具有世界影响的教育著作，是美国教育研究协会2014年杰出图书奖获奖作品。这本书探讨了许多教师都知道却越来越避免谈论的主题：真正的教育总是具有风险的。之所以有风险，是因为正如叶芝所言，教育不是填充一个水桶，而是生起一团火焰；是因为教育不是机器之间的互动，而是人与人之间的相遇；是因为学生不应被看作要塑造和规训的客体，而是行动和责任的主体。该书由赵康翻译，北京师范大学出版社2018年出版。

（陈　娟）

33 《跟蔡元培学当校长》

作者：吴家莹
出版社：首都师范大学出版社
出版时间：2010年2月

推荐理由

有人说：这本书不仅为有志于大学革新的校长而写，也为热情变革中小学的校长而写。因为他们若有心将教育理想在所服务的学校中推动，一定可以借鉴蔡元培治理北京大学的案例及其"学校革新之理"在大学领域中曲折实践的经验。

王汎森说：此书宜作为校长培训之参考读物。

叶隽说：此书的成功操作给我们预示了一种可能性，即学术不但可以介入实践层面，而且颇富启迪意义。此书的最大特色就是将蔡元培限定在北大校长这一固定的角色定位上，逐一探讨：接任校长的心路历程；对北大新发展方向的诠释；在北大既有校务脉络中孕育的新构想；蔡氏推动新北大构想的经过；北大变成怎样的新面貌。

此书的作者——吴家莹，台湾东华大学花师教育学院院长。获台湾师范大学教育学博士，曾在美国哥伦比亚大学及英国约克大学从事研究工作。历任台湾花莲师范学院教务长、学务长、国民教育研究所所长。作者的学历背景和工作背景，遇上蔡元培先生的成长背景，擦出了耀眼的"火花"，这"火花"便是这本书。

本书不仅细致梳理了蔡元培先生任北大校长期间的心路历程、革新措施与成就，并且运用教育学理论，从校长的角色意义、角色愿景、角色策略、角色执行和角色成就五个方面，对其教育理想转化为教育实践的全部历程进行了深刻剖析。该书钩沉史料，深入浅出，历史学、教育学均有涉猎，其间所彰显的，正是"学校革新之理"在大学场域中的曲折实践过程。因此，这种经验不仅有益于大学校长，更有益于有心将教育理想在所服务的学校推动的广大中小学校长，对近代教育史、思想史及对教育领导人才培养感兴趣的读者都能从中获益。

蔡元培先生担任的是北京大学的校长，我们首先要厘清"什么是大学"这个问题。蔡元培先生在北京大学1918年的开学典礼演讲词中说："大学为纯粹研究学问之机关，不可视为养成资格之所，亦不可视为贩卖知识之所。""大学者，研究高深学问者也""大学者，囊括大典网罗众家之学府也。"也就是说，大学最根本的，是用人类积累起来的文化成果，浇灌人的智慧，培植人的德性，促进、保护和增强社会的文化价值观念，不断对社会变革进行分析，运用自己的批判和前瞻功能引导社会发展，促进人类与时俱进，日新又新。

当下，"校园里已经不能安放下一张安静的书桌"，大学校园仍然不例外，当时的北大也不例外。书里介绍说，蔡元培为将北大学生的求学心态由"升官发财"改正成"研究学问"，他采取了三种策略，其一是通过"学校各种仪式之场合"反复地、重复地提醒与唤醒，以有效地传递与传播北大"研究学问"的新愿景，使之能深印于学生内心。其二是通过"删减与北大新愿景不能相搭配的科系单位"以净化学校的学习气氛，让学生心中所萌生的"研究学问"的印象，有持续被增强的支援性情境。其三是通过"增加或调整与北大新愿景相搭配的所科单位"以构建较具焦点性及积极性的学校文化，让学生沐浴其中进而能自然增强对"研究学问"的渴慕之心。这些策略在今天看来仍然具有较强的借鉴意义。

其次，我们需要弄清一位校长的修为之处。"教育理想的实践是一种曲折起伏的过程，耐心等待不受诱惑，且坚持不偏离策略主轴才能终底于成。"蔡元培先生从接任北大校长开始，就提出三大类构想：发展性构想、支援性构想和维生性构想，不管遇到什么阻力，遇到什么波折，遇到什么"硬骨头"，总是千方百计调动所有资源去克服它，并且一以贯之地执行下去，这是一位校长最可贵的品质——坚持。他的"不忘初心"在当下"人人焦虑，追求短期成果"的今天，具有较强的引领意义。

人非圣贤，孰能无过？但蔡元培先生在对待自己的弱点与问题上，"他是彻悟的，他是想明白的"。带着一边吸收一边建设的心态，阅读此书，相信你能触摸到它标立起的"一种尺度"，供给你前行的一些营养。

精彩语录

蔡元培就任北大校长之真正"意向"是本着"教育救国"之宏愿而为的，与一般权势而当位是有别的。（P5）

每位校长，无论目前在位或即将上任，应抽出点空闲时间，来正视自己的办学，在深层动机点上是出于为己之名利谋多呢？还是为学校长远发展之谋多呢？这种从内心正视自己角色抱负的切入点，将会使每位校长获得更多机会和更大的源自内在的动力，并使自己身份得到确立，成为一位充满荣耀的真正的校长。（P7）

事实上，一个国家也唯有能确实建立以"研究"为导向的"新型大学"，且创造出值得令人学习的学术成绩，才叫真正以"学术"恢复民族自尊心。（P13）

所谓"以纯粹研究学问"为目的的大学，若真的存在，其具体可见的表现特征，又是什么呢？蔡元培有如下清晰的描绘："大学是择以终身研究学问者为之师，而学生于研究学问之外，别无何等之目的。"也就是说，新北大未来经营若成功，将展现的面貌是："拥有一群'以研究学问'为终身志趣的教授及一群'以研究学问'为专一目的的学生。"（P15）

若想使北大学生持续保持以"研究学问"为主的清纯志趣，则北大今后应保留与"学"有关的"文""理"两科。（P39）

要当一名学问家，至少在道德戒律修养层次上，也须作相当程度的提高，才能确保研究有成。（P43）

纯粹之美育，所以陶养吾人之感情，使有高尚纯洁之习惯，而使人我之见、利己损人之思念，以渐消沮者也。盖以美为普遍性，决无人我差别之见能参入其中。食物之入我口者，不能兼果他人之腹；衣服之在我身上者，不能兼供他人之温，以其非普遍性也。美则不然，即如北京左近之西山，我游之，人亦游之，我无损于人，人亦无损于我也。（P69）

他的大学改革提案皆能顺利获得赞成，这除了显示他的影响力是深厚的以外，其实也意味着他改革北大的制度性障碍已移除，加以他在学校内部组织的参与机制改造上，也有相当进展，看来学校制度改革似乎已有了显著的绩效。（P90）

有关男女同校制度的试验。这是个涉及我国大学是否要开放女禁的问题，就如蔡元培所描述：外国的小学和大学，没有不是男女同校的。美国的中学，也是大多数男女同校。我们现在除国民小学以外，还没有这种组织。而他认为这是违反世界潮流的。（P114）

大战之后各国大学也有一些改革，大都将少数人所受的高等教育，求它普及，如平民大学、劳动大学等。其余专讲国家主义的守旧的大学校，也不能不改革。我很愿意知道他们改革的情况。（P134）

蔡先生主办北大，其作风、其成就，确是叫人不容易忘怀的。他之所以使人景仰不衰，是他的办学、办教育有成就，他的民主作风和他对青年的热诚爱护。（P177）

蔡元培最可贵的地方，是坚守自己的理念。对于一个学者来说，这有困难，但并不是最难做到的。（P197）

延伸阅读

先生，虽然只是一个称谓，但体现的是一种修为，一种担当，更体现的是一种精神。一百多年来，国民意志之接力及薪火相传，有赖如蔡元培这样的"先生"。《先生》一书，由《先生》编写组编著，中信出版社于2012年8月出版。

（欧小丽）

34 《从实践到文本：中小学教师科研写作方法导论》（第二版）

作者：张肇丰
出版社：华东师范大学出版社
出版时间：2016 年 9 月

推荐理由

本书作者张肇丰，上海市教育科学研究院普教所研究员，《上海教育科研》杂志副主编，中国教育学会教育理论刊物分会副理事长，华东师范大学兼职教授。长期从事课程与教学论研究，参与国家基础教育课程改革项目，是"研究性学习"课程开发的理论设计者之一。近年来关注教育研究方法、学校教育科研等研究领域，在教师的案例研究、创意设计、写作语言等方面进行了探索性的研究。

《从实践到文本：中小学教师科研写作方法导论》是一本关于中小学教师科研写作的方法论专著，打破了教科书式的写作技法论述框架，将教师的研究、写作与专业发展融为一体，在内容结构上实现三个结合："理论与实践相结合""结果与过程相结合""研究与写作相结合"，构建了一个理解和提升科研写作能力的新图式。

"教坛有言：把听懂的做出来，把做过的说出来，把说过的写下来。本书的主题'从实践到文本'，说明了中小学教师与理论工作者在科研写作的价值取向和实践路径上的区别；副标题'方法导论'意味着在教师科研写作的方法指导方面将作一个比较系统的总结和提炼。"

作为一线教育工作者的中小学老师，往往有着丰富的实践经验与实践智慧，积累了大量的经验事实，却又较少进行专业化的学理表达。作者表示"不会写文章也可以当名校长、名师，要会写文章，才可能成为教育家"。于是，想写还是不想写，表面上看是一种习惯问题，实则是行为意识现象。

"这本富有原创性的著作,让我们重新认识了写作在科研和自身成长中的意义,也引发了我们对于教师的个性化写作的反思与共鸣。"(《中国教育报·读书周刊》)

我们要为自己的想法和做法,记录下一个合理的说法。本书的第一部分是前三章,主要介绍和探讨一些有关教师科研写作的基础理论问题,既阐明了中小学教师的科研写作之路(教师为什么要写作、什么是教师的实践研究、寻找自己的最近发展区),又分别从"教师写作需求看理论应用"和"语言心理角度探索写作奥秘"阐述理论对于科研写作的基础性价值。

作者认为,教师要通过研究和写作之路攀登顶峰,成为一个有追求、有思想、有境界的教师。而要实现理论与文本的实践性解读以及实践的理论性反思与文本表达,需要进行长期探索与专家引领(包括专著、论文等)。如果没有文本的有效描述与专业表达,中小学教师的实践经验只能停留在"心中""课堂中",较难具备传播力与普适性,还难以生长为"研究成果"。那么如何有效地从实践走向文本,将研究成果实施专业化表达呢?全书的第二部分(第四、五、六、七章)主要分析说明论文与案例这两大文体的一般方法问题,包括写作的几种基本类型及特征,并从义理、考据、辞章等写作三要素出发,解析了"论文的选题与立意""材料的收集与处理""论文的结构与语言"。全书的第三部分(第八、九、十章)则从分论的视角,介绍了"研究报告""叙事研究""非常规写作"等文体的研究和表达问题,指明了多路径、多视角从实践走向文本的过程与结果。

纵观全书,既有专业的理论创新,又有丰富的操作实例,语言流畅,深入浅出,是一本较有特色的有关教师科研写作方法的论著,值得我们中小学教师细细品读与研习应用。

精彩语录

"听""做""说""写"四件事,大体上代表了广大教师参与教改实践研究的主要形式和基本环节:(1)学习;(2)实践;(3)交流;(4)写作。四个环节环环相扣,形成了一线教师专业发展的链条。(前言,P1)

从当前教师科研写作的现状及问题看，一些教师之所以对写作感到困难，往往不是由于形式问题而是内容问题，不是局部的文字表达问题而是整体的研究思路问题。（前言，P3）

我却从中得到两点启发：（1）不会写文章也可以当名校长、名教师；（2）要会写文章，才可能成为教育家。（P1）

写作，正是帮助人将随意的做法和散乱的思绪条理化、系统化的一种研究方式；它使人能够在描述现象与解释意义、感性认识与理性认识、实践行为与思想理念之间，找到适当的联系、平衡和结构，而这个任务靠"做"或"说"都很难完成。即使如许多教师看好的质的研究和叙事研究，同样需要通过文本写作将问题呈现和提炼出来。（P5）

所谓理论，就是有目的、有条理、有系统地反映了某种立场、观点和方法，即知识的系统化。……有意识地应用理论，可以使思维和表达更清晰、更有条理，因而也更能达到研究和表达的目的。（P22）

有关教师实践智慧的研究要分为两条基本路径。一条路径是运用思辨和理论研究的方法，探讨分析教师知识能力的内容结构和表现形式；另一条路径是通过课堂观察和叙事研究的方式，观察和描述教师知识能力的形成特点和过程。（P31—32）

"上好课"只是路径和手段，做一个"好老师"才是理想和目的，也就是所谓"成事成人"。考察教师实践活动的这种基本性质——既求真又求善，以求真为主要途径而又以求善为最终目的，对于我们重新思考各种教师实践活动的路径和做法，有着重要的启示作用。（P34—35）

从写作研究的理论基础来看，语言学、心理学和教学论是三个最重要的理论来源和研究手段。（P42）

比较而言，经验总结偏重个性，学术论文偏重共性；经验总结偏重说明事实，学术论文偏重提炼论点；经验总结偏重具体操作，学术论文偏重揭示规律。（P78）

从论文写作的角度看，义理泛指文章的观点、立意及选题；考据也不仅仅是事实清楚确凿，而是包括了材料处理和研究方法；辞章则不仅是讲究语文修

辞，还涉及论证的逻辑和思路。大体而言，义理和考据是论文写作的内容要素，而辞章则是形式要素。（P96）

与文学写作不同，科研论文的结构相对比较简单而稳定，一般来说就是"三段论"：绪论—本论—结论，就在于论文结构三大部分的特点和写法，前人曾精练地概括为六个字：凤头、猪肚、豹尾。（P161）

教师的实践研究，主要是应用研究和开发研究，研究的重点在于如何把先进的教育理念转化为自己的实践行为。而化复杂为简单的难点，在于怎样用自己的语言来转述深刻的思想和理论，并以此解释教育现实和实践行为。对于许多教师作者来说，做到语言生动并不难，难在理论的学习应用。（P99）

一个好的研究目标应该是：高度概括研究内容，同时又可以分解实施。研究目标、研究思路、研究内容三者，是一个从抽象到具体的表述过程。研究目标是研究内容的高度概括，研究思路是对研究目标的理性认识，而研究内容则是对研究目标和研究思路的细化和具体化。（P226）

一般认为，课例研究包含三方面含义：（1）本质上是一种行动研究，呈现为一个持续、循环的实践研究过程；（2）以教师的集体合作研究为主要形式；（3）以学生学习和发展中出现的问题为研究对象。从有关研究成果看，课例研究包括两种基本途径：一是课堂观察与分析，二是行动研究。（P252）

延伸阅读

中小学教师的论文写作既有宏观视角，也有微观视角。作为实践研究成果的文本——论文而言，一线教师也需要具体的方法论指导，编辑视角亦是一种不错的选择。《中小学教师论文写作指南》，由有着丰富的教育教学与编辑经验的赖一郎所著，福建教育出版社于2013年出版。

（姚建法）

管理类

01 《普通中小学校长工作手册》

编者：教育部基础教育司

出版社：教育科学出版社

出版时间：2018年4月

推荐理由

本书由教育部基础教育司编写，其目的就是深入推进基础教育治理体系和治理能力现代化，全面落实立德树人根本任务，进一步促进学校管理规范化、科学化、法治化，有效提升普通中小学校长的学习力和领导力，确保党的教育方针和国家教育法律法规"落地生根"。

学校管理是一门学问，但是现在这门学问越来越被"神秘化"，出现了一些理论高深的"管理策略"，让人看了很费解。其实，学校管理很"平常"——校长可以从手册中系统地获得许多管理常识。把《普通中小学校长工作手册》这部书作为校长的必读书目，怎么强调都不为过。作为学校，其根本任务就是立德树人。作为学校管理者，首要的任务就是带领教师围绕"立德树人"这个目标开展扎实的工作，将育人为本作为学校工作的根本要求，不断丰富德育内容，不断创新德育载体，着力培养学生的社会责任感、创新精神和实践能力，不断增强学校德育的时代性、规律性、实效性。

学校管理者的第二项常识性工作就是带领教师抓好课程建设。可以说，校长对课程建设的关注程度、实践程度，决定着学校的品质，决定着党的教育方针的贯彻程度。提升课程领导力，构建多样化、可选择、校本化的课程体系，推进课堂教学改革，充分满足每一位学生发展的需求，是每一个校长义不容辞的责任。

学校管理者的第三项常识性工作就是带领教师做好体卫艺美工作。体卫艺美是素质教育的重要内容，是学校工作的重要组成部分。如何抓住青少年身心发展的关键时期，提高学生的身心健康水平；如何抓住艺术教育这一基本途径，提高学生的审美修养，丰富学生精神世界，发展学生形象思维，激发学生创新意识，促进学生健康成长，是每一个校长践行全面育人观的基本要义。

学校管理者的第四项常识性工作就是带领教师做好校园文化建设工作。优秀的校园文化可以潜移默化地影响学生的思想观念、道德观念和价值取向。作为学校管理者不仅要重视学校文化潜移默化的教育功能，懂得把文化育人作为办学治校的重要内容与途径，更需要了解校园文化建设的基本理论，掌握促进优秀文化融入学校教育的方法和途径。

学校管理者的第五项常识性工作就是带领教师做好学校的安全工作。确保学生安全是学校教育的底线，如果安全出了问题，所有努力都将归零。作为学校管理者，不仅要从建设社会主义和谐社会的高度，增强做好学校安全工作的责任感和紧迫感，也要把培养学生的安全素养作为重要任务，真正实现安全教育的课程化、制度化、常态化，从而培育学生终身安全的能力。

除以上几项最核心的工作外，本书还整理收录了规范考试招生行为、创新教育装备管理、规范学校经费管理、构建现代学校制度、整合校外教育资源、推动教师专业成长、提升校长专业水平、加强学校党建工作等多项管理工作的法律法规和政策性文件以及相关学校的实践案例，同时还在附录中收录了《义务教育学校管理标准》《义务教育学校校长专业标准》《普通高中校长专业标准》等文件，这些都是校长在工作中必须要知晓的。

"一册在手，规范全有。"总之，《普通中小学校长工作手册》作为一部管理工作的工具书，文件选择遵循了政治性、引导性、权威性、时代性、规范性和关联性六大原则，其"方便快捷、务实管用"的价值是不言而喻的，相信它一定会成为校长成长路上的行动指南。

精彩语录

中小学要挖掘地域历史文化传统,因地制宜开展校园文化建设,将社会主义核心价值观融入校园物质文化、精神文化、制度文化、行为文化之中。(P5)

学校领导要经常研究班主任工作,了解班主任的工作表现,规范班主任的行为。(P28)

国家鼓励学校和教师采用启发式教育等教育教学方法,提高教育教学质量。(P36)

改变课程实施过于强调学科本位、科目过多和缺乏整合的现状,整体设置九年一贯的课程门类和课时比例,设置综合课程,以适应不同地区和学生发展的需求,体现课程结构的均衡性、综合性和选择性。(P37)

坚持系统设计,整体规划育人各个环节的改革,整体利用各种资源,统筹协调各方力量,实现全科育人、全程育人、全员育人。(P40)

认真执行国家课程方案,严格遵循教育规律,不随意提高教学难度,不组织学生参加各种有违教育规律的竞赛和不当竞争,不占用学生法定休息时间加班加点或集体补课。(P43)

开齐、开足国家规定的各类必修和相关选修课程,确保体育、艺术、技术、综合实践活动等课程的实施,加强法治教育,关注学生心理健康和青春期教育,合理安排作业,不得违规补课和增加课时,切实减轻学生过重的课业负担。(P44)

教育里没有体育,教育就不完全。我觉得体育比什么都重要,我觉得不懂体育的,不应该当校长。(P68)

义务教育阶段学校在开设音乐、美术课程的基础上,有条件的要增设舞蹈、戏剧、戏曲等地方课程。普通高中在开设音乐、美术课程的基础上,要创造条件开设舞蹈、戏剧、戏曲、影视等教学模块。(P74)

中小学校要制定符合本校实际和特点的校园文化建设实施方案,分步实施,强力推进;要充分调动广大教师参与校园文化建设的积极性、主动性、创造性,加强培训,不断提高广大教师参与校园文化建设的意识和能力,发挥他们在校

园文化建设中的示范和表率作用。（P88）

要给予有条件的高中阶段学校一定数量的自主招生名额，招收具有学科特长、创新潜质的学生，推动高中阶段学校多样化有特色发展，满足不同特质学生的发展需求。严格规范自主招生办法和程序，将自主招生的各个环节和录取结果向社会公开，接受社会监督。（P111）

学校应当遵守有关安全工作的法律、法规和规章，建立健全校内各项安全管理制度和安全应急机制，及时消除隐患，预防发生事故。（P120）

学校应当每学期至少开展一次针对洪水、地震、火灾等灾害事故的紧急疏散演练，使师生掌握避险、逃生、自救的方法。（P121）

鼓励有条件的学校利用图书、报刊布置走廊、教室等边角空间，倡导学生自主管理、诚信取阅，形成学校在"图书馆"中的良好氛围，使师生阅读方式广泛多样、阅读选择丰富多元。（P153）

学校起草制定章程要充分反映广大教职员工、学生的意愿，凝练共同的理念与价值认同，体现学校的办学特色和发展目标，突出科学性和可操作性。（P179）

坚决依法从严治教，坚决查处一些中小学校不遵守教学计划、"非零起点教学"等行为，严厉追究校长和有关教师的责任。（P204）

创造有利条件，鼓励教师和校长在实践中大胆探索，创新教育思想、教育模式和教育方法，形成教学特色和办学风格，造就一批教育家，倡导教育家办学。（P246）

延伸阅读

中外对比，可以明差异，可以找差距，也有助于补不足。美国的中小学教育管理理论和实践是什么样的？《校长管理手册——美国中小学校长成功管理之路》是一本为校长办学治校提供有效操作系统的好书。不仅有历史的思考、理论的思考，更在实践上给予现代学校以新的定位。书写风格平实无华，细致入微。该书由刘京秋与哈维·奥威合著，中国财政经济出版社2007年出版。

（蒋世标）

02 《义务教育学校校长专业标准：要点·行动·示例》

编者：陈丽
出版社：北京师范大学出版社
出版时间：2014 年 9 月

推荐理由

本书主编陈丽，教授，北京教育学院学校管理学重点学科带头人，中国教育学会管理分会秘书长、首都师范大学硕士生导师、教育部"国培计划"首批入库专家。陈丽教授的主要研究领域为学校发展与校长培训，出版学术著作《学校发展策划：理论、方法与实践》《学校品牌策划》《学校组织变革研究：校长的视角》《校长领导力八讲》等十余部，在具有中国特色的校长专业化发展理论与实践领域有着深入的研究与有益的探索。陈丽教授结合个人多年研究成果，针对教育部颁布的《义务教育学校校长专业标准》作出了细致的解读与专业的引领，对于相关领域的研究与实践者，有着很强的指导意义。

教师、校长专业化是世界教育发展的趋势，在世界各国促进校长专业化发展的诸多实践中，制定校长专业标准是其中的重要一环。基于此，教育部颁布了《义务教育学校校长专业标准》，本书则是通过"要点解读、履职建议、示例分析"三位一体的描述框架，系统、贴切、简明地呈现了《义务教育学校校长专业标准》（以下简称"校长标准"）的丰富内涵与实现路径，帮助义务教育学校校长依据"校长标准"开展更显主体性和创造性的自我对照与专业提升；服务各级教育行政部门依据"校长标准"制定更具科学性和针对性的支持政策与资源匹配；引导相关校长培训机构依据"校长标准"研发更有时效性和专业性的培训课程与成长平台。

本书在全文呈现了《义务教育学校校长专业标准》的基础上，将全书分为六章，按照"校长标准"的分类，分别阐述了：规划学校发展、营造育人文化、领导课程教学、引领教师成长、优化内部管理、调适外部环境这六大领域的专业理解与认知，专业知识与方法，专业能力与行为，为解读"校长标准"提供了理论、实践等全方位的专业观点。

为了更具参考价值与实用意义，《义务教育学校校长专业标准：要点·行动·示例》在编写中有着如下特色创新。

第一，创新性。每个条目均由"要点解读""履职建议""示例分析"三部分构成，"要点解读"是在概念和内涵上，对"校长标准"予以科学的分析，让读者"看懂核心要义"；"履职建议"是在实践操作和策略指导层面予以认识支撑，让读者"对比原先做法"；"示例分析"则是结合典型案例进行解释，让读者"参考真实情况"。三大模块使得校长及相关专业人员能够从理性要求到实践操作全面理解与把握"校长标准"。

第二，清晰性。《义务教育学校校长专业标准：要点·行动·示例》属于校长职务的"合格标准"，是对校长开展专业学校管理事务的"底线要求"，本书的解读也定位于此，更加适合新任职校长或校长培养对象阅读学习，因而，对这类校长所在学校的指导作用也更加清晰。

第三，专业性。本书各部分内容的撰写都注重从相关法律、政策、理论等多个角度进行解读，具有很强的法律规范性、政策指导性与理论引领性。避免了简单的"想当然"式的解读。

第四，指导性。本书在对"校长标准"提供规范解读的基础上，更加注重在"校长标准"要求下的实操性指导，目的在于让本书对于读者来说，更具"工具书"的现实指导意义。

第五，前瞻性。本书对党和国家的重要教育政策、规划都做了细致的研究，在撰写时，有意识融入了对前瞻性问题的思考，让校长在参照学习时，不仅具有现实意义，更有对未来校长专业发展的前瞻性思考。

本书编撰的真正目的，即是"读懂标准真谛，推进教育发展"。希望让每一位读者有学、有思、有行，让专业的校长改变中国的学校。

精彩语录

校长在规划学校办学定位时，要尊重学校历史，从中提炼学校发展的优秀"基因"；全面权衡学校现有实力基础及可挖掘的内外部资源，考虑需求与可能、奋斗目标与现实条件的关系，量力而行，从而使办学定位的实现具有基础与可操作性。（P11）

校长要有开放观念。不仅注意发挥学校内部主体的作用，而且注重发挥家长、社区、专家智慧，避免学校组织局限，形成学校发展的外部支持力。（P13）

魏书生教育思想中依法治校的内涵在学校日常教育活动的管理中主要体现在建立科学的计划系统、科学的检查监督系统和科学的总结反馈系统并灵活执行。（P22）

制定学校发展规划首先必须对发展现状进行诊断分析，这是制定学校发展规划的前提和起点。教育发展是一个连续体，只有以未来为导向，把学校发展的历史、现状和未来作为一个有机整体去考察，才能对学校发展作出科学的判断。（P30）

学校文化具有全面育人的功能，特别是隐性德育的功能。校长要把文化建设看成学校德育工作的重要方面，把文化育人作为办学治校的重要内容与途径。（P48）

校长不断地拓宽知识面，广泛地接触和了解自然科学以及人文社会科学的相关知识，有利于学校形成一个更好的育人环境。（P54）

今天的学校教育中，的确存在一些不尊重教育、教学和管理规律的现象，作为校长不能盲从，随意追随一些社会潮流，必须有对教育本质的深入思考、对学生发展发自内心的重视。（P78）

校长在学校课程和教学领导过程中学习掌握课程和教学论知识对学校课程建设和教学发展具有重要意义。（P86）

课程作为学校教育的核心载体，可谓学校的核心竞争力。（P94）

校长要通过全体教师共同研讨制定课堂教学评价标准的过程统一教师思想观念，改变教师行为。（P104）

学习型组织建设能够促进工作和学习的融合，开发生命的价值，改造组织的结构。"自我超越、改善心智模式、建立共同愿景、团队学习和系统思考"是学习型组织的五大基础。（P126—127）

对于义务教育学校而言，就是要着力完善校长负责制，实行校务会议等管理制度；就是要充分发挥党组织在学校工作中的政治核心作用；就是要建立健全教职工代表大会制度，不断完善科学民主决策机制。（P144）

"以德立校"，首先就是要求校长要拥有与岗位职责和事业使命相匹配的优良的思想素质、道德品质、价值观念和事业情怀。主要表现为：处事公正、严格律己和廉洁奉献。（P149）

对于校长来说，学校规范化管理的实质是制定学校管理制度（制定规范）；执行学校管理制度（执行规范）。（P172）

学校作为育人组织对社会（社区）承担的责任有两个层次：一个层次是学校承担为社会培养人才的职责，即"教书育人"；另一个层次是学校利用教育资源为社会提供相应的服务的职责，即"服务社会"。（P180）

学校应该正视自身在公共关系中的主体地位，变被动为主动，充分利用起公共关系管理中检测环境、收集信息这一职能。（P191）

延伸阅读

教师要专业化，校长更应该如此。《校长的十二项专业历练：义务教育学校校长专业标准解读》一书，作为对《义务教育学校校长专业标准》的解读，按校长的六项基本职责列为六个部分，每一部分均由专题导入、两项专业历练、专业知识与理解、拓展阅读和思考题组成。该书由顾泠沅、毛亚庆主编，北京师范大学出版社2015年出版。

（汤巍楠）

03 《学校法制：理论与案例》

作者：周彬

出版社：华东师范大学出版社

出版时间：2012年3月

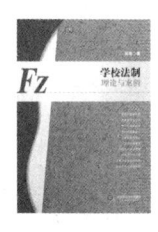

推荐理由

《学校法制：理论与案例》作为华东师范大学出版社出版的高等院校教师教育类专业教材，既有很强的专业性，也有广泛的实用性。所以也是中小学校长和教师培训的好教材。它从教师、学生、学校等角度对各主体的权利与义务进行了阐释，同时，配有大量的案例，对中小学日常管理及依法治校具有很好的参照作用。

本书的内容，主要包括教师篇、学生篇、学校篇和拓展篇。主体内容是前三篇。

教师篇是围绕教师的权利展开的，其中包括教师的民事权利、教师的专业权利和教师的劳动权利。民事权利和劳动权利，这两部分以民法和劳动法为背景，可以说，教师和其他公民所具有的权利没有较大的区别。而教师的专业权利，是和学校教育及专业方面相关的权利，这是本部分的重点，其中阐释了教师的学术自由权、民主管理权和培训进修权等诸多方面；当然，和教师的教育教学相关的义务也融入在权利的介绍之中了，这样便于理解权利和义务之间的关系。

学生篇主要介绍的是学生的民事权利，学生享受受教育的权利和如何依法处理学生伤害事故。本部分理论阐释的重点是学生受教育权，而伤害事故的处理则具有很强的实用性。这里特别指出的是，在普通的认知当中，学生是未成年人，享受权利是天经地义的，未必需要在法律层面尽多少义务。本书可贵之处在于，它清晰地论述了在守法、行为习惯、完成学业和遵章守纪方面必须尽到其应有的义务等问题，无疑，对教师依法施教提供了很好的参照和启发。

学校篇是前两篇的综合与提升。不仅将师生的法律地位和学校工作结合在一起,而且从国家法律和政策层面介绍了办学、管理和责任等诸多问题。

基于以上内容,本书的特色也很突出,主要体现在如下几个方面。

其一,突出主体性。

它没有只从法律体系的角度来阐释教育法律法规,而从学校的三个不同的主体出发,对相关的法律关系进行了剖析。这样编写很适合非法律专业人士如师范生、教师、学校管理者、学生家长等来了解、掌握教育法律法规,提高法律素养。

需知,教师及校长、学生及家长、在校的师范生是最需要增强教育法律素养的人群,本书几乎都涉及了,这是难能可贵的。特别是学校的教师和学校的管理者,在面对越来越多的来自社会、家长的涉法挑战时,这方面的知识和思维越来越重要。当代学生和家长的维权意识大大不同以往,在自媒体时代,他们借助于新兴媒体随时随地都可以表达自己对教育的诉求,不管这种诉求合理还是不合理,合法还是不合法,学校都必须作出合理合法的回应。

所以,在新时代,学校领导和教师的教育法学素养显得越来越重要。这本教材以它的专业性和实用性,为我们提供了很大的助力。

其二,强化法律意识。

本书指出,"法律意识是一种规则意识,是我们在做事情的过程中,承认存在一种协调各方利益的规则",即强调"规则是行为的理由"。从中我们不难看出,本书不是仅仅去讲法律条文和理论知识,而是让我们在头脑中首先树立起法律意识,有了法律意识,才会运用法律思维,才能依托法律解决问题。

我们知道,社会法律无论体系有多么繁复庞杂,它都是源于自然法公平正义的原则,而这些原则又根植于人类文明进程中对核心价值的认同。如人的神圣的生命权、自由权和平等的原则等,法律正是为保障每个人都平等地享受他的诸多权利而设定的；因为大家都有享受这样的权利，那么，我们除了享受权利之外，还必须要尽相应的义务，于是才有权利和义务对等的原则，才有自律是自由的前提的原则，才有法律的神圣来自于信仰的原则。这样，我们就由法律意识的树立作为起点，培育出富有理性精神的法律思维。

于是，我们在处理日常教育问题时，就会基于公平正义的原则，照顾到各方的合法诉求。即使是施害方，也有属于他的申诉和解释的权利，也有不被误解和歪曲的正当性。

这些，都是教育人依法施教、依法治校的根本点和出发点。我们在阅读本书时，会感受到这样一个强化法律意识，提升法律思维的过程。

其三，关注教育实际。

有一位班主任，因为班级的同学多次窃取他人的钱物而屡教不改便给孩子的妈妈打电话，但是，妈妈的电话一直处于关机状态。于是班主任联系该同学的爸爸。该同学的爸爸说："我和孩子的妈妈离婚了，孩子依法判给了妈妈，现在孩子和妈妈生活在一起；妈妈是孩子的法定监护人，这个孩子的好坏和我无关，你们不要找我了。"然后就挂掉了电话。

班主任很沮丧地将这件事讲给办公室的老师听，老师们对他爸爸是否还是监护人的问题，也有不同的看法。

本书会帮助你分析，即使是离婚了，不和孩子生活在一起，仍然是法定的监护人。在这样的一个前提下，学校可以向他的爸爸提出必须承担起监护人应该承担的责任。

当然本书针对学校生活中涉法案件的分析是多方面的，对一线教师和校长的启发显然也是全方位的。

精彩语录

非常依赖内在化的思想，与此相关联，社会成员对规则持有内在的观点，将规则存在当成决定做什么事情的关键因素，规则的存在是行动的理由。（P1）

希望通过对教育生活事例的分析，让我们对教育事业有更深刻的体验，对法律有更清晰的认识。（P3）

只有在权利与义务共存的情况下，社会关系才能变得稳定。（P4）

程序性的价值，就在于可以使得主体能够看到法律行动的全部过程，从而增加法律的公开性，提高法律的正当性程度。（P4）

我们不但要知道这件事情是真实的，更关键的是，还要证明这件事情是真实的；在法律面前，决定一件事情真实性的，并不是我们知道与否，而是我们是否能够证明它。（P5）

教师作为专业人员，为了更好地发挥自己的专业能力，就需要更大的专业权利，而这是不具备专业能力的公民所不能拥有的。（P25）

教师使用专业权利过程中，由于这些权利的授予是以教师具有这些专业能力为标准的，因此，教师使用专业权利的过程，也受到科学性的限制。（P26）

学术自由权是教师最重要的权利之一，致力于研究真理的机构必须免受一切的外来干预，这一理念被国际各国法律所保护。（P28）

对学生来说，虽然他是未成年人，但他并不因为未成年的特点，就丧失享有各种民事权利的资格；也不因为未成年的特点，就不具备承担相应民事责任的义务。（P74）

监护人并不是一个富有权利的角色，而是一个责任颇重的角色。（P77）

夫妻离婚后，与子女共同生活的一方无权取消对方对子女的监护权。（P80）

办学章程，是学校办学宗旨、管理体制、学校机构设置、权力分配及议事制度等重要事情和重要原则的规定性文件，是学校据以开展教学活动和其他活动的根本依据，也是学校内部权利分配和决策的法律依据。（P168）

延伸阅读

依法治校，首先要明白法为何物。《中华人民共和国教育法典·注释法典》

(新四版),收录教育法、义务教育法、高等教育法及相关法律、行政法规、部门规章及司法解释。它是一本内容全面、注释精炼、案例指导、附录实用的法律工具书。此书由国务院法制办公室主编,中国法制出版社2018年出版。

(吴文才)

04 《领导力：如何在组织中成就卓越》

作者：[美]詹姆斯·M·库泽斯　[美]巴里·Z·波斯纳

译者：徐中　沈小滨

出版社：电子工业出版社

出版时间：2018年5月

推荐理由

　　詹姆斯·M·库泽斯和巴里·Z·波斯纳都是领导力领域的权威，获得过威尔伯·麦克菲利奖。他们是畅销书《领导力：如何在组织中成就卓越》的合著者，这本书曾被译成22种语言，售出多达250万册。詹姆斯·M·库泽斯的人生经历充满了传奇色彩，他是圣克拉拉大学列维商学院领导力系的执行主任，并在全球讲授领导力。他不仅是备受尊敬的领导力领域的学者，也是一位富有经验的管理者，曾被《华尔街日报》提名为美国受欢迎的12位企业领导力高管教育家。巴里·Z·波斯纳是圣克拉拉大学列维商学院著名的领导力教授，担任了12年的商学院院长，他是世界知名的学者和教育家。

　　本书主要阐释了领导作为人与人之间的一种常见关系，他的领导力是带领大家迎接挑战走向卓越的一种能力。该书通过30年的研究和对几千个领导者案例的分析，提炼出了成为卓越领导的五种行为和十个使命，并给出了具体的行动指南。"领导力"系列丛书讨论的主要内容是领导者如何激励他人自愿地在组织中做出卓越成就；领导者如何通过实际行动，把价值观化为行动，把愿景化为现实，把障碍化为创新，把分裂化为团结，把冒险化为收益；领导者要创造一种氛围，激发人们抓住挑战性的机会，取得非凡的成功。

　　本书主要提出了领导者最重要的五种行为习惯，以及每种习惯下的两种具体行为。这五种习惯可以被综合成四个方面：价值观、愿景、成长、激励。

首先，领导者需要明确自己的领导风格，并建立团队的价值观。通过明确个人的价值观，可以使自己的行为和选择有更可靠的指引；同时，通过团队的共同讨论明确团队价值观，可以让团队更有凝聚力和认同感。但更关键的是，一旦表达个人和团队的价值观后，必须亲自践行，并在日常工作中时刻提醒成员践行团队的价值观，用团队价值观来评价成员的表现。对我个人来说，最有启发的是要持续践行团队价值观。当然价值观的制定是一回事，而真正持续地贯彻和强调才是更重要的。

其次，领导者需要明确未来的前进方向，并且这个方向需要和每个人的利益或目标相关。同时，需要用形象化的方式描绘这个愿景，通过感性的方法让成员感受工作的意义。关于设立愿景，个人理解为明确一段时间内的发展方向、目标和意义。想让愿景发挥成效，可以采用形象化的描述打动他人，或让愿景与每个人的目标息息相关。

再次，在使团队和个人成长的层面，领导者需要不断吸取外界的先进动向和变化，将外部先进的理念引入到团队中，并通过一系列微小的改变，改善团队的表现。任正非说过企业的管理是一个对抗熵增的过程，熵在一个密闭的环境下一定会增长，所以对抗熵增的方法就是从外部引入新的认知和理念，借助外力让团队重新回到积极、正面的轨道上来。在个人成长方面，领导者需通过赋能和教练的方法，提升团队成员的自信和能力。这一块和管理更相关，通常需结合管理中的辅助，让成员在完成任务的情况下提升自身的能力，增强自信。

最后，在正面反馈和当众激励上，书中提到领导者需要尽一切可能寻找表扬和激励团队成员的机会和场景。并把这些正面反馈和团队的价值观、团队的目标结合起来。除此之外，当众的激励比私下的激励更能鼓舞人心，因为当众的激励还可以激发团队其他成员的奋斗，形成榜样效应。在工作中很多人都会发现团队中所存在的问题，但有些领导因缺乏亲近感的管理风格，更多采取就事论事和理性的分析，其中缺失了一些人性化的肯定和表扬。这对于团队管理会有一定的负面效应。

整体而言，《领导力：如何在组织中成就卓越》这本书是所有正在寻求领导方式、方法或即将成为领导的管理者们的入门指南，内容干货满满，适合作为工具手册。通过不断地践行书中所学，可以时刻指导着领导者们的行为，当然这一切还需要不断地、反复地练习和学习，这才是领导力最好的体现和指南。

精彩语录

无论你是想要取得更好的成绩、更坚持不懈地努力、获得更大的个人幸福，还是改善组织的表现，意义和目的都是重要的。作为一个领导者，你如果想要做得更好，就应该在自己的内心深处寻找并发现你的工作和生活的意义和目的。著名的咨询公司德勤的研究表明，强烈的使命感与明确的价值观和信念密切相关。（P94）

最好的领导者都是最好的倾听者，他们会非常仔细地倾听他人想说什么，以及他们的感受如何。他们必须问一些好的问题（这通常比较难），对不同于自己的观点保持开放态度，甚至为了共同的利益在争辩中认输。通过认真倾听，领导者了解到人们想要什么、重视什么、梦想什么。这种对他人的敏感性绝不是无关紧要的技能，它是人类具备的一种十分珍贵的能力。（P97）

领导者描绘共同的愿景。他们把人们和共同愿景中最有意义的部分联系起来。他们提高了人们的需求层次和精神境界，不断鼓励人们创造卓越成就。卓越的领导者宣传组织的独特性和非凡价值，让人们为自己的工作感到骄傲与自豪。卓越的领导者不仅自己认为共同愿景很重要，而且让所有人都认识到它很重要。要让愿景能持续激励人心，它必须是引人注目的、难以忘怀的。领导者必须为愿景注入活力，让愿景鲜活起来，这样人们才能想象出它是什么样子的，才愿意为它和独特的未来而工作。领导者要运用各种表达方式让抽象的愿景更加具体、生动，通过使用隐喻、象征性语言、形象的描述、个人魅力，领导者能够激发人们的激情和兴奋感。但是首先，领导者必须让人们确信共同的愿景，与大家共享这一信念。他们必须相信他们自己所说的话。如果人们感受到愿景是真实的，他们就会追随愿景。（P125）

目的是内驱力的巨大动力来源，没有它人们就无法长时间坚持，因此，领导者不会为了挑战而挑战，就像不会为了让人们保持警觉而且摇铃一样。批评别人的新想法和新建议，或是指出别人主意中存在的问题，却不能提供建设性的解决方案，这样的行为不是挑战现状的行为，而只是在抱怨。（P137）

信任是团队协作的命脉，要想促进并保持长久的关系，你就必须信任他人，他们也必须信任你，与此同时他们还必须相互信任，没有信任你就无法领导，就无法完成伟大的事业，与你的跟随者分享你的信息和支持，显示你对他们的需求和利益的知晓，接受他们的意见，正确使用他们的才智和专业技能，最重要的是在要求他们信任你之前，首先展示你对他们的信任。（P174）

延伸阅读

校长是教育引擎中非常重要的驱动者。《校长领导力：如何在校园中成就卓越》一书为呈现卓越的校长领导力的核心特征提供了"校长领导力发展框架"，不仅为校长领导力的发展提供了方向和理论指导，它更是一本工具书和操作指南，让校长在边阅读边操作的过程中，逐步实现各层领导力的提升，并成功实施学校变革。该书由美国学者皮特·霍尔等著，何晓娜、秦晓虹译，电子工业出版社2020年出版。

（曹向明）

05 《第五代时间管理》

作者：[德] 约尔格·W·克诺伯劳　[德] 约翰·胡格　[德] 马库斯·莫克勒
译者：王音浩
出版社：江西人民出版社
出版时间：2008年10月

推荐理由

作者约尔格·W·克诺伯劳是德国著名的社会经济学博士，他常年活跃于世界范围内的管理训练实践，开拓的关于个人激励和生意哲学的新概念在实践中非常有实用价值，且他所领导的效率管理系统机构 TEMPUS 以个人时间管理和企业管理类图书等产品享誉欧洲乃至全世界；作者约翰·胡格凭借多年从事管理咨询顾问和管理培训工作的经验，多次举办"丰盛人生"专题讲座；作者马库斯·莫克勒是一名记者，兼职做以积极的沟通、顾客为导向的企业和事业规划等专题的培训师。

《第五代时间管理》这本书在总结了前四代时间管理方法的基础上，提出了"分享—生活—平衡"的原则，同时创建了四乘七（28天）的模式，将理论按步骤实践于每一天，善用故事和事例阐释时间管理，并辅以相应的互动和实践练习，主张放弃过去"以自我为中心"的生活模式，将他人纳入到自我的时间管理之中，帮助人们全方位平衡人生，从根本上解决自身对时间的困惑。这是一种完全释放紧张和焦虑感的时间管理新理念和新方法，具有很强的实践性和针对性。

在过去的很长一段时间里，人们迫于时间的压力，寻找各种解决方法：提高效率、追求效能、挖掘潜能、平衡工作和生活，这也是前四代时间管理所主张的原则，尽管这些原则在生活的某些时刻，对于缓解时间压力产生了一定的效果，但是，在更多的时间里，我们的生活依然忙乱。作为个人，有效的利用时间管理，的确可以帮助我们在做事的时候更有条理，其本质只是一种方法，不管它如何变化，其中的核心是"如何更好地生活"。虽然目前我们还没有明确的答案，也许在每个人的人生的各个阶段都会有不同的答案，也许有些人认为简单的才是快乐的，也许是在不断寻找生活意义的过程中，也许以上都不是。时间管理的方式方法，这一切的答案都在每一位读者心中，需要结合自己的生活方式细细品读，耐心实践。我们也可以在日常生活中尝试应用，学会将时间留给重要的事、重要的人，学着做高效率的人，掌握并把控时间。然而在现实生活中需要面对太多事项，除去不得不完成的工作和家庭的事情之外，随意打开一个信息源，又被暴露在太多的选择之中。后来自己才逐渐明白，生命是很有限的，时间更是有限，我们都曾有些或大或小的愿望，比如多出去走走开阔眼界，比如学习一门语言，又比如学会一门乐器等，然而若干年之后发现这些愿望或许从来没有推进或者推进了又搁置了。时间就这样埋葬在种种琐碎的细枝末节之中。

所以如何才能做到把时间留给自己，优化时间并赢得时间，这其中涉及很多技巧知识和原理问题，然而即使书中提及了种种理论，读者也需要自己利用直觉去主动觉察，找到重要的事，从而确立自己的生活重心，发掘自己内心的理念，从而坚定个人生活的意义和生存状态。

《第五代时间管理》不仅是一本时间管理的书，而且是一本人生的哲理书。

精彩语录

我们的生活不是一维的，而是多维的和错综复杂的。在人生的某个阶段里，有可能在某些情况下将自己的生活只归结到一个方面。但是长时间把生活局限在一个方面，其他方面都处于受抑制状态的行为简直就是"愚蠢"和致命的！（P16）

相反地，更好地认识自我、努力通过行动来实现梦想以及增强自己的责任感以获得更大的成就都是很有必要的。但是如果只想到自己，眼里没有其他人的话，就会停滞不前，这也会给生活和时间带来灾难性的影响。长此以往，对个人的发展也是不利的。结果是让人与人之间产生不信任、缺乏诚信与自我封

闭。请你观察一下，这种过于强调自我的想法浪费了多少宝贵的时间和精力。（P17）

我们看到的事情并不像它本来的那样，而是像我们以为的那样。（P25）

人是千差万别的，他们通往成功的途径也是各不相同的。很久以前人们就开始关注什么可以使人获得成功这个问题。人的性格似乎起着决定性作用。成功的人能够使自己的内在潜能和外在行为举止协调一致。他们完全是他们自己，而不会去试着扮演与他们根本不相称的角色。（P48）

每个人既有长处也有短处。长处是以特殊的方式表现出来的人的突出个性特征，例如处理某些事情的能力比其他人更强。而当我们对付不了这些事情时，我们的弱点就显现出来了。（P48）

人生没有挑战，就好像大海没有风浪一样。（P58）

时间管理本身并不是目的。做好时间管理，善用自己的时间是为了让生活更幸福，让人生更成功。但是，成功取决于具体的行动和实践，具体的行动和实践取决于目标，而目标取决于愿望。当愿望转化成具体而明确的目标时，重要的事也就变得异常活跃起来。（P69）

一位卓有成效的管理者应该一次只做一件事情，并只做最重要的事情；他极为审慎地设定自己的优先顺序，随时进行必要的检讨，毅然决然地抛弃那些过时的任务，或者推迟做那些次要的任务；他知道时间是他最为珍贵的资源，必须极为仔细地使用它。事实上，正因为世界变化得太快，你更需要精确地规划。你要深思你承担的风险、你所做的假设前提以及你对未来的承诺。否则，外在的改变将会吞噬你。（P82）

习惯的力量比理智更加持久，更加简便。理智在我们需要的时候，我们很少恭敬地请教过它，服从它的时候就更少了。而清晨起床后先喝一杯咖啡、刷牙的方式、上班的路上听收音机和傍晚收看电视新闻，这一切都是习惯。习惯的力量是巨大的，它是成功不可或缺的催化剂；习惯的意义是宝贵的，它是人生无价的财富和资本。只有那些考虑如何养成良好的习惯并且不断地反复演练的人，才能利用习惯的这种无穷力量来发挥自己的潜能，并最终获得成功。（P93）

培养良好的习惯是从平庸走向卓越的关键。何谓良好的习惯呢？它是种持之以恒的秉性，它能够修正你的不足，历练你的性格，增添你的涵养，使你牢牢把握前进途中的正确方向，从而使你超越平凡，脱颖而出。（P93）

信任总是会受到一定限制的。人们必须知道自己可以信任某个人的哪些方面。信任人是要有度、有局限的，不能事事信，时时信。信任是值得的冒险。请你首先主动去信任别人！如果没人愿意去首先信任别人，那么事情就无法进展。请你拿出勇气去与他人建立信任关系。因为信任别人的人也会从别人那里得到成倍的信任。一个人与人之间互相信任的社会，要比人与人之间互相不信任的社会健康得多，希望人们都能生活在一个人与人之间"信任优先"的社会里。（P172）

延伸阅读

摆脱时钟的专制，重新找回自己的罗盘。《要事第一》是时间管理的经典书。世界500强企业都在运用这一全新的时间管理方法，鼓舞每一个人追求诚信、勇敢和乐于奉献的生活。该书由美国学者史蒂芬·柯维、罗杰·梅里尔与丽贝卡·梅里尔合著，刘宗亚等译，中国青年出版社2016年出版。

（曹向明）

06 《德胜员工守则》

编者：周志友
出版社：机械工业出版社
出版时间：2013 年 7 月

推荐理由

这是一本关于企业管理的书籍，没有具体的作者，是德胜公司直接指导现实管理的书籍，由周志友主编。周志友，生于 1953 年，安徽长丰人，毕业于安徽广播电视大学汉语言文学专业。曾任安徽省文联《诗歌报》《百家》《大时代文学》编辑、副主编等职，现任安徽省电影电视艺术家协会常务副主席、《艺术界》杂志社社长兼主编。著有多种文学著作和经管著作。中国作家协会会员，中国电影家协会理事。《德胜员工守则》有着与一般企业管理图书明显不同的特点，其中包括员工守则、管理者素质、同事关系等，是一种典型的工业化社会管理流程，对培养员工技能、素质、纪律起到一定的作用，对于提升管理者的能力也有一定的作用。书中提出"一个不遵守制度的人是一个不可靠的人！一个不遵守制度的民族是一个不可靠的民族！"振聋发聩。

有些人称这本书为"奇书"。它不像图书市场上流行的《敬业》《服从》《细节决定成败》等书，是作者总结、阐释别人的观点，或者是作家站在管理者角度写出的书。《德胜员工守则》中的内容，无论是规章制度还是员工心得体会，都是德胜公司的员工自己写的。从公司总监到副总指挥，从部门经理到一线员工，书中的每个字都出自他们之手。来自第一线的管理问题，也是由始终在第一线工作的人解决的。从这一点来看，《德胜员工守则》更具实用价值和操作功能。书中的规章制度及许多篇目都具有普遍的意义，一般的企业拿来就可以使用，或根据企业自身的情况，稍加修改就可以使用。德胜公司的教育观核心在于要感恩，不断强调"我对你有多好"，不需要你来回报，虽然俗一些，但不得不说，也是有底气的公司才敢说出来。

精彩语录

一个不遵守制度的人是一个不可靠的人！一个不遵循制度的民族是一个不可靠的民族！

制度只能对君子有效。对于小人，任何优良制度的威力都将大打折扣，或者是无效的。德胜公司的合格员工应该努力使自己变成君子，做合格公民。

德胜公司始终提倡的价值观：诚实、勤劳、有爱心、不走捷径。（扉页语）

没有监督及制约的权力必定是腐败的权力。一个公司的管理者包括最高决策者的权力如果没有相应的制约，而只靠道德或觉悟制约，最终必将导致公司的破产。实践证明，没有哪一个人的道德是永恒的。（P17）

在谈战略工作的时候，我们一定要谈一些人类灵魂深处的东西，就是公司里职工的平等。我们的关系是合作者的关系，我们的经济关系就是雇用与被雇用的关系。这不影响我们的和平相处。（P94）

德胜的成功就是永远面对现实，永远尊重事实。对很玄的东西，我们绝对要把它的表面撕破；对于好的东西、对于务实的事情，我们绝对要把它表述清楚。（P95）

我们特别要让员工形成一种风气，做错事了，主动承认的诚实之人不仅不会受到处罚，还应该受到一定的表扬，对那种掩盖错误真相的一定要处罚。要让德胜形成一个诚实人的天下。（P100）

我们要在公司成立一个程序化运转中心。这一群人不做什么事情，天天就管你是不是按程序做事。因为中国人太需要这个了，不像西方国家的人在小学就已经受过这方面的教育。我们的教育是随意性太大。随意性太大，就会水准降低，并且成本加大。（P110）

什么是官僚文化？你有了权力时牛哄哄就是官僚文化；你有了权力时对别人漠视就是官僚文化；你有了权力时对别人不尊重就是官僚文化；你很多的事情不想亲自去做，就是官僚文化。（P146）

平民教育有两个定义。第一个是指平常百姓，特别是社会底层家庭的子女可以享受的教育，这是从教育政策角度来定义的。第二，教育人们做一个寻常的人，也就是：读平民的书，说平民的话，长大做一个遵纪守法、勤劳、诚实、有爱心、不走捷径、有正义感的合格公民，这是从教育哲学、价值观的角度出发的。以前我们往往是从第一个角度来说的，而从第二个角度来说的很少。（P153）

一个企业如果没有灵魂深处的东西向员工进行深入地渗透，即使它有一时的辉煌和荣耀，也迟早会出现危机和忧患的。这就犹如一个不具备内在气质的人，身上穿着诸如皮尔·卡丹、阿迪达斯等名牌服装；或像是一台先进的全新配置的计算机，安装的却是很落伍的软件系统。（P195）

延伸阅读

读懂腾讯，读懂中国互联网。《腾讯传：中国互联网公司进化论》全景式地记录了腾讯崛起的经历，并以互联网的视角重新诠释了中国在融入全球化进程中的曲折与独特性。从1998年开始创业到成为互联网巨头，腾讯以即时通信工具起步，逐渐进入社交网络、互动娱乐、网络媒体、电子商务等领域，在超高速发展的同时亦饱受争议，在"3Q大战"的激烈冲突之后又进一步走向开放……腾讯的发展路径，亦是中国互联网企业成长的缩影。我们可以看到，中国的互联网人在应用性迭代和对本国消费者的行为了解上，找到了自己的办法，并开始领跑全球。《腾讯传：中国互联网公司进化论》，吴晓波著，浙江大学出版社2017年出版。

（周琳婧）

07 《U 型理论：感知正在生成的未来》

作者：[美] 奥托·夏莫
译者：邱昭良　王庆娟　陈秋佳
出版社：浙江人民出版社
出版时间：2013 年 11 月

> **推荐理由**

U 型理论，是美国麻省理工大学教授奥托·夏莫历时八年、访谈 150 位杰出科学家与企业家，于 2004 年提出的一种新型领导力理论与技术。近年来，U 型理论在企业管理与培训中越来越受到关注。

长期以来，人们对社会实体的研究主要集中在产出物与创造过程上，如财务核算、流程再造等，但忽视了第三个层面，即是什么动机、内在的变化引发了这些创造过程。这就是 U 型理论所关注和研究的焦点，也是人们长期以来的一个"盲点"。在奥托·夏莫看来，一项组织变革干预措施的成败，很大程度上取决于干预者内在状况的这个"盲点"。决定组织学习与变革项目成败的，不只是领导者做了什么和如何做的，更关键的是其"内在状况"，即行动的起源或组织的"社会背景"因素。

而 U 型理论，就是帮助我们找出盲点，并且推动变革的思想观念——更深入地解释，U 型理论的核心精神就是要我们向正在生成的未来学习（而不是传统的向过去学习），并在这个过程中培养一种被称之为"自然流现"的能力。

当我们培养某项能力（一种更有自觉意识且更战略化的方式来对抗现今各种因体制性失败而产生的挑战的能力）接近根源也就是领悟的状态时，便会体验到未来就是它自己所希望成为的样子，这样的能力就是所谓的"自然流现"。

U 型理论包括三个阶段及七种能力。此三个阶段，一是"（共同）感知"

（观察、观察、再观察，与世界合一）；二是"自然地（共同）流现"（退省与反思，让内在领悟展现，流现出未来之最高的可能性）；三是"（共同）创造及实现天命（神旨）"，顺应自然，迅速行动。

而七种能力指的是悬挂、转向、放下、接纳、结晶、建构原型及体制化。"悬挂"，就是将自己的观念（想法、见解、意见）先"挂"起来，脱离思考的惯习，打破心智模式，保持好似不是自己的一般。"转向"，就是回归"真空"源头，从整体来察见。"放下"，就是放下过去的一切（知识、方法、技巧、经验、体验），放下所有的掌控、执着与认同。就是退省、反思及静默，与大我联结，觉知正在涌现未来。"接纳"，就是接纳大我，接纳自己内在的声音及当下呈现的灵感、妙思，让涌现的觉知变清晰。"结晶"，就是让灵感及意愿结晶成真正的愿景、目标。"建构原型"，就是投入具体的实验（如：即兴创作、制造原型、进行仿真），开始小规模地采取行动，展现有生命的小宇宙。"体制化"，就是建力管道、程序与常规，扩大影响力，让整个组织动起来，致力于让愿景实现的必要行动，成为与生命共舞的舞者。

作者夏莫说，U型理论既是滤镜，也是方法论。一方面，它是一种理论框架，可以让人们从不同的角度来重新审视组织；另一方面，它提供落地实操的工具方法帮助构建学习型组织。此外，它还是一个"人"的存在，教会人们如何打开心灵、打开思维、打开意志，做一个真我。

U型理论的实质与中国文化中透过现象看本质的理念相一致。这个本质是深层次的、不容易被发现的。书中的一个词"源头"，是从中国文化的"道"中来的。所以，U型理论还是一座桥梁，一座连接西方科学、东方智慧的桥梁。

精彩语录

在日常工作和社会生活进行的过程中，我们通常对自己和他人的行为了如指掌；而且也或多或少地了解应该如何完成这些行为，即我们自己和他人行为形成的过程。但是如果我们问自己："我们的行为来自什么源头？"绝大多数人都回答不上来。我们看不到自身行为的源头，对自己的注意力和意愿从何而来

毫无察觉。(P7)

我在这些不同的领域的探寻和行动中所学到的,可以用一句简单的话加以总结:学习的源头只有两种——过去和正在生成的未来。(P52)

我们经常基于习惯的模式进行思考和行动。熟悉的刺激因素,引发了熟悉的反应。这就是传统的下载模式。而若想实现未来的可能性,则要求我们认清并抛弃导致我们一再重复过去的下载型主导模式。(P113)

我们的课程是按照机械式的学习方法设计的,只注重记忆过去、验证旧的知识体系,而并没能教会孩子们如何开启智力上的求知欲和创造、想象的能力。我们总是处在应对危机这个层次,从来没有想过把我们的学习环境移动到这里,而只有在这里,孩子们才能学会如何塑造他们的未来。(P138)

自然流线是感知和在场的交融,指的是和最高未来可能性的源头相联结,并把其带到当下,进入自然流线的状态后,认知开始基于未来的可能性自然涌现,只待我们将其变成现实。在这种状态下,我们走进了我们真实的存在——真正的自我当中。自然流线是一种连接正在生成的未来自我的运动。(P156)

我问道:"你是怎么做到的?是什么方法真正帮助人们变得更具创造力?"雷回答说:"在每节课上,我都制造了一种学习环境,让大家解答关于创造力的两个根源性问题。"他停顿了一下,继续说:"我是谁?我一生的工作是什么?"雷解释说,"我"是指一个人最高境界的自我,一个超越了世俗、表明我们"最高未来可能性"的自我。相似地,"工作"不是一个人现在的工作,而是一个人的人生目标,是你到这个世界上来肩负的使命。(P157)

在团队里,经过静默或自然流线的瞬间之后,你会注意到自己微妙的身份转换以及团队工作基础的变化。到此为止,我们只是感受到了一种未来的可能性。经历了"自然流现"之后,人们已经准备好把这种个人和集体的潜力转化为现实。"我们无法不行动。"行动的第一步就是更明确地澄清愿景和意愿。(P184)

0.8原则:越早失败,越快学习。在思科系统网络技术有限公司有一个"0.8原则",它说的是:不管你的项目周期多长,你都必须在3—4个月内提出第一版原型。这个原型不一定成功,不是1.0版,但0.8意味着你必须交出点什么,

即使没有完成的东西也可以。其目的是引发大家的反馈，帮助你改进原则，让它进入下一个改良版本。（P202）

当我们从原型的场域移动到运行的场域时，关注的焦点也由塑造微系统转移到塑造和演化大的机构生态学。就像一个新生儿的降临标志着父母养育的开始，原型标志着启动共同创造，接下来需要做的是塑造一个环境，让新生命进入下一个发展阶段。（P208）

我们一般解决问题的方法是，出现了问题，马上想以前的经验是什么，然后作决定。思维是从 A 到 B 的一条直线。U 型理论则不然，一旦情况出现，你先沉静下来观察和自己的内在联系，反思，然后再去作决定。这就是为什么叫 U 型的原因，U 不是一个直线，而是先沉淀再上升。（P367）

U 型理论主要是倡导人们向未来探索，而不是徘徊于过去，为了能够做到这一点，需要具备三个先决条件，我们要打开思维，打开心灵和打开意志，而为了拥有这三种开放的能力，我们就需要对抗三个敌人，批判之声、嘲讽之声和恐惧之声。（P377）

延伸阅读

《重塑组织：进化型组织的创建之道》的作者试图寻求一种更有生命力、更有精气神、更有意义的工作方式——进化型青色组织。它在分析了 12 个企业案例研究的基础上，提出了如何创建一个青色组织，或如何将现有的组织转型成一个进化型青色组织。《重塑组织：进化型组织的创建之道》，弗雷德里克·莱卢著，进化组织研习社译，东方出版社 2017 年出版。

（刘文霞）

08 《学校文化管理》

作者：张东娇
出版社：教育科学出版社
出版时间：2013 年 4 月

推荐理由

本书作者张东娇，北京师范大学教育学部教育管理学教授，博士生导师。主要研究领域为校长胜任力与领导力、学校组织文化改进与发展。承担的专业课程包括：教育管理学、学校公共关系管理。作者现已在《教育研究》《北京师范大学学报》《比较教育研究》《中国教育学刊》《教育研究与实验》等教育核心期刊发表学术论文 80 余篇。出版《教育沟通论》《最后的图腾：中国高中教育价值取向与学校特色发展研究》《公众、事务与形象：学校公共关系管理导论》《教育管理学》等多部教育学术专著。主持 70 余所中小学改进工作，以学校改进与发展为主题，走政府、大学和中小学校三方协作的学校发展之路，成果显著。

学校是文化教育机构，是传播知识、培育人才的场所。学校文化是学校的灵魂，它凝聚了全校师生共同的价值观、共同的信念、共同的愿景、共同的努力方向。因此，学校文化起着统领的作用、规范的作用、激励的作用、熔炉的作用。那么，学校必须重视文化建设，营造育人环境，使学生在学校中能够生动活泼又主动地发展。

学校文化包括学校的精神文化、制度文化、校园物质文化、师生行为习俗文化。优秀的学校文化不是自然生成的，需要全校师生的共同努力。它不是一朝一夕能够建立起来的，是靠几代人的努力积淀起来的。学校文化建设不是学校领导几个人的事，需要全校师生的积极参与、共同策划、悉心培育。学校文化管理就是从管理的角度，来建设学校文化的过程，使学校文化充满活力，常新常青。

《学校文化管理》是系列丛书的总领性著作，从管理学的视角来论述学校文化的建设，既有理论，又有实际；既有观念，又可操作，并有大量真实生动的案例供参考。全书共分为六章：第一章，学校文化管理，详述学校文化内涵、学校文化结构与学校文化管理；第二章，学校文化管理模型，详述三方合作模型、学校文化驱动模型及四步程序模型；第三章，学校文化评估，详述学校文化评估的特性与主体、学校文化评估的内容与程序及学校文化评估模型与工具；第四章，学校文化方案制定，详述学校文化方案的内涵、学校文化方案的制定与具体内容；第五章，学校文化实践推进，详述理念的宣传与认同、方案的落实与执行及结果的评估与反馈；第六章，学校文化冲突与团结，详述学校文化的合理性与合法性、学校文化从冲突到团结的螺旋机制及学校文化建设。

　　本书对于基层学校完善学校文化的建设，落实国家提出的"办好每一所学校，教好每一个学生"的要求，有着很强的指导意义。对于学校文化研究者、区域教育管理者、学校管理者、一线师生都有着很强的参考价值。

精彩语录

　　学校文化是一种组织文化，是学校核心价值观主导下的全体成员的行为方式与物态形式的总和，包括精神文化、制度文化、行为文化和物质文化。（P6）

　　学校文化是活着的、能动的，也是情境的、事实的，不是来自外面的和概念的。（P6）

　　学校核心价值观即学校的教育哲学，也称作办学宗旨，是学校文化之灵魂所在。……是学校成功的一整套复杂信念体系的简化，可以用短语或句子以口号的形式表达出来。（P19）

　　学校文化管理过程就是学校文化的创建和培育过程，这是一个多结构、多因素、多层次的系统工程，是在学校师生员工中培植学校价值观、打造学习共同体的过程。学校文化领导与管理是手段，以此达到驱动学校和人的发展是最终目的。（P29）

　　学校文化管理的主要目的是把办学思想和理念转化为教师的共同追求，促

使校长从抓具体事务的学校管理者向学校文化的思想者转变。（P32）

区域教育和学校要善于开创蓝海，即开创以文化和价值创新为特征的新的增长空间，走出应试教育的红海，甩脱对手，释放新的需求，走向更加广阔的蓝海。（P66）

学校文化及其管理是否向积极的方向发展了？判断的标准有两个：一是学校文化的办学理念体系是否完整和逻辑一致，各个核心要素是否齐备且关系明确；二是学校办学实践体系（包括制度文化、行为文化和物质文化共九个要素）是否能够成为核心价值观的载体；它们之间的关系是否理顺了；能否画出一个学校文化树；是否找到文化特色了。（P87）

学校文化评估是对学校文化发展程度作出判断的活动，是对学校文化建设现实的（已经取得的）或潜在的（还未取得，但有可能取得的）价值作出判断，以期达到学校文化价值增值的过程。（P91）

学校文化方案是联系评估行为与改进行为的纽带，更是联系办学理念与办学实践的桥梁，也是学校历史、现实和未来的文化通道。它是办学理念的载体，是办学实践的指南；是学校文化传统和文化实践的总结，也是学校发展的方向。（P143）

学校文化方案在办学实践体系的设计中，既要考虑社区资源、家长资源和社会资本的引入和运用，这就需要建立、协调和维护与社区、家长、校友等的关系，包括在方案制定阶段，这些利益相关者都是学校诚心邀请参与的对象。（P144）

学校文化标签并非平地起高楼，往往是对原有学校文化的尊重、提炼和建构。学校文化标签的提出，既离不开学校原有的传统积淀，也离不开学校文化方案的关键主体与次主体的积极参与。（P153）

学校文化概念内涵的阐释和表述应该是简洁有力的——最好用一句话能够回答清楚，也应该是旗帜鲜明有所指向的。（P154）

如果一所学校尽管有很好的核心价值观和核心价值体系，但是不注意或者轻视宣传，仅仅停留在学校领导团队的脑子里和学校的文件上，就发挥不了凝聚人心、强化认同的作用。（P187）

学校对外宣传主要面向的是家长、社区和广大社会公众。(P192)

学校文化的价值选择一般可以分为四个层次，分别是人类的基本价值、社会的主流价值、优秀的传统价值和职业价值。(P219)

如果学校的教师对学校的办学理念、办学目标、培养目标等不清晰，则会导致埋头教书而不明确教学的目的和方向，从长远发展来看，很容易跟不上时代发展的主流。(P227)

学校与外部的组织或团体之间的差异和冲突导致学校与其他组织之间价值观和行为准则的不同，而正是这些冲突和差异在一定程度上明确了学校与外部组织之间的界限，使得学校成为一个独特的组织，拥有自己的性质和特点。(P232)

学校文化团结是以学校所有成员认同的一个核心价值观为引领，并将这个核心的价值追求落实到实际的教育教学过程中，形成学校的制度文化。(P239)

具有合乎价值标准，同时符合法律规定的文化，而且能够真正对学校师生产生潜移默化的影响，那么该学校文化必定是一种具有连续特征的优质文化。(P250)

延伸阅读

教育犹如一条大河，而文化就是河的源头和不断注入河中的活水。研究教育，不研究文化，只知道这条河的表面形态，摸不着它的本质特征，只有彻底把握住它的源头和流淌了五千年的活水，才能彻底地认识中国教育的精髓和本质。《中国教育的文化基础》，顾明远著，山西教育出版社2004年出版。

（汤巍楠）

09 《为聪慧与高尚的人生奠基——清华大学附属小学办学行动纲领》

编者：清华大学附属小学
出版：教育科学出版社
出版时间：2018 年 7 月

推荐理由

本书是清华大学附属小学重要规章制度的集萃。

清华大学附属小学，坐落于全国著名高等学府——清华大学校内。学校的前身是"成志学校"，成立于 1915 年，专为清华教职员工子弟求学而设，清华大学冯友兰、朱自清、叶企孙、马约翰、潘光旦等著名教授都曾在成志学校先后被委任校董事会成员，诺贝尔物理学奖获得者杨振宁博士曾在这里学习过。1952 年 8 月，成志学校中学部和小学部分离，成志学校小学部则更名为清华大学附设小学。1960 年，中小学分别更名为清华大学附属中学和清华大学附属小学。

2001 年，特级教师窦桂梅来到清华大学附属小学（以下简称"清华附小"）任副校长，2010 年下半年成为清华附小的第十六任校长。窦桂梅迅速从一个语文特级教师走向专业的学校管理者、引领者，她要让清华附小在竞争激烈的首都基础教育界展现出卓越的特色，探索出基础教育的中国方案。窦桂梅在该书的前言中写道："一所学校的灵魂与气质，该以什么作为载体，进行淬炼与砥砺？一所学校的成长与传承，该以什么作为核心元素，进行撬动与升华？如果说物质的丰富能够为今天的学校办学提供优质的基础条件，那么一所学校的精神底色又该怎样去构建？"带着这样的思考，窦桂梅找到了百年老校传承与创新的切入点——传承从 1915 年的成志学校到百年立人的成志教育所形成的文化品格。

窦桂梅带领全体教师以成志教育精神为指针，从改造价值观入手，制订了四万多字的《清华附小办学行动纲领》（以下简称《纲领》）。《纲领》确立了学校的共同价值观，明确了学校的办学使命——为聪慧与高尚的人生奠基，确立了学校的育人目标，引导全体师生的行为，构建学校提升空间，为学校各方面工作的开展提供指导。以《纲领》为起点，学校又陆续出台了《清华大学附属小学章程》《清华大学附属小学组织结构图及重点岗位职责》《清华大学附属小学"十三五"期间五大重点工程》《清华大学附属小学课程与教学研究工作制度》《清华大学附属小学学生素养发展研究工作制度》《清华大学附属小学人力资源建设系列制度》《清华大学附属小学行政管理系列制度》《清华大学附属小学安全工作系列制度》等。这些制度将清华附小在《纲领》引领之下的各项工作流程化、规范化，同时又为清华附小未来几十年的发展规划了宏伟的蓝图。

在《清华附小办学行动纲领》的引领和附小人的努力下，清华附小取得了卓越的办学成绩。"小学语文主题教学实践研究"获得首届基础教育国家级教学成果一等奖；学校的"1+X课程"改革引领全国，体育、艺术、科技教育硕果累累；"成志教育：小学立德树人的校本实践"获得2017年北京市基础教育教学成果奖特等奖；"小学语文整体教学理论与实践体系研究"获得2017年北京市基础教育教学成果奖一等奖。

本书共计16.5万字，窦桂梅校长撰写《聪慧与高尚，从成志起航》一文作为前言，阐述了学校纲领和制度的形成过程，以及学校的办学成绩和未来愿景。正文为各项规章制度集萃，全面、系统、具体，蕴含了清华附小人的办学思想、探索历程、卓越智慧。本书是清华附小"价值观引领、公益服务引领、课程引领"的精神体现，是清华附小经验输出的又一成果。

本书不仅是一本规章制度集，更是一本学校管理的实用全书，理论性、实践性、可操作性极强，具有很强的指导与借鉴价值。例如，校长如何进行战略思考，制定学校的发展规划纲领？窦桂梅校长的做法是，分析、梳理百年老校的发展脉络，把握学校发展的命脉，提炼出百年成志教育精神，丰富成志教育内涵，结合立德树人的时代要求，在历史与现实、民族与世界的交汇点上，定位学校的办学使命和育人目标，形成《清华附小办学行动纲领》。然后围绕纲领，制定相关制度，纲举目张，实现学校在新思想、新理念下的发展与跃升。

总之，该书的每项制度都闪耀着清华附小人的智慧，都有其科学性与先进性，值得深入学习与研究、借鉴与创新。

精彩语录

任何一个成功的组织，都是一个拥有高度统一的价值观的组织。高度的价值认同，能够提高团队的凝聚力和执行力，促使员工自觉履行责任、降低管理成本，并最终形成学校的信念使命、教师的职业精神。（前言，P2）

我们相信，这所百年来始终执着于人的完整培养的学校，未来将以行胜于言的风骨，教以育人，学以成人，躬耕基础教育，实现"成志教育，照耀一生"，培养未来担当大任的时代新人！（前言，P3）

成志教育根植中华文化土壤，上接国家和时代需求的"天气"，下接学校的办学实际的"地气"，中间聚育人要素协同作用的"人气"，努力为基础教育阶段立德树人根本任务的落实，提供基于本土智慧的示范样本。（P9）

价值观是所有目标的先驱，是一切目标的基础。清华附小要为国家培养全面发展的人，努力办一所"大学里的小学，小学里的大学"，一所有行动力的理想主义小学，一所有灵魂的卓越小学，一所拥有清华风格、中国灵魂、国际视野的世界一流小学！（P11）

志在山顶的人，不会迷恋山腰的风景。（P12）

《清华成志少年誓词》是："我是清华少年，努力成为健康、阳光、乐学，拥有清华风格、中国灵魂、国际视野的现代人。"（P21）

情绪是本能，而调控情绪是本领。只要思想不滑坡，办法总比困难多，明天一定更婆娑。越是艰难处，越是修行时。（P26）

结构决定品质，课程结构决定人才培养的规格与层次。我们不断寻找"1"与"X"的关系，追求"0.618"的黄金分割比值，其比例随着学生年龄增长与个性差异保持一种动态平衡，并留有"裕度"。（P31）

课堂改变，学校才会改变；课堂优质，学生才会卓越；课堂创新，学生才会创造。（P34）

　　课外阅读课内化，课内阅读教学化，阅读教学评价化，为学生提供一至六年级的必读、选读书单，包括人文、社科、艺术等多个领域，以丰富学生对世界的认知。（P39）

　　先匠气十足，再神气十足。要精益求精、深耕细作，每天都过一种充满工匠精神的生活。（P42）

　　人是一切问题的核心。一切管理都是人的管理，一切人的管理都归于人的问题。（P44）

　　本色做人，角色做事。有事不怕事，没事不生事；有事不躲事，一起面对事，把事处理好。（P47）

　　管理者要坐着思考、走着管理、跑着服务，边管理、边思考、边落地。"要像石榴子一样团结在一起。"不管什么人，在工作中都应该说"一起来"，而不是"给我上"。（P48）

　　学校坚持哪个层级获得的信息最充分，就在哪个层级作出决策，或者就由哪个层级的人参与决策。（P50）

　　太阳再高，也有照不到的暗角，因此，管理者要寻找制度管理和人文管理的契合点，将制度刚性之剑放入人文关怀之水中淬火。（P55）

　　投身公益是高尚人格的真实标记。无穷的远方和无数的人都与我们有关。（P56）

　　每天，在静静的校园里，过沸腾的生活！（P58）

延伸阅读

　　《办学理念策划十讲》，以系列讲座的基本形式，环环相扣地向读者介绍了办学理念的概念、内涵、原理、策划思路及具体策划方法等，并辅以策划的大量原创案例来帮助读者加深对这些学理的理解。《办学理念策划十讲》，沈曙虹著，华东师范大学出版社2019年出版。

（成彦明）

10 《校长办公室的那个人——一项民族志研究》

作者：[美]哈里·F·沃尔科特
译者：杨海燕
出版社：重庆大学出版社
出版时间：2009年11月

推荐理由

本书作者哈里·F·沃尔科特，1964年在斯坦福大学取得博士学位。沃尔科特终身在俄勒冈大学教育与人类学系任教。

沃尔科特致力于从不同的角度研究民族志方法，他的成果包括《质性资料的转换》《田野工作的艺术》《民族志：视觉方法》《质性研究写起来》等。

《校长办公室的那个人——一项民族志研究》是作者完成博士论文后的第一项独立研究，是以民族志的研究方法对一位小学校长的长期观察、交流、记录、分析。"民族志的研究对象是现实中的人们以及真实的人类行为，强调的是行为的社会层面，而非生理或心理层面。"本书采取这种方法对一位特定的校长进行研究，"目的是从文化的角度描述并分析小学校长的日常生活。研究并不仅仅关注一个特定群体——小学校长——同时也关注一位特定校长在某一特定时期所表现出来的行为。"

这本书可以弥补我国中小学校长群体研究领域的一大空白——现在我们对于校长群体的职能与素质结构的研究比较多，采取的主流方式是量化研究，但这样的"研究方法更倾向于标准化——即告诉校长或准校长应该做什么，但他们并不知道实际情况是怎样的"，现象描述和行为分析，以及质化研究还很少。"本研究提供了另一种角度：由其他人来观察这位管理者的实际行为。"换言之，研究者不是把校长当成一个职位、一个职员进行分析，而是把校长当成一个在一所学校、一个社区、一座城市中生活和工作的人，与他成为伙伴，观察并记录、分析他的真实生活……

由于民族志的研究方法的特点，本书的故事性、可读性非常强，因为"本研究的重点是那些与校长职务最直接相关的人类活动过程"，从本书中，读者不仅可以看到一个真实、自然的校长和一所学校的许多日常细节，还可以从这些细节中获得许多启示。

精彩语录

检验民族志，就看其是否能够让人预测并恰当地解释处于一定的社会或社会团体中的成员所做的事情。（前言与致谢，P1）

我不愿意与其中一位校长合作的部分原因是他穿着一套黑西装却配着一双白袜子；我想象着在持续两年的合作中，他一直以这种我不喜欢的方式打扮自己，那么他管理学生的方式可能同样让我不感兴趣。（P3）

对任何一个在学校待过的人来说，很容易发现生活的无聊，尤其当事情重复发生，或者这些事情的结束是跟一天中的时刻有关，而不是跟任务的完成有关。（P13）

我钦佩他对公立学校的全身心的投入以及他对公立学校在社会发展和人的发展中的重要性所持的坚定的信念，钦佩他对校长扮演关键角色的认定。后来我才意识到，这些原先以为艾德独有的人格特征，在他的一些校长朋友身上也同样存在。（P15）

这三个女生都穿着整齐紧身的短裤，站在教室门外。艾德问她们是不是"联合起来"穿短裤到学校的（她们是这样），并且告诉她们："我们没有严格、及时的规定，而我们也不希望有；因为有的话我们就必须加以改变。但是除非有特别的理由，我还是希望你们穿得淑女一点，好吗？"女孩们强忍住笑，点头答应艾德除了有翻滚训练的体育课或户外活动外都会穿裙子。（P20）

关键是我们认识到外在环境对校长行为所产生的压力。艾德一天里似乎是为一些眼前或他人制造的小问题而走来走去，而不是完成他自己的计划。（P28）

我想孩子可能是他的最爱。他喜欢亲近孩子。我想，随着学校的逐渐成长，他却离孩子们越来越远。因为，他一直忙于管理事务。（P46）

我想艾德尊敬人类的整体性——小孩和教师等——在我共事过的校长中，

他是相当独特的。他尊重人,那是一种了不起的特质。他相信人可以自己解决问题,而且如果跟他们的结论不一样的话,也没问题。(P51)

有件值得注意的事,就是他对"人之所以为人"非常感兴趣。换句话说,学校课程的学术层面并不是一切。人们对其他人感觉如何,他们如何相处、合作,等等,他都非常感兴趣。

同仁们:欢迎成为威廉·霍华德·塔夫特学校的一员。我们相信你们正期待一个重要机会,去帮助这里的男孩儿、女孩儿,通过学校教育使他们在未来一年中能在所有的经验领域有所成长。我们也希望继续维持学校与社区之间的友谊与合作。从一开始我们就承认,教职员工是一个团队,一个分享个人能力、认同儿童与成人彼此都有相同责任的团体。我们期盼学校成为一个师生都感到愉快的地方。——校长:艾德·贝尔(P55)

支持,相对地说明了一种校长角色:鼓励有潜力的年轻人"考虑行政",并且主动支持某些新的候选人。(P161)

那些想当校长的候选人已经间接默认了学校的权威体系。教学的社会化过程,似乎保证了那些通过考验的候选人,能够适应这种教育的科层体制。(P163)

评价是影响教师社会化的最重要的正式手段。(P229)

艾德对教学的要求是发展每一个儿童的潜能——首先发展他们的自我概念,然后才是学科,我喜欢这样。(P244)

我想他的长处之一就是他创造快乐的能力,有时候是很短暂的快乐——为师生创造的学校环境。(P247)

艾德至少有两种办法用以面对、迎战那些相互冲突,甚至是对立的看法,一种方法是设法将那些困扰他的问题转移给碰见的第一个人。……第二种方法是,在自己四周筑起一道心腹之墙,这些人的意见和判断,通常是属于同情和支持性质的。在校内,这群人包括一群心理成熟、由年长女教师构成的团体,通常通过个别的聊天,他可以了解问题所在。在行政人员中,艾德也有一群相对心理成熟、由许多比他资深的男校长组成的团体……(P249)

如果校长们梦想着有一天可以不必再面对职业生涯中充斥的各种期望,那么他们之所以这么想,是因为梦想本身给了他们许多安慰,而不是因为他们相信这一天真的会到来。他们真正思考与谈论的是——一个多数校长可能愿意投入精力的兴趣点——对"不断完善的"职业的永恒追求。就像他们的其他集体行为一样,他们的职业追求包括团体仪式、个人耐心和希望。(P250)

延伸阅读

刘百川先生是一位民国的校长。他的《一个小学校长的日记》是一本出自实践的"教育学",浓缩了民国时期初等教育的特色。要当校长,首先要回答为什么当校长。《一个小学校长的日记》中的百川先生没有回答,但有他的同班同学辛祚义先生的来信:"知道你已做新民小学的校长了。我是十二分的高兴。因为无数的孩子,得着你来领导,一定会得到无量幸福的。"此书虽然尘封了近80年,但依然熠熠生辉。它不仅有助于我们深入了解民国初等教育的状况,而且对于当今的小学教育依然具有重要借鉴意义。《一个小学校长的日记》,刘百川著,华文出版社2012年出版。

(张安仁)

11 《重新设计一所好学校》

作者：[美] 普拉卡什·奈尔
翻译：林文静
出版社：中国青年出版社
出版时间：2019 年 8 月

推荐理由

本书作者普拉卡什·奈尔，美国引领教育和学校设计领域变革的领军者，著名设计大师，国际知名建筑公司菲尔丁·奈尔国际的创始人和总裁。曾担任纽约市数十亿美元学校修建项目主管。荣获若干国际奖项，包括颇有声望的 CEFPI 麦康奈尔奖——学校设计领域的全球荣誉。菲尔丁·奈尔国际在 43 个国家都设有咨询部，专业设计创新型学校，将实体空间与教学需求创造性地联结起来。

《重新设计一所好学校》真切地为我们打开了 21 世纪学校建筑与空间的教育学视野，正如李希贵先生所说："我们可以用眼前一亮、耳目一新、为之一振来形容我们发现这本书的时候的真切感受。尤其是他们对学习社区的诠释，把建筑与教育教学融为一体的理念，都让我们长期在校园里的人为之感动。"客观地说，一个非教育本业的设计者，能从教育内涵出发，通过对学校进行简单、合理、多样化地解构，实现对现有学习空间和学校环境的重塑，带领我们如何去重新设计一所好学校，这不仅仅是理念的问题，更是一个具体实践的问题，它将促使我们对 21 世纪学校变革的深度思考。面对目前学校的传统设计状况，本书无疑是一本解决基本问题的实用书。

《重新设计一所好学校》用理念构筑设计体系，用案例诠释设计法则。本书为了突破教学楼为"教室与铃声"、以教师为中心的教育模型，重新思考及重新想象有关学校学习和教学空间之间的关系，并让这种关系在良性互动中能迎接 21 世纪的教育未来。为促进这个教育关系的有效改善，本书为我们重新解读了"教学楼",首次提出教学楼本身能够"学习"的观念;为我们提供了改善教室设计,并把它转变为学习工作室、学习套间和学习社区的愿望;为我们提供了通过课堂学习空间设计引领教学变革的设想;为我们总结开放式课堂的学校设计应遵循的四项基本原则和六个教育策略。与此同时,本书还为我们提供了一个重新设计学校空间的具体路径:从校门口和公共区域开始,营造宾至如归的教育氛围;到教室、走廊和实验室等功能空间的改造,尽可能为学生提供更多的学习空间和一体化学习区域;再到教师的工作区、图书馆、操场、教师休息室等空间的改造,尽可能为师生提供利于协作、利于思想碰撞、利于户外学习的条件和环境。总之,重新设计学校空间,是为了给学习者提供一个能激发其大脑潜能的学习乐园,是为了让学习和学习环境之间的互惠关系符合教育的内生规律。

教育变革是一个系统工程,学校不该仅仅停留在教育内容和教育方式变革的模块上,它需要进行多领域的延展。本书认为,学习是学习者、引导者、教学实践、社会氛围和学校环境之间的互惠过程,学校不再是一个地点的标记,而是一种空间的选择,它需要重新学习表达空间的语言,推动空间建设,促进学习再生;学校需要重建规则,解决学校的物理空间问题,实现与现代教育技术无缝衔接,让学习与学校环境的互惠年复一年地迭代;学校需要重新想象学习和教学空间,让教室的空间增加新的价值,落实教学变现。

此外,本书的内容叙事还有一个鲜明的特色,它不仅给我们送上耳目一新的理论"大餐",还给我们奉送特别的"点心":"之前和之后"的照片对比,展示新的想法如何付诸实践;"聪明的想法",突出有效的创意和实践;"设计方案建议",提供了改变的可行性;"现在就动手吧",提供了学校可以马上开始改变现有设施的方法;"附录A和附录B",提供了学校空间变革的评估检查清单和评估工具。"大餐"解决了我们的饥饿与迷茫,"点心"激起了我们继续向前的欲望。

的确,《重新设计一所好学校》既适用于新建学校,又适用于翻修改造的学校,侧重于利用现有的资金改造学习空间和学校建筑。这是一本解决基本问题的实用书,极具参考价值和启发作用,值得认真品读。

精彩语录

如果单纯基于教学楼评判美国教育的质量,不难想象大卫·沃里克设定的最糟糕的情境:"最糟糕的情境是从现在开始到十年之后,我们仍在培养完全是为20世纪50年代准备的小孩。"(P16)

坦率地说,我们国家现在有价值两万多亿美元功能失调的教学楼不适合教育21世纪的孩子。(P25)

学校教学楼的设计需要从第一层开始就符合四项基本设计原则。教学楼应该令人觉得宾至如归,有多种用途,支持各种学习活动,以及传递关于活动和行为的积极信息。(P25)

显然传统教学楼偏爱的通过讲课传递信息的方式,完全是设计给官僚等级模式的教学使用的。因此,传统教学楼的结构有碍于实现21世纪教育所需要的并受欢迎的网络教学模式。(P32)

学生坐的椅子很少是结合人类环境改造学设计的。遵循人类环境改造学研制而成的椅子或可移动的椅子能够提升学生的注意力。(P61)

假如过道变成一个可以用来教学的空间,情形将会怎样?这个改变不仅让学校跳出传统教学设计的陷阱,而且神奇的是几乎可以给整所学校添加20%到30%的更有用的空间。(P91)

从20世纪学校设计转变为21世纪学校设计的旅程中,第一步而且最简单的一步是把教室改成工作室。(P96)

我在引言部分讨论了四种需要实施的设计原则,则此学习环境可以支持六种21世纪教育策略:以学生为中心的学习;教师合作;积极的校园氛围;科技集成;灵活的时间安排以及与环境、社区、全球网络的联结。(P109)

不当教师的人,是无法知道我们当教师的难处的。难在哪儿呢?难在我们的工作对象。教师以外的人,他们的工作对象都是与自己相类似的人,都是成年人。成年人之间的任何事情,都是对等的。任何一方,都可以凭着自我的体验和思考来理解对方,来对待对方。对方也是如此这般地来理解我们,来对待我们。所以我们与他人相处,是可预知对方的反应,是可控的。但教师的工作

对象不是成年人，他们是未成年人。教师与学生，没有对等性，有的时候甚至有点不可控性。（P113）

教师这个职业，需要倾情投入呀。太冷的人，与外界太"隔"的人，当不了好老师呀。（P124）

也许，我们当校长的，当老师的，我们的真正责任，就是要在纷繁复杂的利益冲突中，始终坚守核心利益，以核心利益为准则协调不同利益相关人的利益诉求。这，极大地考验着我们的信念、勇气、担当和智慧。（P133）

好的图书馆总是个性化学习的地方。图书馆更多是关于学习而不是教课。个体和全体可以在这里做研究，可以提出各种问题，探索每天的突发奇想和一生的热爱。（P149）

所有领域的变革都不易，但没有哪个领域的转变比教育的改变更难以实施。把学生的舒适这一简单的问题作为例子。有些家长仍然相信给学生提供舒适的家具可能会影响纪律和严格，尽管事实恰好相反。（P218）

延伸阅读

近年来，在全世界追求"公平而卓越"的教育改革浪潮下，营建育人为本的优质学校建筑成为人们推进教育改革的重要举措。然而，目前大部分学校建筑普遍忽视空间的育人设计，建筑功能基本停留在"能用""达标"和"安全"上，未能有效满足现代化的教育需要，也未能适当彰显学校的品质与文化。《学校建筑：教育意蕴与文化价值》一书借助跨学科的研究视角，在"赋予建筑教育的深度，凸显校园文化的魅力"的理念引领下，基于理性考据和案例实证分析，开拓性地建构了学校建筑的理论基础，并对学校建筑的育人功能展开了深入分析，揭示了学校建筑蕴含的丰富教育意蕴与文化价值。《学校建筑：教育意蕴与文化价值》，邵兴江著，教育科学出版社2012年出版。

（蒋世标）

12 《学校管理的 50 个典型案例》

编者：程凤春
出版社：华东师范大学出版社
出版时间：2009 年 1 月

推荐理由

本书主编程凤春，北京师范大学教授，博士生导师。从事教育管理基本理论、质量管理、现代学校制度、人力资源管理等方面的研究。

本书共选编了 50 个案例。由于数量有限，这些案例只涉及了学校管理的主要方面，而不是全部内容。对于这些案例，按照学校发展、用权与用干部、人事管理、德育管理、教学管理等栏目进行了归类。

案例教学或学习发端于美国的哈佛大学。据说哈佛的教授们有一个共同的信念：管理的精髓在判断，讲授只能传授知识和经验，而能力的培育离不开实践，案例讨论就是培育判断能力的一种模拟实践。在案例教学法或称案例学习法的倡导者看来，案例教学或学习是最节约时间、成本最低、最有效的学习。它能让学习者以最小的消耗获得最大成果，让学习者在较短的时间里面对大量的"真实情境和困境"，扮演多种角色——校长、副校长、中层干部、教师，设身处地地从自己扮演的角色出发，分析问题，解决问题；使学习者从成功案例中学习经验，从失败案例中吸取教训，从困境案例中学习摆脱困境，从危机案例中学习处理危机。与纯粹的理论学习相比，案例学习摆脱了空洞的理论说教；与亲自参加社会调查研究和身临其境的"体验式教学"相比，案例教学是最节约时间、费用最少的"社会实践"。不仅如此，案例学习还能够有效激发学习者的学习动力。这不仅因为案例本身生动、有趣、富于挑战性，还因为学习者可以在学习中尝试扮演各种角色——校长、副校长、中层干部、普通教师或者局外人。

当然，案例教学或学习的目的不是给出唯一的正确答案，事实上也不存在什么绝对正确的答案,存在的只是可能正确处理和解决问题的基本思路和具体方法。如在《学校的店面该不该出售》一文中,面对店面该不该出售这个问题,校长选择了召开行政会议倾听大家的意见,会议上引起了两种截然相反的建议主张,这位校长没有马上作出决策,而是采取了缓冲处理的方式。这里,可以窥见这位校长决策的艺术。我们知道,学校出售店面其实并不属于像教学工作一样的学校内部与教职工利益紧密相关的常规事务,如果这位校长属于命令型的校长,很可能不会召开这种会议,让这么多人参与决策,以引起不必要的分歧。但是,这位校长很谨慎,很民主,没有采取专断式的决策方式,没有在意见出现分歧时勃然大怒,按照自己的想法或意志一拍板来休止不和谐的争论。这位校长在会议后找到意见欠妥的反对派,谈了自己的看法,并劝说他们考虑大多数人的意见,以发展的眼光顾全大局,使得反对者最后心悦诚服地同意了校长的意见。这位校长的民主决策方式和领导艺术可以减少决策失误,赢得教职工的支持,增进组织团结,有利于学校决策的有效性。而与此形成鲜明对比,在《学校的大小事务都由校长说了算吗》一文中,李校长却过度尊重自己的意见,把自己的意志强加于下级的决策与管理中,结果弄得这位校长手忙脚乱、焦头烂额,整个学校的工作效率也提不上去。

　　本书的每个案例都设有思考题、问题解答与案例分析,读者无论在初读时还是读完以后,不免会有这种感受:本书真是一本关于学校管理的实例研究的精粹,尤其对于从事过学校管理的人来讲,会发现以往曾遇到过的管理问题,出现过的疑惑,都能从本书专业的分析中发现问题根源,提出有效解决问题的理论依据及相关方案。当然,诚如编写者所说,许多案例的内容是非常丰富的,有些案例甚至是综合性的,并不是单一的发展问题、用权问题、人事问题、德育管理问题或教学管理问题。而且,给出的案例分析和问题解答,只是若干分析和解答中的一种,不是唯一的,也不一定是最好的。所以,学习者在使用这些案例时,最好带着挑剔的眼光或者质疑的态度去阅读,不受编写者分类的限制,以便作更广泛、更全面的分析。

精彩语录

每个学校都有自己的办学历史和传统,因此每个学校都有其独特性。然而,学校特色文化的发展不应盲目跟风,更不能空穴来风,而要立足于校本实际,选择那些符合学生发展需求、体现学校办学理念的项目。(P5)

管理民主也有两个基本假设:人的能力是不一样的,组织成员之间的权利分配也是不一样的。(P19)

在软件建设方面,校长要建立和健全教学管理系统,充分发挥有关机构的作用,实施授权管理,做到集权与分权相结合。(P33)

学校规章制度的制定还应结合实际问题并致力于提高解决问题的效率。学校制定规章制度应当注重解决现实中存在的实际问题,使规章制度更具必要性、针对性和操作性。(P61)

校长与教职工交往的时候要遵循的几条原则:(1)尊重,团结,依靠;(2)体贴下级,做好服务;(3)以身作则,作风民主;(4)正视问题,化解矛盾。(P102)

副校长该如何处理与校长的关系?作为副校长要有这样四种意识:(1)服从意识;(2)分工意识;(3)绿叶意识;(4)承担意识。(P131)

领导者不但要创造条件,而且要讲求形式,只有这样才能形成规模、营造气氛、产生情境,从而促使每项教育活动的成果。(P143)

实行榜样奖励的时候也要注意三个问题:(1)培养和宣传榜样要实事求是,入情入理,生动具体,不要随意拔高;(2)要用榜样去带动和教育群众,把榜样的先进思想和经验及时转化成为思想成果和教育工作效益,形成一马当先、万马奔腾的局面;(3)激励方法要得当,一是要讲求时机,而是要适当激励,在激励时注意到这几方面才能使榜样发挥积极作用,否则可能适得其反。(P152)

学校应着手构建"封闭式管理,开放式教育"的教育管理模式,应该"封而不闭"。一方面,它能有效地过滤掉那些影响学生成长的不利因素,为学生提供健康的具有引导价值的教育因素;另一方面它又能提供给学生参与社会、了解社会的多元化实践机会。(P161)

在家校合作中，学校和教师要切实发挥主导作用，改变那种认为家长参与可能威胁他们专业和管理权威的看法，建立平等和谐的伙伴关系。（P165）

在班级管理改革过程中，学校必须有明确的教育理念和改革方针。明确管理的本质并非监控或者惩罚，而是引导和提供支持。（P174）

学校的安全管理工作应当从以下几个方面入手：（1）加强制度建设；（2）开展安全教育；（3）加强安全管理。（P178）

我国现代中小学管理的实践充分说明，先进的学校管理理念和高素质的学校管理者，对确保和提高中小学教育质量至关重要。同一所学校。由不同的管理者管理，其结果是不一样的。管理者必须认识到学校管理的特点，在学习先进管理理论的基础上，结合学校实际进行创新型管理，只有这样才能以最少的投入获得最大的效益。（P188）

延伸阅读

在一个日益开放的世界里，相互学习好的学校管理与教学经验，成为不可阻挡的潮流。《校长的别样风景：美国式学校管理智慧赏析》一书的编者将触角伸向美国学校教育的最深与最细处，包括美国的校园文化、校长管理等领域。该书由唐劲松编著，华东师范大学出版社2013年出版。

（叶　原）

13 《帕夫雷什中学》

作者：[苏] B·A·苏霍姆林斯基
译者：赵玮　王义高　蔡兴文　纪强
出版社：教育科学出版社
出版时间：1983年2月

推荐理由

本书作者瓦·阿·苏霍姆林斯基（1918年—1970年），是世界著名的教育理论家和教育实践家。他在从事学校实际工作的同时，进行了一系列教育理论问题的研究，著有《给教师的一百条建议》《把整个心灵献给孩子》《公民的诞生》等41部著作，600多篇论文和近1200多篇文艺作品。1948年起至去世，他担任家乡所在地的一所农村完全中学——帕夫雷什中学的校长。《帕夫雷什中学》也是他最具代表性的一本书，是他在帕夫雷什中学任教、担任校长20多年的工作总结，是他一生的心血和智慧的结晶，集中体现了他一生所追求的教育理想。有人认为，这部著作的价值在于它"阐述全体教师在培养全面发展的人上所做努力时，想尽力从各个方面来展示这种劳动，不仅说明所采取的种种方法，而且也揭示它们内在的相互联系"。

本书除"前言"外，共有七章。在首章里，苏霍姆林斯基论述怎样当校长——校长对学校的领导，首先是教育思想上的领导，其次才是行政上的领导。他写道："我竭力做到居于我这个校长工作首位的，不是事务性问题，而是教育问题。"事实的确如此，他深入教学第一线亲自教课、听课、做班主任工作，他与学生同活动、同读书、同游戏、同旅行，他几十年如一日地对学生做"跟踪观察"笔记，组织全体教师定期对学生做"教育学评定"和"心理学评定"。他之所以这样做，就在于"做到使学校全体工作人员——从校长到看门工人——都来实现教育思想"。

在第二章"学校的物质基础及学生周围的环境"中，苏霍姆林斯基从培养全面发展的人出发，特别强调学校的物质环境和自然环境对儿童教育的重要性。他认为，学校的物质条件是进行有价值活动的必要条件，是影响学生精神世界的手段，形成学生良好习惯的观点和信念的手段，应用这些手段对学生进行体力的、脑力的、道德的和审美的教育。因此，他对学校的每一种设施都有着科学精细的安排。

在第三章"关注健康与体育"里，苏霍姆林斯基论述了注意学生的健康与精神生活的重要性。他认为"良好的健康和充沛旺盛的精力，这是朝气蓬勃感知世界、焕发乐观精神、产生战胜一切艰难险阻的意志的一个极重要的源泉，而孩子生病、体弱和带有疾患素质，则是众多不幸的祸根"。

第四章是"德育"教育，帕夫雷什中学把道德教育的基本环节视为"公民基础"。苏霍姆林斯基写道："在道德教育的实际工作中，我们的教育集体首先着眼于形成个人的思想核心——公民的观点、信念、情感、品德、行为及言行一致。"

在第五章"智育"中，阐述了智育的本质及其任务。苏霍姆林斯基认为，"世界观的形成乃是智育的核心"。

在"劳动教育"方面，苏霍姆林斯基独到地认为：人在智力发展上的每一阶段，应当有一个相应的劳动技能和成熟程度的特定阶段相对应，年龄小的时候，所掌握的劳动技能和技巧越复杂，他到中学毕业时在智力发展上所达到的水平就越高。他深信："孩子的智慧出在他的手指上。"

最后在"美育"一章里，苏霍姆林斯基指出：美是道德纯洁、精神丰富和体魄健全的有力源泉。美育的任务是教会孩子能从周围世界的美中看到精神的高尚、善良、真挚，并以此为基础确立自身美。

《帕夫雷什中学》这本书所述被教育界人士称为"活的教育学"。这本书的特点在于，它能使读者更集中、更全面地了解苏霍姆林斯基其人、其校及其教育理念、办学思想和施教措施。它是一本值得反复阅读的好书、经典书。

精彩语录

一个好校长,首先应当是一个好组织者、好教育者和好教师。(P1)

我确信,人生中最可怕的因而最需要用爱抚、温柔、关怀、关注、善意去抚慰的,就是遭到毁损和伤害的孩子的心。(P5)

只有当教育建立在相信孩子的基础之上时,它才会成为一种现实的力量。如果对孩子缺乏信心,不信任他,则全部教育智谋、一切教育、教学方法和手段都将像纸牌搭小房子一样定然倒塌。(P6)

尽可能深入地了解每个孩子的精神世界,是教师和校长的首条金科玉律。(P10)

通往儿童心灵的道路要靠友谊,靠共同的兴趣、爱好、情感、感受来铺设。(P11)

教育学应当成为众人的科学——不论是教师还是家长。(P14)

一个好教师意味着什么?首先意味着他热爱孩子,感到跟孩子交往是一种乐趣,相信每个孩子都能成为一个好人,善于跟他们交朋友,关心孩子的快乐和悲伤,了解孩子的心灵,时刻都不忘记自己也曾是个孩子。(P21)

真正的教师必是读书爱好者:这是我校集体生活的一条金科玉律,而且已成为传统。(P28)

语言的感受,以及试图用话语表达人最细腻的内心活动的愿望,这是真正的人的文明素养的重要源泉之一。(P88)

每个教师不管他教哪门课,都应当是一个语文教师。(P91)

大自然以及它无限的丰富性和多样性,是思维的主要源泉,是发展智力才能的主要学校。(P91)

教育艺术在于,不仅要使人的关系、成人的榜样和言语以及集体里精心保存的种种传统能教育人,而且也能使器物——物质和精神财富——能起到教育作用。(P105)

不进行课外阅读,课堂阅读就会变成死记硬背。(P112)

良好的健康和充沛旺盛的精力,是朝气蓬勃感知世界、焕发乐观精神、产

生战胜一切艰难险阻的意志的一个极重要的源泉。（P160）

感觉生活富有乐趣，精力十分充沛，全然不知疲倦，这才是青少年精神力量的源泉所在。（P162）

只有当整个教育教学工作都贯穿着对学生健康的关怀时，体育运动才能在他们的全面发展中起到一定的作用。（P176）

道德的、公民精神的、思想的财富——是永恒的、无可取代的教育手段。同时，通过公民榜样和精神财富受教育，也是青少年进行自我教育的很有效的手段。（P192）

对道德价值本质的认识和理解，乃是形成思想信念的基础和根据。（P217）

人道主义的入门教育就是要让孩子在精神上给别人以温暖的时候，自己也能从中感受快乐。（P234）

我们深信，情感的敏锐性和情操的素养犹如一种动力，推动学生去思考道德教导和规劝的实质所在。（P239）

只有在人类最有价值的智力财富成为学生的财富时，才能实现真正的智育。（P275）

发达的智力的一个极重要的特点，就是善于观察，"善于用我们的慧眼从事物的一切关系的中心观察他们的能力"。（P299）

劳动教育是对年轻一代参加社会生产的实际训练，同时也是德育、智育和美育的重要因素。（P361）

志向是培养而成的，而培养志向的成效大小，在很大程度上要看劳动计入人的精神生活的深度以及劳动与思维在其中的融合程度。（P405）

一个孩子，当他越深刻地感受到他在教别人时，他本人想学习的愿望就越大。（P411）

美——乃是善良和热忱之母。（P439）

只有当人经过劳动创造了美时，美才会使他高尚。我们在努力使人们愿意劳动不只是为了糊口，而也是为了享受到快乐。（P454）

延伸阅读

在孩子只需记忆正确答案的今天,有一种教育,让孩子成为孩子,让他们慢慢长大。这就是世界著名的华德福教育。《学校是一段旅程》是一本介绍华德福教育的书,更是一位教师为了孩子呕心沥血、带有人性温暖的教学手记。该书由托灵·M·芬瑟所著,吴蓓译,中国青年出版社2015年出版。

(张海荣)

14 《学校如何运转》

作者：李希贵
出版社：教育科学出版社
出版时间：2019年8月

推荐理由

作者李希贵，山东高密人，北京十一学校联盟总校校长。20世纪90年代，在山东高密实施"语文实验室计划"，建设学科教室和自修楼，让教学资源方便进入学习环节，提高育人效益。该实验被列为教育部、人事部特级教师计划。进入新世纪，李希贵在山东潍坊提出并推进义务教育均衡发展，引起了社会广泛的关注并影响了国家决策。2010年以来，他的一系列举措深化了新学校行动研究，构建以选课走班为特征的育人模式，实现一名学生一张课表，唤醒学生潜能，回归教育本质。该成果获首届基础教育国家级教学成果奖特等奖。近年来，李希贵校长开启了K12新学校育人模式实验，打造学习社区，构建学习蓝图，探索从教学走向学习的深度变革。

《学校如何运转》是李希贵校长的学校管理学力作，是多年学校管理实践的智慧总结。李希贵校长积30年教育管理经验和教训，结合北京市十一学校的具体管理实践，从组织结构入手，把学校管理的"科学特性"梳理出来，阐明规律，提供方法和工作模型，全面深入地阐述了学校的运营哲学和方法论。这对学校管理者深入理解和贯彻"立德树人"要求，建设"以学生为中心"的现代学校制度，高效地运营学校，极有启发和帮助。本书适合各级教育管理者、中小学校长和教师阅读。

学校是育人的场所，是传递精神涵养和国家民族朝气的地方，校长则更多扮演的是思想的领导者、文化的引领者和教育共识的促成者，而不仅仅只是学校的行政管理者。书中李希贵校长把学校组织结构分为五个组成部分，即战略高层、中层管理者、教育教学一线、支持人员和研发平台，并进行了相对应的职责划分。李希贵校长对于学校和教育有自己的认知和思想，读者特别是教育工作者们也应该有自己的思索。一个好校长带领的一个好的团队经营的一所好学校的真正含义应该是管理者对学校组织结构制度的更迭、完善和建立，这样一来，即使校长离开学校，因为组织结构的健全，学校仍然照常运转，并且保持良性发展态势。因为撬动了学校组织结构这个"铁门"，所以让学校中的战略高层、中层管理者、教育教学一线、支持人员和研发平台相互配合，更好地发挥各自功能，减少了个人因素的影响，延长了学校的生命周期，让学校更好地发展，这才是校长最大的成功。

作为一个组织，学校要想在复杂多变的社会环境中保持基业常青，变革文化是根本的奥秘。教育工作者们正身处这个教育变革的时代，但大家一定要清楚，变革绝不是一蹴而就的事情，也不可能一招包打天下。之所以现在开始审视变革文化的内涵和价值意蕴，是因为变革文化是学校组织生命发展不断自我更新和实现螺旋式发展的"骨髓"。有了它，新鲜血液得以源源不断地被制造和输送到组织机体，确保组织健康、持续地成长。

本书以管理学和教育学双重话语系统透视学校的组织及其组织效力的发挥，清晰地阐释出学校治理的内在机理，处处闪耀着李希贵校长卓越的学校治理智慧。难能可贵的是，作者在本书的后记部分指出，组织本身作为一个独特的生命应有自己的发展逻辑，一个组织的生命如果同组织中的领袖人物有着过度的关联，则蕴含着双方同呼吸、共命运的巨大风险。独立教育媒体人沈祖芸认为：有一类学校"价值观坚定，并不断跨越组织自身的生命周期，持续创造二次成长曲线，走向一个又一个峰值点。更重要的是他们还会将这一过程化为组织知识，将这种文化融化为每一个人的基因，而不是维系在几位领导者身上，此乃大智慧"。这是对李希贵校长领衔的北京十一学校组织变革文化的精辟概括。

精彩语录

凡是在学校工作过的人都清楚教育教学一线的重要性，它是学校最终产生教育效益的地方。我们所有的努力，如果最终没有在这里发生作用，那就不仅是无用功，甚至还会带来干扰。为此，明茨伯格曾经警告我们，运营核心是每个组织的心脏，它生产关键的产品，确保组织生存下去。也就是说，如果作为学校运营核心的教育教学一线出了问题，学校就可能倾覆。（P39）

明茨伯格有言，操作者和最高管理者是所有组织必不可少的部分，前者进行基本工作，后者则将整个系统结合在一起。中层呢？在大师眼中似乎无足轻重。而查尔斯·汉迪则认为，企业里面的中间层就是一群烤熟的鹅，他们没有什么神经，他们不会把市场的情况反映出来。两位管理大师如此态度，把中层弄到一个十分尴尬的地位。然而，在一个组织内部，对中层的研究、设计、管理，却又小看不得。没有中层，就无法将一线的操作者和最高管理者联结起来。一个组织的中层一旦出了问题，整个组织就无法运转。（P59）

一个组织的衰败常常从支持人员的内部混乱开始。（P87）

在一个健全的组织里，不可能仅仅靠战略高层思考，必须通过搭建研发平台让组织中的每个人迸发智慧。研发平台决定着一个组织的创新能力和变革节奏。在日新月异的新时代，即使你想维持现状，也需要拼命奔跑；如果你希望与这个时代同频共振，就必须以研发平台形成创新的机制，聚焦智慧。（P101）

你必须努力奔跑，才能保持目前的位置。不少组织的领导者特别喜欢用这样的话鞭策员工；其实，最需要用这句话作为警示的，恰恰是领导者自身。任何组织，当然包括那些业绩卓越的组织，都无一例外，需要发起一次次组织变革。原因十分简单，就是你所处的世界无时无刻不在变化。一些伟大的公司之所以伟大，就是因为它们在应对变化，特别是在应对巨大的时代之变时能基业长青其秘诀正是组织业已形成的变革文化。（P169）

人类到现在尚没有解决令自己苦恼的一个问题：一个组织的生命常常与组织中的领袖人物有着过度的关联。一个组织的辉煌，常常是因为他们迎来了一位卓越的领导者，而一个组织的衰亡，也大抵由于相反的原因。学校的情形也大致如此。正如社会上普遍流传的，一位好校长就是一所好学校，反之亦然。（P197）

我们当然不会无视这种现象带来的积极意义，然而，它隐含的消极影响，也同样给组织的发展带来了诸多困扰，最大的困扰就是一个组织似乎没有自己的生命周期，组织的生命似乎是由于它的领导者更替而被分割为几段，大部分组织甚至有几位领导者就明显地被分解为截然不同的几个阶段。这些不同的阶段自成体系，他们并不是组织本身作为一个独特的生命应有的发展逻辑。这些组织的领导者，常常把自己绑在组织的机体之上，甚至把组织视为自己的生命，扮演着一个救世主的角色而深陷其中，掉入一个永远也离不开组织的陷阱，以至于走上所谓同呼吸、共命运的迷途。（P197）

延伸阅读

何为"新学校"？简言之，就是学生快乐、教师幸福、社会满意的学校。"新学校行动研究"始于2007年年初，是李希贵和一群痴迷于教育事业的志同道合者所进行的又一次探索。《新学校十讲》，李希贵著，教育科学出版社2013年出版。

（曹向明）

15 《岛上学校》

作者：李海林
出版社：上海教育出版社
出版时间：2019 年 6 月

推荐理由

在浩瀚的中国东海岸，有一个春暖花开的小岛——崇明岛。

在新世纪第二个十年快结束的时候，一位大学教授辞去教职来到岛上，开始勾画他心目中那所"带有温度"的学校。

这个人叫李海林。他始终在变换着身份，在不同性质的工作之间切换，就是为了寻求他心中的教育之梦。后来，这个人就把在崇明岛上的追梦经历写成了一本书，并受到"每个人的生命中，都有最艰难的那一年，将人生变得美好而辽阔"这句话的影响，最终将此书命名为《岛上学校》。

《岛上学校》作为李海林先生的最新力作，是他对创校艰辛与喜悦的全程记录，饱含了他对教育的深沉思考和积极行动。他的思想是有温度的，他的学校也是有温度的。这种"温度"，无疑给我们创办学校，或改造学校，或管理学校，都有一种温暖的启示和借鉴引领意义。特别是对于一所新建的学校来说，在学校创立的前三年内，是至关重要的。正如李海林校长所说，创立一所民办学校有五关要过。第一关：基建关。建设精美校园成为民办学校的基本话语权。第二关：价值关。构建学校与家长共同的价值观。第三关：管理关。构建相互理解、相互契合的管理模式。第四关：课程关。快速准确构建其他学校没有的课程。第五关：教师关。给教师规划职业发展路径是留住师资的最大动力。那么，李海林校长是如何带领他的团队智慧地闯过这一关又一关的呢？本书给我们提供了真实、详尽的答案。这个答案不在于怎么说，而在于怎么做。

校长是需要充满梦想的，也是需要切实行动的，这也可以描述为对教育的担当。如果你是校长,你一定要认真地读一读这本书,因为书中的每一个思想和点子,都能启示你如何当好校长和如何办好学校,如何让孩子真正受益;如果你还不是校长,你也应该好好地读一读这本书,因为这本书能让你了解学校最本质的一些东西,或许会为你未来打算成为校长提供帮助,哪怕永远不当校长,也能给你带来对教育的遐想。当然阅读本书,我们还有更多的理由:在书里,我们可以意识到学校的 DNA 来自于它在生长的过程中,会遇到什么问题,选择什么方式解决问题,以及在解决问题的过程中所沉淀下来的、并浸入这所这所学校肌体和血液的东西;在书里,我们可以看到在营造校园空间的时候,校长和他的团队是以学生为核心,如何设计情境,如何抓住细节,如何让这所学校成为奇特、精美、备受孩子们欢迎的学校的;在书里,可以让我们领悟到利用"月度微论坛",把学校发生的一个个故事串起来,慢慢引导教师对学校办学方针、办学思想、学校文化和基本价值观的认同、坚守和践行;在书里,我们还可以读到校长给我们记录下的学校的伤痕,以及他是如何对待这些伤痕的;在书里,我们还可以看到作者对办学机制的思考,对"职业校长"的解构诠释,对民办教育未来的洞见,对民办学校管理的智慧点子。

毫无疑问,《岛上学校》是一部教育学著作,但似乎又有别于传统的教育学范式,因为它不仅给我们提供了一个"有温度"的教育学思想,也给我们展示了一部学校的成长史,还给我们讲述了一个关于勇气的故事。正如作者在前言中所说的:"本书其实是纪实。但重点不在记事之实,而在记心态、思想之实。书中所写的每一个具体的情境、每一点儿想法、每一点儿困惑、每一点儿反思,都是真实的,甚至都带有当时、当地的原初气味,不矫揉造作,也不刻意遮蔽。至少可以作为个案,供有兴趣的人来参考,以此见识到当代中国教育的一个面向。"或许,这就是本书的可贵之处。总之,本书不仅见证了一块地板、一个露台、一束花、一盏灯、一棵桂花树……学校的每个角落,是在如何讲述与孩子之间发生的故事的;也见证了一位大学教授、教育局局长、创始校长、校长伯伯……不同的身份转换,是如何保持不变的教育信念的;还见证了创校难、生源荒、离职风波、车祸……如何将办学中的每一道伤痕,变成教育之路上的碑铭的。

不管别人评价怎样,这本书我是要极力推荐的,它既有思想的鲜艳,也有点子的实用,还有心灵的流动,愿我们在阅读中拥有一所学校的精神财富,愿我们找到一个对话者,一起分享来自自身精神世界的职业梦想。

精彩语录

现在在许多学校,孩子犯了错误老师不敢批评,这是对孩子的放弃,是不足取的。但在我们学校,如果哪个孩子犯了错误、挨了批评,老师就要在这个孩子放学或者回寝室的时候,真诚地拥抱一下他。我们的老师告诉我,拥抱了学生,自己也好像获得了一份温暖。是的,我要的就是这样的感觉。(P7)

我们要办一所负责任的学校,说的是对学生的一生负责。一所学校办得好不好,要看学生在学校学到的东西对他10年以后、20年以后的成长起到了什么作用。(P9)

一所学校的DNA来自哪里呢?来自办学的实践中,是你、你的团队,在紧急应对学校危机时,刹那间爆发并凝固起来的某种东西。这种东西无法规划,是在应急的那一刻诞生的。(P25)

我在不同地方做过管理,最深的体会是:人是需要友谊的。有着共同的理想,在追求共同目标的历程中建立起来的友谊,牢不可破;在攻坚克难的工作中,因共同承受工作压力而建立起来的友谊,终生难忘。(P30)

一群小学生拥进游泳馆时,看到的效果是这样的:我的朵朵白云倒映在泳池里,一点也没有白云朵朵的感觉,水波轻轻晃动,倒更像是游动的大鱼。几乎所有的孩子都惊呼:海豚,海豚!像海豚。没有一个孩子说这是朵朵白云。哈哈哈,我当时在现场,禁不住哑然失笑。我费了老大的心思做的朵朵白云,在孩子的眼里瞬间变成海豚。不过,我仔细看了看,还是孩子们有想象力。这确实更像海豚呀,而且更生动。(P58)

有一天,我看见一幅画,极平常,却又极震撼。一位美丽的少女,端坐在一把公园里常见的那种长条椅上,手里捧着一本书。画面上呈现的,就是看书看累了,停下来小憩一会儿的那一瞬间。那种纯净的目光,平静的面容,极美,但整个身躯，又极平静，就是端坐在那儿。我当时心里一亮，为什么不可以在我的校园里，随处安放着这种好看又舒服的椅子？（P59）

学校不是社会的附庸，学校应该是有别于社会的一块圣地。（P76）

我将我校校歌的诞生经过记在这里，供今后这所学校的师生来理解学校开拓者的盼望、祈求，以及曾经历过的内心激荡，来探究这所学校历史深处的一段心曲，来理解这所学校文化 DNA 的来源和内涵。每当钟声响起，我心飞翔。（P93）

有一句话说得好，教育是优雅而缓慢的艺术。你看教育是不是这样？自由的教育，艺术的教育，慢的教育。或者说，自由、艺术、慢，正是教育的核心品质。（P178）

延伸阅读

在我国有一大批具有先进的办学理念、领导学校育人成效甚佳的好校长。在《安安静静办学——书生校长的办学手记》一书中，程红兵细述了在深圳创办新学校明德实验学校的历程，其中既有先进的教学理念，又有真实的案例展示，还有细腻的情感随笔，展示了一位教育家开阔的视野和博大的胸怀。该书由上海教育出版社 2018 年出版。

（蒋世标）

16 《高效演讲：斯坦福最受欢迎的沟通课》

作者：[美]彼得·迈尔斯 [美]尚恩·尼克斯

译者：马林梅

出版社：吉林出版集团有限责任公司

出版时间：2013年4月

推荐理由

《高效演讲：斯坦福最受欢迎的沟通课》一书底稿为美国总统——克林顿、小布什、奥巴马的私房演讲训练教程。美国雀巢公司营销副总裁多琳·伊达、美国思科公司副总裁伊冯·勒鲁和美国住房与城市发展部前主任乔·科万等政商界精英人士对《高效演讲：斯坦福最受欢迎的沟通课》一书也都作出高度评价。

本书之所以具有如此重要的影响力，其源泉来自作者的阅历和智慧。

在两位作者中，彼得·迈尔斯是美国斯坦福大学沟通力与领导力讲座教授，美国 Stand & Deliver 咨询集团创始人兼董事长。他在斯坦福大学开设的沟通力与领导力课程，连续八年被评为最受学生欢迎的公开课；Stand & Deliver 集团已成立 20 余年，主要服务于美国政要、全球 500 强公司高管以及世界各国领导人，为他们的演讲和沟通提供一对一的特别培训和指导。另一位作者尚恩·尼克斯，是屡获殊荣的新闻记者、小说家和剧作家。她曾在全美三大商业广播电视公司之一的美国广播公司下属的电台做访谈类节目主持人，在她任职期间，该节目的听众超过了 100 万。她和彼得·迈尔斯一起致力于高效沟通的培训指导工作，20 余年来积攒了丰富的实践经验。他们是学术型和实践性兼具的作者，决定了他们的著作既有思想和智慧的高度，又具有很强的操作性和启发性。

本书的主体内容包括如下三个部分：

一是演讲的内容；二是演讲的风格；三是演讲的状态。这三个部分是递进的关系，如同三个台阶，帮助读者在循序渐进中提升演讲水平。

在演讲的内容方面，作者提出需要把握三个方面的关键。

其一是精心准备。在准备过程中，首先应当想到的是结果，即明确你演讲想达到的目标。你可以围绕着这样的一些目的进行思考：听众洞悉你的观点后转变了心态和思想；因为你的启发而令听众采取了新的决定；促使听众按照你的意图而作出了他的选择；等等。而后是关联性，就是从听众出发来作准备。你的演讲要避免出现听众产生"与我无关"的抱怨。最后是把握好演讲的要点，切忌内容的庞杂而没有鲜明突出的要点，而是应当注意，对自己要演讲的要点进行反复地思考和阐释。

其二是巧设结构。作者提出，开头如同带领听众通过一段坡道去领略佳境之美一样，这段坡道要短而精彩，迅速抓住人心，其中的诀窍就是从他们的立场和需要出发；而中间主体部分则是带他们去发现，发现是一个主动而非被动的过程，重点突出，形象鲜明尤其重要；而在结尾，则如同大餐之后的甜点，留下无尽的余味和回忆。

其三是善用技巧。作者生动而具体地介绍了用起伏的情节讲故事的技巧；如何用比喻的方式呈现鲜活的形象来打动听众的方法；还有如何让语言生动有趣，以及在问答环节应对危机的智慧等方面都进行了详尽的分析和介绍。

在演讲的风格方面，作者认为如下的三个方面是取得成功的关键。

其一是锻炼声音。作者认为，声音是可以通过训练而变得越来越有魅力的，而声音训练应当从呼吸训练开始，因为声音是通过呼吸带出来的；而后是让声音变得多样化，包括音量、音调、节奏等方面的训练。作者的这些介绍，均具有科学实验和实例做支撑，且明了易学。

其二是姿势和动作。从人的肢体语言的角度来分析姿势和动作在演讲当中所起的关键作用，其逻辑性和实用性都是不言而喻的。其中作者也很注意和听众之间进行诸多交流的技巧。这些都是吸引听众注意力让演讲达到最佳效果的关键性要素。

其三是表情和眼神。作者认为，这是连接演讲者和听众之间非常关键的纽带，让听众的目光始终被你的表情和眼神所吸引，而不是去盯着幻灯片。

一旦听众一直盯着幻灯片，就意味着你和观众的情感纽带已经断了。这是作者非常恳切的忠告。

而演讲状态的重要性，作者认为，它是内容和风格得以升华的关键。

在演讲状态中，作者尤其强调转变信念的重要性。作者认为，信念的关键就是让事实更有意义。人类学习的本质，就是不断搜集事实，了解事实，诠释事实，并将自己对事实的体悟和发现分享出去。这是作者独到的论说，他更清楚地表明，演讲者通过讲故事、摆事实的方式来阐释真理的重要性；但是，这种能力，来自于演讲者的信念。因为信念是演讲者的精神支柱，带着信仰和价值取向，遵循理性和逻辑来阐释事实中所包含的真理和思想，自然会与众不同。

总之，该书采用了大量的案例，还原演讲的现实场景，让读者在真切的体验和思考中，收获到属于自己的方法和技巧，也大大地提升自己的思想高度，开阔思想视野，为我们成为一个有思想、有智慧的演讲者指明了方向。

精彩语录

问题是，聪明人不一定是一个好的沟通者。事实上，许多聪明人的悲剧就是，思维能力超过语言表达能力。这是我们帮助他提高的突破口。（P4）

如果我们不再强迫性地关注外表如何，而是关注如何地为听众服务，我们就会开始提出不同的问题："我该如何影响他们？""我能与听众分享哪些知识？""我能提出什么独到见解？""我如何才能给他们带来欢乐、舒适、好奇或兴奋的感觉？"（P9）

无论你在做什么，你都处在人脉圈中。影响力水平取决于你的人脉质量，而人脉质量又是由沟通质量来决定的。（P10）

想影响一些人，仅仅通过提供数据的方式是不起作用的。近来的研究揭示了人类大脑深藏的秘密：决策不是由处理逻辑、事实、分析和连续事务的左脑作出的，而是由处理情感、概念、比喻、幽默和故事的右脑作出的。（P11）

仅仅向他人提供信息是不够的，因为他们并不是基于逻辑，而是根据感觉作决策。倘若你不是对着负责感情事宜的一边大脑说话，那么，你就不是对着

决策者在说话。你可能展示了你很棒的数据，但是，如果你没有激发他人的情感，那么，你就得不到你想要的结果。（P42）

逻辑令人思考，情感促人行动。（P42）

在战略性的沟通中，我们在成果下面的下拉式菜单中增加重要的一项内容：为了取得你想要的结果，听众需要感受到什么？（P42）

如果没有人在乎你说什么，也就没有人会听你说什么。（P45）

因为他们是基于情感而非逻辑作出决策的，所以，激发听众需要情感，感动他们，促使他们采取行动是最重要的一点。（P53）

在听众决定是否关注你讲话之前，你只有七秒时间可以利用。（P59）

很多记者都明白，很少有读者完整地将报纸的故事从头读到尾，因此，开头就要抛出精彩的内容。（P62）

你的声音需要打造，当你刻意地利用你的声音时，别人就更容易理解你的概念了。你需要知道自己的声音是如何形成的，为了说明它的重要，我可以将其称为"雕刻声音"。（P122）

危机时刻，方显人的本色。对于领导人而言，此刻正是你往前迈一步成为身边人安全基地的机会。做得好，会成为一个英雄，做得不好，公司就垮掉了。危机沟通的重要性就体现在这里。（P217）

要激发创造力，首先要能提出好问题。（P270）

延伸阅读

演讲不是模仿别人，而是成就自我。在《演讲的本质：让思想更有影响力》一书中，马丁·纽曼和郑燕妮娓道来，向你讲述了演讲的本质与价值；从视觉（visual）、听觉（vocal）、语言（verbal）三个方面，分享了如何在演讲中打造个人影响力。该书由中信出版集团于2016年出版。

（吴文才）

附录

中国中小学校长基础阅读书目表

类别		编号		书 名	作者/译者	出版社
基础书目篇（30种）	通识类	1	1	《论语今读》	李泽厚著	世界图书出版公司
		2	2	《中国的品格》	楼宇烈著	当代中国出版社
		3	3	《西方哲学史》（上下卷）	[英]罗素著/何兆武等译	商务印书馆
		4	4	《哲学·科学·常识》	陈嘉映著	中信出版集团
		5	5	《马克思为什么是对的》	[英]特里·伊格尔顿著/李杨等译	重庆出版社
		6	6	《什么是科学》	吴国盛著	广东人民出版社
		7	7	《艺术的故事》	[英]贡布里希著/范景中，杨成凯译	广西美术出版社
		8	8	《一课经济学》	[美]亨利·黑兹利特著/蒲定东译	中信出版集团
		9	9	《未来简史》	[以]尤瓦尔·赫拉利著/林俊宏译	中信出版集团
		10	10	《越读者》	郝明义著	人民文学出版社
	教育类	11	1	《论教育学·系科之争》	[德]伊曼努埃尔·康德著/杨云飞，邓晓芒译	中国轻工业出版社
		12	2	《生命与教育》	冯建军著	教育科学出版社
		13	3	《智能的结构》	[美]霍华德·加德纳著/沈致隆译	浙江人民出版社
		14	4	《回归突破："生命·实践"教育学论纲》	叶澜著	华东师范大学出版社

续 表

类别	编号		书名	作者/译者	出版社
基础书目篇（30种）	教育类	15	5	《学会关心：教育的另一种模式》	[美]内尔·诺丁斯著/于天龙译	教育科学出版社
		16	6	《21世纪学生发展核心素养研究》	林崇德主编	北京师范大学出版社
		17	7	《学习的本质》	[法]安德烈·焦尔当著/杭零译	华东师范大学出版社
		18	8	《课程与教学的基本原理》	[美]拉尔夫·泰勒著/罗康，张阅译	中国轻工业出版社
		19	9	《布鲁姆教育目标分类学》（修订版）	[美]洛林·W·安德森等编著/蒋小平等译	外语教学与研究出版社
		20	10	《有效教学》	崔允漷主编	华东师范大学出版社
		21	11	《去学校化社会》	[美]伊万·伊利奇著/吴康宁译	中国轻工业出版社
		22	12	《未来学校》	朱永新著	中信出版集团
		23	13	《为什么学生不喜欢上学?》	[美]丹尼尔·T·威林厄姆著/赵萌译	江苏教育出版社
	管理类	24	1	《管理学》	[美]斯蒂芬·P·罗宾斯，[美]玛丽·库尔特著/刘刚等译	中国人民大学出版社
		25	2	《教育组织范式论》	张新平著	江苏教育出版社
		26	3	《中国式管理》	曾仕强著	中国社会科学出版社
		27	4	《卓有成效的管理者》	[美]彼得·德鲁克著/许是祥译	机械工业出版社

续 表

类别		编号	书名	作者/译者	出版社
基础书目篇（30种）	管理类	28	5 《学校管理学》（第五版）	萧宗六主编	人民教育出版社
		29	6 《第五项修炼：知行学校》（上下册）	［美］彼得·圣吉等著/李晨晔译	中信出版集团
		30	7 《高效能人士的七个习惯》	［美］斯蒂芬·柯维著/高新勇等译	中国青年出版社
推荐书目篇（70种）	通识类	31	1 《哲学起步》	邓晓芒著	商务印书馆
		32	2 《逻辑新引·怎样判别是非》	殷海光著	四川人民出版社
		33	3 《人生智慧箴言》	［德］叔本华著/李连江译	商务印书馆
		34	4 《道德情操论》	［英］亚当·斯密著/李嘉俊译	台海出版社
		35	5 《通往奴役之路》	［英］哈耶克著/王明毅等译	中国社会科学出版社
		36	6 《枪炮、病菌与钢铁——人类社会的命运》	［美］贾雷德·戴蒙德著/谢延光译	上海译文出版社
		37	7 《天堂茶话》	刘军宁著	东方出版社
		38	8 《独立思考：日常生活中的批判性思维》（第2版）	［美］朱迪丝·博斯著/岳盈盈，翟继强译	商务印书馆
		39	9 《娱乐至死》	［美］尼尔·波兹曼著/章艳译	中信出版集团
		40	10 《中国近代史》	蒋廷黻著	民主与建设出版社
		41	11 《之江新语》	习近平著	浙江人民出版社
		42	12 《文学回忆录》	木心口述/陈丹青笔录	广西师范大学出版社
		43	13 《美学散步》	宗白华著	上海人民出版社
		44	14 《汉字书法之美》	蒋勋著	广西师范大学出版社

续表

类别	编号		书名	作者/译者	出版社
推荐书目篇（70种）	通识类	45	15	《生物与非生物之间》	[日]福冈伸一著/曹逸冰译	南海出版公司
		46	16	《警惕科学》	田松著	上海科学技术文献出版社
		47	17	《最有人性的"人"——人工智能带给我们的启示》	[美]布莱恩·克里斯汀著/间佳译	人民邮电出版社
		48	18	《必然》	[美]凯文·凯利著/周峰等译	中国工信出版集团/电子工业出版社
		49	19	《反常识》	[澳]邓肯·J·瓦茨著/吕琳媛,徐舒琪译	四川科学技术出版社
		50	20	《普鲁斯特与乌贼：阅读如何改变我们的思维》	[美]玛丽安娜·沃尔夫著/王惟芬,杨仕音译	中国人民大学出版社
	教育类	51	1	《论教育家》	孙孔懿著	人民教育出版社
		52	2	《新学记：中国现代教育起源八讲》	傅国涌著	东方出版社
		53	3	《西方教育思想史》	林玉体著	九州出版社
		54	4	《大教学论》	[捷]夸美纽斯著/傅任敢译	教育科学出版社
		55	5	《杜威在华教育讲演》	单中惠,王凤玉编	华东师范大学出版社
		56	6	《儿童精神哲学》	刘晓东著	南京师范大学出版社
		57	7	《吾国教育病理》	郑也夫著	中信出版社
		58	8	《教育改革的"中国问题"》	吴康宁著	南京师范大学出版社

续 表

类别		编号		书 名	作者/译者	出版社
推荐书目篇（70种）	教育类	59	9	《反思教育：向"全球共同利益"的理念转变？》	联合国教科文组织编著/联合国教科文组织总部中文科译	教育科学出版社
		60	10	《图解中西方教育的异路与同归》	钱志龙著	南京师范大学出版社
		61	11	《教育走向生本》	郭思乐著	人民教育出版社
		62	12	《为孩子重塑教育：更有可能成功的路》	[美]托尼·瓦格纳，[美]泰德·丁特史密斯著/魏薇译	浙江人民出版社
		63	13	《聪明人的教育指南：伊顿公学校长谈教育》	[英]托尼·利特尔著/刘清山译	新华出版社
		64	14	《学力经济学：被数据推翻的教育准则》	[日]中室牧子著/魏铀原译	中国人民大学出版社
		65	15	《善恶之源》	[美]保罗·布卢姆著/青涂译	浙江人民出版社
		66	16	《理解脑——新的学习科学的诞生》	经济合作与发展组织编/周加仙等译	教育科学出版社
		67	17	《如何调动与激励学生：唤醒每个内在学习者》	[美]罗伯特·J·马扎诺等著/吴洋等译	中国青年出版社
		68	18	《发现天赋的15个训练方法》	[英]肯·罗宾逊，[美]卢·阿罗尼卡著/李慧中译	浙江人民出版社
		69	19	《一个称作学校的地方》	[美]约翰·I·古德莱得著/苏智欣等译	华东师范大学出版社
		70	20	《教育的情调》	[加]马克斯·范梅南，李树英著/李树英译	教育科学出版社

续 表

类别		编号		书名	作者/译者	出版社
推荐书目篇（70种）	教育类	71	21	《现代课程论》	钟启泉编著	上海教育出版社
		72	22	《未来课程想象力》	徐莉著	华东师范大学出版社
		73	23	《核心素养：课程发展与设计新论》	黄光雄，蔡清田著	华东师范大学出版社
		74	24	《学校的挑战：创建学习共同体》	［日］佐藤学著/钟启泉译	华东师范大学出版社
		75	25	《追求理解的教学设计》（第二版）	［美］格兰特·威金斯，［美］杰伊·麦克泰格著/闫寒冰等译	华东师范大学出版社
		76	26	《观课议课与课程建设》	陈大伟著	华东师范大学出版社
		77	27	《PBL 项目学习：项目设计及辅导指南》	［美］汤姆·马卡姆著/董艳译	光明日报出版社
		78	28	《游戏改变教育：数字游戏如何让我们的孩子变聪明》	［美］格雷格·托波著/何威，褚萌萌译	华东师范大学出版社
		79	29	《全世界都想上的课——传奇教师桥本武的奇迹教室》	［日］黑岩祐治著/王军译	教育科学出版社
		80	30	《碎片与重构：互联网思维重塑大教育》	王竹立著	电子工业出版社
		81	31	《电影教你当老师——60部中外电影的教育意蕴》	张荣伟等著	福建教育出版社
		82	32	《测量时代的好教育：伦理、政治和民主的维度》	［荷］格特·比斯塔著/张立平，韩亚菲译	北京师范大学出版社

续 表

类别		编号		书 名	作者/译者	出版社
推荐书目篇（70种）	教育类	83	33	《跟蔡元培学当校长》	吴家莹著	首都师范大学出版社
		84	34	《从实践到文本：中小学教师科研写作方法导论》（第二版）	张肇丰著	华东师范大学出版社
	管理类	85	1	《普通中小学校长工作手册》	教育部基础教育司编	教育科学出版社
		86	2	《义务教育学校校长专业标准：要点·行动·示例》	陈丽主编	北京师范大学出版社
		87	3	《学校法制：理论与案例》	周彬著	华东师范大学出版社
		88	4	《领导力：如何在组织中成就卓越》	［美］詹姆斯·M·库泽斯，［美］巴里·Z·波斯纳著/徐中，沈小滨译	电子工业出版社
		89	5	《第五代时间管理》	［德］约尔格·W·克诺伯劳等著/王音浩译	江西人民出版社
		90	6	《德胜员工守则》	周志友编	机械工业出版社
		91	7	《U型理论：感知正在生成的未来》	［美］奥托·夏莫著/邱昭良等译	浙江人民出版社
		92	8	《学校文化管理》	张东娇著	教育科学出版社
		93	9	《为聪慧与高尚的人生奠基——清华大学附属小学办学行动纲领》	清华大学附属小学	教育科学出版社
		94	10	《校长办公室的那个人——一项民族志研究》	［美］哈里·F·沃尔科特著/杨海燕译	重庆大学出版社
		95	11	《重新设计一所好学校》	［美］普拉卡什·奈尔著/林文静译	中国青年出版社

续　表

类　别		编号		书　名	作者/译者	出版社
推荐书目篇（70种）	管理类	96	12	《学校管理的50个典型案例》	程凤春主编	华东师范大学出版社
		97	13	《帕夫雷什中学》	［苏］B·A·苏霍姆林斯基著/赵玮等译	教育科学出版社
		98	14	《学校如何运转》	李希贵著	教育科学出版社
		99	15	《岛上学校》	李海林著	上海教育出版社
		100	16	《高效演讲：斯坦福最受欢迎的沟通课》	［美］彼得·迈尔斯,［美］尚恩·尼克斯著/马林梅译	吉林出版集团有限责任公司

图书在版编目（CIP）数据

校长先读：中国中小学校长基础阅读书目. 导赏手册 / 朱永新，卢志文主编.
— 上海：华东师范大学出版社，2023
ISBN 978-7-5760-3730-2

I.①校… II.①朱…②卢… III.①阅读课—中小学—教学参考资料
IV.① G634.333

中国国家版本馆 CIP 数据核字（2023）第 042985 号

大夏书系 | 学校领导力

校长先读——中国中小学校长基础阅读书目 · 导赏手册

主　　编	朱永新　卢志文
副 主 编	刘　猛　邱华国
策划编辑	李永梅
责任编辑	韩贝多
责任校对	杨　坤
封面设计	奇文云海 · 设计顾问
出版发行	华东师范大学出版社
社　　址	上海市中山北路 3663 号　邮编 200062
网　　址	www.ecnupress.com.cn
电　　话	021-60821666　行政传真 021-62572105
客服电话	021-62865537
邮购电话	021-62869887
地　　址	上海市中山北路 3663 号华东师范大学校内先锋路口
网　　店	http://hdsdcbs.tmall.com/
印 刷 者	北京博海升彩色印刷有限公司
开　　本	700×1000　16 开
印　　张	27.5
字　　数	407 千字
版　　次	2023 年 4 月第一版
印　　次	2023 年 4 月第一次
印　　数	5 100
书　　号	ISBN 978-7-5760-3730-2
定　　价	98.00 元
出 版 人	王　焰

（如发现本版图书有印订质量问题，请寄回本社市场部调换或电话 021-62865537 联系）